Ullstein

DAS BUCH

Mit »Die Weiße Spinne« hat Heinrich Harrer die Geschichte eines der faszinierendsten Kapitel des Alpinismus geschrieben. Dieses Bergsteigerbuch beinhaltet einerseits die Erinnerungen des Verfassers an seine geglückte Erstbesteigung der Schreckenswand im Berner Oberland, andererseits eine dokumentarische Schilderung aller erfolgreichen Begehungen und aller »Eigertragödien« von 1935 bis 1958. Dabei stehen aber nicht die Daten im Vordergrund, sondern die Männer, die sich der Herausforderung dieses Berges und dem Ringen mit den Kräften der Natur stellten.
»Eine menschlich packende Geschichte der Eiger-Nordwand, ein erregendes Dokument des extremen Alpinismus.«

Frankfurter Allgemeine Zeitung

DER AUTOR

Heinrich Harrer, 1912 in Hüttenberg (Kärnten) geboren, wurde zunächst als Bergsteiger und Skiläufer (1936 Mitglied des Olympiakaders) bekannt. 1938 Erstbesteigung der Eiger-Nordwand. Teilnahme an der deutschen Nanga-Parbat-Expedition. 1944 Flucht aus einem indischen Internierungslager nach Tibet. Aus den ersten Kontakten zum Hof des Dalai Lama entwickelte sich eine Freundschaft mit dem Gottkönig, die bis heute besteht. Seine Erinnerungen »Sieben Jahre in Tibet« wurden ein Weltbestseller, dem weitere überaus erfolgreiche Bücher über Tibet und spätere Reise- und Expeditionsabenteuer folgten.

Heinrich Harrer

DIE WEISSE SPINNE

Die Geschichte der Eiger-Nordwand

Mit 64 Abbildungen

Ullstein

Ullstein Buchverlage GmbH & Co. KG,
Berlin
Taschenbuchnummer: 34612

Ungekürzte Ausgabe
10. Auflage Oktober 1999

Umschlagentwurf:
Simone Fischer/Christof Berndt, Berlin
Umschlagphoto:
Bildagentur Bavaria

Printed in Germany 1998
Druck und Verarbeitung:
Ebner Ulm
ISBN 3 548 34612 X

Gedruckt auf alterungsbeständigem
Papier mit chlorfrei
gebleichtem Zellstoff

Die Deutsche Bibliothek – CIP-Einheitsaufnahme

Harrer, Heinrich:
Die weiße Spinne: die Geschichte der Eiger-Nordwand/
Heinrich Harrer. – Ungekürzte Ausg. (Repr. des
Ullstein-Buchs Nr. 32034), 10. Aufl. –
Berlin: Ullstein, 1999
(Ullstein-Buch; Nr. 34612: Ullstein-Sachbuch)
ISBN 3-548-34612-X
NE: GT

Inhaltsverzeichnis

Kommt wieder, Freunde

»Sie schreiben ein Buch über die Eiger-Nordwand? Zu welchem Zweck?«
Diese Frage richtete an mich ein Mann, der im alpinen Vereinsgetriebe eine gewisse Rolle spielt. Ich war verblüfft und ein wenig verärgert. Ziemlich abweisend gab ich zur Antwort: »Damit es gelesen wird.«
Der Mann ereiferte sich: »Von wem gelesen? Glauben Sie nicht, daß die wenigen Bergsteiger, die sich für dieses verrückte Unternehmen Eigerwand interessieren, schon genügend Literatur zur Verfügung haben? Oder wollen Sie sich gar an der allgemeinen Sensationsmache beteiligen? Als Bergsteiger sollten Sie sich doch davon distanzieren.«
»Wenn alle Bergsteiger Ihren Standpunkt teilten, wäre es kein Wunder, wenn unsachliche und übertriebene Berichte die Zeitungen überschwemmten. Meiner Ansicht nach hat das Publikum ein Recht auf seriöse Information. Vor allem, wenn bergsteigerische Probleme zu menschlichen Problemen werden. Und der Bergsteiger hat die Pflicht, in solchen Fragen zur Bildung der öffentlichen Meinung beizutragen.«
Damit beendete ich die unerquickliche Unterhaltung.
Der Mann konnte meine Absicht, das Eigerbuch zu schreiben, nicht vereiteln. Die Vorarbeiten hatte ich bereits vor vielen Monaten, ja vor Jahren begonnen. In meinem Heim türmten sich Bücher, Zeitschriften und Zeitungsausschnitte – an die zweitausend

in verschiedenen Sprachen –, die alle das Thema Eigerwand behandelten. Zahllose Briefe hatte ich geschrieben und ebenso viele als Antwort erhalten. Jeder Brief, den mir einer der Eiger-Nordwandbesteiger geschrieben hatte, war ein persönliches Dokument, mehr noch, das Dokument einer Persönlichkeit. ›Die Geschichte der Eiger-Nordwand‹ sollte nicht eine Aneinanderreihung von Ersteigungsdaten werden, sondern die Menschen sollten im Vordergrund stehen.

Der Mann, den schon der Gedanke schockierte, daß ein Buch über die Eiger-Nordwand geschrieben werden sollte, glich jener Gattung von Bergsteigern, die sich auf ein Piedestal der Selbstherrlichkeit stellen und nur erhaben lächeln über den Unsinn, den Laien über sie schreiben. Man kann nicht die öffentliche Meinung verachten und gleichzeitig verlangen, daß sie einen wohlwollend und richtig beurteile.

Kein Geringerer als Geoffrey Winthrop Young, einer der Nestoren des britischen Alpinismus und der englischen Bergliteratur, hat die Erfordernisse der Zeit erkannt und sie in einem Artikel: ›Courage and Mountain Writing[1]‹ festgehalten. Er ist sich der Sensationslust der Allmacht Publikum völlig bewußt. Aber er weicht ihr nicht aus und kapituliert auch nicht vor ihr: ›Das moderne Laienpublikum ist nun soweit, neben anderem sensationellen Lesestoff auch Bergabenteuer zu verlangen. Es wünscht sich noch immer vor allem Nervenkitzel. Das durchschnittene Seil ist nicht mehr aktuell, und die blonde Heroine hat viel an Appeal verloren, seit sie selbst in Nagelschuhen und Pumphosen klettert. Aber der Leser verlangt Rekorde. Rekorde an Höhe, Rekorde an Ausdauer, haarscharfes Entkommen aus einer Rekordfelswand und eine Häufung von Unfällen, Schneestürmen, Erfrierungen mit stückweisem Verlust der Glieder, stetigen Kampf ums Leben ... Ich schlage vor, daß Verfasser und Verleger von Bergbüchern selbst einen Teil der Verantwortung auf sich nehmen ...‹

[1] Erschienen in ›Berge der Welt‹ (Schweizerische Stiftung für alpine Forschungen), Büchergilde Gutenberg, Zürich – Frankfurt 1955

Verantwortung der Sache gegenüber – Verantwortung den Wünschen des Lesers gegenüber. Hier mag der Schlüssel zum Verständnis und zur Verständigung zwischen dem Laien und dem Bergsteiger liegen.

Und wie soll der Bergsteiger schreiben? Young meint: ›Wenn er von anderen gelesen werden soll, muß er seine Abenteuer genauso schildern, wie er sie seinerzeit menschlich gesehen, empfunden, erlebt hat. Allgemeine und objektive Beschreibungen, wie sie in den ruhigeren Zeitläuften der vergangenen zwei Jahrhunderte genügt haben mögen, lesen sich heutzutage zu langsam und sind langweilig.‹

Aber muß es nicht langweilig werden, wenn man über eine einzige Wand, über einen einzigen Weg, ein ganzes Buch schreibt? Young sagt dazu: ›So gut auch ein Berg oder die Anstiegsroute bekannt sein mag, keine Erzählung von einer Besteigung braucht sich jemals zu wiederholen oder auch nur eintönig zu wirken. Sowohl die Berge als auch die Menschen wandeln sich von Jahr zu Jahr, ja sogar von Tag zu Tag.‹

Für keinen Berg, für keine Wand trifft das so zu wie für die Nordwand des Eiger. Und auch alle Männer, denen die Besteigung geglückt ist oder die in der Wand gekämpft haben, sind scharf umrissene Charaktere. Keiner gleicht dem anderen.

»Ein Eigerbuch schreiben Sie? Zu welchem Zweck?«

Der Ärger über diese Frage wirkte in mir nach. Wahrscheinlich wollte der Mann mich gar nicht ärgern. Jedoch der Stachel blieb. Ich brauchte weder eine Begründung noch eine Rechtfertigung meines Vorhabens, aber es bereitete mir doch große Genugtuung, in einem Artikel Albert Egglers, des bekannten Alpinisten und Leiters der schweizerischen Himalaja-Expedition 1956, zu lesen: › ... jedenfalls aber dürfen gerade wir Abendländer, die wir die Errungenschaften unseres Lebens auch der uneingeschränkten Hingabe einiger überaus mutiger und wahrscheinlich auch sehr leidenschaftlicher Menschen zu verdanken haben, nicht den Stab brechen über Leute, die eine Aufgabe anpackten, der sie schlußendlich nicht gewachsen waren. Die Menschen, die etwas Außerordentliches wagen, sind nicht die schlechtesten. Was wir aber tun dürfen und müssen, das ist, die jungen Bergsteiger in geeigneter Weise auf die besonderen Gefahren der Berge aufmerksam zu machen. Hier harrt der alpinen Vereinigungen und der Öffentlichkeit noch eine große und dankbare Aufgabe[1].‹

Ist diese Aufgabe wirklich dankbar? Ist es wirklich eine Aufgabe? Darf ich, kann ich diese Aufgabe erfüllen? Immer wieder kommt mir die Frage in den Sinn: ›Ein Eigerbuch schreiben Sie? Zu welchem Zweck?‹ Ich bin ein Mensch, der an einem gesteckten Ziel oder einem einmal als richtig erkannten Weg im allgemeinen nicht mehr zweifelt. Da waren die Stöße von Schriften und Fotografien, die Hefte voll Notizen, die Briefe, vieles schon ausgesucht und geordnet nach den einzelnen Versuchen und Besteigungen der Eigerwand. Aber die Mißstimmung über ein gedankenlos gesprochenes Wort erwies sich als schlechter Antrieb für meine Arbeit.

An einem dieser Tage besuchte mich mein alter Freund Kurt Maix. In Österreich ist es nicht notwendig, ihn vorzustellen. In seiner Heimat kennen ihn alle, die irgend etwas mit den Bergen und dem Bergsteigen zu tun haben. Er versteht es, durch seine spannende Art der Darstellung auch Laien und Bergfremde für den Alpinismus zu interessieren und dem auf diese Weise gewonnenen Leser alles zu sagen, was er über das Bergsteigen und die Bergsteiger sagen will und sagen kann. Und das ist viel. Nicht nur, weil er selbst seinerzeit zu den zünftigen Kletterern gehörte. Kurt Maix nimmt an allem, was die Berge und das Bergsteigen betrifft, regen, ja leidenschaftlichen Anteil. Er ist nicht ein Mann der Routine, sondern jeder Bericht über eine Bergbesteigung, eine Expedition, einen Erfolg oder einen Unglücksfall ist für ihn selbst ein echtes Erlebnis. Maix ist Journalist und Schriftsteller von Beruf, doch er hat nie den Bergsteiger in sich verleugnet.

Ich freute mich aufrichtig, Kurt wiederzusehen. Aber mein Buch ließ keine längere Ablenkung zu.

»Schade, daß ich wenig Zeit für dich habe«, sagte ich nach der herzlichen Begrüßung, »ich stecke bis über den Kopf in Arbeit.«

[1] Albert Eggler, ›Eiger-Wand und Alpinist‹

Kurt nickte: »Ich verstehe, du schreibst ein Buch über deine Afrikafahrt zum Ruwenzori.«
»Nein, nicht über den Ruwenzori.«
»Worüber denn?«
Ich zögerte etwas. Vielleicht fürchtete ich, eine Antwort zu hören ähnlich der, die mich vor wenigen Tagen so geärgert hatte. Dann rückte ich doch damit heraus: »Über die Eiger-Nordwand.«
Kurt schaute zunächst erstaunt, dann meinte er sichtlich erfreut: »Das ist ja großartig.«
Ich war noch etwas mißtrauisch: »Was ist großartig?«
»Daß du das Eigerbuch schreibst. Nicht nur, weil du einer der Erstbesteiger warst. Dein Buch wird besser auf die Jugend wirken als tausend Warnungen. Dir wird man glauben.«
»Ja, auch ich muß warnen.«
Kurt schüttelte energisch den Kopf: »Nein, du wirst nicht warnen im üblichen Sinn. Du wirst nicht predigen. Du wirst nicht mahnend in lächelnder Überlegenheit den Finger heben. Du mußt die Wand einfach schildern, wie sie wirklich ist. Ihre Geschichte ist nicht bloß die Geschichte von Bergkatastrophen und Bergerfolgen. Es ist die Geschichte menschlicher Entwicklungen und menschlicher Tragödien. Dieses Eigerbuch mußte einmal geschrieben werden. Ich hätte es selbst schon getan, wenn ...«
»Wenn?«
»Wenn ich dazu die Berechtigung hätte. Das Buch darf nur jemand schreiben, der die Wand persönlich kennt. Allgemeine bergsteigerische Erfahrung, Phantasie, Nacherleben und Quellenstudium genügen nicht.«
Ich erinnerte mich an eine Rundfunksendung, die ich im vergangenen Jahr gehört hatte. Fischer-Karwin, der Starinterviewer des Österreichischen Rundfunks, hatte Kurt Maix nach seinem Urteil über die Bergunfälle des Sommers 1957 befragt.
Und Kurt hatte geantwortet: »Ich lehne es ab, Tragödien in der Eigerwand mit Unfällen, die durch Leichtsinn oder mangelnde Erfahrung hervorgerufen wurden, in einen Topf zu werfen. Wer in der Eigerwand emporkommt und Tage darin aushält, hat trotz

begangener Fehler so viel geleistet und erduldet, daß es über das Begriffsvermögen selbst des durchschnittlichen Bergsteigers hinausgeht.«

Und nun steht Kurt vor mir und ist begeistert, daß ich das Buch schreiben will. Ich werde von seiner Begeisterung angesteckt. Sie wirkt überzeugend. Hatte ich mich jemals über ein gedankenlos ausgesprochenes Wort geärgert? Es ist vergessen. Vor mir taucht plötzlich ein eigenartiges Bild auf: Mir ist, als stünde ich in einem Kar vor einer hohen, schweren Wand, mit der Absicht, sie allein zu durchsteigen. Und da kommt ein anderer Einzelgänger zu mir und schaut gleichfalls prüfend, abwägend hinauf. Aus einer kurzen Begrüßung, aus der unerwarteten Begegnung wächst der Entschluß: »Wollen Sie mit mir durch die Wand steigen?«

Meiner spontanen Eingebung folgend, fragte ich Kurt: »Willst du mir beim Eigerbuch helfen? Das Material ist so umfangreich, daß es immer wieder durchstudiert und gesiebt werden muß. Gedanken und Fragen tauchen auf, die beantwortet werden müssen. Es ist oft schwer, sich selbst die richtige Antwort zu geben. Kannst du einige Tage hierbleiben?«

Kurt blieb. Viele Tage. Wir arbeiteten von früh bis spät. Wir wühlten uns durch die Berichte und Aufzeichnungen, notierten, skizzierten, schrieben, meist jeder für sich. Aber beide freuten wir uns auf den Abend, da wir uns wieder trafen und einander erzählten, was uns der Tag an Erlebnis und Erkenntnis beschert hatte. Die Abende dehnten sich oft bis tief in die Nacht aus, in langen Gesprächen, die uns doch jedesmal zu kurz erschienen. Im Mittelpunkt stand immer die Eigerwand. Aber von diesem Zentrum aus konnten die Gedanken in alle Richtungen wandern. Von einer kleinen Episode, die sich in der Wand ereignet hatte, kamen wir oft zu den entscheidenden Problemen des Lebens. Viele Erinnerungen, die ich längst verschüttet glaubte, wurden so wieder lebendig. Und manches, was im Buch Niederschlag und Formulierung fand, wurde bei unseren nächtlichen Gesprächen entwickelt. Es war eine gute Zeit, in der Kurt mein Gefährte war und wir beide geistig im Bann der Eigerwand standen.

Ich war immer enttäuscht, wenn Bergsteiger, die als Seil-Erste durch eine schwere Wand stiegen, die Aufgabe des Seil-Zweiten verschwiegen. Man wird selbst nicht schlechter, wenn man berichtet, daß das Seil durch die sichernden Hände des Freundes glitt, während man den Überhang bezwang. Und jetzt, da das Buch über die Eiger-Nordwand fertig ist, möchte ich Kurt Maix die Hand drücken, gewissermaßen als Gipfelgruß.

Aber nicht nur Kurt, auch vielen anderen muß ich danken, die am Werden des Buches Anteil hatten. Sie gleichen den Trägern und jenen Kameraden einer Expedition, die Lager errichten und Pendeldienst versehen, damit die Gipfelmannschaft nach oben stoßen kann. Wieviel Nachrichten, Quellenmaterial und besondere Eigerliteratur erhielt ich von Othmar Gurtner, dem Schweizer Bergsteiger, Schriftsteller und Schriftleiter, der mir aus seinem reichen Wissen gab! Und welche Freude schenkte mir die Bekanntschaft mit Guido Tonella, der seine Feder für Wahrheit und Recht führt wie ein Kavalier alter Schule seinen Degen! Wie empfand ich die Brüderlichkeit, die alle Bergsteiger verbindet, bei meinem Briefwechsel mit Lionel Terray und Gaston Rébuffat. Und auch aller anderen, die durch ihre Briefe und Berichte Mitarbeiter an diesem Buch wurden, gedenke ich in Herzlichkeit: Anderl Heckmair, Erich Vanis, Erich Waschak, Sepp Jöchler, Karl Blach, Sepp Larch, Jean Fuchs, Karl Gramminger, Alfred Hellepart ... Wenn ich aus raumtechnischen Gründen nur einige erwähnen kann, so gilt mein Dank doch allen. Auch den heute Toten, deren Erinnerung, deren Taten und Briefe wie lebende Zeugen starker und guter Menschen weiterwirken: Fritz Kasparek, Ludwig Vörg, Hans Schlunegger, Karl Reiss, Jürgen Wellenkamp, Hermann Buhl, Louis Lachenal.

Der Sommer 1958 hat begonnen, während ich diese Zeilen schreibe. Vor fünf Jahren ist die letzte Partie heil durch die Eigerwand gestiegen, die dreizehnte Seilschaft. Die fünfzehnte steht noch aus. Ich weiß, daß in den nächsten Wochen einige kühne junge Bergsteiger versuchen werden, den Bann der Tragik zu brechen, der über der dreizehnten Begehung der Eiger-Nordwand zu liegen scheint. Ich denke ständig an sie.

Das scheint leicht gesagt. Aber ich meine es tiefernst. Ebenso ernst, wie die Warnung gemeint ist, die jeder aus meinem Buch herauslesen möge. Freilich konnte ich die Schönheit und die einmalige Größe der Wand und ihrer Durchsteigung nicht verleugnen; das wäre Verrat an mir selbst gewesen. Ich kann nur hoffen, daß Kurt Maix recht hatte, als er sagte: »Jeder, der dein Buch gelesen hat, wird selbst wissen, ob er in die Wand gehört oder nicht ...«

Vor einigen Tagen besuchten mich zwei Bergsteiger. Der eine war der junge Brandler, derselbe Brandler, vor dessen Augen Moosmüller und Söhnel neben dem Schweren Riß zu Tode stürzten. Der Junge ist in den zwei Jahren, seit ihn der stürzende Körper Moosmüllers streifte, zum Mann gereift, der weiß, was Verantwortung heißt. Er hat hart an sich gearbeitet und ist ein guter Bergsteiger geworden, nicht nur ein ausgezeichneter Kletterer. In diesem Sommer will er wieder in die Eigerwand. Sein Gefährte wird Hias Noichl sein, der hervorragende Tiroler Alpinist und Schilangläufer. Brandler wollte von mir Ratschläge über die Ausrüstung für die Eigerwand. Hätte ich die Verantwortung von mir weisen, nur warnen, beschwören sollen: ›Geht nicht in die Wand!‹?

Ich sah, daß die beiden gut trainiert und wohlvorbereitet die Wand angehen wollten. Ich erkannte, daß Charakter und Können der beiden eine harmonische Seilschaft erwarten ließen. Ich beriet den jungen Brandler, so gut ich es vermochte. Wir sprachen sachlich, unsentimental miteinander. Und auch zum Abschied sagte ich nicht das, was ich die ganze Zeit bang erhoffte: ›Kommt wieder, Freunde ...‹ Aber ich blickte den beiden lange nach, als sie sich von meinem Haus entfernten ...

Die Weiße Spinne

Es ist üblich, Menschen zum Geburtstag zu gratulieren. Auch der Bauwerke, Städte und Vereine etwa gedenkt man in würdiger Weise, wenn sie ein bestimmtes Alter erreicht haben. Man schreibt Biographien und Autobiographien, geschichtliche Erinnerungen vom umfangreichen Werk bis zur kleinen Broschüre. Warum soll man nicht ein Buch zur Geburtstagsfeier eines Berges schreiben? Oder einer Wand dieses Berges?

Freilich ist es nicht die Geburtstagsfeier des Berges und der Wand selbst, sondern die Erinnerung an den Tag, der Menschen zum erstenmal mit dem Berg oder der Wand in persönliche Beziehung gebracht hat. Die Erinnerung an die erste Besteigung eines Gipfels, an die erste Begehung einer Wand.

Vor hundert Jahren, 1858, wurde der 3970 Meter hohe Gipfel des Eiger im Berner Oberland zum erstenmal von Menschen betreten. Vor zwanzig Jahren, 1938, wurde seine Nordwand zum erstenmal durchstiegen. Erst durch diese Wand wurde der Eiger weltberühmt. Sein Name wurde bekannter als der des Matterhorn und des Montblanc. Er wurde Millionen Lesern in ungezählten Zeitungsberichten vorgesetzt, wurde Hunderte Male von Rundfunksprechern genannt. Er wurde zum Inbegriff alles Tragisch-Sensationellen, das die Alpinistik dem Leser zu ›bieten‹ hat. Und Millionen, die den Berg oder die Wand nie gesehen hatten, machten sich ein Bild davon. Es mußte ein Zerrbild werden. Ich will hier versuchen, an dessen Stelle ein richtiges Bild zu zeichnen. Es wird kaum weniger spannend sein, aber seine Dramatik wird in der Wahrheit liegen, in den Tatsachen, nicht in der Phantasie eines Schreibtischmenschen.

Die wahre Geschichte der Eiger-Nordwand ist furchtbarer und großartiger, als Menschen sie je erfinden könnten.

Ich gehöre zu den vieren, die vor zwanzig Jahren, im Juli 1938, die Eigerwand als erste durchsteigen durften. Die Erinnerung daran ist wie eine persönliche Geburtstagsfeier. Sie hat mich bis heute in ungeschwächter Kraft begleitet. Sie wurde durch das große Erlebnis Tibet nicht ausgelöscht, das meinem Leben eine so entscheidende Wendung gab. Sie verblaßte auch nicht während meines dreizehnjährigen Aufenthalts in Asien.

Ich glaube nicht, daß einer von uns, die wir damals durch das 1800 Meter hohe Bollwerk aus Stein und Eis stiegen, Angst um sein Leben gehabt hat. Aber nach der Rückkehr empfanden wir das Lebendürfen bewußter. Und dieses bewußte Empfinden hat mich seit der Besteigung der großen Nordwand nie mehr verlassen. Vielleicht gab mir die Erinnerung an die Eigerwand oft die Kraft, die Geduld und das Vertrauen, aussichtslos scheinende und gefährliche Situationen zu bestehen, an das Leben zu glauben, wenn auch alle äußeren Umstände lebensfeindlich schienen.

Der Glaube an sich selbst ist das wertvollste Gut, das ein Mensch besitzen kann. Diesen Glauben bekommt man nicht geschenkt. Der Blindüberhebliche besitzt ihn am allerwenigsten. Um diesen Glauben zu haben, muß man sich selbst in Augenblicken kennengelernt haben, in denen man an der Grenze stand, in denen man einen Blick ›hinüber‹ werfen durfte. Man muß sich in schonungsloser Offenheit erforschen, um zu wissen, wie man damals empfunden, gedacht und gehandelt hat.

In der Spinne der Eiger-Nordwand erlebte ich solch eine Grenzsituation, als Lawinen über uns hinwegbrausten und kein Ende nehmen wollten. Dieser Teil der Gipfelwand des Eiger hat seinen Namen nach der äußeren Ähnlichkeit mit einer riesigen Spinne erhalten. Selten wurde nach dem äußeren Bild ein Name gefunden, der gleichzeitig das Wesen des Benannten so vollkommen

Der obere Teil der Wand: links unten der »Götterquergang«, ein schmales Band, das zum unteren Rand der »Weißen Spinne« führt, zum Sammelbecken der Lawinen in 3500 m Höhe. Von dessen oberem Rand führen die Ausstiegsrisse schräg nach oben links zum Gipfeleisfeld.
Vorhergehende Seite: Die Eiger-Nordwand am Spätnachmittag im Hochsommer

erfaßt. Die Spinne der Eigerwand ist weiß. Ihr Leib besteht aus Eis, aus ewigem Schnee. Auch ihre hundert Meter langen Beine und Fangarme sind weiß. Lauter Eis ist es, das von dem ewigen, unheimlich steilen Firnfeld durch Rinnen, Risse und Spalten zieht. Hinauf, hinunter. Nach rechts, nach links. Nach allen Richtungen, in jeder Steilheit.

Die Spinne wartet.

Alle Bergsteiger, die ihren Weg durch die Nordwand des Eiger wählen, müssen über sie hinweg. Sie können ihr nicht ausweichen. Und auch die besten und schnellsten mußten in der Spinne die härteste Probe bestehen. Einer verglich einmal die ganze Eigerwand mit einem riesigen Spinnennetz, das die Opfer der Spinne selbst zutreibt. Dieser Vergleich ist unpassend, übertrieben und erweckt ein billiges Gruseln. Das haben die wilde Wand und der schöne Berg nicht verdient. Auch nicht die Bergsteiger. Denn Bergsteiger sind nicht Fliegen oder Käfer, die blind in ihr Verderben taumeln, sondern Männer mit sehendem Mut.

Und doch scheint mir die Weiße Spinne wie ein Symbol für die Eigerwand. Ihre Gefahren hat der Bergsteiger erst im letzten Drittel der Wand zu bestehen, nachdem er von vielen Stunden und Tagen anstrengender Kletterei ermüdet, vom kalten Biwak geschwächt ist. Aber wer dort müde wird, darf nicht rasten.

Wer dem Strom der Lawinen in der Spinne entrinnen will, muß erkennen, daß es aus diesem abenteuerlich steilen Gelände keine Flucht gibt; er muß seine Kräfte mit Geduld und Überlegung einzuteilen wissen. Oberhalb der Spinne beginnen die überhängenden, vereisten Ausstiegsrisse. Dort braucht man die Kraft. Wer Geduld und Klugheit mit angstgepeitschter Hast vertauscht, wird tatsächlich zur Fliege, die so lange im Spinnennetz zappelt, bis sie gefangen ist.

Die Weiße Spinne des Eiger ist nicht nur der Prüfstein für die technische Meisterschaft eines Bergsteigers, sondern auch für seinen Charakter. In späteren Jahren, wenn mir das Schicksal den Weg mit unzerreißbaren Netzen zu versperren schien, habe ich oft an die Weiße Spinne denken müssen. Und immer bewährten sich auch im Leben, selbst wo es scheinbar keinen Ausweg mehr gab, die Mittel und Eigenschaften, die den Weg aus der Eiger-Nordwand bahnten: Überlegung, Geduld und sehender Mut. Angstgetriebene Hast und daraus erwachsende Tollkühnheit müssen im Verderben enden.

Ein Wort von Schopenhauer fällt mir ein: ›Wie der Wanderer den zurückgelegten Weg erst, wenn er auf der Höhe angekommen ist, im Zusammenhang überblickt und erkennt, so erkennen wir erst am Ende einer Periode unseres Lebens auch den Wert derselben.‹ Die Eigerwand, der Gang über die Weiße Spinne war für mich Weg und Lebensperiode zugleich. Das erkannte ich allerdings erst viel später. Heute besteht für mich kein Zweifel über den Wert, den der schwierige, für manche unbegreiflich gefahrvoll scheinende Weg auf einen Berg für das weitere Leben eines Mannes bedeutet. Ich glaube nicht an ein blindes Schicksal, dem wir unterworfen sind. Ich kann auch nicht dem Schopenhauer-Wort: ›Das Schicksal mischt die Karten, und wir spielen‹ vorbehaltlos zustimmen. Auch wir mischen mit – davon bin ich überzeugt.

Man kann über das Verhalten des Menschen unter außergewöhnlichen Bedingungen, in Gefahr und Abenteuer, nichts Neues mehr sagen. Es ist schon alles gedacht und gesagt worden. Und wenn ich den Anbetern des Zufalls und des unabwendbaren Schicksals etwas ins Stammbuch schreiben müßte, so könnte ich dies nicht mit besseren Worten tun, als sie der Athener Menander schon vor mehr als zweitausend Jahren niedergeschrieben hat: ›Die Art und Weise eines Menschen ist sein Schicksal; und was er als Schicksal benennt, ist nur seine Wesensanlage.‹ Die Wand der Weißen Spinne brachte mir diese Wahrheit zum erstenmal klar zur Erkenntnis. Vielleicht hatten wir alle vier die glückliche Wesensanlage, die zur Basis unseres Erfolges wurde. Training, gewissenhafte Vorbereitung und Ausrüstung waren nur notwendiges Beiwerk.

Die Nordwand des Eiger wurde in der alpinen Literatur zum erstenmal von A. W. Moore in dessen prächtigem Buch ›The Alps

in 1864[1]‹ in ihrer ganzen Wildheit beschrieben. Moore und seine Bergführer und Begleiter, unter denen sich auch eine Dame – Miss Walker – befand, kletterten anläßlich der dritten Besteigung des Eiger am 25. Juli 1864 ein Stück über den Nordwestgrat, von wo sie unvermittelt in den Abbruch der Nordwand blickten.
Moore schreibt:
›Von den Tausenden, die jährlich unter dem Schatten dieser grandiosen Mauer vorbeigehen, die an Höhe und Steilheit die Nordwand des Wetterhorns noch übertrifft, ist wohl jeder von dem wilden Abbruch zutiefst beeindruckt. Aber so überwältigend der Anblick dieser Felsabstürze auch von unten sein mag – niemand kann sie richtig einschätzen, der nicht von oben in sie hineingeschaut hat. Nicht einmal in der Dauphiné habe ich einen so jähen, glatten Abbruch gesehen. Ein Stein, der von der Gratkante abbricht, fällt Hunderte Meter hinunter, ohne einmal aufzuschlagen. Es ist fast verblüffend, daß die Westseite dieses massigen Felsberges verhältnismäßig leicht zu begehen ist, während die Nordwand so jäh in die Tiefe stürzt, als ob hier der ganze Berg abgeschnitten wäre. Glatt und absolut unersteigbar ...‹
Absolut unersteigbar – Moore kommt gar nicht auf den Gedanken, daß in dieser Wand, in der nicht einmal das Auge Halt findet, eine Möglichkeit des Emporkommens sein könnte. E. H. Stevens, der Moores Buch 1939 neu herausgab, versah die oben zitierte Beschreibung der großen Wand mit einer Fußnote: ›Das ist die schreckliche Eigerwand – in den letzten zwei oder drei Jahren Schauplatz furchtbarer Katastrophen, die mehrere Partien betroffen haben. Die Versuche, ‚das letzte und größte Problem der Alpen zu lösen', waren ein tollkühnes, von krankem Geist getragenes Wagnis. Die Besteigung gelang schließlich 1938.‹
Da ich zu jenen gehöre, denen 1938 die Besteigung gelang, sei mir – bei allem Respekt vor der Urteilskraft unseres Kritikers – die Bemerkung gestattet, daß ich mich weder vor zwanzig Jahren geisteskrank fühlte, noch mich heute für verrückt halte.

[1] ›The Alps in 1864‹ by A. W. Moore, edited by E. H. Stevens. Basil Blackwell, Oxford 1939

Man hat bedauert, daß gerade bei der Eigerwandbesteigung und den Besteigungsversuchen das Ethos des Bergsteigens verblasse, weil die Wand zur Arena geworden sei, zur Naturbühne, auf der man jede Bewegung der Akteure verfolgen könne. Beifall, der den Erfolgreichen nach glücklichem Abstieg gezollt werde, sei ein äußeres Zeichen inneren Verfalls ...

Niemand bedauert dies mehr als die Eiger-Nordwandbesteiger selbst. Sie wollen nichts als Ruhe, wollen unbeobachtet sein. Sie sehnen sich nach der Zeit der Großväter, da niemand die Bergsteiger beachtete und beobachtete. Voll Sehnsucht nach der guten alten Zeit lese ich den Schluß von Moores Beschreibung seiner Eigerbesteigung: die Rückkehr zur Wengernalp. Doch mein Verlangen, von Stille, Ruhe und leisem Ausklingen des erhabenen Erlebnisses zu erfahren, wird auch dort nicht erfüllt. Denn es heißt: ›Sobald wir in Sicht kamen, wurden vor dem Hotel Schüsse abgefeuert. Nach einem schnellen Lauf über die Wiesen erreichten wir unter dem Krachen der Gewehre um drei Uhr zehn nachmittags wieder die Wengernalp, wo wir mit solcher Begeisterung und nicht enden wollendem Händeschütteln empfangen wurden, daß wir ganz überwältigt waren ...‹

So geschehen am 25. Juli 1864, auf der Höhe des ›golden age‹ des Alpinismus. Soll ich wirklich enttäuscht sein, weil schon damals Bergsteiger Menschen waren, mit all ihrer Schwäche und Eitelkeit? Nein, ich kann nur schmunzelnd feststellen, daß bei unserer Begrüßung die Salutschüsse fehlten. In alten Zeiten hatte man ohne Zweifel mehr Sinn für Stil und dramatische Effekte.

Wann wurde der Eiger zum erstenmal bestiegen?

Heute wissen wir es: Am 11. August 1858. Aber als ich in den alten, zeitgenössischen Ausgaben des ›Alpine Journal‹ nach einem Bericht über diese immerhin beachtliche Erstbesteigung suchte, hatte ich kein Glück. Ein Mister Harrington oder Harington soll mit einigen Führern den Gipfel zum erstenmal erreicht haben. Nirgends sonst wird der Name Harrington erwähnt. Das ist kein Wunder. Denn der Erstbesteiger hieß gar nicht Harrington, sondern Barrington. Mr. Charles Barrington.

Erst fünfundzwanzig Jahre nach der Erstbesteigung, im Februar 1883, schrieb Charles Barrington den lange fälligen Bericht in Form eines Briefes an den Redakteur des ›Alpine Journal‹. Wir erfahren aus diesem Briefartikel, daß Mr. Barrington – keineswegs Mitglied des damals schon einjährigen Alpine Club – Anfang August 1858 nach Grindelwald gekommen war und dort zwei berühmte Bergführer engagiert hatte: Christian Almer und Peter Bohren, der den bezeichnenden Beinamen ›Gletscherwolf‹ trug. Am 6. August wurde das Strahlegg bestiegen, am 9. August die Jungfrau von der Faulberghöhle aus. Darauf Abstieg nach Grindelwald am selben Abend. Der Gletscherbrand muß Barringtons Gesicht ziemlich arg zugerichtet haben, denn er schildert drastisch humorvoll, wie er die Nacht verbracht hat: ›Sleeping with a beefsteak on my face ...[1]‹ Mit seinen alpinen Taten ist der junge Mr. Charles keineswegs zufrieden. Was könnte man noch unternehmen? Er fragt das mit der Großzügigkeit eines Mannes, der zwar keinen Groschen im Sack hat, sich aber doch erkundigt, was die Welt kostet. Guter Rat ist zwar billig, aber die Ausführung teuer.

»Machen Sie das Matterhorn – oder den Eiger. Beide sind noch unbestiegen.«

Das Matterhorn ist drüben im Wallis und kostet bestimmt viel mehr. Der Eiger steht vor der Nase, und für den reicht das Geld. Also geht es auf den Eiger. Um Mitternacht des 10. August erreichen Charles und seine Führer die Wengernalp. Barrington wirft sich auf ein Sofa; er schläft drei Stunden. Am 11. August 1858, um drei Uhr morgens, verlassen Barrington, Almer und Bohren das Haus und beginnen den Aufstieg – Richtung Eiger. Sobald sie die Felsen erreichen, übernimmt – nach seiner eigenen Schilderung – Barrington die Führung. Sie steigen dank der Kletterfreudigkeit des jungen Charles nicht auf dem heute gebräuchlichen Normalweg, sondern fast auf der Schneide des Nordwestgrates empor und erreichen kurz vor Mittag schon den Gipfel. Beim Abstieg folgen sie dem Couloir und gehen entlang der Flanke, wo der heute üb-

[1] ›Alpine Journal‹, Februar 1883

liche Anstieg verläuft. Noch sind einige Abenteuer zu bestehen. Zweimal wird die Partie beinahe von Lawinen erfaßt. Aber eben nur ›beinahe‹, und vier Stunden nach dem Aufbruch vom Gipfel sind alle drei wieder wohlbehalten auf der Wengernalp. Barrington schreibt abschließend: ›So endete mein erster und einziger Besuch in der Schweiz. Da ich nicht genug Geld hatte, um auch noch das Matterhorn zu probieren, fuhr ich heim. Wäre ich nicht so ‚fit' gewesen wie mein altes Pferd ‚Sir Robert Peel', mit dem ich den Großen Irischen Nationalpreis gewonnen habe, hätte ich nicht die halbe Strecke gesehen . . .‹

Ein wahrer Sportsmann – mit diesem Wort erkennt der englische Chronist Leistung und Art der Berichterstattung Mr. Charles Barringtons an. Das Wettkampfmotiv als eine der Triebfedern des Alpinismus ist also keineswegs die Erfindung einer modernen, entarteten Jugend. Es schlummert latent in jeder Jugend, die ›fit ist wie Sir Robert Peel‹, und war auch bei Bergsteigern immer vorhanden, angefangen von Balmat-Paccard über Whymper-Carrel bis zu Buhl-Rébuffat und den heutigen Jungen. Daß der Alpinismus außer dieser sportlichen Seite noch viele andere körperliche, geistige und ethische Beweggründe hat, macht seine Eigenart aus. Man kann das Bergsteigen nicht katalogisieren, nicht einordnen in eine Sparte des kulturellen Lebens von heute. Man muß ihm seine Sonderstellung lassen, ebenso wie man die Eigenwilligkeit der Bergsteiger nicht aus der Welt schaffen kann.

Die Geschichte des Eiger ist ein Stück Geschichte des Alpinismus: Zuerst also kam dieser Charles Barrington, der sich in seinem naiven, unverwüstlichen Draufgängertum den Gipfel ›holte‹, weil ihm das Matterhorn zu kostspielig war. Schon ein Jahr später finden wir im Bereich des Eiger einen der feinsinnigsten und geistreichsten Alpinisten, der nicht die geringste Ähnlichkeit mit ›Sir Robert Peel‹ hatte: Leslie Stephen[1], der 1859 mit George und William Mathews und drei Führern das Eigerjoch überschritt.

[1] Leslie Stephen, ›Tummelplatz Europas‹ (Playground of Europe), übersetzt und herausgegeben von W. Rickmer Rickmers, Gesellschaft Alpiner Bücherfreunde, München

1874 wurde der Südwestgrat, 1876 der Südgrat des Eiger erklettert.
1885 gelang Grindelwalder Führern der Abstieg über den Mittellegigrat, der die kürzeste Verbindung vom Eigergipfel in ihr Heimatdorf bedeutet hätte – wäre er nicht so schwierig gewesen. Über die große Steilstufe im oberen Gratteil seilten sie sich ab.
1912 bringt den Triumph der Technik: Die Jungfraubahn wird fertiggestellt. Viele Kilometer läuft die Trasse durch den Berg, durch den Felsenleib des Eiger. Nur zwei Fenster führen aus dem Stollen ins Freie der Nordwand. Sie werden einmal in den Nordwandtragödien eine Rolle spielen.
1921 gelingt es endlich, den Mittellegigrat im Aufstieg zu erklettern. Wieder sind es drei Grindelwalder Bergführer: Fritz Amatter, Samuel Brawand und Fritz Steuri senior, die einen Touristen hinaufführen: den blutjungen Japaner Yuko Maki. Fünfunddreißig Jahre später wird er eine japanische Expedition auf den achthöchsten Berg der Erde führen, den 8128 Meter hohen Manaslu. Yuko Maki stellt zum erstenmal, wenn man so sagen darf, eine Verbindung zwischen Eiger und Himalaja her. Später sollte es selbstverständlich erscheinen, daß die Namen vieler Besteiger der Eiger-Nordwand auch im Kampf um die höchsten Berge der Welt immer wieder genannt werden.
1932 wurde auf dem Eiger die letzte große Erstbesteigung im klassischen Stil durchgeführt: Dr. Hans Lauper und Alfred Zürcher, die beiden hervorragenden Schweizer Alpinisten, stiegen mit den weltbekannten Walliser Führern Joseph Knubel und Alexander Graven über die Nordostwand zum Eigergipfel auf.
Alle Seiten des mächtigen Berges sind nun bestiegen. Nur eine fehlt noch: die absolut unersteigbare, die unmögliche, ›Die Wand‹, die das von Norden und Nordwesten heranstürmende Wetter als erste empfängt und festhält; die Wand, in der die Weiße Spinne, mit feinen, Hunderte Meter langen Armen aus Eis und Firn in die Felsen gekrallt, zu warten scheint.
Zu warten?
Nicht die Spinne wartet. Die Menschen warten. Die Jugend wartet. Sie wartet auf ihre Zeit. Es ist kein Matterhorn mehr da, das

man erstmals besteigen könnte, keiner der jungfräulichen Gipfel, die sich die Pioniere des ›golden age‹ nach Belieben aussuchen konnten. Auch gibt es keine großen Wände mehr. 1931 haben die Brüder Schmid die Matterhorn-Nordwand bezwungen, und 1935 ist durch Peters und Maier auch die Nordwand der Grandes Jorasses erstiegen worden.

Aber die Wand des Eiger? Die Wand der Weißen Spinne?

Ist die Ersteigung wirklich unmöglich? Oder gibt es vielleicht doch einen Weg?

Die Antwort kann nur einer geben, der es versucht hat. Es müssen einmal die ersten kommen.

Sie kommen im Sommer 1935.

Die ersten in der Nordwand

Nicht nur die Jugend ist ›schnell fertig mit dem Wort‹; auch die breite Masse des Publikums fällt leicht und leichtfertig ein Urteil über Geschehen und Dinge, die sie nicht versteht oder verstehen kann. Sie urteilt und verurteilt, setzt die Begriffe ›Leichtsinn‹ und ›Spiel mit dem Leben‹ an die Stelle von ›Kühnheit‹ und ›Verteidigung des Lebens‹. Die moderne Wissenschaft und Psychologie geben ihr auch die Fachausdrücke in die Hand, die Kritik und Urteil unterbauen sollen. ›Überkompensation von Minderwertigkeitskomplexen‹, ›Selbstbewährung von Menschen, die sonst im Leben versagten‹, ›Scheinheldentum gescheiterter Existenzen‹ – man könnte die Liste der Ausdrücke seitenlang fortsetzen, mit denen man den Sinn und Unsinn des Bergsteigens scharfer Richtung zu charakterisieren und zugleich zu brandmarken versuchte. Aber glaubt man denn, daß beispielsweise Fridtjof Nansen im Jahre 1888 die Durchquerung des Inlandeises von Grönland auf Schiern unternahm, weil er an Minderwertigkeitskomplexen litt? Oder daß dieser große norwegische Forscher und Friedensheld seine aufsehenerregende Tat ausführte, nur um der Wissenschaft zu dienen? Es war das große Abenteuer, das ihn lockte, die ewige Sehnsucht des schöpferischen Menschen, in Neuland vorzustoßen, eine neue Erkenntnis zu erwerben – auch von sich selbst. Hier liegt der zündende Funke, die geheimnisvolle Kraftquelle, die zum Außergewöhnlichen befähigt. Sinn oder Unsinn? Wer kann es entscheiden? Wer darf ein Urteil fällen? Schenkt das erlebte und bestandene Abenteuer greifbaren, allgemeinverständlichen Erfolg, dann spart das Publikum nicht mit Beifall. Es ist nur zu gern bereit, den zuerst Verachteten, zur Lächerlichkeit Verdammten, des Leichtsinns Bezichtigten nach dem Erfolg in das Rampenlicht der Öffentlichkeit zu zerren und ihn auf das Piedestal des Helden zu stellen. Verachtung und Heldenverehrung sind gleich ungesund, und beide können Unheil bringen. Aber seit es Menschen gibt, mußten die kühnen, wagemutigen Männer ihr unübliches Tun immer zwischen den beiden Extremen Spott und Ablehnung – Anerkennung und Verehrung in die Tat umsetzen. Das wird immer so sein. Bei den Bergsteigern kommt noch etwas hinzu: In eine Durchsteigung der Eigerwand kann man auch beim besten Willen keinen allgemeinen Nutzen für die Menschheit hineingeheimnissen. Sie bleibt ein rein persönlicher Erfolg für die Kletterer selbst. Und mag man noch so viele materiell wägbare Werte finden – sie stehen in keinem Verhältnis zum Risiko, zu den unvorstellbaren Mühen und Schwierigkeiten, die das Letzte an körperlicher, geistiger und seelischer Widerstandskraft fordern. Berühmt werden durch die furchtbare Wand? Gewiß, der Ehrgeiz spielt eine große Rolle. Doch ein Bruchteil der angewandten Energie, gepaart mit kühler Berechnung, würde bei jedem Berufszweig oder bei einer anderen, ungefährlicheren Sportart zu größerem Erfolg, zu Ruhm und gesicherter Existenz führen.

Selbstbewährung? Kompensation von Minderwertigkeitskomplexen? Ein Bergsteiger, der es wagen darf, in die Eigerwand zu steigen, muß sich vorher schon hundertmal bewährt haben. Und wenn er vielleicht einmal Komplexe hatte – welcher Mensch hat keine, wenn er nicht mit einem stumpfen, rein vegetativen Dasein vorliebnimmt? –, so muß er in sich schon längst den richtigen Ausgleich gefunden haben. Eine Überkompensation durch die Besteigung der Eigerwand? Ein Hysteriker, ein haltloser Charakter würde schon beim Anblick der Wand zerbrechen, ebenso wie jede Maske, die Menschen im Alltag voreinander tragen mögen, angesichts dieses drohenden Bollwerks aus Stein und Eis abfällt.

Lassen wir dem Mut und der Abenteuerlust ihre Existenzberech-

tigung, auch wenn wir keine materielle Begründung finden. Es ist eine häßliche Gewohnheit der Menschen geworden, nur dem Töter Mut zuzubilligen. Wer den anderen besser schlägt, steht hoch im Kurs. Wer aber in seinem Seilgefährten ein Stück von sich selbst sieht, wer in Stunden höchster Gefahr keinen Gegner vor sich hat, den man erschießen oder erschlagen kann, sondern nur gegen die eigene Schwäche und Unzulänglichkeit kämpfen muß, den nimmt man nicht für voll. Wer in Augenblicken der Bedrohung des eigenen Lebens nicht nur dieses zu verteidigen hat, sondern gleichzeitig – bis zur selbstverständlichen Aufopferung – auch das des Freundes, soll geringer geachtet werden als der Boxer im Ring, nur weil man sein Tun nicht versteht? Kurt Maix sagt in seinem Dachsteinbuch[1]: ›Bergsteigen ist der königlichste Unsinn, aus dem der Mensch in seiner schöpferischen Einbildung höchst persönliche Werte formt.‹ Die persönlichen Werte, die uns der Gang zum Berg schenkt, sind so groß, daß sie unser Leben bereichern. Liegt nicht im Unsinn des Zwecklosen der tiefste Sinn des Bergsteigens? Aber lassen wir philosophische Spitzfindigkeiten und unpassende Seelenanalysen aus dem Spiel.
Betrachten wir zunächst die beiden Männer, die Mitte August 1935 eine Almhütte bei Alpiglen als Standquartier bezogen, die beiden, die den ersten Angriff auf die große Wand wagen sollten: Max Sedlmayer und Karl Mehringer. Es sind sehnige, durchtrainierte Gestalten, Menschen mit offenen, klaren Gesichtern. Sie haben nicht die ›eisernen Züge‹ von Sagenrecken, auch nicht von Filmhelden gewisser Prägung. Im Alltag wären sie kaum aufgefallen, höchstens dadurch, daß sie vielleicht um eine Spur bescheidener, ruhiger, sympathischer waren als der Durchschnitt. Ihre Ruhe und Gelassenheit ließen in ihnen Menschen erkennen, die auch im Leben auf ihrem Posten stehen, die es nicht nötig haben, sich durch eine außergewöhnliche, lebensgefährliche Leistung selbst zu bestätigen oder auf den Beifall der Masse zu warten, um zu erfahren, wer sie sind.

[1] **Kurt Maix**, »Im Banne der Dachstein-Südwand«, Verlag »Das Bergland-Buch«, Salzburg 1952

Schon die Art, wie Sedlmayer und Mehringer an die Erkundung der Wand herangingen, war bezeichnend für ihren Charakter. Still und ohne Aufsehen kamen sie zum Berg. Sie trugen kein herausforderndes Lächeln, keine Überheblichkeit zur Schau. Sie kannten die Größe ihres Vorhabens und gingen sehr ernst an die Vorbereitung. Die eigentliche Vorarbeit lag allerdings schon hinter ihnen, die geistige Einstellung, das jahrelange harte Training, die Einschätzung der eigenen Leistungsfähigkeit. Sie waren nicht weltberühmt; nur der enge Kreis der Kameraden kannte sie. Diese strengsten Kritiker, die selbst zur bergsteigerischen Elite zählten, wußten, daß Sedlmayer und Mehringer zu den Besten, Vorsichtigsten, Zähesten und Durchschlagskräftigsten gehörten, hundertfach erprobt auf schwersten Fahrten.

Selbst wenn man eine Sennhütte als Quartier erwählt – in einem Zentrum des Fremdenverkehrs können geheime Pläne nicht geheim bleiben. Die Nachricht sickert durch: Da sind zwei, die die Eigerwand machen wollen. Es fehlt nicht an wohlmeinenden, warnenden Stimmen. Aber was soll die Warnung, der Rat? Niemand kennt noch die Wand. Man kennt nur ihr Gesicht, das sich ständig verändert. Eis, Fels, Schnee ... Lawinen – und Steinschlagzüge. Ein Gesicht ohne Gnade, ohne Freundlichkeit. Man kann nur sagen: ›Geht nicht in die Wand, sie ist grauenhaft.‹ Aber ist das Grauen stärker als menschlicher Wille, als menschliches Vermögen? Wer kann darauf Antwort geben? Noch niemand war in der Wand. Sedlmayer und Mehringer sind die ersten. Und sie bereiten sich vor wie noch nie auf eine Bergfahrt. Sie wissen, daß es sich hier nicht um irgendeine schwierige Erstbesteigung handelt, sondern um eine Expedition in die Senkrechte. Eine Expedition zu zweien. Wie lange diese dauern wird? Zwei, drei Tage? Noch länger? Die beiden nehmen Proviant für sechs Tage mit. Auch ihre Ausrüstung ist das Beste, was es zu ihrer Zeit gibt. Allerdings wissen sie noch nicht, was in der Eigerwand am meisten benötigt wird: Ist es eine Eiswand, eine Felswand? Auch das Betrachten mit einem guten Fernglas gibt keine klare Antwort. Täglich, ja stündlich wechselt die Eigerwand ihr Gesicht. Aber immer bleibt es gnadenlos in seiner großartigen Unnahbarkeit. Alle Erfahrungen, die man bei anderen Bergen gemacht hat, scheinen hier nutzlos. Die Erfahrungen für diese Riesenmauer kann man nur in ihr selbst machen.

Das Wetter ist entscheidend. Das wissen die beiden Münchner zweifellos. Aber sie erkennen auch, daß es die berühmte Schönwetterperiode, auf die man nach den strengen Grundsätzen der Alpinistik warten soll, für die Eigerwand anscheinend nicht gibt. Es mag rundherum schön sein – der Eiger und seine Nordwand haben ihr eigenes Wetter. Da ist vielleicht nur eine kleine Wolke, die sich in dem riesigen, senkrecht aufgestellten, konkaven Becken der Wand fängt und ein furchtbares Gewitter mit Hagel, Schnee und Sturm entfacht, während sich die Kurgäste in Grindelwald behaglich im Liegestuhl von der Sonne bräunen lassen. In der Wand schlägt jedes vom Unterland herankommende Wetter seine gewaltige Eröffnungsschlacht. Aber auch die Wolken, die bereits auf dem Weg zu den Bergen ihre Regenlast ausgeschüttet haben, vereinen sich in der Eigerwand nochmals zu geballter Kraft, um ein letztes verzweifeltes Gefecht zu liefern, bevor sie als erschöpfte, harmlose Nebelfetzen andere Gipfel umspielen. Oder es bildet sich in der Wand selbst durch die Wechselwirkung der in ihr gefangenen Kälte und der sonnendurchwärmten Luft außerhalb eine spannungsschwangere Wolke, die Regen, Schnee und Eis auf die Flanken peitscht.

All das sehen die beiden Männer, die bereits eine Route durch die Wand – wohl die einzig mögliche – erkannt haben. Der tiefste Punkt der Mauer liegt in in einer Höhe von 2100 Metern. Die ersten siebenhundert Meter – auch diese sind steil, von Lawinen und Steinschlag bedroht – scheinen zwar schwer, aber nicht allzu schwierig zu sein. Dort oben sind mit dem Fernglas im Fels einige Löcher zu erkennen – die Fenster der Station Eigerwand der Jungfraubahn, die kilometerlang im Inneren des Berges ihre Kurven zieht. Etwa vierhundert Meter weiter westlich ist noch solch ein Stollenfenster in der Wand, das Fenster bei Kilometer 3,8 – durch das während des Baues der Schutt ins Freie befördert wurde.

Gewiß, man könnte mit der Bahn bis zur Station Eigerwand oder bis zum Fenster 3,8 fahren und erst von dort die Kletterei beginnen. Aber dann könnte man ebensogut auf dem gewöhnlichen Weg auf den Eigergipfel steigen und die Wand nur betrachten! Nein, die Bahn im Berg ist für die anderen Menschen. Für die Männer der Wand gilt nur die sportlich-bergsteigerisch einwandfreie Besteigung vom tiefsten Punkt bis zum 3970 Meter hohen Gipfel.

Tagelang beobachten Sedlmayer und Mehringer die Mauer, schaffen Ausrüstung zum Einstieg, liegen stundenlang da, das Fernglas an den Augen. Oberhalb der Fenster der Wandstation bäumt sich eine lotrechte Felsstufe auf, etwa hundert Meter hoch. Ist sie erkletterbar? Das kann man erst an Ort und Stelle entscheiden. Über der Steilstufe schimmert ein Eisfeld herab. Das erste Eisfeld ... Wie hoch? Wie steil? Man kann das von unten her so schwer feststellen.

Und darüber wieder eine Felsstufe, dann wieder ein riesenhaftes Schnee- und Eisfeld. Man müßte es im Aufstieg schräg nach links queren. Dort haben Fels und Eis eine seltsame Form: Sie gleicht fast einem riesigen Falken, der mit ausgebreiteten Schwingen aufwärts stößt. Man muß empor zum Schnabel dieses Falken, einem scharfen Grat, der sich dort an die lotrechte Gipfelwand lehnt und der später von den Bestürmern ›Bügeleisen‹ genannt wurde. Ist das alles begehbar? Man muß wohl von diesem Grat über ein steiles, das dritte Eisfeld nach links queren. Und an seinem Ende zieht eine Steilrampe schräg links aufwärts durch die Wand gegen den Mittellegigrat. Kann man die Rampe bis zum Ende durchklettern? Kann man aus ihr nach rechts queren in das große Schneefeld, das nach allen Seiten feine Eis- und Schneerinnen entsendet wie eine Riesenspinne über dem 1500 Meter tiefen Abgrund? Und endlich: Kann man aus dieser Spinne durch die Risse und Rinnen emporklettern zum Gipfeleisfeld?

Niemand kann das entscheiden, der es nicht selbst versucht hat. In der Nacht vom 20. zum 21. August 1935 verlassen Max Sedlmayer und Karl Mehringer ihr Asyl auf der Sennhütte von Alpiglen. Am 21. – es ist ein Mittwoch – steigen sie um zwei Uhr früh in die Wand ein. Als es licht wird, stauen sich die Menschen schon an den Fernrohren vor der Kleinen Scheidegg und von Grindelwald. Man beobachtet die verwegenen Münchner den ganzen Tag; die Kritik der Besserwisser verstummt vor Staunen und Anerkennung. Die beiden klettern hervorragend – trotz der Steilheit des Geländes, trotz der schweren Rucksäcke. Deutlich erkennt man, wie sie sich gegenseitig sichern, wie sie an schwierigeren Stellen die Rucksäcke nachziehen. Kein Schritt ist unüberlegt, jede Bewegung ist bedacht. Auch die Bergführer, die mißtrauisch und kritisch alles verfolgen, was in ihrem Berggebiet vorgeht, erkennen: Hier sind Meister am Werk.

Ideal ist die Anstiegsroute der beiden; genau in der Gipfelfalllinie. Sie rasten kaum. Wie eine fehlerlos laufende Maschine, Seillänge um Seillänge, fast schulmäßig korrekt, gewinnen Sedlmayer und Mehringer an Höhe. Und als der Abend dämmert, haben sie den ganzen unteren Wandteil überwunden; sie biwakieren in einer Höhe von rund 2900 Metern, achthundert Meter über dem Einstieg, höher noch als die Fenster der Station Eigerwand, deren Lichter fast wie Sterne herunterleuchten.

Donnerstag früh. Auch die Skeptiker sind fast überzeugt, daß die Besteigung gelingen wird. Manche wetten sogar, daß die beiden Münchner noch an diesem Tag, ja schon am frühen Nachmittag den Gipfel erreichen werden. Aber die Wand trügt. Der Gipfel ist noch weit, der Weg unbekannt und schwer. Die sensationsgierigen Zuschauer werden enttäuscht. Ihre Gladiatoren sind faul; da ist doch nur diese lächerliche Wandstufe, wie hoch kann sie denn sein? Man peilt über den Daumen, schüttelt ärgerlich den Kopf. Na, höchstens zwanzig Meter.

Nein! Das sind nicht zwanzig Meter. Das sind hundert Meter. Hundert Meter senkrechter Fels, über den auch die schweren Rucksäcke geschafft werden müssen. Und diese zwei Männer sind nicht Gladiatoren, sondern Bergsteiger. Sie bezwingen die Wandstelle, die an Schwierigkeit besser auf einen Dolomitenturm passen würde als hier in die furchtbare Wand des Eiger; sie sichern und helfen einander, sie ahnen nicht und wollen es vor allem nicht, daß man ihnen zuschaut. Ihre Gedanken sind so fern, weit fort von den übrigen Menschen. Nicht, weil sie sich überlegen dünken, sondern weil der Berg sie ganz erfaßt hat und weil sie mit allen Fasern ihres Wesens, mit aller Wachheit des Menschen in Gefahr die schwere Stelle bezwingen müssen. Steine kommen von oben, Eisbrocken; sie sausen weit über ihren Köpfen dahin – so steil ist der Fels. Nach stundenlanger Arbeit haben sie die Wandstufe hinter sich. Aber es ist Nachmittag geworden.

Und der Nachmittag reicht gerade, um das steile erste Eisfeld – das von unten so lächerlich kurz erscheint – zu überwinden. Immer wieder sieht man, wie sie die Rucksäcke über die Köpfe heben oder sonstwie Deckung suchen. Der Berg sendet seine Geschosse.

In der Dämmerung biwakieren sie am oberen Rand des ersten Eisfeldes. Man kann von unten nicht sehen, ob sie einen Platz zum Sitzen haben; von Liegen kann keine Rede sein. Es scheint, als wären sie an die Wand geklebt. Es ist eine lange Nacht. Aber noch hält das Wetter.

Man beobachtet Sedlmayer und Mehringer den ganzen Freitag. Es scheint, als gewännen sie kaum an Höhe. Auch der Übergang vom ersten zum zweiten Schneefeld scheint sehr schwer zu sein. Die riesigen Ausmaße dieses Feldes erkennt man an den kleinen Punkten, die Menschen sind, an den kurzen Abständen, die doch Seillängen von dreißig Meter bedeuten. Und immer wieder bleiben die beiden stehen, offensichtlich, um sich gegen Stein- und Eisschlag zu schützen. Das Nachziehen der Rucksäcke nimmt oft viel Zeit in Anspruch. Die Stunden eilen wie Minuten. Unendlich langsam gewinnen sie an Höhe. Aber sie steigen aufwärts, gegen den linken Rand des zweiten Schneefeldes zu. Wo werden sie biwakieren? Man sieht es nicht. Der Nebelvorhang senkt sich über den Berg, trennt die beiden Welten.

In der Nacht schlägt das Wetter um. Der Sturm braust über die Grate, im Tal prasselt der Regen, und oben jagt er die Flocken und Eisgraupeln an die Bergflanken. Zuerst war es nur ein Gewitter.

HB-ILO
SWISS

Max Sedlmayer *(links)* und Kar Mehringer *(unten)*, die ersten Opfe der Eiger-Nordwand. Von einem tage langen Wettersturz überrascht, er froren beide im »Todesbiwak« an Beginn des dritten Eisfeldes

Vorhergehende Seite: Luftaufnahme der Eiger-Nordwand. Sie zeigt die für diese Wand typische dachziegelartige Schichtung des Gesteins

Aber in das Krachen des Donners mischt sich das Tacken und Hämmern des Stein- und Eisschlages. Der Lärm in der entfesselten Wand ist so groß, daß er sogar den Schlummer friedlicher Touristen in Alpiglen und auf der Kleinen Scheidegg stört.
Das furchtbare Wetter dauert den ganzen Samstag. Zum Hämmern des Steinschlages kommt noch das Rauschen und Brüllen der Lawinen. Dabei ist es bitter kalt. In der Nacht hat man unten in der Kleinen Scheidegg acht Grad unter Null gemessen. Wie kalt muß es erst in der Wand sein! Leben die beiden noch? Manche hoffen es gegen bessere Einsicht. Aber niemand ahnt etwas von dem verzweifelten Kampf Sedlmayers und Mehringers. Der Wolkenvorhang reißt nicht für eine Minute auf. Es kommt die neue, tödlich kalte Nacht zum fünften Tag in der Wand.
Sonntag, der 25. August.
Wer wagt noch an das Leben der beiden Münchner zu glauben? Gegen Mittag reißt für kurze Zeit die Nebeldecke auf. Einer, der das Auge an das Fernrohr gepreßt hatte, kann das, was er sieht, nicht glauben. Aber dann ist kein Zweifel mehr, und er schreit: »Ich sehe sie! Sie leben noch! Sie bewegen sich! Sie steigen hinauf!«
Und tatsächlich: Man sieht die Punkte. Sie bewegen sich langsam aufwärts über das steile, glatte Eisfeld, das zum Grat des Bügeleisens führt. Sie leben also noch. Am fünften Tag in dieser Wand, nach vier Biwaks, trotz Kälte, Sturm, Lawinen. Sie leben, und sie klettern auch noch aufwärts.
Hoffnung flackert auf. Unnatürlicher Optimismus! Die Burschen schaffen es wohl doch. Sonst wären sie ja umgekehrt!
Aber die Bergführer, die Bergsteiger, die mit dem Berg verwachsen sind, schweigen. Man spricht nicht aus, daß man jemanden für verloren hält. Die Bergführer und Bergsteiger wissen, warum die beiden nicht umgekehrt sind: Die Lawinen, der Steinschlag bilden eine furchtbare Falle. Dazu kommt noch die Schwierigkeit der jetzt vereisten, verschneiten, im besten Fall unter Sturzbächen stehenden Felsen. Die einzige Hoffnung ist, aufwärts durchzukommen. Die Bergsteiger und Bergführer wissen, daß es keine

andere Hoffnung mehr gibt. Sie ahnen auch, daß Sedlmayer und Mehringer dies wissen, daß diese beiden ersten, die die Eigerwand versuchten, nur weiterkämpfen, weil man nicht aufgibt.

Die beiden steigen weiter. Dem Grat des Bügeleisens entgegen.

Der Nebelvorhang geht zu, verbirgt den letzten Akt der ersten Tragödie der Eigerwand vor den Augen der Menschen.

Sturm, der die Schneeflocken waagrecht gegen die Felsen peitscht, grollende Lawinen, Sturzbäche, in die sich das Stakkato des Steinschlages mengt – das ist die Melodie der Eigerwand, die Totenorgel für Max Sedlmayer und Karl Mehringer.

Dienstag, den 27. August, kommen Münchner Freunde der beiden zum Berg, darunter der Bruder Sedlmayers und Gramminger, der später als Bergrettungsmann Weltruf bekommen soll. Die Freunde versuchen alles, um Rettung zu bringen. Aber da gibt es nichts zu retten. Weder vom Gipfel noch von den Türmen des Westgrates noch von unten ist etwas zu sehen oder zu hören. Kein menschlicher Laut unterbricht die Sprache des Berges. Es ist unmöglich, von unten in die Wand einzusteigen. Es ist undenkbar, von oben her Hilfe zu bringen.

Der Bruder und die Freunde – die besten und kühnsten Bergsteiger – stehen ohnmächtig vor der Gewalt der entfesselten Natur.

Schweizer Militärflieger versuchen in den nächsten Tagen, an der Wand entlangzufliegen. Sie entdecken keine Spur von den Vermißten. Wochen später, am 19. September, als das Wetter endlich besser geworden ist, kommt Ernst Udet, Deutschlands erfolgreichster Flieger. Es ist eine eigenartige Fügung des Schicksals. 1928 brachte Dr. Arnold Fanck während der Dreharbeiten für den Film ›Die weiße Hölle vom Piz Palü‹ Udet zum Bergfliegen. Damals war es Spiel: Udet mußte ganz nahe an die Eiswand heran, um Menschen, die sich verstiegen hatten, zu finden und die Rettung zu leiten. Jetzt war es tragische Wirklichkeit. Aber es galt nicht mehr zu retten, sondern nur noch, Tote zu finden.

Der hervorragende Grindelwalder Bergführer und Schiläufer Fritz Steuri begleitete Udet auf seinem verwegenen Unternehmen. Bis auf zwanzig Meter flog er an die Wand heran, und da entdeckten

die beiden einen der Vermißten – war es Sedlmayer oder Mehringer? –, bis an die Knie im Schnee steckend, stehend erfroren im letzten Biwak, an der Spitze des Bügeleisens, am oberen Rand des dritten Eisfeldes, das seither das Todesbiwak genannt wird.
Zwei Männer waren in der Wand geblieben.
Aber der Mut war nicht erloschen, auch nicht die Sehnsucht nach dem ewigen Abenteuer, der Wunsch, in das Unbekannte vorzustoßen. Die Toten sollten im nächsten Jahr gesucht und wenn möglich geborgen werden.
Doch man erkannte auch die Fehler, die die ersten machen mußten, weil sie eben die ersten waren: vermeidbare Fehler. Und wenn die von Leben erfüllte bergsteigerische Jugend ihre Pflicht den Toten gegenüber zu erfüllen glaubte, indem sie bergen wollte, was an ihnen sterblich war – so entzündeten sich ihre Kühnheit und Phantasie doch am Gedanken an die drohende Wand und an den Weg, der durch sie zur Höhe führt.
Die Jugend kümmerte sich nicht um die scharfe Sprache der Polemik, die nach der ersten Tragödie in der Eigerwand entbrannte. Sie hörte in der Drohung des Berges die Lockung, die Herausforderung ihres Mutes. Sie erfand die fromme Lüge, das Vermächtnis der Toten erfüllen zu müssen. Vielleicht glaubte sie sogar daran. Doch was sie wirklich antrieb, war die unerklärliche Sehnsucht nach dem ewigen Abenteuer.
Es kam das Jahr 1936. Das Jahr des erschütternden Sterbens des letzten Überlebenden von zwei Seilschaften: des Mannes, der aus dem Jenseits noch einmal in die Welt der Menschen kommen wollte. Das Jahr der Tragödie des Toni Kurz.

Die Tragödie des Toni Kurz

Albert von Almen hat ein zeitloses Gesicht. Er kann Mitte Dreißig sein oder auch Mitte Fünfzig. Das ist bei Bergmenschen so, deren Züge Wind und Sturm geprägt haben: In der Jugend sehen sie älter aus und im Alter jünger.

Der Berg ist der strenge Lehrmeister und vertraute Freund von Almens gewesen; wenn ihn sein Beruf auch mehr in den Berg führt als auf den Berg. Albert ist Streckenwärter der Jungfraubahn. Er ist dafür verantwortlich, daß entlang der Bahn im Berg Eiger nichts passiert, daß alles in Ordnung abläuft. Aber ihn interessiert auch alles, was draußen vorgeht. Er versteht zwar die Jungen nicht ganz, die da versuchen, die furchtbare Eigerwand zu ersteigen, aber wenn er sie auch für ein wenig verrückt hält, so hat er doch ein Herz für sie. Von Almen hat gütige Augen. Sie sind von vielen kleinen Falten umgeben, die nicht nur von Sorge und vom harten Leben auf dem Berg erzählen, sondern auch von der Freude am Lachen.

Am 21. Juli 1936 steht Albert zu Mittag vor dem Stollenloch bei Kilometer 3,8, nachdem er die schwere Holztür des Eingangs geöffnet hat.

Es ist ein Dienstag. Seit dem 18. Juli, also seit Samstag schon, sind vier Bergsteiger in der Wand: die beiden Österreicher Edi Rainer und Willy Angerer und die beiden Bayern Anderl Hinterstoisser und Toni Kurz. Besonders der lebensfrische, bildsaubere Toni Kurz ist allen ans Herz gewachsen. Nicht nur, weil er Berufsbergführer ist: Wenn der Toni lacht, ist es, als lache das Leben selbst. Und jung sind sie alle: Der älteste, der Angerer, ist siebenundzwanzig; Kurz und Hinterstoisser sind erst dreiundzwanzig. Sie sind hoch hinaufgekommen in der Wand, fast so hoch wie die beiden im vergangenen Jahr, der Sedlmayer und der Mehringer. Die sind nie mehr zurückgekehrt. Aber diese vier werden zurückkommen. Was man in den letzten Tagen gesehen hat, gibt Anlaß zu berechtigter Hoffnung, daß es diesmal ohne Katastrophe abgehen wird.

So großartiges Klettern hat man hier noch nie gesehen. Freilich – einen von ihnen, vermutlich Angerer, schien ein Stein getroffen zu haben. Darum bewegte sich die Partie seit zwei Tagen so langsam weiter, und darum hatte sie sich dann wahrscheinlich entschlossen, umzukehren. Grausig sah das aus, dieser Abstieg über die steinschlag- und lawinenbestrichenen Eisfelder und Wandstufen. Aber mutig und ohne Zögern, wenn auch sehr langsam, rückten die vier tiefer, näher dem rettenden leichteren Gelände. Und immer bemühten sich die drei Gesunden um den offensichtlich Verletzten. Das sind keine schlechten Burschen, die sich so umeinander kümmern. Das sind prächtige Kerle – wenn auch ein wenig verrückt.

Albert von Almen denkt an die Sonntagstouristen und Ausflügler, die blasierten Herren und die Damen in Stöckelschuhen, die bei der Station Eigerwand an den Rand des Tunnelfensters treten und mit ›Ah‹ und ›Oh‹ die für sie grauenhafte Tiefe und unabschätzbare Höhe der Eigerwand betrachten. Die gleichen Menschen waren an der Kleinen Scheidegg und in Grindelwald nicht von den Fernrohren wegzubringen, fiebernd vor Sensationslust. Und da waren auch die Gespräche der Neunmalklugen, die erwogen, ob es diesmal wieder mit einer Katastrophe enden oder ob die vier das Tal der Menschen lebend erreichen würden.

Sie müssen zurückkehren, denkt Albert von Almen. Sein Herz gehört den Jungen, diesen vier Jungen in der Wand und der Jugend überhaupt. Er will einmal schauen und hören, wie es den Burschen in der Eigerwand geht. Almen schiebt die Riegel der schweren Holztür zurück und tritt ins Freie. Hundertmal ist er schon hier herausgetreten, der Anblick der Wand ist ihm vertraut. Aber heute erscheint sie ihm besonders grauenhaft, vielleicht weil er Menschen darin weiß. Der Fels ist glasig mit Eis überzogen. Hie und da hört er Steine herabpoltern; manche Geschosse jagen mit bösem Brummen Hunderte Meter frei durch die Luft. Dann wieder zischen Schneerutsche, Lawinen herab, ganze Sturzbäche aus Eis und Schnee. Bedrückend ist der Gedanke, daß in dieser lotrechten Hölle Menschen leben. Leben sie noch?

Von Almen ruft, horcht, ruft wieder.

Und da kommt die Antwort. Eine helle, frohe Antwort. Vier junge Stimmen rufen, jodeln. Albert kann die vier nicht sehen, aber dem Klang nach können sie nicht viel höher als hundert oder hundertfünfzig Meter über ihm sein. Ihm scheint es zwar unbegreiflich, daß man über diese vereisten, vom Steinschlag gezeichneten, senkrechten oder überhängenden Felsen absteigen kann, aber diese verrückten Kerle haben schon so oft gezeigt, daß es möglich ist, auch an unmöglichen Stellen zu klettern. Und vor allem – da war der beglückende Ruf von oben gekommen: »Wir steigen direkt ab. Alles wohlauf!«

Alle wohlauf. Das Herz des Streckenwärters schlägt höher vor Freude.

»Ich koche euch einen heißen Tee!«

Und vergnügt schmunzelnd tappt Albert von Almen wieder durch die Stollentür in seine Behausung, setzt einen Riesentopf mit Teewasser auf. Er sieht in Gedanken schon, wie sie kommen, die vier Jungen, erschöpft, vielleicht mit Wunden, die ihnen die Steine schlugen, mit manchen Erfrierungen – aber lebendig und glücklich. Und er wird ihnen entgegengehen mit dem dampfenden Tee. Es gibt kein besseres Getränk als heißen Tee, wenn man erschöpft und durchfroren ist. Ein wahres Lebenselixier. Ärgerlich, wie lange es braucht, bis das Teewasser zu summen beginnt. Die Jungen werden doch gleich kommen.

Die Jungen kommen nicht gleich …

Der Tee ist längst fertig, aber die Jungen kommen nicht. Albert von Almen stellt das goldbraune Getränk auf kleine Flamme, daß es heiß bleibt und doch nicht verkocht.

Die Jungen kommen nicht – und der Streckenwärter, dessen Alter man nicht schätzen kann, hat Zeit, nachzudenken ...

Eigentlich kann man es dem schaulustigen Publikum gar nicht verübeln, wenn es sich neugierig an die Fernrohre drängt. Man hat ja aus diesen Eigerwandbesteigungen eine Angelegenheit der Öffentlichkeit gemacht. Zeitungen und Rundfunk haben sich des ›Falles Eigerwand‹ bemächtigt. Es sind gute Berichte dabei, die dem Bergmenschen aus der Seele geschrieben sind, und andere, die keinerlei Fachkenntnis zeigen.

Das Jahr 1936 hat böse begonnen. Da war zuerst die Münchner Partie Albert Herbst und Hans Teufel. Schon Ende Mai waren die beiden auf der Kleinen Scheidegg eingetroffen. Um die Toten vom vergangenen Jahr zu suchen? Sie dachten wohl auch daran, aber ihr geheimes Ziel war doch die Besteigung der Wand. Sie waren ausgezeichnete Bergsteiger, gewiß, aber vielleicht fehlte es ihnen an der großen Ruhe und Gelassenheit, die den vollendeten Meister kennzeichnet. Sie sind nicht in der Eigerwand verunglückt. Sie erkannten, daß es Selbstmord wäre, so früh im Jahr, bei fast winterlichen Verhältnissen, in die Riesenmauer einzusteigen. Aber das Warten wurde ihnen unerträglich. Dem Kalender nach war es bereits Sommer, doch Wetter und Schnee kümmerten sich nicht darum. Als Trainingstour wollten Teufel und Herbst die noch unbezwungene Nordwand des Schneehorns besteigen. Eine reine Eis- und Schneewand. Die Bedingungen waren alles eher als günstig. Der viele Neuschnee hatte noch keinen festen Bund mit dem alten geschlossen. Trotzdem stiegen die beiden in die Wand, kamen am 1. Juli bis unter die Gipfelwächte und mußten dort biwakieren. Sie überstanden dieses Freilager gut, erreichten am nächsten Morgen den Gipfel, überschritten ihn. Alles schien in Ordnung zu sein. Aber beim Abstieg über eine Schneeflanke löste sich eine Lawine, riß beide mit. Zweihundert Meter tief. Teufel schlug auf die Kante einer Gletscherspalte auf, brach sich die Halswirbelsäule. Herbst kam mit dem Leben davon.

Ein böser Anfang ...
Wenige Tage später kommen die beiden Österreicher Angerer und Rainer, schlagen ihr Zelt bei der Kleinen Scheidegg auf. Erprobte Bergsteiger, vor allem hervorragende Felskletterer. Und als solche sind sie auch Meister darin, in steilem Felsgelände einen Weg zu finden. Sie erinnern sich, wie schwer die große Wandstufe unter dem Ersten Eisfeld zu bezwingen war, wie sich Sedlmayer und Mehringer dort ganz verausgabt haben. Es muß einen Durchstieg weiter rechts geben: über den später so benannten Ersten Pfeiler und den Zerschrundenen Pfeiler gegen die lotrechte, mauerglatte, unbesteigbare Rote Fluh. Unter dieser müßte man einen Quergang finden, der hinüber zum Ersten Eisfeld leitet. Ob so ein Quergang möglich ist?

Montag, den 6. Juli, steigen Angerer und Rainer auf der neu erdachten Route in die Wand.

Wie sieht die Wand zu diesem Zeitpunkt aus?

Othmar Gurtner, der große Schweizer Alpinist und bekannte Alpinpublizist, schreibt am 8. Juli im Zürcher ›Sport‹:

›Eine ungewöhnlich sprunghafte Witterung hat in den letzten Wochen den Fortschritt der Verfirnung unterbunden. Häufige Neuschneefälle und kalte rauhe Tage haben in den Schattenlagen bis auf 2500 Meter herab den Pulverschnee konserviert ... Wenn man die Eigerwand gründlich auf ihre Verhältnisse untersucht, kommt man zu folgendem, leicht trügerischem Befund: Die unteren Partien der Nordwand und selbst die beiden großen Firnblätter oberhalb der Station Eigerwand verlocken der starken Schneebedeckung wegen zum Aufstieg in der kalten Morgenfrühe, wenn der von der Abendsonne krank gewordene Schnee krustig geworden ist. Man kann in solchem Schnee ohne Pickelschlag sichere Stufen treten und sehr rasch vorwärts kommen. Diesem Schnee fehlt aber noch die solide Verfirnung, das heißt die feste Verwachsung mit dem alten Schnee. Er verhält sich, bei der spärlichen Besonnung der Eigerwand, wie typischer Winterschnee. Höher oben in der Wand und namentlich in dem fast senkrechten Gipfelaufbau selber ist der Pulverschnee wie Besenwurf an die Felsen gepflastert worden. Dazwischen blinkt Wassereis ... Dieses Eis hat seinen Ursprung in dem Schmelzwasser, das von dem riesigen Dachfirst des Berges herabrinnt. Solange das Wassereis in den Gipfelaufbau hinabhängt, ist die ganze Eigerwand vom Eisschlag stark bedroht. Man gewahrt denn auch gegenwärtig ganze Bäche und sehr eng gestreute Einschlaglöcher im Schnee. Die Wand befindet sich augenblicklich in dem grauenerregenden Zustand zwischen Winter und Sommer ...

Während wir diesen Bericht schreiben, bewegt sich die Seilschaft Rainer-Angerer ‚programmgemäß' an der todbringenden Wand aufwärts, deren gegenwärtige Verhältnisse wir eingangs geschildert haben ...‹

Dies ist der warnende Bericht eines ersten Fachmannes.

Aber Angerer und Rainer sind keine Selbstmörder. Auch sie erkennen die große, des Menschen Kraft und Willen übersteigende Gefahr. Sie haben einen neuen Durchstieg durch den unteren Teil der Wand erkundet, biwakieren unterhalb der Roten Fluh und steigen am nächsten Tag, am 7. Juli, wieder ab. Völlig durchnäßt, müde, aber gesund erreichen sie ihr Zelt. »Wir steigen wieder ein, sobald die Verhältnisse günstiger werden.«

Die Zeitungen wittern kommende Sensationen, ihre Leser haben das Anrecht darauf, über die Vorgänge in der Eigerwand genau informiert zu werden, nachdem man einmal die Besteigungsversuche in den Brennpunkt des öffentlichen Interesses gerückt hat. Die Berichte gleichen fast Generalstabsmeldungen, Kriegsberichten. Schon die Titel, hundertmal: ›Im Kampf mit der Eigerwand‹, ›Das Akrobatentreffen an der Eigerwand‹, ›Neues Leben in der Eigerwand‹, ›Gefechtspause am Eiger‹, ›Die Belagerung in vollem Gange‹, ›Der erste Angriff abgeschlagen‹. Und manchmal treibt man sogar ein Wortspiel und spricht von der ›Eiger-Mordwand‹. Der Unfall Herbsts und Teufels erscheint in vielen Zeitungen in der gemeinsamen Rubrik ›Unfälle und Verbrechen‹. Es gibt viele Glossen sarkastischer Art über die extremen Bergsteiger und das schaulustige Publikum. Aber ist es denn ein Wunder, daß die bergfremden Menschen scharenweise zu den Fernrohren pilgern,

um, selbst im Sicheren stehend, doch das Gruseln zu lernen? Die Eigerwand ist zu einer großartigen Naturarena geworden.
In den Zeitungen vom 7. und 8. Juli klingt freilich vielfach rückhaltlose Freude über die gesunde Rückkehr Rainers und Angerers auf. Man zerpflückt zwar alle Bewegungen und jedes Wort der beiden, man deutet sie nach Belieben (Gladiatoren haben sich ja den Wünschen des Publikums zu fügen); doch die Bergsteiger möchten nichts als Ruhe, und da sie ihnen nicht gewährt wird, wehren sie sich auf ihre Art. Manche hochtrabend wirkenden Worte fallen, denen mehr Gewicht beigemessen wird als sonst den Worten hochgestellter Persönlichkeiten. »Wir kommen wieder!« Welche Anmaßung nach dem schauerlichen Biwak, das in vielen Zeitungen als Kampf zwischen Leben und Tod geschildert wurde. Und Angerer und Rainer spotten: »Aber nein, das Biwak war gar nicht schauerlich, nur ein bissel naß!«
Und weil es nicht weltgewandte Männer sind, sondern einfache Burschen, die nicht jedes Wort auf die Waagschale legen und vor allem nicht bedenken, daß in spannungsgeladener Zeit alles überbewertet oder falsch ausgelegt wird, antworten sie auf drängende Fragen nach dem Warum: »Weil ihr eure Wand nicht bezwingt, müssen wir es tun!« Oder dem Pathos ihrer Jugend und ihrer Zeit entsprechend: »Entweder gehört die Wand uns oder wir ihr . . .« Das entfacht neuen Sturm.
Wohltuend wirkt in diesem Zusammenhang ein Artikel im ›Berner Bund‹, in dem es heißt: ›Wer die beiden lieben, freundlichen Burschen kennengelernt hat, wünscht ihnen aufrichtig, daß das Abenteuer gut ablaufe.‹
Doch weder Spott noch Ernst konnten das Geschehen beeinflussen. Samstag, den 18. Juli 1936, stiegen die beiden Seilschaften Angerer-Rainer und Hinterstoisser-Kurz in die Wand. Zunächst getrennt. In der Höhe des seinerzeitigen Biwaks der Österreicher schlossen sich alle vier zusammen. Das verbindende Seil war für sie nicht mehr ein totes Stück Hanf, sondern wie eine lebende Ader: Wir gehören zusammen, auf Gedeih und Verderb. Es war ein ungemein kühnes, aber keineswegs leichtfertiges Unternehmen.

Nach der Überwindung des äußerst schwierigen Risses unter der Roten Fluh gelang Andreas Hinterstoisser als erstem die Querung zum ersten Eisfeld, und zwar fast schulmäßig mit Hilfe des Seiles. Diese Technik des Seilquerganges hatte der Felsenmeister Hans Dülfer schon vor dem Ersten Weltkrieg bei den Erstbesteigungen der Fleischbank-Ostwand und der Totenkirchl-Westwand erfunden und ausgeführt. Dülfer bewies damit, daß man erkletterbare Stellen mit Hilfe des schrägen Seilzuges über unerkletterbare hinweg miteinander verbinden kann. Damals entstand das Witzwort der Dülfer-Technik: ›Man geht, solange es geht – und wenn es nicht mehr geht, macht man einen Quergang und geht weiter.‹
Andreas Hinterstoisser machte solch einen Quergang in der Eigerwand. Er fand den Schlüssel. Als alle darüber hinweg waren, zog er das Quergangsseil ab. Damit hatte er den Schlüssel weggeworfen. Das Tor zurück war zugeschlagen – falls man zur Umkehr gezwungen würde ... Aber wer dachte an Umkehr?
Die vier werden mit den Ferngläsern beobachtet. Und die Zuschauer vergessen die Kritik vor Anerkennung, ja Bewunderung, wie schnell und sicher die beiden Seilschaften das steile Erste Eisfeld überwinden, höher steigen und zur Barriere zwischen Erstem und Zweitem, dem großen Eishang, kommen. Schwierig müssen diese Felsen sein – das weiß man schon von der Partie Sedlmayer-Mehringer her.
Aber was ist das? Die zweite Seilschaft Rainer-Angerer kommt auf einmal nur noch langsam, zögernd der ersten nach. Hinterstoisser und Kurz streben schon gegen die Felsen oberhalb der Roten Fluh. Die beiden anderen bleiben lange stehen. Und dann sieht man, wie der eine den Gefährten stützt. Ist ein Unfall passiert?
Man wird nie genau wissen, was sich ereignet hat, aber allem Anschein nach wurde Angerer von einem Stein getroffen, und Rainer bemühte sich um den Freund. Später sieht man, wie Hinterstoisser und Kurz von ihrem offensichtlich steinschlagsicheren Platz aus ein Seil hinunterlassen. Gemeinsam gelingt es, Angerer dort hinaufzubringen. Rainer folgt dann schnell nach, ohne das Hilfsseil zu benutzen.

Das kleine Felsennest über der Roten Fluh wird der erste Biwakplatz der vier. Unglaublich, wie hoch die Bergsteiger an dem ersten Tag kamen, mehr als die halbe Wandhöhe hatten sie schon unter sich!

Sonntag, der 19. Juli.

Wieder sind unten die Fernrohre umlagert. Es ist fast sieben Uhr früh, als die vier ihren Biwakplatz verlassen. Wie geht es dem Verletzten? Offenbar besser, denn man kehrt nicht um, sondern steigt weiter hinauf über das riesige Zweite Eisfeld. Allerdings geht es langsamer als am ersten Tag. Sind sie alle ermüdet, oder ist der Verletzte schuld? Warum kehren sie nicht um?

Eines steht jedenfalls fest: Alle vier bilden eine unlösbare Gemeinschaft. Kurz und Hinterstoisser – die wieder als erste Partie klettern – denken nicht daran, Rainer mit dem Verletzten allein zu lassen. Die beiden Österreicher wieder wollen den anderen nicht die Möglichkeit rauben, den Gipfel zu erreichen. So bleiben sie beisammen, wenn auch die beiden ersten oft längere Zeit warten müssen.

Das Wetter ist nicht schön, aber auch nicht ausgesprochen schlecht. Es ist für Eigerverhältnisse durchaus erträglich. An diesem Sonntag erreichen die beiden Seilschaften das Dritte Eisfeld. Unterhalb des Todesbiwaks von Sedlmayer und Mehringer beziehen Angerer, Rainer, Hinterstoisser und Kurz ihr zweites Freilager. Die Leistung des Tages war gut, aber doch zu gering, um den Durchstoß zum Gipfel am nächsten Tag zu sichern. Wie wird die Nacht? Wie ist das Befinden Angerers und der übrigen? Die Zuschauer unten im Tal wissen nichts, sie ziehen sich zurück, die Neugierigen, die Berichterstatter, die Bergsteiger. Morgen werden wir weitersehen. – Morgen.

Montag, der 20. Juli.

Wieder wird es sieben Uhr, ehe im Hochlager Bewegung zu beobachten ist. Es ist nur ein winziger Platz, auf dem man kaum sitzen kann. Als erste beginnen wieder Kurz und Hinterstoisser den Aufstieg über den steilen Eishang, der zum Todesbiwak führt. Nach etwa dreißig Minuten bleiben sie stehen. Die anderen kom-

men nicht nach. Was die vier miteinander besprochen haben, weiß man nicht. Auf jeden Fall war der Entschluß entscheidend und bitter für die ersten, lebenswichtig für die zweiten. Offenbar war Angerer nicht imstande, weiterzuklettern.
Plötzlich sieht man die Partie Hinterstoissers absteigen, zurück zum Biwakplatz. Dort bleiben sie längere Zeit. Und dann beginnen alle den Abstieg. Der Mensch ist wichtiger als die Besteigung der Wand. Vielleicht gelingt es der vereinten Kraft von allen, mit dem Verletzten den Abstieg zu zwingen.
Verhältnismäßig schnell kommen sie über das große Zweite Schneefeld hinunter. Doch die Abseilarbeit über die Felsstufe zum Ersten Eisfeld nimmt Stunden in Anspruch. Wieder bewundern die Zuschauer die Umsicht und Meisterschaft, mit denen die Seile gehandhabt werden. Aber als das Erste Eisfeld erreicht wird, kommt die Nacht. Nahe der Stelle, wo Sedlmayer und Mehringer zum zweitenmal biwakiert hatten, beziehen die vier ihr drittes Freilager. An ihren Körpern kann kein trockener Faden mehr sein. Dieses dritte Biwak muß ihnen die Kraft rauben. Trotzdem müssen drei noch Kraft genug für den vierten haben. Nur gering ist der Höhenunterschied, den sie heute überwunden haben, nur dreihundert Meter. Noch neunhundert Meter tief gähnt unter ihnen die Wand. Doch wenn sie den Quergang und den Schweren Riß hinter sich haben, ist das rettende Tal nicht mehr fern. Das Gelände dort ist ihnen vertraut, auch vom Abstieg her.
Der Quergang . . .
Er ist das erste wichtigste Ziel an diesem neuen Tag, am Dienstag, dem 21. Juli. Verhältnismäßig gut scheinen die vier das dritte Biwak überstanden zu haben, denn sie kommen recht schnell über das Erste Eisfeld hinunter, zu der Stelle, wo der Quergang mündet. Dann sehen die Zuschauer nur drei am Werk. Ist einer abgestürzt? Nebel flattert um die Wand, Sturm kommt auf, stärker wird das Krachen der Steinschläge, Pulverschneelawinen fegen über die Bahn, über die gestern noch der Abstieg führte. Wenn die vier den Quergang hinter sich haben, ist auch die ärgste Steinschlaggefahr gebannt. Aber wo ist der vierte?

Als sich der Wolkenvorhang wieder einmal zerteilt, sehen die Menschen an den Ferngläsern wieder vier Mann. Angerer scheint aber außer Gefecht gesetzt, er beteiligt sich nicht an den Versuchen, den Quergang zu bezwingen. An dieser Arbeit sieht man vor allem einen. Es muß Anderl Hinterstoisser sein, der Erstbegeher dieser Schlüsselstelle. Aber jetzt hängt kein Quergangsseil mehr. Und die Felsen scheinen im Aufstieg frei nicht erkletterbar zu sein.

Das Wetter schlägt um. Das Wetter hat schon umgeschlagen. Das Wasser, das ständig die Felsen übersprüht hat, muß zu Eis erstarrt sein. Jeder der Fachleute an den Ferngläsern ahnt die furchtbare Tragödie. Der Weg zurück ist versperrt. Niemand kann über den eisig verglasten Fels. Nicht einmal ein Andreas Hinterstoisser. Die ganzen wertvollen Stunden des Vormittags verstreichen über den vergeblichen, zermürbenden, unsagbar anstrengenden und gefährlichen Versuchen. Und dann kommt der letzte verzweifelte Entschluß: Abstieg senkrecht hinunter. Über die lotrechte, stellenweise sogar weit überhängende Steilstufe, an die zweihundert Meter tief.

Es geht mitten durch die Bahn des Steinschlages und der Lawinen. Über diese Steilstufe brauchten Sedlmayer und Mehringer im Aufstieg einen ganzen Tag. Bei schönem Wetter, bei trockenen Felsen. Jetzt ist auf dem Berg die Hölle los. Aber es gibt keine andere Möglichkeit.

Man richtet die Seile zu dem luftigen Abstieg.

Das ist der Augenblick, in dem von unten die Rufe Albert von Almens heraufönen.

Ein Mensch, der ruft? So nah? Da kann es nicht schiefgehen! Die Stimme eines Menschen – das gibt Kraft, das gibt Mut, ja das schenkt die Überzeugung: Die Brücke zur Welt des Lebens ist geschlagen! Und trotz Gefahr und Erkenntnis der schwierigen Lage jodeln alle zurück: »Alles wohlauf!« Kein Hilferuf, ja nicht einmal die Andeutung der ungeheuren Gefahr.

Alles wohlauf ...

Albert von Almen ist ärgerlich. Wie lange soll er denn noch den

Tee warmhalten? Der Ärger wandelt sich in Sorge. Zwei Stunden sind schon seit seinem Gespräch mit den Bergsteigern vergangen, und noch immer rührt sich nichts beim Stolleneingang. Sind sie daran vorbeigeklettert? Haben sie das Band, das zum Stollenfenster herüberleitet, übersehen?

Der Streckenwärter tritt wieder durch die Tür. Grausig schaut die Wand jetzt aus. Man sieht nicht weit. Überall dampft der Nebel. Steinschlag und Lawinen reden eine unbarmherzige Sprache. Albert ruft.

Und es kommt Antwort.

Entsetzliche Antwort. Nicht mehr das fröhliche Jodeln. Einer schreit, nur einer, der letzte ... Toni Kurz.

Ein tapferer, unglaublich zäher junger Bergführer, über dessen Wiege der Watzmann stand. Ein Mann, der schon viele Menschen aus Bergnot gerettet hat, der aber noch nie um Hilfe rief. Jetzt aber schreit er, nein, es schreit aus ihm heraus, das Leben schreit und fordert verzweifelt sein Recht:

»Hilfe! Hilfe! Alle andern sind tot. Nur ich lebe noch! Hilfe!«

Der Sturm, die Lawinen, der Steinschlag verhindern eine genaue Verständigung. Albert von Almen allein kann nicht helfen. Er schreit: »Wir kommen!« Dann eilt er zurück in den Stollen, zum Telefon.

»Hier Station Eigergletscher!«

»Hier Almen. In der Wand ist Furchtbares geschehen! Nur einer lebt noch, den müssen wir holen. Sind Bergführer bei euch?«

Ja, es sind Bergführer da. Hans Schlunegger, Christian und Adolf Rubi aus Wengen. Sie kommen! Sie kommen auch ohne Befehl, ja gegen das Gebot. Die Menschlichkeit triumphiert über die Verordnung.

Der Führerobmann von Grindelwald, Bohren, hat nämlich, in Sorge um die ihm anvertrauten Bergführer, an die Führerkommission in Bern, an das Zentralkomitee des Schweizer Alpenklubs eine Mitteilung erlassen, die auch im ›Echo von Grindelwald‹ erschienen ist.

›Mit Besorgnis sieht man den geplanten Aufstiegsversuchen in der

Eigerwand entgegen. Sie sind wohl ein deutlicher Ausdruck dafür, wie sehr sich die Auffassung im Bergsport geändert hat. Es ist anzunehmen, daß sich die Touristen, die an einen solchen Aufstiegsversuch herangehen, der Gefahren, die sie dabei auf sich nehmen, bewußt sind. Niemand darf aber erwarten, daß Bergführer bei ungünstigen Verhältnissen zu einer Hilfeleistung bei einem allfälligen weiteren Unglück in die Eiger-Nordwand hinaufgeschickt werden ... Es würde unmöglich sein, unsere Führer gezwungenermaßen in die Gefahren jener Akrobatik hineinzutreiben, in die sich andere mutwillig begeben.‹

So ist der Standpunkt des Bergführerobmannes. Niemand hätte es den Bergführern, die auf der Station Eigergletscher die Nachricht von dem Unglück erhielten, verübelt, wenn sie sich geweigert hätten, bei diesen furchtbaren Verhältnissen auch nur einen Schritt in die Wand zu tun. Aber: Einer lebt noch, nur noch einer ... Diesen einen wollen alle retten, der Wand entreißen.

Die Jungfraubahn stellt sofort einen eigenen Zug zur Verfügung, die Bergführer fahren bis zum Stollenloch bei Kilometer 3,8, treten in die von Eis spiegelnde Wand. Schnee stäubt ihnen ins Gesicht. Aber unbeirrt queren sie auf den rutschigen, trügerischen Bändern schräg aufwärts, kommen bis etwa hundert Meter unter den an einer Seilschlinge hängenden Toni Kurz.

Verzweiflung und Jubel klingt in seiner noch erstaunlich hellen Stimme, als er die Retter hört: »Ich allein lebe noch. Hinterstoisser ist abgestürzt, ganz hinunter. Und Rainer ist von dem Seil zu einem Karabiner gezogen worden und dort erfroren. Und Angerer hängt unter mir, auch tot, vom Seil im Sturz erhängt ...«

»Wir wollen dir helfen, Kamerad!«

»Ja, ja«, schreit Toni, »aber ihr müßt von oben kommen, rechts von hier, durch den Riß, da stecken vom Aufstieg her noch Haken drin. Und dann, mit dreimal Abseilen, seid ihr bei mir!«

»Unmöglich, Kamerad, keiner kommt dort hinauf, bei der Vereisung!«

Kurz schreit: »Aber von unten her könnt ihr mich nicht retten!«

Der Tag neigt sich dem Ende zu.

Kaum eine Seillänge weit sieht man bei den schweren Schneestürmen in der Eiger-Nordwand. Diese Aufnahme wurde bei dem Versuch, Toni Kurz zu retten, im unteren Wandteil gemacht

Die Seilschaft des Jahres 1936. Ihr Rückzug endete mit einer der größten Tragödien der Wand. Oben: Toni Kurz und Anderl Hinterstoisser, unten: Edi Rainer und Willy Angerer

Die Bergführer müssen eilen, um noch vor der Nacht das Stollenloch zu erreichen. Sie rufen:
»Kannst du noch eine Nacht aushalten, Kamerad?«
Verzweifelt schallt die Antwort aus Nebel und Sturm von oben:
»Nein! Nein! Nein!«
Diese Rufe schneiden den Bergführern ins Herz. Sie werden sie nie vergessen. Aber es ist unmöglich, jetzt in der Nacht zu helfen, in dieser Wand, bei diesem Wetter.
»Wir kommen morgen wieder, in aller Früh! Halt aus Kamerad!«
Lange noch hören sie die Rufe des Toni Kurz.
Der junge Bergführer aus Berchtesgaden glaubt, die Nacht nicht überstehen zu können. Aber noch ist das Leben stärker in ihm. Er übersteht die Nacht, an einer Steigschlinge pendelnd, vom Sturm gepeitscht, im Krachen des Steinschlages, in der furchtbaren Kälte. Sie ist so arg, daß sie das von der Körperwärme aufgetaute Wasser sofort wieder gefrieren läßt. An den Zacken der an die Schuhe geschnallten Steigeisen bilden sich zwanzig Zentimeter lange Eiszapfen. Toni verliert den Fäustling der linken Hand. Es erfrieren ihm die Finger, die Hand, der Arm; sie erstarren zu formlosen, bewegungsunfähigen Klumpen. Aber als der Morgen dämmert, ist noch immer Leben in dem gepeinigten Mann. Auch seine Stimme ist klar und deutlich, als sich die Führer wieder melden.
Zu Schlunegger und den Brüdern Rubi ist noch Arnold Glatthard gestoßen. Zu viert wollen sie nun den Kampf gegen die erbarmungslose Wand um das Leben ihres jungen Bergführerkameraden aus Bayern aufnehmen. Die Felsen sind in furchtbar vereistem Zustand. Ein Emporklettern scheint fast unmöglich. Und wieder verlangt Toni Kurz: »Ihr könnt mich nur von oben retten. Ihr müßt hinaufsteigen zu dem Riß ...«
Unmöglich. Selbst Kurz und Hinterstoisser hätten bei voller Kraft und ausgeruht unter solchen Verhältnissen den Riß nicht bezwungen. Diesen erstklassigen Bergführern aber, aufgewachsen in einer großen Tradition, zwar Meister auf dem Berg, aber wenig vertraut mit neuzeitlicher Klettertechnik, hätte wohl die Stelle selbst bei schönem Wetter Schwierigkeiten gemacht. Das hätte die ›Akro-

batik‹ vorausgesetzt, gegen die ihr Führerobmann Bohren so entschieden Stellung genommen hat.
Es gelingt den vier Bergführern, bis etwa vierzig Meter unter die Stelle zu gelangen, wo Toni Kurz am Seil hängt. Sie können ihn von dort aus nicht sehen, so weit wölbt sich der Überhang über den Abgrund. Wenn Kurz ein weiteres Seil hätte, um sich daran abzuseilen, wäre er gerettet. Aber wie kommt er dazu? Versuche mit Raketen scheitern. Weit außen schießt das Seil an Kurz vorbei. Es bleibt die letzte Möglichkeit: »Kannst du selbst eine Schnur herunterlassen, damit wir Seil, Mauerhaken und was du brauchst, anbinden können?«
»Ich habe keine Schnur.«
»Klettere hinunter, so weit du kannst, schlage den toten Angerer ab. Klettere wieder hinauf und schlage das Seil oben ab. Dann dreh von dem gewonnenen Seilstück die Litzen auf, knüpfe sie zusammen und laß die Schnur herunter.«
Ein Stöhnen ist die Antwort: »Ich will's versuchen.«
Nach einiger Zeit hört man Pickelschläge. Unfaßbar, daß Kurz sich festhalten kann: eine Hand erfroren, die andere schwingt den Pickel. Es gelingt ihm, das Seil abzuschlagen. Aber Angerer stürzt nicht, er ist an den Fels festgefroren. Fast im Traumzustand, nur noch dem Lebenswillen gehorchend, steigt Kurz wieder hinauf, schlägt oben das Seil durch. So hat er etwa acht Meter steifgefrorenes Seil gewonnen. Und nun beginnt die unfaßbare Arbeit – die Litzen des Seiles aufzudrehen. Jeder Bergsteiger weiß, wie schwierig das ist, selbst auf sicherem Boden, mit zwei gesunden Händen. Toni Kurz jedoch hängt zwischen Himmel und Erde, in vereister Wand, vom Steinschlag bedroht, manchmal von Schneerutschen überschüttet. Er arbeitet mit einer Hand und den Zähnen. Fünf Stunden lang ...
Einmal kommt eine große Lawine, trifft fast die Bergführer. Knapp an Schluneggers Kopf saust ein Riesenblock vorbei. Und dann kommt ein Körper vorbeigeflogen ... Toni? Nein, es ist nicht Toni. Es ist Angerer, dessen Leichnam sich von der Vereisung gelöst hat. Grauenvoll sind diese Stunden für Toni Kurz, der um

sein Leben kämpft, grauenvoll auch für die Bergführer, die nicht helfen können, die warten müssen auf den Augenblick, da Kurz das Unglaubliche wahr machen kann.
Dann pendelt die zusammengeknüpfte Schnur zu den Rettern. Ein Seil wird daran befestigt. Mauerhaken, Karabiner, Hammer. Langsam entschwinden die Gegenstände den Blicken der Bergführer. Toni Kurz ist am Ende seiner Kraft. Die Aufzieharbeit ist ihm fast unmöglich. Aber er schafft sie doch. Das eine Seil erweist sich als zu kurz. Die Führer binden ein zweites daran. Der Knoten der Verknüpfungsstelle schwebt in Sichtweite, aber unerreichbar draußen unter dem großen Überhang.
Es vergeht wieder eine Stunde. Da kann Toni Kurz endlich mit dem Abseilen beginnen, sitzend in einer Seilschlinge, die mit einem Karabiner in das Seil gehängt ist. Zentimeterweise kommt er tiefer. Dann werden es zehn, fünfzehn, zwanzig Meter ... dreißig Meter, fünfunddreißig. Jetzt baumeln seine Beine bereits unter dem Überhang.
Da stößt der Knoten der Verknüpfungsstelle an den Karabiner von Tonis Abseilsitz. Der Knoten ist zu dick. Toni kann ihn nicht durch den Schnappring zwängen. Er stöhnt.
»Versuch es, Kamerad«, ermuntern verzweifelt die Retter den Erschöpften. Toni murmelt vor sich hin, versucht es nochmals mit aller Kraft. Aber die ist nicht mehr groß. Sie ist zu Ende. Unglaublich waren die Leistungen des Mannes. Sein Lebenswille war auf das äußerste angespannt. Das Abseilen im sicheren Karabinersitz löste die Spannung. Jetzt geht es der Rettung entgegen. Jetzt ist es mit dem Kampf aus, jetzt sind die anderen da ... Und nun dieser Knoten. Nur ein Knoten. Aber der ist unüberwindlich.
»Versuch es noch einmal, Kamerad, es geht.«
Verzweifelt klingt die Mahnung der Führer. Noch ein letztes Aufbäumen gegen das Schicksal. Noch ein letztes Anrufen der Reservekräfte gegen dieses letzte, letzte Hindernis. Toni beugt sich vor, versucht noch einmal seine Zähne zu Hilfe zu nehmen. Starr und nutzlos steht der erfrorene linke Arm mit der unbrauchbaren Hand vom Körper ab. Er hat auch keine Reservekräfte mehr.

Toni murmelt unverständliches Zeug. Sein hübsches, kühnes Jungmännergesicht ist von Erfrierung und Überanstrengung blaurot gedunsen. Die Lippen bewegen sich. Will er noch etwas sagen? Ist sein Geist schon drüben?

Jetzt spricht er deutlich und klar: »Ich kann nicht mehr.«

Sein Körper kippt nach vorn. In der Sitzschlinge, fast in Reichweite der Führer, nur draußen über dem Abgrund baumelnd – hängt ein Toter ...

Wie sich der ganze Unfall zugetragen hat, was sich abspielte in dem Zeitraum, während der Streckenwärter und Menschenfreund Albert von Almen den Tee zubereitete, das wird man nie genau feststellen, nur ahnen können. Die Tatsache, daß Andreas Hinterstoisser unangeseilt war, als er abstürzte, läßt vermuten, daß dieser technisch vielleicht beste der vier einen besonders guten Platz für Abseilhaken suchen wollte. Ob ihn ein Stein getroffen, ob alle vom Steinschlag getroffen wurden und dadurch stürzten oder ob die anderen versuchten, den stürzenden Anderl aufzufangen und dabei selbst mitgerissen wurden, konnte man den bruchstückweisen, unzusammenhängenden Mitteilungen des Toni Kurz nicht entnehmen. Der Berchtesgadener mußte alle Kraft für die eigene Rettung gebrauchen, konnte weder Gedanken noch Worte auf Berichte verschwenden. Offenbar waren die drei zusammengehängt, das Seil lief durch einen Karabiner, der in einem Haken hing. Durch den Sturz wurde Rainer gegen den Haken gezogen und bewegungsunfähig. Daß Angerer jener Verletzte war, den man in der Wand beobachtete, erwies sich aus Resten von Verbandszeug, die man am Schädel des später gefundenen Leichnams entdeckte.

Es war wohl eine Grausamkeit des Schicksals, daß Toni Kurz zunächst verschont blieb. Er mußte sein Leid bis zum Äußersten ertragen. Er war wie ein Bote aus dem Jenseits, dem seine große Liebe zum Leben noch einmal den Weg zur Erde wies.

Die Tragödie Sedlmayer-Mehringer spielte sich hinter dem Vorhang des Berges ab. Die Menschen konnten nur vermuten. Toni Kurz aber beendete sein so kühnes und starkes Leben vor den

Augen der Retter. Darum war die Katastrophe von 1936 so unmittelbar und so erschütternd, daß sie nie vergessen werden wird. Arnold Glatthard, der schweigsame, zurückhaltende Bergführer, sagte: »Es war der traurigste Moment meines Lebens.«
Freilich bewiesen nicht alle Menschen jene Ehrfurcht und Zurückhaltung, die dem Tode und vor allem solchem Sterben gebührt. Da schrieb eine Zeitung zum Tode des Toni Kurz: ›Unter Jammern verbrachte Kurz die vierte Nacht. Wenn Renommiersucht und Mutwille sich kaputtmachen wollen, so ist's eigentlich nicht schade . . .‹
Eine andere Zeitung, mit dem Datum vom 24. Juli 1936, gab folgende sonderbare Beschreibung der Männer der Eigerwand und ihrer Beweggründe: ›Vielleicht hat diese Jugend nichts mehr zu verlieren . . . Was soll diese Jugend machen, der die bürgerliche Gesellschaft keine Existenz mehr gibt, der nur noch eines bleibt: der Ruhm eines Tages, der rasch schwindende Glanz einer Stunde? Man wird ein bißchen Held, ein wenig Soldat, Sportler oder Rekordmann, ein Gladiator, heute Sieger, morgen besiegt . . . Die vier zuletzt gefallenen Opfer der Eigerwand waren arme Kerle. Als sie erstmals von gutmeinender Seite in Grindelwald zum Essen eingeladen wurden, hieben sie drein wie je tapfere Krieger. Und nachher bestätigten sie, daß sie seit drei Jahren nicht mehr so gut gegessen hätten. Auf die Frage, was sie mit ihrem kühnen Vorhaben bezweckten, antworteten sie, daß ihnen hauptsächlich darum zu tun sei, ihre Existenz zu verbessern. Sie dachten, eine derart außergewöhnliche Leistung bringe Ruhm und Ehre, mache aufmerksam auf sie . . .‹
Grotesk die Tatsachen ins Gegenteil verkehrt hat eine ebenfalls vom 24. Juli datierte Zeitung unter dem Titel: ›Befohlener Aufstieg?‹
›Kleine Scheidegg, 24. Juli. Hier wird das Gerücht verbreitet, die vier Bergsteiger hätten den Aufstieg auf Befehl versucht. Am Freitagabend seien sie furchtbar erregt gewesen, aus freien Stücken hätten sie das Wagnis nie unternommen. Vielleicht werden ihre Aufzeichnungen noch dieses oder jenes Geheimnis lösen, das ihre erstarrten Lippen verschweigen . . .‹

In Wirklichkeit war genau das Gegenteil der Fall. Toni Kurz und Andreas Hinterstoisser waren zu dieser Zeit Angehörige des Gebirgs-Jäger-Regiments 100, Bad Reichenhall, und auf Urlaub. Als ihr Kommandeur R. Konrad, der bergsteigerische Erfahrung im Berner Oberland hatte, von ihrem Vorhaben erfuhr, telefonierte er nach Grindelwald und sprach das strikte Verbot aus, die Eigerwand zu versuchen. Das war Freitag abend. Die Nachricht kam zu spät zu den Zelten auf der Kleinen Scheidegg. Kurz und Hinterstoisser waren wenige Stunden vorher in die Wand gestiegen ...

Im Zusammenhang mit den ersten Tragödien in der Eiger-Nordwand wurde an Schreibtischen vieles erdacht und geschrieben, was die Stimmung vergiftete und das gegenseitige Verstehen erschwerte. Die echten Bergsteiger aber schrieben in Deutschland, Österreich und der Schweiz im gleichen Sinn, gleichgültig, ob sie nun das Unternehmen Eigerwand guthießen oder verurteilten. Es war die Sprache des Verstehens, der Menschlichkeit, der Ehrfurcht vor den Toten. Während verschiedene Zeitungen versuchten, einen bleibenden Keil zwischen die deutschen Bergsteiger und die Schweizer Bergführer zu treiben, schrieb Gunther Langes im ›Bergsteiger‹, dem offiziellen Organ des Deutschen und Österreichischen Alpenvereins: ›Ich kenne die Schweizer Bergführer, die in so vorbildlicher Weise schöne Bergsteigereigenschaften bewiesen haben. Ich war mit Arnold Glatthard letztes Jahr durch Wochen in schwierigem Fels: ein Kerl aus bestem, härtestem Holz, mit Schneid für drei! Die Bergführer von der Eigerwand verdienen die Anerkennung und den Dank aller Bergsteiger!‹ Und im Anschluß daran zitierte Gunther Langes einen Brief von Arnold Glatthard, in dem das Urteil der Bergführer über die vier Toten von 1936 zusammengefaßt war: ›Ich sah sie klettern und kann nichts anderes, als die Burschen rühmen. Arme Kameraden, die Wand war böse mit euch ...‹

Man kann wohl sagen, daß Bergführer, gleichgültig von welcher Nation, gute Menschen sind. Daß sie oft eine rauhe Schale haben und nicht die geschliffene Sprache der Diplomaten reden, spricht nur für sie.

Auf der ersten Seite seines Bergfahrtenbuches hatte Toni Kurz als Neunzehnjähriger ein kleines Gedicht geschrieben, das seinem ernsten, schönen Gemüt entsproß: Es spricht von der Liebe zu den Bergen, von dem Ernst, der über jeder Bergfahrt steht, und von dem Gebot: ›Keinem Tod das Leben schenken.‹

Als Abschluß meines Berichtes über die Tragödie von 1936 sollen hier die Worte Sir Arnold Lunns stehen, der ein Feind jedes Pathos und falschen Heroisierens ist. In seinem Buch ›A Century of Mountaineering[1]‹ schreibt er zum Tode des Toni Kurz: ›Sein tapferes Herz widerstand den Schrecken des Sturms, des Alleinseins und des Elends, Schrecken, denen kaum ein anderer Bergsteiger in gleichem Ausmaß begegnen mußte. Er hing in seiner Seilschlinge, gepeitscht vom Sturm, aber entschlossen, sich nicht zu ergeben. Und Kurz ergab sich nicht. Er starb. In der Geschichte des Bergsteigens gibt es keinen Bericht von größerer Zähigkeit und heldenhafterem Erdulden ...‹

[1] Arnold Lunn, ›A Century of Mountaineering‹, George Allen & Unwin Ltd., London 1957

Das Eigerjahr 1937

Die Eigerwand liegt noch in den Banden des Schnees. Es scheint, als wäre hier ein letztes Bollwerk des Winters, gegen das Frühling und Sommer vergeblich Sturm laufen. Aber in den Sennhütten, den Gaststätten von Alpiglen und der Kleinen Scheidegg sind bereits die neuen Eigerwandbewerber eingetroffen. Zelte wachsen aus dem Boden. Man hört vor allem die deutsche Sprache der Bayern und Österreicher, aber auch Italienisch und Schwyzerdütsch.

Der ehemalige Bergführer, Lehrer und jetzige Nationalrat Samuel Brawand erhebt seine warnende Stimme. Sie hat unter Bergsteigern einen guten Klang. Brawand kennt den Eiger besonders gut. Er hat im Jahre 1921 mit seinen Bergführerkollegen Fritz Amatter und Fritz Steuri den Japaner Yuko Maki über den Mittellegigrat geführt und so die Erstbesteigung dieses kühnen Weges im Aufstieg mitgemacht.

Brawand erklärt der ›Neuen Zürcher Zeitung‹ in einem Interview: ›Es ist Tatsache, daß sich wieder verschiedene Seilschaften für die Eiger-Nordwand interessieren. Bis heute haben wir in Grindelwald von vier Gruppen gehört . . .

Die ‚Neue Zürcher Zeitung' ersucht mich um eine Stellungnahme der Rettungskolonne bei einem neuen Einstieg in die Wand. Bis heute haben weder die hiesige Führerschaft noch die Schweizer Alpenclub-Sektion über diese Frage ernsthaft gesprochen. Meines Erachtens erübrigt es sich auch, irgendwelche Beschlüsse zu fassen.

Hias Rebitsch im »Schwalbennest«, dem Biwakplatz am Rand des ersten Eisfeldes

Vorhergehende Seite: Am Fuß der Wand

Wiggerl Vörg gehörte, nach einem meisterhaften Rückzug mit Hias Rebitsch im Jahre 1937, zur erfolgreichen Seilschaft des nächsten Jahres

Wenn die Führerschaft beschließen würde, keinen herunterzuholen, der in die Eiger-Nordwand einsteigt – wozu die Berner Regierung sie vielleicht ermächtigen könnte –, was wäre damit erreicht? Würde ein solcher Beschluß abschreckend wirken? Ich glaube es nicht. Wer in die Eiger-Nordwand einsteigt, dem ist es gleichgültig, ob man ihn als Leiche dort oben läßt oder ob man ihn herunterholt. Lächerlich wäre der Beschluß erst recht, wenn man drohte, man hole auch in Bergnot Schwebende nicht herunter. Wenn Leute dort oben um Hilfe schreien und die Führer ihnen Hilfe bringen können, dann werden sie es immer tun. Sie werden es nur dann nicht tun, wenn die Gefahr so groß ist, daß ein Gelingen des Rettungsversuches von vornherein völlig ausgeschlossen erscheint.

Ein Verbot der Eiger-Nordwand wurde von der Berner Regierung letzten Herbst erlassen. Es ist wieder aufgehoben worden, und mit Recht. Erstens kann es gar nicht wirksam sein, weil die gesetzliche Strafe zu gering ist, und zweitens läßt sich überhaupt keine Art des Selbstmordes wirklich verbieten.

Eine wichtige Aufgabe fällt im Kampf gegen das Nordwandfieber der Presse zu. Sie sollte danach trachten, die unersättliche Sensationslust des Publikums nicht zu befriedigen. Man hat leider schon Bilder publiziert, die zum Pietätlosesten gehören. Schließlich gibt es auf der Welt noch höhere Aufgaben als die Bezwingung der Eigerwand. Ich, der selber Erstbesteigungen mitmachen half, weiß, daß das Gelingen einer solchen Tat ungemein befriedigt. Man weiß aber auch, daß es bloß eine Stufe in der Entwicklung des Menschen ist ...‹

Es sind gute, verständnisvolle Worte, die Nationalrat Brawand hier ausspricht. Sie wollen eine Brücke schlagen von Mensch zu Mensch. Sie warnen, ohne zu verurteilen. Aber auch ihm, dem erfahrenen Alpinisten, scheint ein Durchsteigungsversuch der Eigerwand noch eine besonders komplizierte und kostspielige Art des Selbstmordes. Er spricht von der großen Befriedigung, die eine Erstbesteigung bringt. Er verschweigt aber die unfaßbare und unwägbare Triebfeder, die zum Außergewöhnlichen treibt. Vielleicht ist die Bezeichnung ›Eigerwandfieber‹ gar nicht so schlecht. Brawand bemüht sich wie ein gewissenhafter, konservativer Arzt, das Fieber einzudämmen. Aber das Fieber ist doch ein Zeichen, daß ein Körper kämpft, selbst um Gesundung ringt. Bleiben wir bei dem unerfreulichen Vergleich: Der Eigerbazillus ist da, er hat die Menschen befallen. Es ist – wie wir schon eingangs sagten – der Bazillus des ewigen Abenteuers, das immer wieder die Jugend in seinen Bann zieht und dem jungen Menschen eine geradezu erschreckende Stoßkraft verleiht.

Das Fieber wird schließlich den Bazillus töten. Aber die Nordwand des Eiger wird dann den Ruf der Unersteigbarkeit verloren haben. Sie wird dadurch nicht weniger schön, gewaltig und gefährlich geworden sein, denn sie ist so beschaffen, daß jede neue Seilschaft das Beste leisten muß, was Menschen auf dem Berg zu leisten imstande sind. In diesem Sinne wird jede Eigerwand-Durchkletterung eine Erstbesteigung bleiben. Aber das Fieber wird geschwunden sein, und kein Mensch wird mehr von einem Bazillus reden. Der Begriff ›Eiger-Nordwand‹ wird zum geistigen Besitz der Menschen geworden sein. Wohlgemerkt: zum geistigen Besitz. Man kann Berge weder bezwingen noch erobern, nur besteigen. ›Bezwingung‹ und ›Eroberung‹ sind heute schon abgedroschene, ungezählte Male gedankenlos wiederholte, falsche und anmaßende Ausdrücke für bergsteigerische Erfolge. Und schon gar nicht kann man ein Bollwerk der Natur wie die Eigerwand ›erobern‹; es sei denn, man baute eine Seilbahn von Alpiglen zum Eigergipfel. Das wäre aber auch keine Bezwingung mehr, sondern ein Auslöschen der Eigerwand im bergsteigerischen Sinn.

Diese Feststellungen sollen keineswegs herabmindernde Kritik an dem hervorragenden Manne Samuel Brawand üben. Im Gegenteil. Er streckt die Hand zur Versöhnung hin. Seine Ansichten deuten schon die kommende Wende an, da die Vernunft und das Verstehen über die Leidenschaften triumphieren. Denn es gab ja nicht nur ein Eigerfieber, sondern auch ein ›Anti-Eigerfieber‹, das die Ordnung und Ruhe mindestens ebenso störte wie die tapferen einfachen Burschen, die in der Wand geblieben waren.

Der Streit ging nicht mehr um Prinzipien, sondern um Menschen, um menschliches Leben ...
Von diesem Gesichtspunkt einer geistigen Wende aus betrachtet, war das Jahr 1937 besonders interessant, wenn es auch noch nicht den eigentlichen Erfolg brachte.
Da ist zunächst der Beschluß des Regierungsrates von Bern, betreffend die Eigerwand, veröffentlicht Anfang Juli:
›In Ergänzung von Paragraph 25 des Reglements für die Bergführer und Träger im Kanton Bern vom 30. Juli 1914 wird verfügt:
1. Es wird in das Ermessen der Obmänner der Rettungssektionen gestellt, bei Unglücksfällen in der Eiger-Nordwand Rettungsversuche zu unternehmen.
2. Seilschaften, die die Eiger-Nordwand zu besteigen beabsichtigen, sind durch die Rettungsstationen und die Führer vor dem Einstieg in die Wand zu warnen. Sie sind ausdrücklich darauf aufmerksam zu machen, daß im Falle eines Unglücks keine Rettungsversuche angeordnet werden. (Daß die Bergführer im Dienste der Menschlichkeit trotzdem alles tun werden, um das Leben bedrohter Bergsteiger zu retten, hat nicht nur Nationalrat Brawand ausgesprochen, sondern wurde auch durch wirkliche Hilfeleistungen erwiesen. *Anmerkung des Autors.)*
3. Der Regierungsstatthalter von Interlaken hat diesen Beschluß den Führerobmännern des Bezirks zu Händen der Rettungsstationen und der Führer zu eröffnen.
Im Namen des Regierungsrates der Präsident: Jos.
Der Staatsschreiber: i. V. Hubert.‹

In diesen frühen Julitagen des Jahres 1937 stehen schon einige Seilschaften bereit, den Angriff, zumindest den Versuch, zu wagen. Zwei sehr gute Bündner Bergsteiger haben sich angesichts der bösen Verhältnisse bereits zurückgezogen. Es bleibt eine italienische Partie: Giuseppe Piravano aus Bergamo, dem der Ruf vorausgeht, zu den besten Eisgehern Italiens zu zählen, und Bruno Detassis, der bekannteste Felskletterer der wilden Brentagruppe, aus Trient. Beide sind Bergführer. Als nächste Gruppe trainiert in der Gegend die Seilschaft Wollenweber, Zimmermann und Lohner, von denen die beiden Erstgenannten bereits im Vorjahr zu den Bewerbern um die große Wand gehörten. ›Außerdem haben noch zwei Münchner ihr Zelt bei Alpiglen aufgeschlagen‹, berichtet die ›Neue Zürcher Zeitung‹, ›abseits und ohne viel Getue. Sie verweigern vorderhand noch ihre Namen.‹ Die beiden ›Münchner‹ stammen aus Bayrisch-Zell. Der eine ist kein geringerer als Anderl Heckmair, auch er Berufsbergführer.

Eine stattliche Mannschaft, verbunden nur durch das gemeinsame Ziel. Jede Gruppe aber operiert allein, hat ihre eigenen Gedanken, Pläne, Trainingsmethoden.

Selbstverständlich gab es eine stille Rivalität zwischen den einzelnen Seilschaften, eine persönliche und nationale – wenn diese auch im Ringen um die Eigerwand nur eine unbedeutende Rolle spielte. Man hat den Italienern, auch den italienischen Bergsteigern, immer besonderen Chauvinismus vorgeworfen, aber man darf eines nie vergessen: Die Italiener sind eine junge Nation, mit brennendem Ehrgeiz und flammendem Patriotismus, der gelegentlich über die Stränge schlägt. Ihre bergsteigerische Tätigkeit begann in größerem Ausmaß in jenen Jahren und Jahrzehnten, in denen sie sich politisch zur Nation im eigenen Staate einten, in der zweiten Hälfte des vorigen Jahrhunderts also. Der dramatische Kampf ums Matterhorn zum Beispiel wurde nicht nur zu einem Wettstreit zwischen Whymper und Carrel, sondern zu einer nationalen Angelegenheit. Il Cervino – oder Matterhorn, so lautete die Frage. Und der alte Bersagliere Carrel wollte den Cervino von Breuil aus, von seinem Heimattal, mit seinen Landsleuten, für seine Landsleute erobern. Man dachte weniger an den Berg als an die Flagge auf seinem Gipfel. Erinnern wir uns an den Triumph Whympers, als er vor den Italienern den Gipfel erreichte und seine Fahne – das schweißdurchtränkte Hemd des Bergführers Croz aus Chamonix – aufzog. Daran, wie der siegreiche Brite Croz aufforderte, ihm ›um Himmels willen‹ doch zu helfen, Steine gegen den Tyndallgrat abzulassen, damit Carrel und die dort kletternden Italiener merkten, daß sie zu spät gekommen und geschlagen seien ...

Und persönliche Rivalität, persönlicher Wettkampf um Erstbesteigungen? Sie sind so alt wie das Bergsteigen selbst. Schon die gewaltige Eröffnungsfanfare des Alpinismus – die Erstbesteigung des Montblanc im Jahre 1786 – wurde von dem häßlichen Trompetenton menschlicher Mißgunst begleitet. Jacques Balmat wollte seinen Ruhm nie mit seinem Begleiter Dr. Paccard teilen. Auch zwischen den Bergführern verschiedener Nationen, ja selbst verschiedener Täler bestand und besteht immer ein Konkurrenzkampf. Blättern wir nur in der Geschichte des Eiger. 1859 wurde das Eigerjoch erstmals von den Engländern Leslie Stephen und den Brüdern Mathews mit ihren Führern überschritten. Leslie Stephen, eine der vornehmsten Erscheinungen aus dem ›golden age‹ des Alpinismus, der die eigene Leistung stets hinter die seiner Bergführer stellte, beschreibt die ›Führerkonkurrenz‹ in seinem von liebenswürdigem Humor getragenen Buch ›Playground of Europe[1]‹: ›Die Brüder Mathews gingen mit den Führern Jean Baptiste Croz und Charlet aus Chamonix. Mich begleitet der riesenhafte Ulrich Lauener, der malerischste aller Führer. Er ist lang, drahtig, breitschultrig, blauäugig. Heiteres Lachen verbindet sich bei ihm mit harmlosem Geprahle. Und doch kann ich mir trotz seiner Herrschsucht keinen angenehmeren Begleiter denken als diesen prachtvollen Gebirgler. Peinlich wirkt manchmal seine unverhohlene Ansicht von der rassischen Überlegenheit der Deutschstämmigen über die Welschen . . .‹
Während der Erkundung des besten Weges durch die Eisbrüche gab es verschärften Wettstreit zwischen Lauener und den Leuten aus Chamonix. Stephen schreibt: ›Schon mehrfach hat es kleine Plänkeleien gegeben. Auf seinem Heimatboden wollte Lauener den Fremden keine Vorzüge zugestehen. Da er indes kein Wort Französisch verstand und die anderen das Deutsche ebensowenig beherrschten, blieb er auf die Gebärdensprache angewiesen, die den Ausdruck seiner Gefühle keineswegs milderte . . .‹

[1] Leslie Stephen, ›Tummelplatz Europas‹ (Playground of Europe), übersetzt und herausgegeben von W. Rickmer Rickmers, Gesellschaft Alpiner Bücherfreunde, München

So geschrieben im Jahre 1859.
Rivalitäten mancher Art sind also keineswegs Entartungserscheinungen der neuen Generation. Man kann nicht von einer ›Entweihung‹ der Berge sprechen. Die großen Vorbilder, die der Jugend gern als eisgraubärtige Vornehmheit geschildert werden, vor allem die Tatmenschen, die Pioniere, hatten auch nicht die Milch der frommen Denkungsart als Lieblingsgetränk gewählt. Sie waren keine Übermenschen und keine Edelmenschen, sondern eben nur Menschen wie die heutigen.
In den dreißiger Jahren haben sich die Italiener, vor allem im Felsklettern, an die Spitze des Weltalpinismus emporgearbeitet. Daß die Expeditionen des Luigi Amedeo di Savoia, des Herzogs der Abruzzen, um die Jahrhundertwende an Kühnheit und Organisation wohl alle ähnlichen Unternehmungen anderer Nationen übertrafen, sei nur am Rande vermerkt.

Nun zu unserer italienischen Seilschaft am Eiger, am ersten Mittwoch des Monats Juli 1937. Sie stiegen in die sogenannte Lauperroute der Nordostwand des Eiger, einen großartig kühnen Anstieg im klassischen Stil. Ein Weg für Meister, nicht für Virtuosen. Doktor Hans Lauper und Alfred Zürcher erdachten ihn und haben ihn mit den bedeutenden Walliser Führern Alexander Graven und Joseph Knubel im Jahre 1932 verwirklicht. Gewiß, die Lauperroute kann für die Besten, Trainiertesten, für die Meister eine Trainingstour für die Eiger-Nordwand sein. Andere müssen erst zur Lauperroute heranwachsen. Wer den Pickel nicht mit jener Selbstverständlichkeit schwingen kann wie der Bergbauer seine Sense am Steilhang, wer mit der Haue nicht millimetergenau mit richtigem Schwung und im richtigen Winkel das Eis trifft, der soll es sich aus dem Kopf schlagen, die Lauperroute als ›Eingehtour‹ zu machen. Auch in der Epoche des Eishakens und des Eisbeils bleibt der Eispickel das Kriterium des Eisgehers. Man kann und soll das Rad der Entwicklung nicht zurückdrehen, aber jeder Bergsteiger sollte Stufenschlagen lernen, wie es die alten Bergführer mit ihren unhandlichen Eisäxten schon konnten, die sogar solche

Meisterschaft im Anlegen von Stufenleitern hatten, daß sie sich lange gegen die Verwendung moderner Steigeisen wehrten. Wenn man schon im Schwierigen jene Mittel verwendet, die nur dem Außergewöhnlichen geziemen, so ist das nicht ein Zeichen besonderer Vorsicht, sondern der Beweis, daß man eine Entwicklungsstufe übersprungen hat. Man kann auch mit untauglichen oder mit unpassenden Mitteln einer bösen Lage Herr werden. Aber gut ist das nicht.

Die beiden italienischen Bergführer Piravano und Detassis stiegen also in die Lauperroute, die sich vom Hoiisch, dem Hohen Eis, so kühn und steil, gepanzert mit glasigen Felsplatten und drohenden Eisbarrieren, aufbaut. Sie wollten den Berg von allen Seiten kennenlernen. Zunächst hatten sie ja nicht die Absicht, die ganze Lauperroute zu durchklettern. Nur erkunden wollten sie sie. Das war ein neuer Gedanke im Ringen um die Eigerwand. Es war ein Gedanke für die Zukunft, ein Bergführergedanke. Giuseppe und Bruno wollten nicht nur die Eigerwand besteigen, sie wollten auch Touristen durch sie führen können. Falls sich das als zu schwer, gefährlich und unmöglich erweisen sollte, würden sie von dem ganzen Unternehmen abstehen. Wenn auch die Versuche und Erkenntnisse der beiden schließlich negativ blieben, verdient dieser Gedanke doch festgehalten zu werden. Er war nicht nur neu, er war geradezu revolutionär. Denn die Schweizer Führerschaft hielt noch an ihrer alten, gewiß sehr schönen und großen Tradition fest. Ihre Einstellung zur Eigerwand unterschied sich kaum von der des alten Berchtesgadener Bergführers und Erstbesteigers der Watzmann-Ostwand Johann Grill-Kederbacher, der schon 1883 (!) zur Eigerwand kam, mit der Absicht, sie zu besteigen. Kederbacher sagte dann aber: »Unmöglich.« Und auch die Schweizer Bergführer von 1937 sagten: »Unmöglich.« Und da kamen nun die beiden Italiener Bruno und Giuseppe und wollten die Eiger-Nordwand machen – um Touristen durchzuführen ...

An einem Mittwoch stiegen sie in die Lauperroute ein. Am Donnerstag sieht man nichts von den beiden. Das Wetter ist nicht gut. Schneerutsche und auch größere Lawinen zeichnen den Lauperanstieg. Das veranlaßt einen voreiligen Berichterstatter schon zu einem Telegramm an die ›Neue Zürcher Zeitung‹: ›Die beiden italienischen Anwärter vermutlich abgestürzt.‹ Die Meldung macht die Runde in vielen Zeitungen. Manche Besser- und Nichtwisser knüpfen daran die Betrachtung, daß Piravano und Detassis ihr Unternehmen leichtfertig und ungenügend ausgerüstet begonnen hätten, ja man glossiert auch den ›besten Eisgeher‹ Italiens. Was hat sich in Wirklichkeit abgespielt?

Die Platten und Bänder im unteren Teil der Wand waren trügerisch, verschneit und glitschig. Langsam, mit allen Vorsichtsmaßnahmen bewegten sich Giuseppe und Bruno aufwärts. Sie bezogen über dem ersten Abbruch ein Biwak, an einer Stelle, die die ungemein starke, stoßkräftige Partie Lauper schon am Vormittag erreicht hatte, weil damals außerordentlich günstige Verhältnisse herrschten. Am Donnerstag stiegen die Italiener über das gewaltige Dach des Berges weiter.

Da geschah das Unglück. Ein Schneerutsch fegte den führenden Piravano von seinem Stand. Bruno sicherte durch einen Eishaken. Es gelang ihm, den Gefährten zu halten. Er konnte aber nicht verhindern, daß sich Giuseppe an einem Bein erheblich verletzte. Piravano war unfähig, zu führen, ja sich ohne Hilfe auch nur zu bewegen. Der ausgezeichnete Eismann war also ausgeschaltet. Der Stolz und die Berufsehre verboten den beiden, Notsignal zu geben. Aber ein Abstieg war gleichfalls unmöglich, die Lawinengefahr und die verschneiten Felsplatten gestatteten keinen Rückzug. Auch eine Querung hinüber zur Mittellegihütte war ausgeschlossen. Piravano mußte stets von oben gesichert sein, Traversen kamen also nicht in Betracht. Doch der obere, über Felsen führende Teil der Lauperroute mußte für den Beinverletzten ebenfalls unerträgliche Schmerzen bringen. So entschloß sich Bruno Detassis, über den abschreckenden Eishang, steiler als das Dach eines gotischen Domes, gerade emporzusteigen und den verletzten Freund durch senkrechte Sicherung zum oberen Teil des Mittellegigrates zu bringen.

Der Plan gelang. Es war eine beachtliche und kameradschaftliche

Vorhergehende Seite: Hias Rebitsch im Hinterstoisser-Quergang, der Schlüsselstelle zum ersten Eisfeld

Ständig ändert die Wand ihr Gesicht. 1937 fand Hias Rebitsch *(oben)* den Hinterstoisser-Quergang eisfrei vor. Im folgenden Jahr kämpfte Fritz Kasparek *(rechts)* an der gleichen Stelle mit dem völlig vereisten Fels

Leistung des Trientiners. Todmüde erreichten die beiden am Abend die Mittellegihütte, die wie ein Adlerhorst am sturmumbrausten Grat steht. Freitag, den 8. Juli, wurden Piravano und Detassis, die sich so tapfer bis in das rettende Asyl gekämpft haben, ohne Hilfe zu beanspruchen, von ihren Schweizer Berufskollegen Inäbnit und Peter Kaufmann ins sichere Tal geleitet. Beide äußerten sich mit größter Hochachtung über Bruno und Giuseppe.

Freilich war die Reaktion eines Teils der italienischen Presse auf die anfänglich sensationell aufgezogenen Hiobsbotschaften und die glückliche Wiederkehr ihrer Landsleute nicht erfreulich. Es wurde mächtig die nationale Trommel gerührt – gegen den Willen und ohne Dazutun der beiden erstklassigen Führer aus Trient und Bergamo – und ein großer Sieg gefeiert, der in Wirklichkeit nur ein Erfolg der Tapferkeit und Zähigkeit war, die man bei Bergführern solcher Qualität wohl voraussetzen durfte.

Noch gab es leider viele Zeitungen, die die große Wende des Jahres 1937 nicht spürten und ihren Lesern auch weiterhin im Ton der vergangenen Jahre wilde Sensationsberichte vorsetzten. Und es gab auch sogenannte ›Bergsteiger‹, von der Zunft gemieden und geächtet, die aus Geltungsbedürfnis und als Schmarotzer ihr Süpplein am Feuer des allgemeinen Interesses kochen wollten.

Andreas Heckmair, der mit seinem Freund Theo Lösch die Wand belagerte, jedem neugierigen Reporter seinen Namen verschwieg, in aller Stille die Wand und ihre Tücken studierte, bei einem Versuch sogar einen neuen Durchstieg unter der Roten Fluh nach rechts zum Nordwestgrat fand – diese Variante aber als unwesentlich gar nicht bekanntgab –, Heckmair also berichtete von den seltsamen Burschen, die dem Ruf der Bergsteiger schwer geschadet hätten, wären sie nicht als Scharlatane entlarvt worden: ›Sie erzählten jedem, der es wissen oder auch nicht wissen wollte, von ihrem Vorhaben in der Eigerwand, stiegen in aller Öffentlichkeit, wozu sie eigens ihre Interessenten zur Beobachtung einluden, im Vorbau der Nordwand umher, ließen sich in Grindelwald freihalten und pflückten Vorschußlorbeeren, wo sie sie nur erwischen konnten. Wir und die Grindelwalder Führer waren mit Recht erbost. Diese alpinen Hochstapler waren vom Eiger angezogen wie die Motten vom Licht. Zur Beruhigung sei erzählt, daß sie doch noch ihre verdienten Prügel bekommen haben und am Schluß ihres Unwesens auch noch per Schub aus der Schweiz hinausgeflogen sind.‹

Wie sich die echten Bergsteiger, die geheimen, würdigen Bewerber um die Eiger-Nordwand über den Hinauswurf der hochstapelnden Schmarotzer freuten, kann man sich vorstellen. Neben den Italienern und den drei Münchnern Wollenweber, Zimmermann und Lohner, neben Anderl Heckmair und Theo Lösch hausten noch eine Reihe anderer in Zelt und Heustadl oder trafen eben ein. Da war Rudi Fraißl, dessen Name seit der Erstbesteigung der Nordwand des Peternschartenkopfes im Gesäuse in Wiener Bergsteigerkreisen sehr guten Klang hatte; sein Gefährte und engerer Landsmann war Leo Brankowsky, ein netter, hilfsbereiter Kamerad, den seine Freunde ›Brankerl‹ nannten. Allerdings war Leo kein ›Brankerl‹, wie es in Wien heißt, kein ›Pfötchen‹, sondern eine eisenharte Hand, wenn es galt, einen Felsüberhang zu meistern oder am Seil einen Kameraden zu halten. Fraißl war ein Freiheitsfanatiker und Individualist, der sich nur schwer unterordnen konnte. Die Berge vermochten ihn nicht zu fällen. Sein Steinschädel und seine mutige, Disziplin verachtende Sprache bestimmten ihn für einen härteren Tod, als ihn die Berge schicken können. Er fiel im Februar 1942 in Rußland, zu gleicher Zeit mit einer Anzahl der besten Bergsteiger der Heereshochgebirgsschule, bei einem für so ausgesuchte Spezialisten sinnlosen Einsatz. Rudi Fraißl protestierte vorher – wie in einer Betriebsratsversammlung. Er protestierte mit seinem unverwüstlichen Wiener Mundwerk in der ganz unwienerischen Starrheit, mit der er auf einem für richtig befundenen Standpunkt beharrte. Er protestierte als Unteroffizier dem höheren Offizier der deutschen Wehrmacht gegenüber für sich und seine Kameraden, und er starb nicht als Unteroffizier, sondern als strafversetzter gewöhnlicher Soldat, aber wie ein Erster seiner Seilschaft.

Rudi Fraißl und ›Brankerl‹ waren also damals im Juli 1937 in ihrem Zelt bei Alpiglen; auch Liebl und Rieger; und Primas und Gollackner aus Salzburg.

Als Anderl Heckmair es für aussichtslos erklärte, in absehbarer Zeit in der Eiger-Nordwand so günstige Verhältnisse anzutreffen, daß man eine Besteigung riskieren könnte, und am 15. Juli abmarschierte, trafen Wiggerl Vörg und Hias Rebitsch ein. Und später kamen Eidenschink, der Erstbesteiger der unmittelbaren Westwand des Totenkirchl, und sein Münchner Sektionskamerad Möller. Es war eine Elite der Bergsteiger, die sich in diesem Sommer 1937 am Fuß der Wand traf oder einander ablöste. Heckmair ging und Vörg kam, ohne daß die beiden einander begegneten, ohne zu ahnen, daß sie sich im kommenden Jahr durch das Seil zum gemeinsamen Erfolg verbinden würden.

Und neben den ›Stoßtrupps‹ traf man immer wieder Angehörige vor allem des Münchner Bergrettungsdienstes, selbst fähig, die Wand zu versuchen und doch vor allem bereit, einzusteigen und zu helfen, wenn es nottat. Aber auch die Bergführer von Grindelwald hielten sich bereit, ohne Befehl, ohne Gebot – so wie sie es schon 1936 getan hatten. Die Masse der Zeitungsleser wollte ständig auf dem laufenden gehalten werden über das, was sich auf dem Eiger abspielte. ›Jeder Pickelschlag, jeder Armzug der Belagerer wird registriert‹, bemerkte sarkastisch der Zürcher ›Sport‹.

Ja, die vielgesuchte Sensation – sie bahnte sich schon wieder an. Eigentlich keine Sensation, sondern eine Tragödie. Eigentlich auch keine echte Tragödie wie in den vergangenen Jahren, sondern ein kurzes, aber sehr trauriges Kapitel im großen Geschichtsbuch des Eiger. Es beginnt am Donnerstag, den 15. Juli. Am selben Donnerstag, an dem Ludwig Vörg in Grindelwald auf Hias Rebitsch wartet und mißmutig in den gegen Abend aufkommenden Regen starrt. Am selben Donnerstag, an dem Anderl Heckmair mit Lösch nach Grindelwald absteigt und keine Ahnung hat, daß da ein gewisser Wiggerl Vörg schlecht gelaunt am Fenster steht. Am Donnerstag, an dem Franzl Primas und Bertl Gollackner in die Lauperroute einsteigen.

Primas ist ein bekannter, tüchtiger Salzburger Bergsteiger. Er gehört zu dem Kletterklub ›Die Bergler‹, in dem sich einige besonders kühne Salzburger Bergsteiger zusammengeschlossen haben. Bei einer Schitour im heimatlichen Tennengebirge hat Primas den knapp neunzehnjährigen Bertl Gollackner kennengelernt, einen guten Kletterer und Schifahrer voller Schneid und Draufgängertum. Ganz geheim, ohne jemandem etwas davon zu sagen, beschließen die beiden, sich die Eigerwand ›einmal anzusehen‹. Man lächle nicht überlegen über solche Bergbegeisterung derer, die mit leerem Geldbeutel, auf Fahrrädern die weite Anreise machen, nur um den Berg der Träume einmal sehen zu können.
Primas ist vorsichtig. Auch fühlt er sich dem jungen Gefährten gegenüber verantwortlich. Vielleicht fehlt ihm die große Westalpenerfahrung, die ihn gelehrt hätte, einen Berg zuerst von allen Seiten kennenzulernen, bevor man seine schwerste Seite in Erwägung zieht. Freilich stürmt Primas aber auch nicht etwa blind in die Nordwand, die der Volksmund in häßlichem Wortspiel in Mordwand umgetauft hat. Er will einmal von der Seite her in die Nordwand schauen, von der östlichen Begrenzungskante aus, von der Lauperroute kommend. Vor wenigen Tagen erst sind die beiden Italiener Piravano und Detassis dem Abenteuer einer solchen Rekognoszierungsfahrt mit knapper Not entkommen. Primas und Gollackner wollen also nur zur Lauperroute, dem Weg, den der Geist der besten Schweizer Bergsteiger erdacht und der Pickel der besten Schweizer Bergführer eröffnet hat. Nur zur Lauperroute...
Nein, Primas und Gollackner wollen gar nicht die Nordostwand des Eiger durchsteigen. Nur ein Stück, um schauen zu können. Als sie zu klettern beginnen, kommt Gollackner darauf, daß er seinen Proviantbeutel im Zelt vergessen hat. Das ist zwar ärgerlich, aber sie wollen ja noch am Abend wieder zurück sein. Und für den einen Tag reicht Franzls Proviant für beide: eine Brotkante und ein Wurstzipfel.
Sie steigen ein, sie steigen höher. Und wieder ist die Wand böse. Die Verhältnisse sind noch schlimmer, als sie bei den Italienern waren. Lawinen, Steine, Bäche, Das ganze Gelände ist trügerisch,

rutschig. Primas erkennt, daß es kein Zurück mehr gibt. Ein Biwak ist unvermeidlich. Ein Biwak ohne Zeltsack – man wollte doch vor dem Abend wieder hinunter –, ohne Proviant. Nein, Proviant ist noch da. Eine verkleinerte Brotkante, ein verkürztes Wurstende. Das muß bis morgen reichen. Bis morgen? Es muß so lange reichen, bis die beiden wieder unter Menschen sind.
Es folgt ein kaltes, nasses, gefährliches Biwak in der Wand, das den neunzehnjährigen Bertl schon viel Kraft kostet. Aber im schlechten Wetter des nächsten Tages beweist Primas sein großes Können. Er führt durch die steile, gefährliche Wand; beide erreichen abends die Wächte des Mittellegigrates. Dort graben sie sich schlecht und recht eine Schneehöhle. Zweites Biwak. In der Nacht steigert sich das Schlechtwetter zum Schneesturm. Der Proviant ist zu Ende. Die Kälte lähmt Muskeln und Willen. Aber am nächsten Morgen versucht Primas, sich und den erschöpften Freund weiterzuzwingen. Nun geschieht etwas Unbegreifliches: Primas steigt hinauf, gegen den Eigergipfel. Weiß er nicht, daß dort unten, auf dem Grat, eine Hütte, die Mittellegihütte steht? Hält er die Überschreitung des Gipfels für durchführbar, den Abstieg aber nicht?
Unter dem Steilaufschwung, dort, wo das jetzt dick vereiste Sicherungsseil hängt, ist die Kraft Gollackners zu Ende. Wieder ein Biwak im Schnee, im Sturm. Primas gibt Notsignal. Gollackner ist nicht mehr fähig dazu. Primas flüchtet nicht allein. Er bleibt in Treue beim Freund. Seine eigenen Füße werden gefühllos, erfrieren. Aber das Opfer ist vergebens: Sonntag, den 18. Juli 1937, stirbt Bertl Gollackner auf dem Mittellegigrat, am vierten Tag auf dem Berg. Der Schneesturm zerfetzt die Hilferufe seines Freundes ...
Aber auch ohne die Hilferufe gehört zu haben, denkt man an die beiden Salzburger. Man sieht nichts von ihnen, doch manche glauben etwas zu bemerken, als der Nebelvorhang einmal reißt. War es Freitag oder Samstag? Einer bringt das Gerücht auf: Primas und Gollackner steigen ab. Dann wieder glaubt man droben bei den Zelten von Alpiglen zu wissen, von Grindelwald sei eine

Rettungskolonne abgegangen, die den Mittellegigrat und den oberen Wandteil absucht.
Und wenn sie tiefer unten sind?
Matthias Rebitsch und Ludwig Vörg – wir werden diese beiden später näher kennenlernen – haben Sonntag, den 18. Juli, bei Alpiglen ihr Zelt errichtet. Aber die Sorge um die beiden Salzburger läßt sie nicht zur Ruhe kommen. Wenn die Bergführer oben suchen, werden sie das unten tun. Montag, den 19. Juli, um vier Uhr früh verlassen Rebitsch und Vörg ihr Zelt, zunächst begleitet von zwei hilfsbereiten Gefährten: Liebl und Rieger. Man sucht die Lawinenkegel am Fuß der Lauperwand ab. Da ist keine Spur der Vermißten. Rebitsch und Vörg steigen höher. Aber auch in den oberen Felsbändern ist nichts zu entdecken. Rasch kommen Hias und Wiggerl höher, bis ihnen eine überhängende Wandstufe den Weiterweg verwehrt. Nur ein Kamin führt über die Wandstufe. Durch diesen Kamin stürzt jetzt ein Wasserfall. Es gibt nur den Weg durch den Wasserfall. Rebitsch und Vörg gehen ihn. Völlig durchnäßt durchsuchen die beiden das System von Bändern der mittleren Wandzone. Auch hier finden sie Primas und Gollackner nicht. Wenn diese nicht abgestürzt sind, besteht immer noch Hoffnung, daß sie leben.
Rebitsch und Vörg sind die dritten in diesem Juli, denen die lebend gewordene Wand den Rückweg versperrt. Durch die Tageswärme lösen sich Teile der Wächte und kommen als gefährliche Geschosse herab. Dazu gesellen sich die Lawinen, die Wasserfälle, die Steine ... Nein, auch Rebitsch und Vörg kommen an diesem Tag nicht mehr zu ihrem Zelt bei Alpiglen. Sie müssen hinauf.
Sie wollen schräg nach links gegen den Mittelegigrat nahe zur Hütte queren. Aber da ist ein überhängender, unter diesen Verhältnissen auch nicht von Rebitsch und Vörg bezwingbarer Wandgürtel. Der drängt die beiden zu einem Quergang, wie er in dieser Wand noch nie gemacht wurde.
Seilquergang unter der Wandstufe nach links. Seilquergang in wasserüberronnenem Fels, in vereistem Fels, im Eis. Ein Seilquergang? Ein Dutzend Seilquergänge. Das Eis knirscht und quietscht

unter dem Druck der Steigeisen, wenn sich die beiden im Seilzug nach außen legen und die Füße gegen die Platten stemmen, auf die geschlagenen Haken vertrauend. Der Tag neigt sich dem Ende zu. Die beiden haben ein steiles Eisfeld erreicht, etwa dreihundert Meter unterhalb der Mittellegihütte. Sie können sogar das Dach sehen, dort oben. Da, wo sie sind, gibt es kein Dach.
Rebitsch und Vörg hacken mit dem Pickel Sitze aus dem Eis und Stufen für die Füße. An ihren Kleidern ist kein trockener Faden mehr. So hocken sie sich auf ihre winzigen Plätze, um zu biwakieren. Ein Eishaken und das daran befestigte Seil soll sie vor einem Absturz bewahren, falls der eine oder der andere doch einschlafen sollte.
Dem Laien und auch dem Durchschnittsbergsteiger mag so ein Biwak grauenhaft erscheinen, unverständlich, daß man es lebend überstehen kann. Aber Matthias Rebitsch, einer der besten, erfahrensten und zähesten Bergsteiger seiner Zeit, und Ludwig Vörg, der Erstbesteiger der 2000 Meter hohen Westwand des Uschba im Kaukasus, von den Freunden mit dem Spitznamen ›Biwakkönig‹ geehrt, verbringen die Nacht in stoischer Ruhe. Am nächsten Morgen steigen sie über das steile Gelände empor zur Mittellegihütte.
Das Asyl wird freudig begrüßt. Holz ist da, im kleinen Herd prasselt bald Feuer. Die durchnäßten Sachen können getrocknet werden. Kurze Rast . . .
Aber am frühen Nachmittag kommen Bergführer von oben: Sie bringen den völlig erschöpften Franz Primas. Sie bringen auch die traurige Botschaft: Droben, hundertfünfzig Meter unter dem Gipfel, liegt der tote Bertl Gollackner.
Rebitsch und Vörg brauchen keine Zeit zur Beratung.
»Wir holen morgen den Toten.«
Am nächsten Morgen stiegen die beiden im Eiltempo hinauf. Sie fanden Gollackner. Das sympathische Jungengesicht des Toten schien gelöst, zufrieden mit der Welt, wie es meistens bei Erfrorenen der Fall ist, denen der letzte Traum noch einmal Geborgenheit, Wärme und Leben vorzaubert.
»Es war, als ob er schliefe, als ob man ihn nur zu wecken

brauchte«, sagte Wiggerl Vörg später. Und behutsam, um den ewigen Schlaf eines jungen Bergkameraden nicht zu stören, trugen Matthias Rebitsch und Ludwig Vörg den toten Albert Gollackner hinunter. Welche Anstrengung es bedeutete, über den schier endlosen Mittellegigrat einen Toten zu bergen – davon erzählten sie nichts.

Unten weiß man noch nicht, daß Gollackner tot ist, man hat auch nichts von den Leistungen der Partie Rebitsch-Vörg und der Bergführer im Dienste der Rettung und Bergung gehört; trotzdem steht der Eiger im Brennpunkt des Publikumsinteresses und der Polemik.

Am 19. Juli lesen wir im Zürcher ›Sport‹: ›Welches Maß von Seelengröße müßte der Eiger aufbringen, wenn man ihn als beseelt personifizieren wollte. Jahr für Jahr lagern ein paar lächerliche Erdenwürmer vor seiner grimmigen Nordwand, wollen ihm mit Haken und Seilen den Durchgang abzwingen. Dabei braucht sich nur am Hutrand des Riesen ein Eiszäpflein zu schneuzen, um die Eindringlinge zu vernichten. Wenn man im tiefen Alpfrieden unter den weidenden Kühen liegt, hängt der Himmel sehr hoch und glückselig durchblaut über der Welt. Die Eigerwand glitzert mit ihren Eisschildern, krachend jagt das Echo der Steinschläge von Wand zu Wand, und man kann sich am Gießen und Gezisch der Schneerutsche erfreuen.

Ist es gut und nötig, daß dieses Reich der Naturgewalten von Lebewesen aufgesucht wird, die nicht als bergfrohe Adler oder Mauerläufer geschaffen worden sind, sondern als Menschen? Man darf die Selbstvernichtung nicht mit dem Leistungsbegriff entschuldigen. Es ist ein billiger Standpunkt, die sportliche Seite in den Vordergrund zu schieben. Sport heißt nicht unbedingt Höchstleistung. Man denke wieder über das ‚mens sana in corpore sano' der Alten nach, um klarzuwerden. Die Durchsteigung der Eiger-Nordwand ist verboten. Nicht die Berner Regierung hat das Verbot ausgesprochen. Der Eiger selbst redet mit unmißverständlicher Gebärde. Wer seine Stimme nicht versteht, ist taub und müßte von Rechts wegen aus dem Gefahrenbereich weggeholt werden, wie man einen Blinden vom Trambahngleis weg auf das Trottoir führt ...‹

Dieser Artikel wäre vielleicht in der vorangegangenen Jahren, wenn nicht schon am Platze, so doch immerhin diskutabel gewesen. Im Jahr 1937 scheint er ein Rückfall und vor allem für eine so angesehene, gewichtige Zeitung wie den ›Sport‹ einigermaßen erstaunlich. Das passive Naturbetrachten und die wunschlose Glückseligkeit, die man dabei empfinden kann, ist auch dem Bergsteiger bekannt. Aber es macht nicht dessen Wesen aus. Aus dem tatenlosen Betrachten der Naturgewalten kann vielleicht ein idyllisches Gedicht wachsen, das den Leser erfreuen mag. Auch unter den Bergsteigern gab und gibt es feinsinnige, künstlerische Menschen, denen das Brausen des Sturmes, das Hämmern des Steinschlags ebenso vertraut waren wie Kälte, steile Eisflanken und überhängende Felsen. Sie trugen das große, aufwühlende Erlebnis in sich, gleichgültig, ob sie ihm später literarische Gestalt gaben oder nicht. Auf dem Berg aber, in Schwierigkeit und Gefahr, benahmen sie sich einfach als Männer. Es waren auch nicht die stillen Genießer, die die Pole bezwangen, in unbekannte Wüsten, in Urwälder vordrangen oder hoch über den Wolken den Luftraum eroberten. Auch jenen Pionieren hätte man sagen können: ›Geht nicht in die Arktis und Antarktis, denn ihr seid keine Eisbären oder Pinguine. Geht nicht in Urwald oder Wüste, denn ihr seid weder Affen noch Löwen. Stoßt nicht in den Luftraum vor, denn ihr stört das fließende Gleichmaß der ruhig dahinziehenden Silberwolke.‹

Gewiß, der Mensch ist klein und unwesentlich in der Natur. Aber er gehört zu ihr. Er ist ein Stück von ihr. Und soll jener, der sich mitten in die Natur stellt, geringer geachtet werden als der andere, der nur die Schau genießt, gefeit gegen Gefahr und Sturm? Auch die lächerlichen Erdenwürmer erkennen, daß sich so ein Eiszäpflein schneuzen kann. Aber sie haben gelernt zu beobachten, wann und wo das vor sich geht, und werden versuchen, die Gefahr zu vermeiden, mit jenem klaren Blick, den sie der Kühnheit verdanken. Sie sind nicht taub, auch sie hören die Sprache des großen

Berges, aber sie verstehen sie anders, deuten sie anders als die stillen, selbstzufriedenen Genießer.

Doch verfolgen wir den Weiterweg der beiden Menschen, die an einem strahlenden Tag den traurigen Gang mit dem toten Kameraden gemacht haben: Matthias Rebitsch und Ludwig Vörg.

Während der Bergung und auch in den Tagen danach war das Wetter schön. Erst am 25. Juli haben sich die beiden wieder so weit erholt, daß sie zu ihrem Zelt bei Alpiglen aufsteigen. Ruhig betrachten sie die Wand, stellen ihre Überlegungen an. Sie erinnern sich, daß die Partie Hinterstoisser am ersten Tag die größte Stoßkraft hatte, die dann jäh erlahmte. Das war offenbar falsch. Man muß genügend Kraft behalten, um auch in der unbekannten, sichtlich sehr schweren Gipfelwand mit gleichem Schwung vorzustoßen. Das heißt, daß man das erste Lager so hoch wie möglich anlegen und so gut wie möglich ausbauen muß.

Liebl und Rieger erweisen sich als richtige Kameraden, wie sie bei Expeditionen zu hohen Gipfeln unentbehrlich sind. Sie, die selbst fähig und gewillt waren, den Anstieg durch die große Wand zu versuchen, erklären sich bereit, Rebitsch und Vörg beim Lastentragen zum ersten Lager zu helfen und selber auf den Angriff zu verzichten.

Am 27. Juli, um sechs Uhr früh, steigen sie mit den beiden Eigeranwärtern in den unteren Teil der Wand ein. Das Wetter ist wieder strahlend schön.

Etwa dreihundert Meter oberhalb der Randkluft entdeckt Liebl, fünfzig Meter schräg unter sich, am Rande eines Schneefeldes einen Toten. Er macht die anderen darauf aufmerksam: »Das kann nur Hinterstoisser sein. Der Anderl fehlt noch . . .«

Liebl hat im vergangenen Jahr an der Bergungsaktion teilgenommen. Er weiß, daß man Hinterstoisser und Mehringer noch nicht gefunden hat. Erschütternd klingt dieses ›Er fehlt noch‹, diese sachliche, unsentimentale Feststellung, in der aber doch die ganze Trauer liegt, die man um Kameraden hegen kann. Das Wetter ist schön und wird es voraussichtlich in den nächsten Tagen bleiben. Aber Rebitsch, der große Schweiger, der nie sagt, wenn ihn etwas

ergreift, weiß, daß sie morgen nicht in die Wand stürmen werden. Da unten liegt seit einem Jahr Andreas Hinterstoisser ...
An diesem Tag, dem 27. Juli, tragen sie nur die Biwakausrüstung und den Proviantvorrat auf ein Felsköpfl an der Spitze des sogenannten Zweiten Pfeilers. Dann steigen alle wieder ab. Am 28. Juli ist das Wetter unverändert schön, so wie es am Tag der Bergung Gollackners war. Die vier bergen wieder einen Toten. Wieder lacht die Sonne zum traurigen Werk wie in grausamem Hohn.
Da werden manche nun sagen: Was müssen der Rebitsch und der Vörg für kalte, unempfindliche Burschen gewesen sein! Vor der Besteigung der berüchtigten Wand müssen sie zwei Tote bergen, zwei Tote innerhalb einer Woche. Schrecken sie nicht einmal vor diesem erschütternden Warnzeichen zurück? Ist das nicht gefühllose Brutalität?
Was Rebitsch und seine Gefährten bei der Totenbergung gedacht haben, weiß man nicht. Sie haben ihre Gefühle nicht zu Markt getragen. Aber sie haben auf die große Fahrt, wahrscheinlich sogar auf den Erfolg verzichtet, weil sie Anderl Hinterstoisser unterwegs fanden. Sie bargen die Leiche, wenn auch Steine um ihre Ohren pfiffen. Sie taten das Notwendige, das einzig Pietätvolle. Sie waren wahre Schüler der Berge, die sie lehrten, das Richtige, Zweckmäßige zu tun. Hätten sie deshalb ihren Plan aufgeben sollen? Sie hatten für richtig erkannt, die Wand zu versuchen. Sie folgten ihrem eigenen Gesetz.
Am 30. Juli stiegen sie wieder in die Wand. Das Morgenrot spielte in prächtigen Farben: ein Schlechtwetterzeichen. Schon beim Bergschrund unter den Felsen kam das erste Gewitter.
So beschließen Vörg und Rebitsch, nur neue Proviantvorräte und Ausrüstungsgegenstände zum Pfeilerkopf zu tragen. Den erreichen sie um zwölf Uhr mittags. Das Wetter ist jetzt halbwegs gut. Da treibt sie die Neugierde weiter. Sie wollen ein Stück des Weges erkunden. Der Fels wird schwierig, sehr schwierig. Hier sind weder Nagelschuhe noch Steigeisen am Platz. Die Kletterschuhe heraus ... Aber die sind unten. Man wollte ja noch nicht den eigent-

lichen Angriff beginnen, nur Lasten tragen und den Weg erkunden. So klettern die beiden in ›Naturkletterschuhen‹, bloßfüßig. Um Zeit zu sparen und das Tempo zu beschleunigen, klettert der Felsenmeister Rebitsch auch durch den äußerst schwierigen Riß, ohne das Seil in die schon steckenden Haken einzuhängen. Ebenso schnell folgt ihm Vörg nach. Sie erreichen den fallenden Quergang, staunen über die kühne Lösung des Problems, wie man am schnellsten das Erste Eisfeld erreicht. Sie taufen diese Stelle ›Hinterstoisser-Quergang‹.

Rebitsch und Vörg hängen gleich zwei Geländerseile ein, um den Rückweg auf jeden Fall zu sichern. Nach dem Quergang steigen sie noch durch einen schweren Riß, finden ein überdachtes, steinschlagsicheres Plätzchen, auf dem man zur Not sitzen kann – für diese Wand ein idealer Biwakplatz. Sie lassen alles Entbehrliche dort, klettern zurück. Jenseits des Hinterstoisser-Querganges überfällt sie das zweite Gewitter des Tages. Triefend vor Nässe, in wahren Sturzbächen bewältigen sie den 800 Meter tiefen Abstieg über den unteren Teil der Wand und erreichen noch vor Dunkelheit ihr Zelt bei Alpiglen.

Aus dem Regen wird eine neue Schlechtwetterperiode. Die Tage des Wartens dehnen sich zu Wochen. Am 6. August, bei vorübergehender Wetterbesserung, durchsteigen Vörg und Rebitsch mit ihren Freunden Eidenschink und Möller die Nordwand des großen Fiescherhorns. Diese herrliche, von Willo Welzenbach 1930 zum erstenmal begangene steile Eis- und Schneewand war die Abschiedstour der Wiener Fraißl und Brankowsky, bevor sie sich für dieses Jahr vom Berner Oberland getrennt haben. Viele waren des Wartens müde geworden.

Rebitsch und Vörg aber blieben. Es begann nun schon die vierte Woche, die sie der Eigerwand widmeten. Trotzdem wurden sie nicht ungeduldig, taten keinen unbedachten, unverantwortlichen Schritt. In der Presse war es auch stiller geworden um den Eiger. Ein Artikel in der ›Frankfurter Zeitung‹ erregte in Zunftkreisen große Heiterkeit. Da gab ein Herr M. sichtlich wohlmeinende Ratschläge zum besten. Zum Beispiel schlug er vor, bei Föhn, also

bei warmem Wetter, wenn das Eis geschmolzen wäre, schnell die Quergangsseile am Hinterstoisser-Quergang anzubringen, die darauffolgende Schlechtwetterperiode im Tal abzuwarten und beim nächsten Druckanstieg wieder in die Wand zu steigen. Der Zürcher ›Sport‹ nahm mit sarkastisch scharfem Witz gegen solche alpinen ›Kochbuchweisheiten‹ Stellung.
Ach, die Geländerseile hingen ja schon. Sie wurden nicht bei Föhn, sondern bei Gewitter und Schlechtwetter gespannt. Werden sie bis zum nächsten Sommer unbenutzt bleiben?
Am 9. August kam endlich die Ankündigung schönen Wetters aus Bern. Die Sonne des 10. August räumte Mengen von Neuschnee aus der Wand. In der Frühe des 11. traten Rebitsch und Vörg erneut zum Angriff an.
Schon um zehn Uhr dreißig erreichten sie ihr Depot auf dem Pfeilerkopf. Schwer beladen stiegen sie weiter bis zu dem Biwakplatz über dem Seilquergang. Sie waren in so blendender Form, daß sie schon um dreizehn Uhr wieder unten auf dem Pfeilerkopf standen, um den Rest des Gepäcks aufzunehmen. Und um siebzehn Uhr war alles im Biwakplatz verstaut. Sogar Daunenschlafsäcke und eine Luftmatratze hatten die beiden mitgeschleppt. Sie erweiterten den Biwakplatz durch ein Steinmäuerchen, spannten vom Überhang herab den Zeltsack, um die lästigen Wassertropfen abzuhalten, und verbrachten eine köstlich durchschlafene Nacht in dem selbsterrichteten Schwalbennest im Gemäuer.
Der nächste Tag. Anstieg über eisbezogene Felsen, Eis. Schwierige Bewältigung der überhängenden Stufe vom Ersten zum Zweiten Eisfeld. Fünf Stunden langes, ansteigendes Queren – zwanzig Seillängen weit und hoch – über das Zweite Eisfeld. Dann die vereiste Wandstufe vom Zweiten zum Dritten Eisfeld. Das Dritte Eisfeld ...
Die Menschen an den Fernrohren von Grindelwald, der Kleinen Scheidegg und von Alpiglen staunen. Man hat schon viel hervorragendes Klettern in der Eigerwand gesehen. Alle, die kamen und starben, kletterten hervorragend, aber solche Sicherheit und Umsicht wie bei diesen beiden, dem Tiroler Rebitsch und dem Münch-

ner Vörg, konnte man noch nie beobachten. Werden sie die Durchsteigung vollenden? Wird auch diesmal wieder schlechtes Wetter kommen?
Es wird nicht kommen. Es ist schon da. Oberhalb der Bügeleisenkante werden die beiden vom Nebel verschluckt. Da oben steilt sich noch an die sechshundertfünfzig Meter hoch die Gipfelwand empor, die Wand, von der niemand etwas weiß, von der noch kein Lebender Kunde bringen konnte.
Rebitsch und Vörg klettern über das felsdurchsetzte, steile Eis noch bis zum letzten Biwak Sedlmayers und Mehringers. Fast erwarten sie, im Todesbiwak noch den toten Mehringer zu finden, den Udet vom Flugzeug aus im September des vergangenen Jahres erstarrt hier hat stehen sehen. Es scheint schon ihr Schicksal zu sein, immer wieder Toten zu begegnen.
Aber da ist kein Toter. Es sind nur zwei Mauerhaken im Fels ...
Es ist siebzehn Uhr. Die beiden sind 3350 Meter hoch. Es fängt an zu hageln. Doch das schreckt sie nicht. Sie sind gekommen, um die Wand zu durchsteigen oder zumindest den oberen Teil der Wand zu erkunden. Da links drüben, etwas tiefer, setzt die große Rampe an. Über steiles Eis queren Hias und Wiggerl in die Richtung. Da beginnt es so in Strömen zu regnen und zu hageln, daß ihre Neugierde nach dem Weiterweg schwindet. Sie haben nur einen Wunsch: unter den Zeltsack zu kriechen und Schutz zu finden vor dem Guß. Aber nirgends ist ein guter Biwakplatz. Auch kein schlechter. Zuletzt hacken sie sich ein Plätzchen aus dem Eis, auf dem sie die Nacht verbringen können. Es wird so kalt, daß sich innerhalb des Zeltsackes durch die Verdunstung eine Eisschicht bildet. Hias und Wiggerl leiden zum ersten Male stark unter der Kälte. Die ganze Nacht trommeln die Eisgraupeln auf das Zelt. Hie und da vernimmt man das Krachen der Steine, die in unmittelbarer Nähe einschlagen.
Gegen Morgen hört das Graupeln auf. Und als es Licht wird, zerreißt sogar der Nebel. Aber es ist kein schöner Morgen. Drohend schwarz kommt von Westen her eine Wolkenbank. Es gibt nur einen Entschluß: hinunter. Ein peinigender Gedanke, den langen,

gefahrvollen Weg zurückgehen zu müssen. Aber es ist der Gedanke der Selbsterhaltung.

Die Nacht ist zwar kalt gewesen, bitter kalt, aber sie hat die beiden nicht zermürben oder auch nur schwächen können. Sie steigen ab. Seillänge für Seillänge. Nun heißt es, an den beiden zusammengeknüpften, dreißig Meter langen Seilen über die Steilstufe zum Zweiten Eisfeld abseilen. Die Seile lassen sich nicht abziehen. Es ist ja noch die Zeit der Hanfseile, die bei Nässe steif wie Drähte werden. Gemeinsam ziehen beide an dem einen Ende; das Seil kommt nicht herunter. Da klettert Rebitsch, frei, ungesichert, wieder hinauf, löst den verklemmten Knoten. Nein, die Wand hat die beiden nicht entkräftet, sie sind stark und kühn und entschlußkräftig wie am ersten Tag.

Endloser Abstieg über das Zweite Eisfeld. Schon kommen von oben dauernd kleine Schneerutsche, die die Körper aus dem steilen Hang drängen wollen, aber die beiden stehen fest. Sie steigen weiter hinunter, sichern einander mit Eishaken. Die Oberfläche des Eises ist vom Wasser morsch und faul geworden. Man muß dreißig Zentimeter tief hacken, ehe man in das darunterliegende solide Eis einen Haken schlagen kann. Viel Zeit geht dabei verloren, aber Rebitsch und Vörg kommen trotzdem erstaunlich schnell tiefer. Absteigen und abseilen über die überhängende Felsstufe zum Ersten Eisfeld. Manchmal müssen sie vier Haken schlagen, ehe sie mit Sicherheit die Abseilschlinge einziehen können. Trotz schlechten Wetters, trotz der drängenden Zeit tun sie keinen Handgriff überhastet. Das ist ein geregelter Rückzug, souverän beherrrscht, keine Flucht.

Abstieg über das Erste Eisfeld. Und dann quert Rebitsch schon hinüber zum ersten Biwakplatz. Zum Schwalbennest, zum Luxusbiwak. Jetzt ist er dort. Vörg kommt nach, steht auf dem Eis. In dem Augenblick ein Tacken, Dröhnen. Steine sausen ihm um den Kopf. Dicht schlagen die Brocken um ihn ein, reißen Löcher in seinen Rucksack; aber der Schädel Wiggerls ist heil, als der Steinschlag vorüber ist. Rebitsch und Vörg sind um siebzehn Uhr auf dem Biwakplatz beisammen.

Sie sind bis auf die Haut durchnäßt. Nichts wäre näherliegend, als die drei oder vier Stunden Tageslicht auszunützen, um weiter abzusteigen. Der Quergang ist ja kein Problem, da hängen ja die Seile darin. Nichts wäre verständlicher, als daß sie von der Sehnsucht nach dem sicheren Tal beherrscht würden. Aber die beiden sind noch immer nicht erschöpft. Sie sind in keiner Weise apathisch, lassen sich nicht von Sehnsüchten treiben. Sie bleiben im Biwak.

Sie entledigen sich aller nassen Kleidungsstücke, winden sie aus, holen aus den Rucksäcken trockene Wäsche, ziehen sie an, streifen das feuchte Zeug darüber, kriechen in die hier deponierten, gleichfalls nassen Daunenschlafsäcke, hocken zusammengekauert auf dem abschüssigen Felsplatz und schlafen.

Der Morgen des vierten Tages in der Wand. Das Wetter ist noch trostloser. Endgültiger Abstieg. Mit allem Zeug, das durch die Nässe doppelt schwer geworden ist. Die Rucksäcke beider sind so umfangreich, daß auf gewöhnlichen Hüttenaufstiegen die Träger darunter gestöhnt und geschwitzt hätten. Es scheint unmöglich, mit solchem Ballast abzuklettern.

Aber Rebitsch und Vörg steigen mit allem Gepäck ab. Zunächst über den Quergang, die überhängenden Wandstellen – immer erschwert der erbitterte Kampf mit den steifen Tauen das Abseilen – zum Kopf des Zweiten Pfeilers, dann weiter hinunter. Stunde um Stunde. Am späten Nachmittag erreichen sie den Fuß der Wand.

Da kommt ein einsamer Mann die Schutthalden heraufgestiegen. Ein Mann der Bergrettung? Sucht man die beiden schon? Spricht man von neuen Opfern der Eigerwand? Nein, es ist nur der besorgte Kamerad Eidenschink, der da heraufkommt. Es ist gut, wenn man von einem treuen, verstehenden Freund den ersten Gruß der Erde bekommt.

Die Wand hat Rebitsch und Vörg nicht gezeichnet. Sie sind müde, aber nicht zu Tode erschöpft. Sie können lachen, erzählen. Doch ihr Zelt bei Alpiglen erscheint ihnen wie ein Palast.

Heinrich Harrer am Geländerseil im Hinterstoisser-Quergang *(links)*

Fritz Kasparek im Übergang zum ersten Eisfeld *(unten)*

Vorhergehende Seite: Heinrich Harrer auf dem Mittellegigrat, der den meisten Seilschaften zur Vorbereitung auf die eigentliche Begehung dient

Durch ihre Rückkehr und die Art ihrer Rückkehr brachten Matthias Rebitsch und Ludwig Vörg die Wendung in der Meinung der konservativen Bergsteiger, der Bergführer und der Öffentlichkeit zu dem Problem Eigerwand. Die Wand hatte ihnen wahrlich nichts geschenkt. Sie waren höher gekommen als die anderen und kamen doch zurück, gelassen und ruhig. Diese geistige Überlegenheit, die sich nur der unvergleichlich trainierten Körper bediente, war entscheidend. Rebitsch und Vörg hatten aus den tragischen Irrtümern ihrer Vorgänger gelernt und keine neuen Fehler gemacht. Sie blieben gleich mutig und gleich stark vom Anfang bis zum Ende ihres Unternehmens. Man sprach nicht mehr von lächerlichen, anmaßenden Erdenwürmern. Man sprach von Männern.

Rebitsch wurde im folgenden Jahr stellvertretender Leiter der deutschen Nanga-Parbat-Expedition. Er konnte also nicht an der Erstbesteigung der Eigerwand teilnehmen. Aber sein Name steht an hervorragender Stelle in ihrer Geschichte.

Die Erstbesteigung der Eiger-Nordwand

Der Sommer 1938 in der Eiger-Nordwand begann mit einem traurigen Auftakt. Er kostete zwei jungen italienischen Bergsteigern das Leben. Bartolo Sandri und Mario Menti, beide Arbeiter in einer Wollfabrik von Valdagno in der Provinz Vicenza, waren trotz ihrer dreiundzwanzig Jahre schon angesehene Mitglieder des Club Alpino Italiano. Vor allem Sandri galt als hervorragender Kletterer. Zahlreich waren seine Bergfahrten sechsten Grades, darunter einige Erstbesteigungen. Eis- und Westalpenerfahrung hatten die beiden allerdings kaum. Sie kamen nach Alpiglen und der Kleinen Scheidegg wie alle echten Bergsteiger, schweigend, ohne Aufsehen, ja fast geheimnisvoll. Sie beobachteten die Wand, versuchten sich in ihr und kamen wieder zurück, nachdem sie den untersten Vorbau erkundet hatten. Offenbar erschien ihnen der Anstieg, den vor drei Jahren Sedlmayer und Mehringer in Angriff genommen hatten, günstiger als die Route, die Hinterstoisser fand. Aber sie war nicht günstiger. Die Wand war einfach noch nicht begehbar in diesem Jahr.
Trotzdem stiegen Bartolo und Mario am 21. Juni früh ein. Sie kamen höher als Sedlmayer und Mehringer am ersten Tag. Ihr Mut und ihre Begeisterung waren groß, ihr Ehrgeiz brennend. Sie konnten nicht warten. Doch die Natur handelt nach eigenen Gesetzen. Sie kümmert sich nicht um Mut, Begeisterung und Ehrgeiz. Am späten Abend kam eines der berüchtigten Eigergewitter ...
Schon am nächsten Tag fand eine Suchmannschaft Grindelwalder

Bergführer unter Leitung Fritz Steuris des Älteren Bartolo Sandri tot auf einem Schneefeld am Fuß der Wand. Die Leiche Mario Mentis konnte erst nach einigen Tagen aus einer tiefen Spalte geborgen werden.

Das war ein trauriger Anfang des Sommers 1938 in der Eigerwand. Aber er konnte die Entwicklung der Zeit nicht aufhalten. Die Erinnerung an den gelungenen Rückzug Rebitsch-Vörg, der die Wende brachte, war noch lebendig. Und auch die Erkenntnis, daß ein Überrumpeln der Wand nicht möglich ist. Beim Eiger gibt es kein ›veni, vidi, vici‹. Man muß warten können. Tage-, wochenlang ...

Fritz Kasparek wartete schon sehnsüchtig auf mich. Dieser springlebendige, durch nichts in seinem Optimismus zu erschütternde hervorragende Wiener Bergsteiger war bereits seit längerer Zeit in Grindelwald, machte Schitouren im Berner Oberland und beobachtete immer wieder die große Wand. Aber noch gab es nicht viel mehr zu beobachten als Lawinenzüge, die schon den Gedanken an einen Versuch im Keime erstickten. Trotzdem hätte Fritz den Gefährten der geplanten großen Fahrt gern schon neben sich gesehen. Man weiß nie, was dazwischenkommen kann. Auch Sepp Brunnhuber, mit dem Fritz schon im Februar die erste winterliche Durchsteigung der Nordwand der Großen Zinne gewissermaßen als Trainingsfahrt für die Eigerwand gemacht hatte, war noch unabkömmlich. Ich hatte Fritz versprochen, am 10. Juli in Grindelwald einzutreffen. Aber im Grunde seiner Seele hatte Kasparek Mißtrauen gegen die Zusagen von Studenten.

Ich kam allerdings nicht mehr als Student nach Grindelwald. Meine Professoren an der Universität Graz waren reichlich erstaunt, als ich es plötzlich mit den Abschlußprüfungen so eilig hatte. Aber ich konnte ihnen doch nicht sagen, daß ich meine Studien beendet haben wollte, bevor ich in die Eiger-Nordwand stieg. Sie hätten höchstens den Kopf geschüttelt und – nicht ganz unberechtigt – gemeint, man könne auch ohne akademische Graduierung abstürzen. Ich erzählte niemandem etwas von dem Plan, keinem Studienkollegen, keinem Berg- oder Sportfreund. Nur meine Schwiegermutter in spe, Frau Else Wegener, weihte ich ein.

Diese kluge, prächtige, tapfere Frau, deren Mann, Professor Alfred Wegener, sich im November 1930 im unabsehbaren Inlandeis Grönlands für seine Kameraden geopfert hatte und im Schneesturm zugrunde gegangen war, hätte alle Ursache gehabt, gegen lebensgefährliche Unternehmen voreingenommen zu sein. Aber sie warnte nicht, sie ermutigte mich, obwohl sie genau wußte, welchen Ruf die Eiger-Nordwand hatte.

Am Vormittag des 9. Juli hatte ich meine letzte Prüfung. Zu Mittag bestieg ich mein schwerbeladenes Motorrad. Pünktlich am 10. Juli traf ich in Grindelwald ein. Fritz Kasparek, verbrannt von der Gletschersonne, daß sein blonder Schopf fast weiß wirkte, begrüßte mich in unverfälschtem Wienerisch.

Kasparek hatte ein ›gesegnetes Mundwerk‹. Er besaß eine geradezu schöpferische Erfindungsgabe in Kraftausdrücken, wenn er vor scheinbar unüberwindlichen Schwierigkeiten stand, vor denen er jedoch nie kapitulierte – auf dem Berg nicht und im Leben nicht. Seine Gefühle allerdings trug er nicht so offen zur Schau. Er redete auch nie von Kameradschaft und Freundschaft. Aber er war so geartet, daß er in Augenblicken der Not sein letztes Stück Brot oder Schokolade nicht etwa mit dem Gefährten teilte, sondern es ganz verschenkte. Und das nicht mit pathetischer Geste, sondern höchstens mit einem klassischen Wiener Ausspruch.

Mit solchen Gefährten kann man Pferde stehlen gehen, den Teufel zu einer Landpartie einladen und – in die Eiger-Nordwand steigen.

In Grindelwald waren auch die alten Eigerkandidaten Rudi Fraißl und Leo Brankowsky eingetroffen. Gemeinsam wanderten wir vier auf eine Alm oberhalb Alpiglen und richteten uns wohnlich ein. Wir wollten versuchen, Fehler, die anderen Seilschaften zum Verhängnis geworden waren, zu vermeiden. Vor allem mußten wir den Berg erst kennenlernen, bevor wir seine interessanteste und schwierigste Seite angehen wollten. So stiegen wir vom Hoheneis die Flanke schräg nach links querend zum Mittellegigrat, über diesen zum Gipfel und über die Normalroute ab. Im Anschluß daran bestiegen wir den Mönch über den Nollen.

Mittlerweile waren auf unsere idyllische Alm die Kühe getrieben worden. Fritz und ich zogen es vor, unseren Wohnsitz zu verlegen, und schlugen unser kleines Zelt unterhalb der Wand auf einer kleinen Wiese auf. Fraißl und Brankowsky blieben auf der Alm. An einem schönen Tag stiegen Fritz und ich in den unteren Wandteil ein und hinterlegten etwa 700 Meter über dem Einstieg, in der sogenannten Biwakhöhle oberhalb des Zerschrundenen Pfeilers, einen Rucksack voll Proviant und Ausrüstung. Wir befestigten einen Zettel daran: ›Bitte stehenlassen, gehört Kasparek und Harrer.‹

Diese Notiz bedeutete kein Mißtrauen gegen andere Eigerwandbesteiger. Durch die häufigen Besteigungsversuche, die Rettungs- und Bergungsaktionen fand man viele Ausrüstungsgegenstände, Seile und Haken, die nachfolgenden Partien oft willkommene Hilfe und eine Ergänzung der eigenen Ausrüstung brachten. Daher war es notwendig, einen planmäßig hinterlegten Rucksack als solchen zu bezeichnen.

Wir stiegen wieder ab zu unserem Zelt. Die Wandverhältnisse gestatteten noch keinen Angriff mit einiger Aussicht auf Erfolg. Wir hatten die feste Absicht, uns nicht drängen, treiben, hetzen zu lassen. Die Tragödien der Vergangenheit, vor allem die der beiden Italiener im Frühsommer, hatten uns gelehrt, daß jede Hast nüchterner Überlegung schadet und die bösesten Folgen haben kann. Wir wollten und konnten warten.

Es kamen Schönwettertage. Wir warteten weiter, beobachteten, wie sich der bei Sturm gefallene und an die Felsen gepeitschte Schnee veränderte, abschmolz, sich setzte und mit der alten Unterlage eine feste Verbindung einging. Nun war zu hoffen, daß die Verhältnisse auch im oberen, unbekannten Wandteil annehmbar sein würden.

Am 21. Juli war es soweit. Um zwei Uhr früh stiegen wir in die Wand ein. In der Dunkelheit überstiegen wir die Randkluft, kletterten gleichzeitig, unangeseilt, gegen den Zerschrundenen Pfeiler hinauf. Wir sprachen nichts. Jeder suchte sich seinen Weg, jeder hing seinen Gedanken nach.

Diese Stunden zwischen Nacht und Tag stellen den Mut auf eine harte Probe. Der Körper tut mechanisch die zweckmäßigen, richtigen Bewegungen des Emporklimmens. Aber der Geist ist noch nicht wach und angriffslustig, und die Seele ist eingehüllt in einen Mantel von Zweifel und Bangigkeit. Mein Freund Kurt Maix hat diese Bangigkeit einmal als die freundliche Schwester der Angst bezeichnet, die dem himmelstürmenden Mut das richtige Gegengewicht gibt und ihn vor der Selbstzerstörung bewahrt. Nein, Angst ist es nicht, was der Bergsteiger empfindet. Aber Zweifel und Frage und Bangigkeit sind menschlich. Und Bergsteiger sind keine Übermenschen. Sie müssen mit sich selbst und mit den hemmenden Empfindungen fertig werden, müssen sich dem auf das Ziel gerichteten Willen unterordnen. Darum ist die Stunde des Anfangs, der grauen, form- und farblosen Dämmerung, eine Stunde des Schweigens.
Forschheit ist in Augenblicken, da der Mensch um sein Gleichgewicht ringt und sich bemüht, subtile Empfindungen mit dem Willen in Einklang zu bringen, falsch, ja verlogen. Und das ist das Großartige an den Bergen, daß sie keine Lüge vertragen. Auch uns selbst gegenüber müssen wir aufrichtig sein.
Fritz und ich klettern, noch immer in dunkler Dämmerung, rechts am Zerschrundenen Pfeiler vorbei in die Höhe. Hinter uns hören wir manchmal Stimmen, vereinzelte Worte. Fraißl und Brankowsky haben gleichfalls das schöne Wetter abgewartet und sind hinter uns eingestiegen. Wir werden uns gut mit ihnen vertragen. Zwei Seilschaften in der großen Wand hindern einander noch nicht, können sich aber gegenseitig manche Hilfe geben.
Grau ist der Stein, grau ist selbst der Schnee in der ersten fahlen Dämmerung. Auch das, was sich da vor uns bewegt, ist grau. Das sind aber nicht Steine. Das sind Menschen, die sich vor der Biwakhöhle aus den Zeltsäcken schälen.
Im Nu sind alle Gedanken, Zweifel und Fragen, die aus den geheimnisvollen Tiefen des eigenen Ich hervorgestiegen waren, wieder versunken. Man spricht nicht von ihnen, nicht einmal zu dem Seilgefährten, geschweige denn vor fremden Bergsteigern, die gleicherweise Kameraden wie Konkurrenten sind.

Fremde Bergsteiger? Man ist einander nicht fremd, vor allem nicht in dieser Wand. Und dann nennen wir unsere Namen. Die der beiden eben vom Schlaf Erwachten lassen uns aufhorchen: Anderl Heckmair und Wiggerl Vörg. Es ist ein eigenartiger Platz für eine Begrüßung. Das Licht des antretenden Tages ist schon so stark, daß jeder deutlich das Gesicht des Gegenüberstehenden erkennen, mustern und prüfen kann.

Das also ist der berühmte Anderl Heckmair. Er ist der älteste von uns, schon zweiunddreißig. Sein Gesicht ist vom Berg gezeichnet, hager, von scharfen Falten durchzogen, die Nase springt in kühnem Schwung vor. Es ist ein hartes, verwegenes Gesicht, das Gesicht eines Kämpfers, eines Mannes, der von seinen Gefährten viel, von sich selbst aber alles verlangt.

Der andere, Wiggerl Vörg, scheint dem Typus nach genau das Gegenteil von Heckmair zu sein. Er ist nicht hager und sehnig, sondern fast rundlich athletisch. Auch seine Gesichtszüge sind nicht so markant wie die Anderls. Freundliche Gelassenheit spricht aus ihnen. Der ganze Kerl verkörpert verhaltene Kraft und inneren Frieden. ›Biwakkönig‹ nannten ihn seine Freunde, mit denen er vor zwei Jahren im Kaukasus war. Auch die Freilager in der 2000 Meter hohen Eiswand des Uschba, des ›fürchterlichen Berges‹, konnten ihm nicht die Ruhe rauben. Wenn man die beiden nach dem ersten Eindruck beurteilen wollte, müßte man Heckmair für das dynamische und Vörg für das beharrende Element halten. Auf jeden Fall müssen zwei so verschiedene und sich ergänzende Charaktere eine vollkommene Seilschaft mit ungewöhnlicher Durchschlagskraft bilden.

Wir wissen nicht, ob die beiden enttäuscht sind, daß wir nun gemeinsam mit ihnen in der Wand sein werden. Jedenfalls lassen sie es sich nicht anmerken. Heckmair sagt: »Wir haben schon gewußt, daß auch ihr in die Wand gehen wollt. Wir haben euren Rucksack gesehen und den Zettel gelesen.« Uns ist nicht ganz klar, wieso wir von der Anwesenheit Heckmairs und Vörgs nichts wußten. Sie hausten weder in Alpiglen noch auf der Kleinen Scheidegg im Zelt. Auch auf keiner Alm im Heu. Später erst erfuhren wir, daß sie diesmal ganz geheim taten. Sie reisten mit Koffern und nahmen sich ein Hotelzimmer auf der Kleinen Scheidegg. Wann hat jemals ein Eiger-Nordwand-Kandidat in einem Hotelzimmer geschlafen? Die Täuschung gelang vollkommen.

Die Ausrüstung von Heckmair und Vörg ist die beste und modernste. Sie hatten zwar genauso wenig Geld wie wir, aber vor Antritt der Fahrt hatten sie Gönner gefunden und konnten so zum erstenmal in ihrem Leben im besten Sporthaus Münchens nach Herzenslust einkaufen und sich sogar Spezialanfertigungen machen lassen. Selbstverständlich besaßen beide die eben aufgekommenen zwölfzackigen Steigeisen. Von uns hatte nur Fritz zehnzackige Steigeisen mit – ich überhaupt keine. Dies war zwar ein Fehler, aber er war nicht aus Leichtsinn geboren, sondern aus gründlicher, wenn auch falscher Überlegung: Wir nahmen an, daß es sich bei der Eiger-Nordwand um eine Felswand mit eingebetteten Eis- und Firnfeldern handle. Ein Paar Steigeisen sind ein beachtliches Gewicht – die Leichtmetalleisen kannten wir noch nicht –, und wenn wir uns das sparten, konnten wir mehr Ausrüstung oder Proviant mitnehmen. Ich hatte an meinen Schuhen den Grazer Klauennägelbeschlag, der im Firn recht gut greift und auch im Fels Halt bietet. So planten wir, daß Fritz in den Eisstellen und ich im Fels führen würde. Auch das lästige, zeitraubende An- und Abschnallen der Steigeisen hofften wir uns so zu ersparen. Es war ein Trugschluß, ein Fehler. Aber er führte nicht zu einer Katastrophe, sondern brachte uns nur Tempoverlust und mir erhöhte Mühe. Aber das wissen wir noch nicht, als wir mit Heckmair und Vörg vor der Biwakhöhle sprechen.

Vörg, der in jeder Lebenslage und Stellung biwakieren kann, beklagt sich über die eben überstandene Nacht. »Es war kalt und unbequem. Draußen vor der Höhle konnte man wegen des Steinschlags nicht bleiben, und in der Höhle war es eng und naß. Die ganze Nacht hat es auf unseren Zeltsack getropft.«

Heckmair studiert seinen Höhenmesser, er schüttelt bedenklich den Kopf. »Er ist um sechzig Meter gestiegen, das heißt, das Barometer ist um drei Strich gefallen. Das Wetter gefällt mir nicht.«

In dem Augenblick tauchen Rudi Fraißl und Leo Brankowsky auf. Wieder freundliche Begrüßung, aber jetzt klingt aus der Stimme Heckmairs schon echte Sorge. Seine Enttäuschung verbirgt er kameradschaftlich. Er deutet nur auf eine fischähnliche Wolke am Horizont: »Das Wetter schlägt bestimmt um. Wir steigen nicht weiter.«

Wir sind überzeugt, daß das Wetter halten wird, und Fritz gibt dieser Meinung in seiner optimistischen Art Ausdruck: »Ah was, das Wetter wird schon gut bleiben! Und einmal muß ja die Wand g'macht werden.«

Heckmair und Vörg rüsten zum Abstieg. Wir klettern weiter hinauf. Ich denke über den Rückzug der beiden hervorragenden Bergsteiger nach und vergesse auch nicht das unverhohlen enttäuschte Gesicht Wiggerl Vörgs. Nein, auch Vörg glaubte nicht an den Wetterumschwung. Und Heckmair? Mir wird klar, daß die Fischwolke und der ›gestiegene Höhenmesser‹ nur eine Ausrede für Anderl waren. Er erkannte, daß drei Seilschaften in dieser Wand eine bedrohliche Verzögerung bringen können, aber er war zu kameradschaftlich, um mit dem Recht des Zuerstgekommenen darauf zu bestehen, daß eine von unseren Partien umkehren solle. Er selbst kehrte um. Er sagte nicht: ›Ihr seid schuld‹, sondern: ›Mir gefällt das Wetter nicht.‹ Ein Entschluß, der von echter bergsteigerischer Verantwortung diktiert war.

Wie oft sind in der Nordwand Bergsteiger in Schwierigkeiten geraten, weil sie sich drängen ließen – nicht nur von Wetter- und Wandverhältnissen, sondern von der ›Konkurrenz‹. Anderl, einer der Besten, die sich je am Eiger versucht haben, ließ sich nicht drängen.

Jetzt aber haben wir nicht viel Zeit, uns mit psychologischen Studien und ähnlichen Problemen zu befassen. Die unmittelbaren Probleme stellt uns der Berg selbst. Da ist der Schwere Riß. Die Dämmerung hat nun endgültig der Helle des Morgens weichen müssen. Wir verbinden uns mit dem Seil. Fritz geht den ersten schwierigen Riß mit der ihm eigenen Meisterschaft an. Auf seinen Schultern ist der schwere Eigerrucksack. An diesem scheitert der erste mit Elan vorgetragene Angriff. Fritz muß wieder zurück, legt mir den Rucksack vor die Füße. Dann packt er die Stelle nochmals an. Es ist ein Genuß, ihm zuzusehen. Elegant, jeden Vorteil ausnutzend, arbeitet er sich höher, ohne Zögern, ohne Ruck. In verblüffend kurzer Zeit überwindet er dieses erste Bollwerk der großen Wand.

Fritzens Rucksack aufzuseilen, bringt manche Schwierigkeit und ärgerliche Verzögerung; immer wieder verklemmt er sich unter dem Überhang. Endlich ist der erste Rucksack oben. Der zweite wiegt fünfundzwanzig Kilogramm. Er kommt auf meinen Schultern mit hinauf. Wir haben nicht Zeit, nochmals das Aufseilspiel zu inszenieren. Fritz zieht. Seine Hilfe entspricht mindestens dem Gewicht meines Rucksackes. So gelange auch ich schnell den Riß hinauf. Die Stelle gibt mir einen leichten Vorgeschmack, was mir in der Wand bevorsteht. Da ich aber in dem Riß nicht außer Atem komme, steigt meine Zuversicht, daß ich meiner Aufgabe gewachsen sein werde. Es ist doch ein gewaltiger Unterschied, ob man, selbst in schwerster Dolomitenwand, ballastlos emporturnt oder schwer beladen durch die Eigerwand steigt. Aber ist nicht die Fähigkeit, Lasten zu schleppen, die Voraussetzung für jede erfolgreiche Expedition?

Spätere Bergsteiger werden den Schweren Riß oft mit Hilfe von Steigschlingen machen. Wir ziehen die freie Kletterei vor. Und ein Felsenmeister wie Fritz Kasparek wird Steigschlingen nur dort einhängen, wo es unbedingt notwendig ist.

Wir sind nun schon unter der Roten Fluh, jener Hunderte Meter hohen Feuermauer, die sich in unnahbarer Glätte über uns in den Himmel baut. Am Morgen, gefesselt vom Nachtfrost, schlafen die Wände – so steht es in den von den Menschen aus Erfahrung gewonnenen Spielregeln. Auch die Steine sind festgefroren. Aber die Eigerwand hält sich nicht an diese Spielregeln. Sie stößt auch hier wieder menschliche Erkenntnis über den Haufen. Steine kommen. Man sieht sie über den oberen Rand der Roten Fluh in die Luft schwirren und in weitem Bogen nach unten ziehen. Die Wand schießt Sperrfeuer. Wir eilen weiter hinauf. Je näher wir dem Fuß der Roten Fluh kommen, desto sicherer wird es für uns.

Wieder saust so ein schwerer Brocken heran. Er schlägt unter uns ein, zerschellt in tausend Splitter.
Und dann kommt der Ruf von Fraißl. Es ist kein Hilferuf, kein Notschrei, bloß eine Verständigung: Einer ist am Schädel verletzt.
»Ist es ernst? Braucht ihr Hilfe?«
»Nein, aber mir ist ganz schwindlig. Ich glaub', es ist gescheiter, wir drehen um.«
»Könnt ihr allein absteigen?«
Es tut uns leid, daß die beiden Wiener Freunde nicht weiter mithalten können. Wir versuchen aber nicht, sie zu überreden. Rudi und Leo steigen ab.
Nun sind wir, noch vor Sonnenaufgang, allein in der Wand. Und vor kurzem waren wir noch zu sechst. Fritz und ich sind nur aufeinander angewiesen. Wir reden nicht darüber, aber unbewußt verstärkt diese Erkenntnis das Zusammengehörigkeitsgefühl, die Kameradschaft. Schnell kommen wir über das leichte Gelände weiter hinauf. Und dann stehen wir vor jener Stelle, die Hias Rebitsch und Wiggerl Vörg im vorigen Jahr ›Hinterstoisser-Quergang‹ getauft haben.
Fast senkrecht sind die Felsen, über die man nun nach links queren muß. Unterhalb brechen sie ins Leere ab. Hochachtung erfaßt uns vor dem kühnen Anderl Hinterstoisser, der sich hier als erster mit Hilfe des schrägen Seilzuges mit einem Seilquergang zum Ersten Eisfeld hinübertastete. Voll Dank und Anerkennung erinnern wir uns auch an Vörg und Rebitsch, die hier ein Quergangsseil hängenließen, das uns wie ein Gruß anmutet. Wir prüfen das Seil. Es ist fest verankert und reißfest, obwohl es zwölf Monate lang Sturm und Unwetter, Nässe und Kälte ausgesetzt war.
Wie der Quergang zu bewältigen ist, wußten wir bereits von Berichten, Beschreibungen, Bildern. Was aber nicht beschrieben war, ist die Vereisung der Stelle. Die Felsen sind wie glasiert. Sie geben dem reibungsuchenden Fuß keinen Halt. Trotzdem geht Fritz mit dem ihm eigenen Geschick den Quergang an. Er kämpft gegen die Glätte und um sein Gleichgewicht; Zoll um Zoll, Meter um Meter

gewinnt er dem schwierigen, heimtückischen Gelände ab. Hier und da schlägt er mit dem Eisbeil Schnee und Eisbelag von den Felsen. Mit feinem Klirren fegen die zersplitterten Eisschollen über die Platten, verschwinden im Bodenlosen. Aber Fritz hält sich, schiebt, tastet sich weiter nach links, klettert, hängt weit zurückgelehnt im Seil, findet wieder Stand – erreicht den jenseitigen Rand des Quergangs. Dann folge ich. Fritzens Rucksack schiebe ich, mit einem Karabiner in das Geländerseil gehängt, vor mir her, und bald stehe auch ich am Ende der Querung.

Nach dem Hinterstoisser-Quergang erreichen wir den schon berühmt gewordenen Biwakplatz von Rebitsch und Vörg, das Schwalbennest. Wir halten hier Frühstücksrast. Das Wetter ist schön geblieben, aus dem Morgen ist ein prächtiger Tag geworden. Die Lichtverhältnisse sind so gut, daß sie schon während des Hinterstoisser-Quergangs das Fotografieren gestatten. Dieser Quergang ist wohl eine der fotogensten Stellen in den Alpen. In diesem nüchternen Wort liegt alles. Die Schwierigkeit, das Ausgesetztsein, die Kühnheit der Querung. Und trotzdem möchte ich gleich hier einen Irrtum richtigstellen: Der Hinterstoisser-Quergang ist wohl eine, aber nicht *die* Schlüsselstelle. Es gibt zahllose entscheidende Stellen in dieser so unglaublich großen Wand, die ja schon – bis zum Todesbiwak Sedlmayers und Mehringers – durch die glückliche Rückkehr Rebitschs und Vörgs bekannt wurden. Was droben in der Schlußwand für Schlüsselstellen kommen, wissen wir noch nicht. Wir wissen nur, daß diese Schlußwand allein in jeder anderen Alpengegend ein sehenswertes Schaustück und ein begehrtes Ziel für die besten Kletterer abgeben würde.

Wir sind ausgezeichnet in Form, das Wetter ist gut, und wir zweifeln nicht an der Möglichkeit des Erfolges. Aber wir wissen, daß auch die Besten bereits zum Rückzug gezwungen waren. Wir richten das Schwalbennest zu einem Stützpunkt des Rückzugs her. Da hängt nicht nur das alte Seil der Partie von 1937 im Quergang. Wir wollen uns auch die Möglichkeit des senkrechten Abstiegs sichern, jenes Abstiegs, der den vieren von 1936 zum Verhängnis wurde und mit dem Tod des Toni Kurz seinen erschütternden

Abschluß fand. Wir hinterlegen im Schwalbennest hundert Meter Seil, Mauerhaken, Karabiner, Seilschlingen und Proviant.

Es ist der 21. Juli 1938. Vor genau zwei Jahren, am 21. Juli 1936, versuchte Anderl Hinterstoisser in stundenlangen verzweifelten Versuchen, ›seinen‹ Quergang zurückzuklettern. Am 21. Juli starben hier Hinterstoisser, Angerer und Rainer. Übermächtig faßt uns die Erinnerung. Wenn die vier ihr Quergangsseil hätten hängenlassen, wenn sie im Schwalbennest ein langes Seil gehabt hätten, wenn ... Wir haben den Toten unsere Erfahrung zu danken. Die Erinnerung stimmt uns ehrfürchtig und wehmütig. Aber sie schreckt uns nicht. Das Leben hat seine Gesetze, denen wir unbewußt gehorchen.

Fritz hat seine Steigeisen an die Schuhe geschnallt; er beginnt den Aufstieg über das Erste Eisfeld. Hier ist nicht Firn, hier ist blankes Eis, sprödes, etwas wässeriges Eis. Die Neigung des Hanges schätze ich auf fünfzig bis fünfundfünfzig Grad, also steiler als etwa der Durchschnitt der Pallavicini-Rinne. Nach je einer Seillänge schlägt Fritz eine große Standstufe und einen Eishaken, um mein Nachkommen zu sichern. Wir merken schon, daß das Zurücklassen der Steigeisen eine Fehlkalkulation war. Ich muß das fehlende Gerät durch erhöhte Muskelbeanspruchung wettmachen. Doch mein Training in vielen Sportarten kommt mir sehr zustatten.

Wir steuern gegen einen senkrechten Aufschwung, der den Übergang vom Ersten zum Zweiten Eisfeld bildet. Eine vereiste Verschneidung, die später unter dem Namen ›Eisschlauch‹ bekannt wird, bietet eine Möglichkeit. Diese Barriere, die das Erste vom Zweiten Eisfeld trennt, ist eine der Täuschungen und Enttäuschungen dieser Wand. Wenn ich mich an die großen Dolomitenwände erinnere, so scheint dort vieles schwerer, steiler, ungangbarer, als es in Wirklichkeit ist. Optisch ist so eine Dolomitenmauer viel eindrucksvoller als Einzelstellen in der Eigerwand. Wenn man aber dann Hand an die Dolomitenfelsen legt, freut man sich des rauhen Gesteins, der horizontalen Schichtung, der dadurch bedingten Griffigkeit und der vielen Ritzen und Spalten, die immer wieder das Schlagen sicherer Haken ermöglichen.

Und hier? Die erste Täuschung: Diese vereiste Felsbarriere scheint doch gar nicht schwer. Da schlägt man eben darunter einen Standhaken ... Aber es gibt keinen Stand. Es gibt auch keine Ritze für den sicheren Haken, und es gibt keine Griffe. Das Gestein ist dachziegelartig abwärts geschichtet. Und der Fels ist vom Steinschlag glattgescheuert, mit Schnee, Eis, Schutt und Sand paniert. Er lockt nicht zu froher Tat, er ist kein Appell an die Kühnheit, sondern verheißt nur Mühe und Gefahr. Aber er ist ein Teil der Eigerwand, durch die wir wollen.

Der Eisschlauch macht seinem Namen Ehre. Der Fels ist dick mit Eis gepanzert. Aber auch der Name Schlauch besteht zu Recht. Unter der gefrorenen Schicht zwischen Eis und Fels, schießt das Wasser herab. Wir müssen durch. Das Wasser ergießt sich in die Ärmel, fließt den ganzen Körper entlang, staut sich kurze Zeit an den Gamaschen, die Hosen und Schuhe abdichten sollen, bis es seinen Ausgang findet. Der Riß aus Eis und Fels und Wasser bietet wenig Halt. Er ist sehr schwer, erfordert beste Klettertechnik und ausgeklügelte Gleichgewichtstaktik. Auch hier erweist sich Fritz als Meister. Aber wir brauchen Stunden, bis wir das Zweite Eisfeld erreichen. An unseren Körpern ist kein trockener Faden mehr.

Es ist früher Nachmittag. Über uns dehnt sich weit und hoch das Zweite Eisfeld. Wir müßten von hier schräg nach links ansteigen, gegen die Bügeleisenkante, Richtung letztes Biwak Sedlmayers und Mehringers. Das große Eisfeld scheint von hier verkürzt. Aber selbst wenn man diese optische Täuschung in Betracht zieht und sich daran erinnert, daß sogar hervorragende Eisgeher wie Rebitsch und Vörg fünf Stunden bis zum oberen Rand des Zweiten Schneefeldes brauchten – zwanzig Seillängen –, so bliebe uns an diesem Tag noch reichlich Zeit, wahrscheinlich sogar bis zum Todesbiwak zu kommen. Es ist mindestens noch sechs Stunden hell.

Und trotzdem entschließen wir uns, statt nach links, nach rechts zu steigen, gegen ein kleines Felsköpfl hin, das da – über dem oberen Rand der Roten Fluh – aus dem Schnee ragt. Der helle schöne Nachmittag läßt auch die Sonne schräg in den oberen Wandteil scheinen. Dort warten die ›Eiszäpflein, die sich schneu-

zen‹. Dort lösen sich die Lawinen, dort folgen die vom Eis befreiten Steine dem Gesetz der Schwerkraft.
Und weiter östlich – man muß ja die Wand Hunderte Meter weit auf den Eisfeldern schräg aufwärts queren – kommen die Schneerutsche, Steinschläge und Wasserfälle aus der Spinne in senkrechtem, ungehemmtem Fall.
Gewiß – nicht jeder Stein trifft. Aber wir haben nicht unten beim Schwalbennest einen Stützpunkt für einen Rückzug gebaut, um uns hier von Steinen erschlagen oder von Lawinen hinabwischen zu lassen. Man nennt den Steinschlag eine der ›objektiven‹ Gefahren des Bergsteigers, eine Situation also, gegen die der Mensch machtlos ist. Aber sich bewußt in die Steinschlagzone zu begeben, ist nicht mehr objektive, sondern subjektive Gefahr, heraufbeschworen durch Dummheit oder Leichtsinn. Dieses große Eisfeld muß man am Morgen und in den Vormittagsstunden begehen. Auch dann ist die Steinschlaggefahr vorhanden. Aber sie ist ungleich geringer.
Wir erreichen unseren Felskopf, können an ihm zwei Sicherungshaken anbringen. In stundenlanger Arbeit pickeln wir aus dem Eis darunter einen Sitzplatz. Noch immer ist es Tag, als wir zum Biwak rüsten. Wir hängen uns und unsere Sachen zur Sicherung an die Haken, legen Seilschlingen auf unsren Sitz, beginnen zu kochen. Wir sind durch den Felskopf gegen Stein- und Eisschlag geschützt. Die Aussicht ist von unserem Platz großartig. Es sind also alle Voraussetzungen für ein frohes Biwak vorhanden. Aber an unseren Körpern ist kein trockener Faden. In unseren Rucksäcken ist zwar wärmende Kleidung und Wäsche, doch wir dürfen nicht riskieren, auch diese feucht werden zu lassen, indem wir sie unter die nassen Kleidungsstücke ziehen. Wir wissen nicht, wie das Wetter wird, wissen nicht, wie oft, wo und unter welchen Umständen wir noch biwakieren müssen. Für diese kommenden Nächte müssen wir die Reservesachen trocken halten. Aber es kostet einige Energie, sie nicht doch aus den Rucksäcken zu holen und wider bessere Erkenntnis anzuziehen.
Die Nacht ist kalt, lang und ungemütlich. Es ist kein gutes Biwak.

Später werden wir feststellen, daß es das schlechteste der Wand war, obwohl wir relativ gute Sitzplätze hatten. Infolge der nassen Kleider macht sich die Kälte doppelt fühlbar, Geist und Seele sind ebenso wie der Körper mit der Überwindung des Unbehagens beschäftigt. Dagegen gibt es kein Training.

Jede Nacht geht einmal zu Ende. Als der Morgen graut, erheben wir uns zähneklappernd und rüsten die Seile zum weiteren Anstieg. Das Wetter ist noch immer gut. Der Frost hält die Steine im Bann. Wir beginnen den querenden Aufstieg über das Zweite Eisfeld. Jetzt erst wird in vollem Ausmaß spürbar, welcher Irrtum es war, meine Steigeisen zurückzulassen. Fritz korrigiert ihn durch ein Übermaß an Mühe und Anstrengung. Er baut eine Stufenleiter. Es ist bewundernswert, wie dieser beste Wiener Felsgeher auch den Pickel meisterhaft beherrscht. Mit regelmäßigem Schwung schlägt er Stufe um Stufe, stundenlang, und rastet nur, wenn er mich nachsichert. Die Stufen sind so gut, daß ich mit meinen Klauennägeln ausgezeichnet Halt finde.

Von unten sieht man das Eisfeld als glatte Fläche, doch ist auch dies eine Täuschung. Riesige Wellen erwecken den Eindruck, daß die sicheren Felsen nahe seien, nur stellt man dann fest, daß man einen weiteren Wellenwulst erreicht hat und wiederum ein Wellental queren muß. Es ist die gleiche Erscheinung, vor der der Westalpengeher steht, wenn er einen der vielen Vorgipfel irrtümlich schon für sein Ziel hält.

Der großstädtische moderne Bergsteiger handhabt die Eisaxt wie ein Bergführer der klassischen Zeit des Alpinismus. Das Zeichen der Moderne ist das Tempo, das der Vergangenheit das stetige, aber langsame Fortschreiten. Natürlich brauchen auch wir beide länger, da wir ja die Methode der Alten anwenden müssen. Schließlich brauchten auch Rebitsch und Vörg im Vorjahr fünf Stunden zur Überwindung des großen Eisfeldes. Genauso viel Zeit benötigen wir.

Kurz vor den Felsen zwischen dem Zweiten und Dritten Eisfeld schaue ich einmal zurück. Da ist unsere endlose Stufenleiter. Und über diese kommt die neue Zeit mit ihrem Tempo. Da kommen

Fritz Kasparek
bei einer Zigarettenpause
im »Schwalbennest«

Der »Götterquergang«, ein schmales Felsband, führt von der Rampe zur Spinne

Nur ein einziger Haken sichert Heinrich Harrer und Fritz Kasparek im ersten gemeinsamen Biwak . . .

. . . mit Anderl Heckmair und Wiggerl Vörg in der Rampe

zwei heraufgelaufen, wirklich gelaufen, nicht gestiegen. Gewiß ist es für geübte Bergsteiger leicht, in schönen Stufen so schnell zu gehen. Aber daß die beiden jetzt schon, am frühen Vormittag, an dieser Stelle sind, ist erstaunlich. Sie müssen gestern noch im unteren Wandteil biwakiert haben. Daß sie heute erst in die Wand eingestiegen sind, scheint kaum wahrscheinlich. Es entspricht aber den Tatsachen.

Die beiden sind die besten der Eigerwandkandidaten: Anderl Heckmair und Wiggerl Vörg. Sie haben ihre zwölfzackigen Steigeisen angeschnallt, und ich komme mir mit meinen Klauennägeln fast deplaciert vor. Kurzer Gruß. Dann steigen sie weiter, erreichen Fritz. Ich kenne meinen Freund. Sein alpines Ehrgefühl ist hochentwickelt. Er sucht sich am liebsten den eigenen Weg. Er trägt zwar das Ehrenzeichen der Retter aus Bergnot, nimmt aber selbst keine Hilfe an. Auch die spaßhafte Frage, die Anderl offenbar an ihn richtet, ob er nicht lieber umkehren wolle, veranlaßt Fritz zu einer wienerisch eindeutigen Antwort.

Aber Anderl will nicht stänkern. Er ist ein Mensch, dem Bosheit gar nicht gegeben ist. Und zu groß ist die Achtung, die Kasparek und Heckmair füreinander haben. So entwickelt sich aus dem Zusammentreffen keine Unstimmigkeit, keine Konkurrenz, sondern eine Gefährtenschaft, wie sie sich in dieser großen Wand selten in so schöner Weise offenbart hat. Natürlich gehen wir noch in zwei getrennten Seilschaften. Anderl und Wiggerl übernehmen die Spitze. Später erzählen sie, daß sie beobachtet haben, wie Fraißl und Brankowsky umkehrten. Da gab es für sie kein Halten mehr. Am frühen Morgen sind sie eingestiegen. Und jetzt sind sie da. Wir bleiben beisammen ...

In gleichem Tempo steigen wir über den steilen Grat gegen das Todesbiwak. Als wir dort längere Mittagsrast halten, fühlen wir uns bereits zusammengehörig. Kein Wort fällt, das irgendeiner Enttäuschung Ausdruck gibt. Es ist, als hätten wir seit eh und je miteinander gehen wollen und wären jetzt froh, endlich beisammen zu sein.

Über den weiteren Anstieg gibt es keine Meinungsverschiedenheit: Es geht von unserem Rastplatz schräg links absteigend über das Dritte Eisfeld zum Beginn der Steilrampe, die gegen den Grat der Lauperroute zieht; aus der Rampe Quergang nach rechts zur Spinne; über diese und durch die anschließenden Risse zum Gipfelfirnfeld der Schlußwand. Das klingt sehr einfach. Doch jede dieser Stellen hat ihr großes Fragezeichen. Aber wenn ich meine Gefährten betrachte, den Fritz, den Anderl und den Wiggerl, so scheint mir, daß jede Stelle, die überhaupt überwindlich ist, von unserer Gruppe bewältigt werden wird.

Man könnte vielleicht auch vom Todesbiwak über die Steilwand direkt zur Spinne aufsteigen. Aber als wir die Wand emporschauen, sehen wir nicht weit. Nebel umspielen den Berg, senken sich auch auf uns herab. Es ist der Nebel, den man von ›draußen‹ als ›Wattebausch‹ des Eiger bezeichnet und der sich förmlich an Fels und Eis anschmiegt. Das erschreckt uns nicht. Es gehört zu den Gewohnheiten der Eigerwand, nach dem Mittagstisch eine Schlafmütze aufzusetzen, sehr zum Ärger der schaulustigen Menschen, die unten die Fernrohre umdrängen. Wie groß dieser Ärger ist, wissen wir noch nicht: Es wurden für die Fernrohre Platzkarten ausgegeben, deren Inhaber für drei Minuten Schau bezahlen mußten, ob sie etwas sahen oder nicht. So queren wir, unbeobachtet von der Außenwelt, über das mehr als sechzig Grad steile Eisfeld zum Beginn der Rampe.

Die Rampe. Sie paßt zu dieser Wand, wo alles schwerer ist, als es aussieht. Man kann nicht über sie ›hinauflaufen‹, denn da sind keine rauhen Platten, keine guten Griffe und Tritte. Auch hier ist der Stein nach abwärts geschichtet, und die Ritze, in die Haken eingetrieben werden können, kann man zählen. Beim Beginn der Rampe allerdings habe ich einen guten, festen Standhaken. Ich beobachte Fritz, der mit ruhigen, gleichmäßigen Bewegungen Höhe gewinnt. Nun klettert er schon etwa fünfundzwanzig Meter über mir.

Plötzlich gleitet er aus. Ist ihm ein Griff ausgebrochen? Hat ein Fuß keinen Halt gefunden? Ich weiß es nicht. Das Ganze geht so schnell – im Nu ist der Freund meinen Blicken entschwunden. Ich reiße noch so viel Seil ein wie möglich, erwarte den Ruck. Der Standhaken ist fest, er wird wohl halten. Auch das Seil wird hoffentlich die Reißprobe bestehen, wenn es durch die Schultersicherung abgefedert ist. Wer hier ungesichert stürzt, fliegt bis zum Vorbau am Fuß der Wand hinunter.

Wir haben Glück. Das Seil läuft über einen kleinen Schneegrat, schneidet in den Firn. Dadurch wird die Wucht des Sturzes so gebremst, daß der Ruck, den ich auszuhalten habe, durchaus erträglich ist. Hat sich Fritz verletzt?

Ich werde gleich beruhigt: Der Freund murmelt ein paar Worte, die nur ein genauer Kenner des Wienerischen verstehen kann – es ist ein angriffslustiger Fluch! Und dann klettert Fritz schon wieder. Schnell ist er oben auf der Rampe, steigt weiter, als wäre nichts passiert, bis ich ihm zurufe, daß das Seil zu Ende geht. Als ich nachkomme, sehe ich mir die Sturzstelle an. Fritz ist frei etwa achtzehn Meter aus der schrägen Rampe senkrecht hinuntergestürzt und ohne Zögern wieder durch einen steilen Riß emporgeklettert. Wir reden gar nicht mehr über den Vorfall. Fritz trägt ihn mit der Gelassenheit eines Spielers von ›Mensch ärgere dich nicht‹, der durch Würfel gezwungen wird, von vorn zu beginnen. Wir ärgern uns nicht, wir lachen und freuen uns des Lebens. Wir drücken uns auch nicht pathetisch die Hände. Drei Felder zurück – und durch den nächsten Würfelfall sechs Felder voraus –, das war alles. Daß Fritz nach dem Sturz gleich wieder hinaufkletterte, ist selbstverständlich, da er ja unverletzt war. Und daß der Heini das Seil gehalten hat, ist auch selbstverständlich, denn dazu war er ja da. Also wozu darüber reden? Fritz ist der richtige Gefährte für die große Wand. Er nimmt das Nebensächliche nebensächlich, belastet sich und seine Feunde nicht mit Wenn und Aber, nicht mit dem Gedanken, ›was alles hätte passieren können‹ oder ›warum es geschah‹. Die Hauptsache ist, daß nichts passiert ist.

Am späten Nachmittag treffen wir wieder alle vier zusammen. Über uns verengt sich die Rampe zu einer engen, senkrechten Verschneidung mit eingesprengtem Riß. Durch diesen kommt das Wasser. Wir alle haben keine Lust, mit nassen Kleidern zu biwakieren – die unseren sind schon am Vormittag bei der Querung des Zweiten Eisfeldes getrocknet. Außerdem finden wir, daß die Arbeit dieses Tages genügt. Der Riß soll den Auftakt des morgigen Tages bilden. Wir rüsten zum Biwak.

Das klingt so einfach. Und wir hielten es auch für einfach, als wir die Rampe noch auf den Bildern oder durch das Fernrohr betrachteten. Wir dachten, daß man sich die Sitzplätze aussuchen könnte. In Wirklichkeit gibt es keine Sitzplätze. Nicht einmal ein Sitzplätzchen. Selbst gute Stehplätze sind rar.

Wir richten unser Biwak etwa eineinhalb Meter unter dem Heckmairs und Vörgs her. Es gelingt uns, einen einzigen Mauerhaken in einen feinen Felsritz zu treiben. Es ist ein dünner Querhaken. Nach etwa einem Zentimeter steht er schon an. Aber er ist festgeklemmt. Freilich, wenn wir mit unserem ganzen Gewicht daranhingen, würde er durch die Hebelwirkung wahrscheinlich doch herausgehen. Darum schlagen wir ihn kreisförmig nach unten, bis der Ring an den Felsen stößt. Damit ist die Hebelwirkung ausgeschaltet, und wir können uns dem kleinen grauen Freund aus Stahl anvertrauen. Zuerst hängen wir alle unsere Sachen an, dann uns selbst.

Zum Sitzen ist kein Platz. Die Rampe ist hier schmal und sehr steil. Aber mit Hilfe von Seilschlingen richten wir doch so eine Art Sitz her, und damit die Füße nicht ins Leere baumeln, hängen wir noch Steigschlingen ein. Neben mir ist außerdem ein winziger ebener Fleck, auf dem gerade unser Kocher Platz hat. So können wir Tee, Kaffee und Kakao kochen. Denn der Flüssigkeitsbedarf ist bei uns allen außerordentlich groß.

Anderl und Wiggerl haben auch keinen besseren Platz. Bewundernswert ist die Ruhe des Biwakkönigs Vörg, der auch hier nicht auf den möglichen Komfort verzichten will. Wiggerl zieht sogar seine weichen, gefütterten Biwakschuhe an und macht dazu das Gesicht eines echten Genießers. Es ist durchaus keine Übertreibung, wenn ich sage, daß wir uns alle sehr wohl, ja sogar behaglich fühlten. Das wird der erfahrene Bergsteiger verstehen, und der Laie muß einfach meinen Worten Glauben schenken. Ein großer

Philosoph hat auf die Frage, was Glück sei, einmal gesagt: ›Eine Milchsuppe, ein Lager zum Schlafen und keine körperlichen Schmerzen – das ist schon viel.‹ Wir können das noch erweitern: ›Trockene Kleider, ein Mauerhaken, auf den man sich verlassen kann, und köstliche, lebenerweckende Getränke – das ist höchstes Glück in der Eigerwand.‹

Ja, wir sind glücklich. Die Wand, der große Berg hat unser Leben auf den einfachsten Nenner gebracht. Nach der stundenlangen Kocherei stülpen wir den Zdarskysack über uns und suchen eine möglichst bequeme Stellung, die uns auch ein gelegentliches Einnicken gestattet. Herrlich ist es, so einer Nacht mit trockenen Kleidern entgegensehen zu können. Unser Platz ist etwa 1200 Meter über den Firnfeldern am Fuß der Wand. Falls einer stürzen sollte, würde es ihn wohl bis zu diesen Firnfeldern schleudern. Aber wer denkt schon an Sturz?

Es ist ein gutes Biwak. Körperliche Pein und Unbehagen schieben sich nicht störend in den Flug der Gedanken. Im Einschlafen steigt ein Bild aus meiner frühesten Jugend vor mir auf, ein frohes, sonniges Bild. Keine Fata Morgana, die mir ein warmes Bett vorgaukelt. Nein, ich denke an eines meiner ersten Bergerlebnisse.

Ich war erst fünfzehn Jahre alt. Allein war ich auf den Mangart, den stolzen Berg in den Julischen Alpen, gestiegen. Noch erfüllt von dem großen Erlebnis, kam ich vom Berg herunter. Da war ein riesenhaftes, kilometerlanges Schuttfeld, wie man es in den Julischen oft findet. In weiten Sprüngen eilte ich durch das öde Kar hinunter. Die Sonne brannte glühend heiß, meine Zunge klebte am Gaumen. Mitten im Geröll sah ich zwei Adler, die aus dem Kadaver einer Gemse große Fleischbrocken rissen. Nur unwillig erhoben sich die Raubvögel, als ich vorbeikam. Der Anblick fesselte mich so, daß ich vorübergehend sogar den Durst vergaß. Unvergeßlich blieb für mich Jungen die Erkenntnis, daß der Tod des einen für den anderen das Leben bedeutet. War das immer in der Natur so? Galt das auch für den Menschen? Alles in mir sträubte sich gegen den Gedanken.

Ich kam hinunter an das Ufer des Weißenfelser Sees. Dort stand eine Almhütte, daneben ein Brunnen, aus dem ein glitzernder Wasserstrahl schoß. Ich beugte mich nieder, ließ das Wasser erst über die Handgelenke laufen. Dann trank ich, trank, trank ...

Plötzlich bekam ich einen Schlag, eine richtige Ohrfeige. Vor mir stand der hochgewachsene, weißhaarige Senn mit sonngebräuntem kühnem Gesicht.

»Warum trinkst du das Wasser, Junge? Ich habe in der Hütte kühle Milch und sauren Rahm. Da kannst du deinen Durst löschen und dich satt trinken.«

Nie werde ich den Alten vergessen, der zornig wurde, um mir Gutes zu tun! Ich war tagelang bei ihm zu Gast und trank und aß, was er auf der Alm produzierte: Milch und Käse, Rahm und Topfen. Er war ein stolzer, großzügiger Gastgeber und obendrein ein gebildeter, weitgereister Mann, der fließend acht Sprachen sprach. Jahrzehntelang war er Schiffskoch auf allen Weltmeeren gewesen. Und seine Lebenserfahrung gipfelte in der Güte zu den Menschen.

Mir fiel das grausame Bild der toten Gemse und der beiden Adler ein. Und glücklich prägte sich mir im aufnahmefähigen Idealismus der frühen Jugend die Erkenntnis ein: Nein, die Grausamkeit der Natur gilt nicht für den Menschen. Der Mensch soll gütig sein ...

Mit der Erinnerung an den Alten vom Weißenfelser See nicke ich ein, schlafe tief und traumlos. Wie lange ich so geschlafen habe? Ich weiß es nicht. Plötzlich steht wieder der Alte vor mir. Im Traum. Sein Gesicht ist nicht mehr gut. Es ist zornig. Der Alte zerrt mich an der Brust.

Ich wehre mich, kann aber den Griff des starken Mannes nicht abschütteln. Ich will weiterschlafen.

Stärker reißt und rüttelt der Alte an mir.

Ich erwache nicht ganz, aber im Halbschlaf spüre ich noch immer den starken Druck um meine Brust. Es ist das Seil, in dem ich mit meinem ganzen Gewicht hänge, weil ich im Schlaf von meinem Sitz abgeglitten bin. Ich weiß, daß ich in der Rampe der Eiger-Nordwand bin und mich aufrichten, hinaufrücken und meinen Sitz in Ordnung bringen sollte. Aber ich bin so lethargisch, will nur weiterschlafen. Eigentlich rührt sich auch das Gewissen: Man sollte nicht dauernd an dem Haken zerren, wo er doch nur einen Zentimeter im Fels steckt. Aber es ist gerade so schön, sich gehenzulassen, noch ein paar Minuten, dann werde ich es in Ordnung bringen. So schlafe ich wieder ein.

Im Augenblick des Einnickens steht das Traumbild wieder vor mir. Diesmal rüttelt mich der Alte endgültig wach. Ich richte mich in den Steigschlingen auf, nehme wieder meinen Sitz auf dem abschüssigen Plätzchen ein. Fritz brummt irgendwas im Schlaf.

Da höre ich Anderl und Wiggerl über mir reden. Die Stimme Vörgs klingt besorgt. Ich frage, was los sei.

»Dem Anderl ist schlecht. Die Ölsardinen, die er am Abend gegessen hat, liegen ihm im Magen.«

Ich bin jetzt hellwach und ganz frisch. Auch die Kälte ist kaum fühlbar. Da, neben mir, auf dem kleinen ebenen Fleckchen, steht der Kocher.

»Ich koche dir einen Tee, Anderl, das hilft immer.«

Tee ist doch die Krone aller Getränke. Er hilft gegen Kälte, gegen Hitze, gegen Unbehagen und Krankheit, gegen Müdigkeit und Schwäche. Er hilft auch jetzt. Die Sardinen in Anderls Magen geben Ruhe. Wir schlafen und dösen, bis die Sterne zu verblassen beginnen und das neue Licht sich durch die Dämmerung stiehlt. Die Nacht ist zu Ende. Es war eine gute Nacht.

Wiggerl Vörg beginnt schon um vier Uhr früh zu kochen. Wie alles, was er anfängt, tut er auch das mit Bedacht, Muße und Gründlichkeit. Er kocht Haferbrei und Kaffee in großen Mengen. Das macht munter, vertreibt die Kälte. Schließlich ist es sieben Uhr, bis wir wieder zu klettern beginnen. Es ist schon eine Zumutung für den durch das Biwak noch immer steifen Körper, als erste Morgengymnastik den Riß in der Verschneidung zu machen. Der schaut heute nicht leichter aus als gestern. Nur der Wasserfall hat aufgehört. Dafür liegt auf dem Felsen ein dünner Eispanzer. Auch Anderl, der als erster geht, blickt etwas mißtrauisch.

Der gerade Weg ist der beste, scheint Anderl zu denken und packt die Verschneidung direkt an. Wo es ihm möglich ist, schlägt er Haken. Einer davon sitzt auch tatsächlich sicher. Mit ausgefeilter

Technik arbeitet sich Anderl höher, versucht dem Eis auszuweichen und klettert deshalb in der überhängenden Begrenzungswand. Beinahe hat er den Überhang schon geschafft. Da ist ein Griff, der ihm den letzten Aufschwung ermöglichen soll. Es ist kein Griff, sondern nur ein loser Block. Der Brocken bricht aus, stürzt und mit ihm der Anderl. Im nächsten Augenblick hängt unser Freund an dem guten Haken unter dem Überhang. Das darf so ein Überhang mit dem Anderl Heckmair nicht machen. Der Anderl wird wild! Geht es nicht im eisfreien Gelände, dann eben mitten über das Eis. Anderl zieht die Steigeisen, an, die neuen Zwölfzacker.

Und jetzt führt er uns ein Akrobatenkunststück vor, eine Kürübung, wie man sie noch selten gesehen hat. Halb Meisterkletterei, halb Spitzentanz auf dem Eis. Spitzentanz in die Senkrechte. Er hält sich im Fels, er hält sich im Eis, er verstemmt sich, rückt höher, und immer laufen die Spitzen der Vorderzacken seiner Steigeisen empor, verbohren sich im Eis. Nur millimetertief, aber das genügt; Anderl überwindet die schwierige Stelle, schlägt in dem darüber ansetzenden Eishang Standstufe und Haken, läßt Vörg nachkommen.

Noch klettern wir in getrennten Seilschaften. Fritz Kasparek geht nun die Rißverschneidung an. Er hat nicht nur keine zwölfzackigen Steigeisen, er hat auch seine eigene Vorstellung von der Stelle. Er packt den Riß direkt an, läßt sich weder mit der vereisten noch mit der brüchigen Begrenzungswand auf Verhandlungen ein, er liefert ein Meisterstück im Klettern, bezwingt den Riß, als ob er im heimatlichen Gesäuse und nicht in der großen Eigerwand wäre. Als letzter folge ich. Dann treffen wir vier auf dem Eis wieder zusammen und staunen ungläubig hinauf zu dem drohenden Eisüberhang, der hier den Weiterweg durch die Rampe endgültig zu versperren scheint. Kann man hier hinauf?

Zehn Meter ist das Bollwerk hoch. Ich habe noch nie etwas Derartiges gesehen. Aber auch die Freunde scheinen zunächst ratlos. Geht es links? Nein! Rechts? Nein! Der direkte Anstieg scheint noch das beste zu sein. Aber ist dieses ›Beste‹ möglich? Heckmair versucht es. Zunächst schlägt er in das Eis unterhalb des Wulstes Haken. Einer geht tief hinein, sitzt bombenfest. Dann schwindelt sich Anderl höher. Unter dem Überhang hängen Eiszapfen. An einem dieser Eiszapfen befestigt Anderl eine Schlinge, schiebt sich höher hinauf. Unheimlich schaut das aus. Aber Anderl scheint von der Gefahr nicht beeindruckt; fast zentimeterweise gewinnt er an Höhe. Als er jedoch dem Eiszapfen sein Gewicht anvertraut, bricht das glitzernde Gebilde ab – Anderl kommt ...

Der Sturzhaken hält.

Und wieder die gleiche Reaktion, die wir an unserem Freund schon kennen. Eine so radikale Abweisung wie ein Sturz weckt in Anderl wilden Trotz. Gleich packt er den Wulst wieder an. Diesmal traut er dem Eiszapfen nicht mehr, mit dem ein himmlischer Architekt unser grandioses Gefängnis zierte. Ist es ein Gefängnis? Müssen wir an dieser Stelle scheitern? Zurück?

Anderl bricht aus dem Gefängnis aus, nach oben! Er findet einen ›Eishenkel‹. Ein von oben hängender Eiszapfen hat sich mit einem von unten gewachsenen Eisstumpf vereinigt – ein Stalagmit und ein Stalaktit aus Eis sind zusammengewachsen. Dieses aus einer Laune der Natur entstandene Gebilde ist der Schlüssel zum Gefängnistor. Anderl fädelt durch den Eishenkel wieder eine Seilschlinge, läßt sich daran in fast horizontalem Zug hinaus, schlägt mit dem Eisbeil Kerben in das Eis über dem Wulst, tastet mit einer Hand nach, nimmt Griff.

Noch nie hat eine Kletterstelle so abenteuerlich, so gefährlich und ungewöhnlich ausgesehen. Fritz, der viele der berühmten Schlüsselstellen der Alpen kennt, meint, daß der Dachüberhang am Marmolatapfeiler ein Kinderspiel gegen diesen Wulst zu sein scheint. Wir alle sind aufs äußerste angespannt. Wiggerl hält das Seil fest umklammert, jederzeit bereit, Anderl zu halten, falls er wieder ›kommt‹.

Aber Anderl kommt nicht. Uns ist unverständlich, wie – aber der Meister hat es zustande gebracht, über den Wulst einen Eishaken tief in das Eis zu treiben und mit dem Karabiner das Seil einzuhängen. Jetzt kommandiert er: »Zug!«

Vörg zieht Anderl mit dem Seil empor, zum Haken, über den Wulst.

Noch ein paar Pickelschläge, und man hört:

»Nachlassen!«

Wiggerl läßt das Seil locker, damit Anderl sich aufrichten kann. Gleichzeitig ist er aber immer darauf gefaßt, daß Anderl doch noch kommt. Aber Heckmair hat schon festen Stand, eilt einige Meter empor, schlägt in dem über dem Wulst ansetzenden Eisfeld eine große Standstufe und treibt einen Haken tief in das feste Eis. Dann, wie als Schlußpunkt einer ungemein dramatischen Szene, der erlösende Ruf: »Nachkommen!«

Das Tor aus dem Gefängnis ist geöffnet. Vörg folgt nach. Die Eigerwand ist so groß, so schwer, so ernst, daß sie nicht Schauplatz menschlichen Ehrgeizes sein soll. Gewiß hätte auch unsere Seilschaft den Eiswulst ohne Hilfe von oben bewältigt, aber das hätte wieder Stunden gedauert, Stunden, die uns später gefehlt hätten. So nimmt Fritz ohne Zögern das Seil, das uns Vörg herunterläßt. Wir Nachfolgenden erleben nicht mehr die Spannung und das große Abenteuer, sondern nur noch die Mühe dieser bisher schwersten Stelle der Wand. Und ich als letzter muß alle Haken wieder herausschlagen und mitnehmen. Ich bin damit behängt wie ein Christbaum, und das Klingen des Eisens übertönt meine keuchenden Atemzüge, während ich mich über den Wulst emporarbeite.

Das Eisfeld über uns ist nicht schwierig im Vergleich zu dem, was hinter uns liegt. Wir steigen nur kurz über das Eis gerade empor, queren dann sofort nach rechts.

Es ist leicht, als erfolgreicher Erstbesteiger über die Irrtümer der Nachfolgenden den Kopf zu schütteln. Ich will das nicht tun. Aber ich wundere mich doch, daß viele der Partien, die nach uns durch die Wand stiegen, das erwähnte Eisfeld geradeaus, Richtung Mittellegigrat, verfolgten und erst viel zu hoch den Quergang zur Spinne versuchten. Manche Verzögerung und auch die Katastrophe von 1957 wurden dadurch hervorgerufen. Uns vieren war von Anfang an klar, daß man den Quergang nach rechts so tief und so bald wie möglich versuchen müsse.

Wir queren nun vom Eisfeld nach rechts, alle vier zusammengehängt zu einer Seilschaft, unter einer überhängenden Wand auf brüchigem Band. Es ist bereits Mittag geworden, wir hören das Zischen der Lawinen und das Hämmern des Steinschlags, aber wir sind durch die Überhänge vor Steinen und Schneerutschen gut geschützt.

Während wir über das brüchige Band queren – Anderl ist etwa sechzig Meter vor mir –, hören wir plötzlich ein böses Brummen und Dröhnen. Das ist nicht mehr Steinschlag, das sind auch keine Lawinen: Ganz nahe schwebt ein Flugzeug an uns vorbei. Deutlich sieht man die Gesichter der Insassen. Sie winken, wir winken zurück. Der Berner Fotograf Hans Steiner macht dabei Aufnahmen von einmaligem dokumentarischem Wert. Auf der Vergrößerung seiner Bilder sieht man drei von uns noch an der Querung, während Anderl bereits über einen Riß höher steigt.

Dieser Riß ist die einzige Möglichkeit, von dem abbrechenden brüchigen Band höher hinaufzukommen, wo die weitere Querung zur Spinne fortgesetzt werden kann. Anderl glaubt, diesen Riß in gewohntem Sturmlauf nehmen zu können. Aber jede Steilstufe in der Eigerwand ist schwieriger, als sie aussieht, täuscht Bänder vor, wo der Schnee nur an die Felsen gepreßt wurde, Griffe und Tritte, wo keine sind. So muß auch Anderl seinen Rucksack zurücklassen, um die Stelle nochmals, ohne Ballast, zu versuchen und zu bezwingen. Wegen der Vereisung, die man in dieser Wand immer wieder antrifft, läßt er die Steigeisen aber angeschnallt. Es ist eine neuartige Kletterei: schweren, manchmal schwersten Fels über abdrängende Überhänge hinweg mit Steigeisen zu erklettern. Manchmal kommt Anderl der Sturzgrenze nahe. Aber seine Finger halten dann immer noch, wenn er auch oft meint, am Rande seiner Kraft zu sein. Das Kratzen der Steigeisenspitzen am harten Fels klingt wie wütendes Zähneknirschen und hört erst auf, als Anderl unseren Blicken entschwunden ist.

Wir anderen folgen dann ohne Steigeisen.

Bis wir alle die etwa dreißig Meter hohe senkrechte Wandstelle durchstiegen haben, ist viel Zeit vergangen. Aber so viel Zeit, daß schon die Dämmerung einfällt? Es ist auf einmal so finster geworden! Ein Blick auf die Uhr: Es ist erst früher Nachmittag, trotz der Finsternis. Dunkles Gewölk ballt sich am Himmel zusammen. Und das Donnern und Dröhnen, das von den Wandwinkeln gefangen und hundertfach gebrochen zurückgeworfen wird, stammt nicht mehr von einem Flugzeug, das verwegen nahe vorbeifliegt. Das Donnern ist echt.

Als ich zu Fritzens Standplatz komme, sind die beiden anderen fort. Anderl und Wiggerl haben sich wieder von der gemeinsamen Seilschaft gelöst, um noch vor dem Ausbruch des Gewitters in die Spinne zu kommen.

Düster, drohend, aber von großartiger Schönheit ist die Stimmung des Gewitters. Vor kurzem schien noch die Sonne, zumindest für die Menschen von Grindelwald. Der jähe Umschlag ist typisch für die Eigerwand. Wir sind schon so mit der Wand verwachsen, daß uns auch das nahende Unwetter nicht mit Schrecken erfüllt. Ja ich bedauere sogar, daß wir an dem Platz, wo Fritz mich erwartet, nicht längere Zeit verweilen können. Dieser Platz erscheint mir wie ein Wunder: Es ist die erste Stelle, ja die einzige in der ganzen 1800 Meter hohen Wand, wo man sich's bequem machen kann. Herrlich wäre es, hier zu sitzen und rasten zu können, hinunterzuschauen über die Wand, in das Tal, auf die Berge ringsum. Aber das Wetter treibt uns weiter. Wir folgen den beiden anderen nach. Der Quergang zur Spinne. Es ist kein Band, auf dem man spazieren kann. Aber der Fels ist hier horizontal, also gut geschichtet. Und die dazwischenliegenden Eisfelder sind fest und stark genug, so daß wir unsere Eishaken tief hineinschlagen können. Der Quergang ist nicht nur landschaftlich unbeschreiblich schön, sondern auch klettertechnisch so anregend und sicher, daß wir beinahe das aufziehende Gewitter vergessen. Ich weiß nicht mehr, wer zuerst den Namen Götterquergang für diese Stelle fand. Aber er besagt alles. Schnell und ohne von großen Schwierigkeiten aufgehalten zu werden, kommen wir zur Spinne, zum großen Eisfeld in der Mitte der Gipfelwand. Wir haben keine Zeit, uns die Landschaft und das Gelände genauer anzusehen. Wir haben auch nicht mehr die Möglichkeit dazu. Der Himmel ist mittlerweile blauschwarz geworden. Dann ist er nicht mehr zu sehen. Nebelfetzen jagen um den Berg, hüllen uns ein, reißen wieder auf, geben den Blick frei, schließen sich zur dichten Decke. Gleichzeitig mit dem Sturm beginnt es zu graupeln, mit Schnee vermischt. Dazu das Zucken der Blitze, das Brüllen und Dröhnen des Donners.

Wir sehen noch, daß Anderl und Wiggerl etwa anderthalb Seillängen über uns schon über das Eisfeld der Spinne emporklimmen. Dann beginnen auch wir den Aufstieg.

Man hat, wie ich es an anderer Stelle schon sagte, den steilen Firn- oder Eisflecken inmitten der fast lotrechten Gipfelwand ›die Spinne‹ genannt, weil von dem Schneefeld weiße Streifen wie Beine und Fangarme nach allen Seiten ziehen. Vor allem nach oben hin – die Risse und Rinnen gegen den Gipfelfirn – und nach unten gegen das Todesbiwak. Wie zutreffend aber die Bezeichnung Spinne ist, hat vor uns noch niemand gewußt. Auch wir wissen es noch nicht, als wir die erste Seillänge aufwärts steigen. Wir wissen nicht, daß diese Spinne aus Schnee, Eis und Fels eine furchtbare Falle werden kann. Daß bei Hagel und Schneefall Eiskörner und Schnee, die vom steilen Gipfelfirn abgleiten, in den Rinnen und Rissen kanalisiert werden, mit Druck in die Spinne schießen, sich dort vereinen zu vernichtender Wucht, über den Leib der Spinne fegen, um zuletzt hinaus-, hinunterzuschießen, alles vernichtend und mitreißend, was nicht an dem Felsen festgewachsen ist. Es gibt keine Flucht aus der Spinne, wenn man in ihr vom Unwetter und den Lawinen überrascht wird.

Das wissen wir noch nicht. Aber wir lernen es kennen.

Bald. Jetzt . . .

Ich stehe schon im Eis der Spinne, habe einen erträglichen Stand ausgepickelt, auf dem ich mich auch ohne Steigeisen einigermaßen halten kann. Ein tiefsitzender Eishaken gibt mir das Gefühl der Sicherheit. Das Seil ist mit einem Karabiner in den Ring des Hakens gehängt, das Seil, das zu Fritz zieht. Der Freund arbeitet sich empor, er ist etwa zwanzig Meter über mir. Verschwommen sehe ich ihn durch den Nebel und das Schneetreiben.

Nein, ich sehe ihn nicht mehr. Er ist jetzt vom Nebel verschluckt. Unheimlich ist das Heulen des Sturmes, das Prasseln der Graupeln. Ich versuche mit den Blicken das Grau des Nebels zu durchdringen, den Gefährten zu entdecken. Vergebliche Mühe. Nur grau in grau.
Das Heulen des Sturmes wird stärker. Es bekommt einen so seltsamen Klang. Ein Poltern und Sausen, ein pfeifendes Zischen. Sturm? Nein, das ist kein Sturm mehr, es ist etwas anderes, was da aus dem Nebel und dem rasenden Tanz der Eiskörner und Flocken herab- und auf uns zukommt.
Eine Lawine! Als Vorboten Steine, Eistrümmer.
Ich reiße den Rucksack über meinen Kopf. Eine Hand hält ihn fest, die andere umklammert das Seil, das zum Freund leitet. Ich presse mich gegen die Eiswand. Dann trifft mich die Wucht der Lawine. Das Prasseln und Hämmern der Steine auf dem Rucksack wird vom Tosen und Rauschen der Lawine verschluckt. Es zieht und zerrt an mir mit unheimlicher Kraft. Kann ich dem Druck standhalten? Kaum ... Ich ringe nach Luft, versuche vor allem zu verhindern, daß es mir den Rucksack wegreißt und daß sich der stürzende Strom zwischen meinem Körper und der Eisflanke staut und mich dann vom Stand drängt.
Aber stehe ich noch? Gleite ich nicht schon mit? Ist der Eishaken herausgerissen? Nein, ich stehe noch, und der Eishaken steckt. Aber der Druck wird unerträglich. Wann ›kommt‹ Fritz?
Der Freund steht frei dort oben, er kann der Wucht der Lawine nicht widerstehen. Sie muß ihn hinunterfegen ... Meine Gedanken sind klar und folgerichtig, obwohl ich überzeugt bin, daß diese Lawine uns aus der Spinne schleudern wird, die riesige Wand hinunter. Ich wehre mich nur, weil man sich wehrt, solange man lebt. Die eine Hand umspannt das Seil. Ich werde alles tun, um Fritz zu halten. Gleichzeitig die Überlegung: Sind wir schon so hoch in der Spinne, daß Fritz nicht unten in die Felsen schlägt, sondern auf dem Eisfeld hängenbleibt, wenn er stürzt, an mir vorbeigleitet, am Seil zwanzig Meter unter mir hängenbleibt? Werde ich die Wucht aushalten, wenn Fritz auf mich aufschlägt?

Alle diese Gedanken sind ruhig, ohne Schrecken, ohne Verzweiflung. Ich habe gar keine Zeit für Angst oder Verzweiflung. Wann kommt Fritz? Ewigkeiten scheinen verstrichen zu sein, seit ich in dieser stürzenden und gleitenden Hölle stehe. Haben Steine das Seil zerschlagen? Ist Fritz allein, ungesichert abgestürzt? Nein, das kann nicht sein. Dann würde das leere Seil zu mir herabgleiten. Es führt aber noch immer hinauf. Fritz muß sich noch immer irgendwie halten ...

Der Druck der Lawine läßt nach. Aber ich habe keine Zeit, aufzuatmen, zu rufen. Schon ist die nächste Lawine da. Ihre Wucht übertrifft die erste. Sie wird das Ende bringen. Auch diese Feststellung ist ruhig, fast sachlich. Sonderbar, daß mich keine großen Gedanken bewegen, wie es sich geziemen würde, wenn man die Grenze des Daseins erreicht hat. Auch zieht nicht in rasender Bildfolge mein Leben an mir vorbei. Die Gedanken sind fast banal, lächerlich, unwichtig. Ein leichter Ärger, daß die Nörgler und Besserwisser nun doch recht haben, oder auch der Totengräber von Grindelwald, der uns als Eigerwandversucher bereits als in sein Ressort gehörig bezeichnet hatte. Dann erinnere ich mich an meinen Fall in der Westwand des Sturzhahns im Toten Gebirge, vor Jahren schon. Damals versuchte ich die Besteigung der schweren Wand im Winter und stürzte fünfzig Meter ab. Auch damals zog nicht das Leben an mir vorbei, auch damals war ich nicht erfüllt von der großen Verzweiflung, obwohl ich das Leben so liebe. Ist alles anders, wenn man wirklich die Grenze überschreitet?

Ich lebe noch immer.

Der Rucksack schützt noch immer meinen Kopf.

Das Seil läuft noch immer durch den Eishaken.

Fritz ist noch immer nicht gestürzt ...

Und dann kommt die neue, unfaßbare, jetzt erschütternde Erkenntnis: Der Druck der Lawine hat nachgelassen. Der Schnee und die Eiskörner verrieseln in der Tiefe. Selbst das Brausen des Sturmes scheint mir jetzt sanft, nachdem das Tosen der Lawine verstummt ist.

Da zittern die ersten Rufe durch das Grau des Nebels, werden von der Felsenumrahmung der Spinne festgehalten, weitergetragen zu den Menschen, die das Unfaßbare glauben müssen. Namen werden gerufen, Stimmen antworten:

»Fritz! Heini! Anderl! Wiggerl!«

Alle leben. Die anderen leben und auch du. Das große Wunder in der Eigerwand ist geschehen. Die Weiße Spinne hat kein Opfer behalten.

War es wirklich ein Wunder? War der Berg gnädig? Paßt der Ausdruck, daß die Spinne ihre Opfer freigegeben habe?

Bergsteiger sind nicht nur Tat-, sondern auch Tatsachenmenschen. Überlegungen wie diese sind nur aus dem ersten Impuls der Freude am wiedergewonnenen Leben zu erklären. Sie halten aber nüchterner Erwägung nicht stand. Das Wunder und die Gnade wurden nicht durch die Natur und den Berg, sondern durch den Willen des Menschen bewirkt, auch im Augenblick höchster Gefahr das Richtige zu tun. Hatten wir nur Glück?

›Glück hat auf die Dauer nur der Tüchtige‹, hat ein großer Mann einmal gesagt. Ich bin nicht so anmaßend zu behaupten, daß wir Bergsteiger immer tüchtig sind. Da scheint mir ein Ausspruch Alfred Wegeners passender für unsere Lage in der Spinne der Eigerwand: ›Glück ist der Einsatz der letzten Reserven.‹

Wir haben die letzten Reserven eingesetzt.

Da stand Fritz Kasparek zwanzig Meter über mir in der Eisflanke. Als er die Lawine kommen hörte, versuchte er in blitzartiger Reaktion einen Eishaken einzutreiben. Er hatte gar keine Zeit für eine Schrecksekunde. Der Haken steckte erst wenige Zentimeter im Eis, also ganz locker, als die erste Lawine kam. Trotz der hohen Gefahr dachte Fritz an den lockeren Haken, während die Lawine mit voller Wucht auf ihn stürzte. Der Eishaken mußte erhalten bleiben, er durfte nicht durch die Wucht der stürzenden Eis- und Schneemassen, nicht durch fallende Steine herausgerissen werden. So hielt Kasparek einen Arm schützend über den Haken. Steine schlugen auf die Hand, rissen ihm die Haut ab. Der Schmerz war groß, aber der Wille, den Haken zu erhalten, war größer. Und als zwischen der ersten und zweiten Lawine die kurze Pause eintrat,

nter uns liegt die Spinne. Der gefährlichste Teil der Wand ist überwunden. *Nächste Seite:* as letzte Biwak unter dem Gipfel, Kasparek und Harrer auf einem schmalen Felsvorsprung erhalb der Spinne

trieb Fritz den Haken bis zum Ring in das Eis, hängte sich mit dem Karabiner daran. Darum ›kam‹ Fritz nicht ...[1]

Und erst später, als die Anspannung des Augenblicks vorbei war, erinnerte ich mich, daß ich mich in derselben Pause mit einer Seilschlinge zur Selbstsicherung an meinen Haken gehängt hatte.

Heckmair und Vörg überraschte die Lawine auf einem Vorsprung, etwa zwanzig Meter unterhalb des Felsenrandes der Spinne. Durch die Geländeformation teilte sich die Lawine knapp oberhalb der beiden in zwei Ströme. Was aber an Schnee und Eiskörnern über Heckmair und Vörg brauste, war noch gewaltig genug, auch Männer von solchem Format hinabzuschwemmen. Die beiden konnten keinen sichernden Haken mehr eintreiben – nicht nur, weil keine Zeit mehr dazu war. Sie hatten keine Haken mehr; die hatten sich alle bei mir gesammelt. Ich trug als Schlußmann gut zehn Kilo Eisenzeug bei mir, das ich wieder herausgeschlagen hatte.

Heckmair hielt sich nur mit seinem Eispickel. Der Eisstrom reichte ihm bis über die Hüften, drohte ihn hinabzuspülen wie ein welkes Blatt. Aber die Kraft Anderls widerstand dem schier unerträglichen Druck. Und der Führungskletterer erwies sich auch als der führende Kamerad. Er hatte trotz höchster Bedrängnis noch Zeit, an den Gefährten Wiggerl zu denken, der tiefer unten und noch ungeschützter auf dem Köpfl stand. Mit einer Hand hielt Anderl den Pickel in der Verankerung, mit der anderen hielt er Vörg am Kragen fest. So überstanden die beiden die Anstürme der Lawinen.

Jetzt erst, nach der Gefahr, fühlte Fritz den brennenden Schmerz seiner ›skalpierten‹ Hand. Jetzt erst rief er zu Heckmair und Vörg hinauf: »Werft mir ein Seil zu, ich bin verletzt!«

Es dauerte lange, bis die Seile zusammengeknüpft und in die Richtung geschleudert worden waren, in der Fritz stand. Es fehlten aber noch immer zehn Meter. Die mußte Kasparek frei hinaufsteigen, ehe er sich an das Seilende knüpfen konnte.

Glück? Das ist der Einsatz der letzten Reserven. Wie recht hatte Wegener!

[1] Fritz Kasparek, ›Vom Peilstein zur Eiger-Nordwand‹, Verlag ›Das Bergland-Buch‹, Salzburg 1951

Hören wir, wie Heckmair das Ende der Lawine und die Freude beschreibt, daß noch alle am Leben sind:

›Langsam wurde es wieder heller, der Druck ließ nach. Wir spürten, konnten es aber kaum glauben, daß wir es geschafft hatten.

‚Wie wird es den anderen ergangen sein?‘

Der Nebel wird noch lichter – und da ...

‚Wiggerl – sie hängen noch dran!‘

Wie war das möglich, das war ja ein Wunder!

Wir fingen an zu schreien, und tatsächlich antworteten sie.

Eine unbeschreibliche Freude überkam uns. Daß ein Kameradschaftsgefühl so stark sein kann, das merkt man erst, wenn man die totgeglaubten Freunde wieder lebendig sieht ...‹

Wir sind alle wieder vereint, am oberen Rand der Spinne. Das Glücksgefühl, die guten Gesichter aller Freunde wiederzusehen, ist überwältigend. Als äußeres Zeichen unserer Freundschaft beschließen wir, beisammen zu bleiben, in einer einzigen Seilschaft – bis zum Gipfel. Und Anderl soll unser Führer sein. Die Lawinen der Spinne konnten uns nicht aus der Wand fegen. Aber sie haben den letzten Rest von persönlicher Eitelkeit und eigensüchtigem Ehrgeiz fortgeschwemmt. Die Freundschaft allein hat Bestand vor dieser großen Wand, der Wille und die Gewißheit, daß jeder einzelne sein Bestes gibt. Jeder ist für das Leben der anderen verantwortlich. Es gibt keine Trennung mehr. Das Gefühl großer Freude erfaßt uns alle. Und daraus wächst die Sicherheit, daß wir aus der Wand über den Gipfel wieder den Weg ins Tal zu den Menschen finden werden. Mit fast heiterer Gelassenheit setzen wir den Anstieg fort.

Unsere Besteigung steht im Blickpunkt des öffentlichen Interesses. Wir wissen das nicht, es kümmert uns auch nicht. Doch ist es interessant, wie sich das Geschehen in der Eigerwand vor den Augen der Beobachter abspielt. Ulrich Link, der bekannte Münchner Journalist, berichtet von seinem Beobachtungsplatz auf der Kleinen Scheidegg:

›Am Samstag um zwölf Uhr dreißig kündigte sich am Eiger ein Wetterumschlag an. Über dem Lauterbrunnental zog eine schie-

fergraue Wolkenwand herauf, dunkel, bedrohlich. Zu dieser Zeit hatten die vier Bergsteiger nach fünfstündiger härtester Arbeit die ‚Schräge Schlucht', die vielleicht die größten Schwierigkeiten der ganzen Wand enthielt, bezwungen ... Um dreizehn Uhr waren alle vier hintereinander am linken Rand des Schneefeldes. Heckmair, der Bergführer mit dem härtesten Training und der vielleicht größten Eiserfahrung, führte.
Für eine halbe Stunde entzog dann eine Wolke die Bergsteiger unseren Blicken. Um vierzehn Uhr dreißig wurde die Wand wieder frei. Da hatten sie das Schneeband schon gequert, der erste soeben den Übergang zu dem ‚Spinne' genannten Schneefeld erreicht. In zügiger Art querte Heckmair – er hatte den ganzen Samstag über die Spitze gehabt – in die Spinne hinein ...
Kasparek und Harrer haben inzwischen am Ende des Schneebandes gerastet. Von fünfzehn bis fünfzehn Uhr dreißig steht die Wand wieder hinter Wolkenmänteln. Um fünfzehn Uhr dreißig geben die Wolken die Wand frei, an den Fernrohren drängen sich die Menschen. Eben quert der erste der zweiten Partie aus den Felsen in die Spinne. Es ist der Augenblick, da Heckmair den Felsblock am oberen Schnee-Couloir erreicht. Die zweite Partie geht langsamer, aber ebenso sicher und umsichtig wie die erste. Heckmair und Vörg sind nun schon 3600 Meter hoch! Sechzehn Uhr zehn. Die Wand nebelt sich wieder ein. Wir sind mit unseren Sorgen und Hoffnungen wieder allein. Noch ist der Gipfel 350 Meter über den vieren.
Jetzt sieht das Wetter wieder sehr schlecht aus. Von Stunde zu Stunde weiß man nicht, ob es sich zum Guten oder endgültig zum Schlechten kehren wird. Über dem Lauterbrunnental steht es schmutziggrau. Jungfrau und Mönch stecken in Wolken. Die Gletscherbrüche leuchten fahlblau und blaugrün im schwelenden Licht. Zwischen den Regenwolken ist ein Fleck blauen Himmels. Über der Großen Scheidegg drüben ist es noch ganz klar. Aber unaufhaltsam zieht das Wetter herauf. Noch muß die zweite Partie im Trichter der Spinne sein.
Sechzehn Uhr fünfundzwanzig. Es beginnt ganz leise zu regnen,

und dann, es ist genau sechzehn Uhr dreißig, stürzt, als wären die Wolken mitten durchgerissen, ein harter schriller Regenguß über uns herein. Wie eine Sturzwelle muß er die Wand und die vier in ihr treffen. Und schon ein vielstimmiger, zerrissener Schreckensruf! Die Wand: ein einziger furchtbarer Wasserfall über die ganze Breite der Nordwand. In zehn, zwölf, fünfzehn breiten, weiß schäumenden Bahnen fällt das Wasser aus den Felsen. Über Alpiglen steht ein breiter, wunderbarer Regenbogen gewölbt, doch wer hat ein Auge für ihn und sein herrliches Farbenspiel? Droben sind die beiden im Schneefeld der Sturzflut voll ausgesetzt. Werden sie sich festklammern können?
Jetzt geht die Wolke endlich weg. Das Glas wird klar. Da, das große Schneefeld ... und da, da sind sie. Beide gehen schon wieder weiter, ruhig, gelassen. Sie haben die Sturzflut heil überstanden. Vörg und Heckmair hatten es wohl viel leichter, sie haben sich in die Felsen randseits des Couloirs geflüchtet. Die Wand macht schon wieder zu ...
Achtzehn Uhr fünfundvierzig sind alle vier wieder beieinander und gehen weiter gegen das obere Ende des Schneebandes. Neunzehn Uhr. Die vier im oberen Ende des Schneebandes. Zwanzig Uhr. Sie gehen immer noch weiter, haben noch keinen Biwakplatz gefunden oder wollen wohl, solange das Licht des Tages nur reicht, weitergehen, möglichst nahe an den Gipfel heran. Sie sind nun 3700 Meter hoch, schon weit über der Spinne, und haben damit in vierzehn Stunden eine großartige Leistung vollbracht ... Zwanzig Uhr dreißig. Es hat wieder angefangen zu regnen. In den kurzen Augenblicken, da die Wolken die Wand wieder freigeben, sehen wir sie wieder. Sie gehen weiter. Einundzwanzig Uhr. Immer noch sind sie in Bewegung, richten sich jetzt wohl einen Platz für die Nacht. Es wird für Kasparek und Harrer das dritte, für Vörg und Heckmair das zweite Biwak. Auf wahrscheinlich schlechtem Rastplatz, in nassen Kleidern wird es harte Anforderungen stellen. Aber alle vier sind eiserne Kerle.
Zweiundzwanzig Uhr. Es ist jetzt ganz Nacht. Für die vier gilt es jetzt, die Stunden der Dunkelheit zu überstehen; ihr Proviant

reicht für fünf bis sechs Tage. Sie werden in der Nacht wohl nicht viel Schlaf finden und wahrscheinlich um ihre Kocher hocken, heißen Tee machen und wärmendes Essen. Es gibt nun kein Zurück mehr . . .‹

Dieser Bericht eines gewissenhaften und fachkundigen Journalisten ist auch für einen Bergsteiger erfreulich: so geschrieben, daß er auch den Laien fesselt, aber ohne unnötige Dramatisierung, ohne billige, am Schreibtisch erfundene Sensationen. Die Tatsachen selbst, die gute Naturbeobachtung, die unmittelbare Beschreibung der Wand, sind schon allein sensationell genug.

In einem jedoch irrte Ulrich Link: Wir konnten nicht ›um unsere Kocher hocken‹, dazu war der Platz zu klein; aber das Kochen spielte doch eine große Rolle.

Unser Biwakplatz: Mit Ausnahme der Stelle oberhalb des Risses, der zum Götterquergang führt, gibt es keinen Sitzplatz, kein Fleckchen, wo man ohne gründliche Vorbereitung biwakieren könnte.

Nach Überwindung eines Eiswulstes kommen wir auf ein Felsband, das durch Überhänge gegen Steinschlag und Lawinen geschützt ist. Wenn ich sage ›Band‹, so darf man sich kein ebenes, bequemes Gelände vorstellen, wo man sitzen kann. Dazu ist es zu schmal und abschüssig. An einer Stelle gelingt es Heckmair, einen festen Mauerhaken einzutreiben und mit viel Geduld noch genügend Haken zu schlagen, um alle Sachen anzuhängen und Vörg und sich selbst zu sichern. Für uns beide ist an dieser Stelle kein Platz. Drei Meter von den Freunden entfernt, richten Fritz und ich unser Freilager her. Das Band ist kaum schuhbreit, so daß wir, eng an den Felsen gepreßt, gerade aufrecht stehen können. Es gelingt uns, einen Haken zu schlagen, an den wir uns anseilen. Trotzdem will auch das Sitzen auf der äußersten Kante des Bandes nicht recht gelingen.

Da finden wir die Lösung. Wir entleeren unsere Rucksäcke, hängen auch sie an den Haken, so daß wir unsere Füße hineinstecken können und dadurch Halt finden. So wird es gehen, so geht es. Zwischen uns und den beiden anderen Kameraden ist ein Geländerseil gespannt, auf dem, mit einem Karabiner eingehängt, eine Kochschale hin und her pendelt. Wiggerl Vörg hat das gewichtige Amt des Expeditionskochs übernommen. Wenn wir auch nicht um den Kocher ›hocken‹ können, wie Ulrich Link annahm, so schafft doch das Schnurren von Wiggerls Kochgerät eine gemütliche Stimmung. Nach festem Essen hat keiner Verlangen. Nur trinken wollen wir. So kocht Wiggerl Kaffee. Stundenlang. Immer, wenn eine Schale fertig ist, trinkt er einen Schluck und gibt dann das Gefäß der Reihe nach weiter.

Fritz Kasparek ist als Wiener ein besonderer Kaffeekenner. Er lobt das von Wiggerl hergestellte Gebräu.

Aber zu einem guten Kaffee gehört auch eine Zigarette, wenn man Raucher ist. Fritz ist unter uns vieren der einzige leidenschaftliche Raucher. Aber seine Zigaretten haben die Sintflut aus Regen, Hagel, Schnee und Lawinen nicht gut überstanden. Sie sind durchnäßt, aufgeweicht. Fritz, der sich mit keinem Wort, mit keinem Seufzer über die großen Schmerzen in seiner verletzten Hand äußert, wird schwach, wenn er an seine Zigaretten denkt: »Endlich wieder eine trockene Zigarette an einem trockenen Streichholz anzünden können . . .«

Ich weiß nicht, was ich darum geben würde, Fritz seinen Wunsch erfüllen zu können. Aber ich habe keine Zigaretten.

Da erinnere ich mich, wie ich Fritz Kasparek seinerzeit kennenlernte. Es war Anfang der dreißiger Jahre. Ich hatte als junger Student große Bergbegeisterung und wenig Geld. Es war jene Zeit, in der man das Kunststück zuwege brachte, mit dreißig Schilling in der Tasche ganze Wochen in den Dolomiten zu verbringen. Das Fahrzeug war das Fahrrad, und da man damals in Italien sogar dafür ein Triptik brauchte und ein solches wiederum Geld kostete, wanderte man eben stundenlang auf den Straßen, um von Berggruppe zu Berggruppe zu kommen.

So ließ ich bei Sillian mein Fahrrad stehen und marschierte zu Fuß über die italenische Grenze nach Innichen in Südtirol ›Von dem Staube, von dem Staube, da werd' ich nicht satt‹, heißt es in einem Wanderlied von Hermann Löns. Ich war hungrig, und ärger noch

war der Durst, aber der Gedanke an meinen mageren Geldbeutel zwang mich, an Wirtshäusern und Geschäften, wo die herrlichsten Früchte und Leckerbissen ausgestellt waren, vorüberzugehen.
Da kam mir ein anderer Wanderer entgegen. Auch er hatte einen mächtigen Rucksack, einen typischen Bergsteigerrucksack. Ein blonder Haarschopf, ein Paar vergnügte Augen, ein sonnverbranntes Gesicht. Wir musterten einander, erkannten jeder im anderen eine verwandte Seele, nickten uns zu. Da rief der Blonde, der in Richtung österreichische Grenze marschierte:
»He, wer bist denn du? Woher kommst? Wohin gehst?«
»Ich bin der Heini Harrer aus Graz und will in die Sextener Dolomiten.«
»Und ich bin der Fritz Kasparek aus Wien.«
Fritz Kasparek ... ich kannte den Namen schon. Einer der kühnsten und erfolgreichsten Bergsteiger Wiens. Marmolatapfeiler, Westliche Zinne Nordwand, Nordpfeiler des Admonter Reichensteins. Zahllose schwerste Kletterfahrten und Neutouren hatte der junge Wiener gemacht. Er war nur wenige Jahre älter als ich, aber ich sagte doch ›Sie‹, aus Achtung vor dem berühmten Namen. Kasparek schüttelte den Kopf: »Unsinn, ich bin der Fritzl und du bist der Heini, basta.« Und dann unvermittelt: »Hast einen Hunger? Durst? Kein Geld?«
Ich nickte.
Kasparek warf seinen Rucksack von der Schulter, machte eine einladende Geste zum Wiesenrain am Straßenrand, setzte sich und zog eine Riesentüte voll köstlicher Birnen und Pfirsiche aus dem Rucksack.
»Da, iß.«
Ich ließ mir das nicht zweimal sagen. Wir aßen das ganze Obst auf, mit Putz und Stingel, und ich muß gestehen, daß Fritz nur halb soviel gegessen hat wie ich. Er lachte, stand auf, schüttelte mir die Hand. »Servus, auf Wiedersehen!«
Damit wanderte Kasparek in Richtung österreichischer Grenze. Lange schaute ich ihm nach. Ich wußte damals noch nicht – es wäre nicht Fritz Kasparek gewesen, wenn er nur ein Wort davon

gesagt hätte –, daß er das Obst mit seinem letzten Geld gekauft hatte – als Reiseproviant bis Wien. Nun mußte er von Sillian aus fünfhundert Kilometer weit mit dem Rad bis Wien treten, ohne einen Groschen in der Tasche, ohne Proviant. Vielleicht hat er mit seinem unverfälschten Wiener Charme den einen oder anderen Bauern dazu gebracht, ihn auf ein Glas Milch einzuladen. Ich weiß es nicht. Aber man wird verstehen, wie traurig ich im Biwak in der oberen Eiger-Nordwand war, daß ich Fritz keine Schachtel voll trockener Zigaretten hinhalten konnte: »Da, rauch!« – so wie er mir seinerzeit auf der glutheißen Straße die große Obsttüte hingehalten hatte: »Da, iß.«

Es ist bereits elf Uhr nachts. Wiggerl hat mit der Kocherei aufgehört und sich ›zur Ruhe begeben‹. Auch hier, auf diesem winzigen Biwakplatz in 3750 Meter Höhe, mehr als eineinhalbtausend Meter über dem festen Boden der Erde, hat er nicht auf die Bequemlichkeit seiner Biwakschuhe verzichtet. Anderl muß seine Steigeisen anbehalten, um sich irgendwo im Eis zu verspreizen und Halt zu finden. Sein Kopf aber ruht auf dem breiten Rücken Wiggerls. Und am nächsten Morgen werden wir erfahren, daß Vörg die ganze Nacht regungslos gesessen ist und sich nicht bewegt hat, damit Anderls Schlaf nicht gestört werde. Fritz und ich haben den Zdarskysack über uns gestülpt; unsere Rucksackkonstruktion als Beinstütze bewährt sich, und bald höre ich die tiefen, regelmäßigen Atemzüge des schlafenden Freundes neben mir. Durch das kleine Fenster des Zeltsackes sehe ich, daß keine Sterne am Himmel stehen und das Wetter immer noch schlecht ist. Es muß wohl schneien. Von Zeit zu Zeit kommt ein kleiner Schneerutsch von oben. Er streift nur über die Zelthaut. Das gibt ein leises, wischendes Geräusch, wie von einer Hand, die darüberstreicht...

Mich beunruhigt das Wetter nicht. Ein großer Friede ist über mich gekommen, nicht Ergebenheit in unser Schicksal, sondern die Überzeugung, daß wir morgen bei jedem Wetter den Gipfel und das sichere Tal erreichen werden. Dieser Friede in mir steigert sich zu einem bewußt erlebten Glücksgefühl. Oft erlebt der Mensch das Glück. Aber er erkennt es nicht. Er weiß es erst viel später:

Damals warst du glücklich. Aber hier, in unserem Biwak, bin ich glücklich. Und ich weiß es.
Dem Platz nach ist dieses Biwak in der Eigerwand, das dritte von Fritz und mir, das beengteste. Und trotzdem ist es das schönste.
Wie das kommt? Es liegt an der Ruhe, dem Frieden, der Freude, der großen Zufriedenheit in jedem von uns.
Wenn in den vergangenen Stunden der Bewährung einer von uns versagt hatte, eine Sekunde feige gewesen wäre ... Wenn einer aus persönlichem Selbsterhaltungstrieb an die Flucht aus der Gemeinschaft gedacht hätte, um sich selbst zu retten – keiner hätte ihn angeklagt. Seine Gefährten hätten ihn nicht ausgestoßen, sondern vielleicht nur etwas kühler gegrüßt. Er hätte vielleicht bei den Menschen im Tal sogar noch Ehre und Beifall ernten können – die Freunde hätten geschwiegen. Aber das Frohsein, das aus dem Aufgehen in der Gemeinschaft wächst, wäre ihm fremd geblieben. Und wir sind alle froh in diesem Biwak in der Eigerwand. Es schneit, und über das Zelt wischen die Schneerutsche. Aber das Glücksgefühl wohnt in uns. Es läßt uns gute Gedanken denken und schlafen ...
Das Erlebnis der Selbstbewährung – das ist eigentlich eine überhebliche Bezeichnung für ein gesundes, ehrliches Empfinden; sie steht im Widerspruch zu dem stillen Rechenschaftsbericht, den man vor sich selbst ablegt. Völlig falsch ist es aber, wenn man dem Bergsteigen die Selbstbewährung als Triebfeder andichtet. Das haben die unverbesserlichen Komplexdeuter erfunden, weil ihnen nichts Besseres einfiel, um etwas Unerklärliches zu erklären. Wenn ich mir zum Beispiel das Gesicht von Fritz Kasparek vorstelle, falls ihn so ein Neunmalkluger fragen sollte, ob er zur Selbstbewährung in die Berge steige, muß ich unwillkürlich schmunzeln. Und der unbequeme Frager bekäme vom Fritz zur Antwort wahrscheinlich einen jener markanten Wiener Ausdrücke, die man so schwer ins Hochdeutsche übersetzen kann.
Nein, kein Bergsteiger klettert in eine schwere Wand mit der Absicht, sich zu bewähren. Wenn er aber auf dem Berg im Augenblick höchster Gefahr noch an den Gefährten denkt, wenn er das Per-

sönliche zugunsten des Gemeinsamen zurückstellt, dann hat er sich bewährt. Er wird sich wohl auch in Katastrophen des täglichen Lebens bewähren, bei Hochwasser etwa oder Feuersbrunst. Er würde auch nie auf der Autobahn an Verunglückten vorbeirasen, sondern helfen, wo er kann. Das Bewußtsein, sein Bestes getan zu haben, ist für ihn genug. Die Sucht, sich zu bewähren, kann niemals die Triebfeder für ihn sein.

Ärgerlich denke ich auch an manche Kritiker, die Bergsteiger extremer Richtung als geistig nicht normal bezeichnen. Ich kann mir keine normaleren Männer vorstellen als meine drei Freunde. Gewiß, die Situation, in der wir uns befinden, ist außergewöhnlich. Aber die Art, wie die Freunde auf das Außergewöhnliche reagieren, ist völlig normal. Fritz wollte trockene Zigaretten. Wiggerl zog bequeme, gefütterte Schuhe zum Biwakieren an. Und Anderl schläft, mit den Steigeisen im Eis verankert, geschützt vom breiten Rücken Wiggerls, den Schlaf des Gerechten.

Die Harmonie und der Frieden dieser Biwaknacht lassen mich in einen Dämmerzustand zwischen Wachsein und Schlaf hinübergleiten. Der Körper ruht, ist fast wesenlos. Die Kälte peinigt nicht, sie erinnert mich nur daran, daß ich in der großen Wand bin; ebenso wie die etwas verkrampfte Stellung in unserem Rucksackbiwak. Aber auch sie peinigt nicht. Es ist hier wohl wie überall im Leben: Aus dem Kontrast wächst die Beglückung. Wie sehr schätzen wir jetzt unseren Biwakplatz, nachdem wir noch vor wenigen Stunden in der Spinne von Lawinen überschüttet waren!

Ein kräftiger Schneerutsch über unser Zelt weckt mich. Durch das kleine Fenster schimmert die Dämmerung. Ein neuer Morgen zieht herauf. Er kündigt sich aber nicht durch das Farbenspiel der aufgehenden Sonne an, nicht durch einen blaßblauen blanken Himmel, auf dem die Sterne vom neuen Licht ausgelöscht sind; er kommt grau aus grauem Nebel. Als wir den Zeltsack abstreifen, schauen wir in eine Winterlandschaft. Es schneit noch immer. Der Schnee verwischt alles Eckige, Kantige. Auch unser Band ist verschwunden. Die Freunde, wenige Meter von uns, scheinen an die senkrechten Felsen geklebt. Absurd ist schon allein der Gedanke, daß in dieser Landschaft, die die kühnste Phantasie nicht wilder erfinden könnte, Menschen leben, daß diese Menschen heute diesem Kerker aus senkrechten, mit Eis verglasten und mit Schnee beklebten Felsen entrinnen wollen. Aber wir leben. Und wir wollen nicht nur hinauf, wir haben sogar die Überzeugung, daß uns der Aufstieg gelingen wird.

Oben, über den Graten, hören wir den Sturm pfeifen. Bei uns ist es windstill. Nur die Lawinen, die von oben kommen und über uns hinwegfegen, erzeugen Wind. Wir lernen den Fahrplan der Lawinen kennen und werden uns danach richten. Bedrückend legt sich der Gedanke ums Herz, wie das wäre, wenn wir noch tiefer unten stünden, wenn wir jetzt erst durch die Spinne müßten. Die kleinen Lawinenrutsche, die durch die Rinne über uns kommen, sind nur Teile der großen Lawinen, die aus den vielen Kanälen gespeist werden und über das Eisfeld der Spinne gleiten. Wir sind glücklich, schon so hoch oben zu sein. Aber uns ist auch klar, daß das enge Biwak leicht war gegen das, was uns der heutige Tag aufgeben wird.

Wir sind in guter Form. Die Schmerzen in Kaspareks Hand scheinen geringer geworden zu sein. Anderl ist prächtig ausgeschlafen – dank dem breiten Rücken Wiggerls. Und der ist schon wieder als Koch beschäftigt. Er braut Töpfe voll Kaffee, löst Schokoladentafeln in Kondensmilch auf, bereitet ein reichliches und köstliches Frühstück. Dabei beraten wir. Das Wetter wird nicht mehr umschlagen. Es hat schon umgeschlagen. Es ist so schlecht, wie es in der Eigerwand immer wurde, wenn Menschen mehrere Tage in ihr waren. Wir hätten noch genügend Proviant und Brennstoff, um tagelang hier biwakieren zu können. Aber was wäre damit gewonnen? Selbst wenn es morgen oder übermorgen oder in drei Tagen schön würde, brauchte es immer noch Tage, bis die Verhältnisse in der Wand besser, bis die Felsen begehbar werden. Sollen wir uns durch endloses Warten zermürben lassen?

›Fallen ist besser als erfrieren‹, hat Michel Innerkofler, der älteste der berühmten Bergführerdynastie der Dolomiten, einmal gesagt. Wir denken nicht daran, abzustürzen, aber wir denken noch weniger daran, uns zu ergeben, weil die Wand ihr Winterkleid angelegt hat. Wir gehen.

Als dieser Entschluß feststeht, erleichtere ich unsere Rucksäcke. Einen Teil der überflüssig gewordenen Ausrüstung und des Proviants werfe ich die Wand hinunter. Es ist ein ganzer Brotlaib dabei, der in rasendem Flug im Nebel unter uns verschwindet. Ich habe eine harte Jugend gehabt und habe noch nie ein Stück Brot weggeworfen. Jetzt aber scheint es mir fast wie ein symbolischer Akt: Wir gehen! Es gibt nur mehr ein Hinauf. Kein Zurück. Die Vergangenheit ist erloschen, es gilt allein die Zukunft. Und diese führt über die verschneite, vereiste Gipfelwand. Ich glaube, man muß sich völlig darüber klar sein, daß die letzte Brücke abgebrochen ist, daß man nur noch vorwärts kann, wenn man fähig sein will, alle Kräfte, alle Gedanken, alle Energie für den letzten Gang zu sammeln.

Wir gehen. Anderl führt uns aus der Wand. Dies wird der große Tag Andreas Heckmairs.

Ich bin nach nüchterner Überlegung auch heute, da ich diese Zeilen schreibe, überzeugt, daß wir alle aus der Wand gekommen wären, auch ohne die Sicherung von oben; auch Fritz, trotz seiner verletzten Hand. Aber wir hätten es nicht so geschafft wie unter der Führung Anderls. Vielleicht hätten wir nochmals biwakieren müssen. Wir wären wahrscheinlich auch daran nicht gestorben. Ich glaube, wir waren alle gut genug, kräftig genug, tapfer genug. Aber werden wir schlechter, fällt uns ein Stein aus der Krone, wenn wir bekennen und bewundernd anerkennen, daß der eine besser war?

Wir seilen uns wieder zusammen zu einer Seilschaft. Die Reihenfolge ist: Anderl, Wiggerl, ich, Fritz, der heute als letzter geht, damit er mit seiner verwundeten Hand nicht Seilzug zu geben braucht.

Schon der Beginn der Kletterei gibt Anderl Rätsel auf. Zunächst die Entscheidung: durch den vereisten, überhängenden, rißähnlichen Kamin, der verdammt schwer aussieht, aber vor Schneerutschen sicher scheint? Oder durch die links davon befindliche eisige Steilrinne, durch die periodisch kleine Lawinen fegen? Anderl entschließt sich für den Kamin. Wiggerl sichert. Schon gleich am Anfang muß Heckmair Haken schlagen. Der Kamin ist so schwer, daß selbst seine Meisterschaft darin scheitert.

Also zurück und durch die Rinne, nachdem man den Fahrplan der Lawinen nun einigermaßen zu kennen glaubt. Es schneit ununterbrochen, und zwar jetzt bei Tag feuchten Schnee, der so gut gleitet, und den Lawinen erhöhte Wucht gibt. Aber auch ohne Lawinen ist die überhängende Rinne so schwer, daß Anderl zweimal abrutscht und erst beim drittenmal mit seiner bekannten Angriffswut die Stelle packt und links der Rinne einen kleinen Felskopf erreicht. Mit dem Pickel schlägt er das Eis und den Schnee weg und gewinnt so brauchbaren Stand.

»Nachkommen.«

Vörg und dann wir beide folgen. Und Anderl klettert weiter in dem Gelände, das von allen das Letzte fordert. Er darf sich vor allem nicht Zeit lassen, er muß in den Lawinenpausen den nächsten Stand, den nächsten sicheren Platz erreichen, bevor wieder ein Schneerutsch kommt. Sicherer Stand? Eine Stufe im Eis, ein Eishaken, in den man die Selbstsicherung einhängen kann – das ist schon das Beste, was man hier erhoffen darf. Aber je höher wir kommen, desto dünner wird die Eisschicht in der Rinne. Sie verträgt keine Pickelschläge. In ihr sind auch keine verläßlichen Eishaken anzubringen. Die Stahlstifte dringen durch das Eis, stehen an den Felsen an, verbiegen, verkrümmen sich.

Wir alle sind an einem Seil. Wenn der erste stürzt, wenn der zweite ihn nicht halten kann, muß ich versuchen, den Fall zu hemmen. Und wenn es mich herausreißt, dann kommt die ganze Wucht auf Fritz. Ein Mann kann nicht drei stürzende Körper halten in diesem Gelände, in dieser Wand. Das wissen wir. Das weiß vor allem Anderl, der sich oft an der Sturzgrenze bewegt, bewegen muß, um den Weg in die Freiheit zu bahnen. Und einmal sind wir ganz nahe der Vernichtung. Ich stehe auf einem Köpferl und sichere Fritz nach. Dreißig Meter über mir steht Wiggerl und sichert Anderl, der da irgendwo, turmhoch über uns im Nebel und Schneetreiben mit glasigem Fels, trügerischen Eisrinnen und Schneerutschen rauft. Wir können die Freunde über uns nicht sehen.

Fritz ist bei mir.

Aber Wiggerl gibt kein Kommando zum Nachkommen. Wir hören Stimmen, unterdrückte kurze Rufe. Was ist denn da oben los? Jetzt hört man nur noch Gemurmel. Gleichzeitig kommt von oben ein Schneerutsch. Das ist nichts Besonderes, das sind wir schon gewohnt. Aber dieser Schnee ist nicht weiß. Er ist rötlich verfärbt, Blut?

Ja, Blut! Denn gleich darauf kommt die Hülle eines Verbandpäckchens von oben, und zuletzt folgt noch ein leeres Medizinfläschchen.

»Hallo! Was ist geschehen?«

Keine Antwort. Das Warten dünkt uns eine Ewigkeit, wird durch Zweifel und Sorge zur Qual. Wieder kommt eine fahrplanmäßige Lawine mit grimmiger Wucht. Dann erst, endlich, die erlösende Aufforderung zum Nachkommen.

Vörg zieht das Seil ein. Er zieht so, daß es mir den Atem nimmt. Aber ich verstehe, was dieses Ziehen zu bedeuten hat: Jetzt ist nicht mehr Zeit, Stellen mit Bedacht und ›sauber‹ zu erklettern. Tempo ist die Parole! Wir müssen aus der Wand. Und da droben ist etwas geschehen, das große Verzögerung mit sich gebracht hat. Was ist geschehen?

Als ich zu Vörgs Standplatz komme, fällt mir ein Stein vom Herzen. Anderl und Wiggerl leben, sie sind auch nicht ernstlich verletzt. Nur Vörg trägt an der Hand einen blutdurchtränkten Verband. Anderl ist bereits wieder eine Seillänge höher auf aufgesetztem, winzigem, labilem Stand.

Heckmair hat später in seiner trockenen und doch so lebendigen Art berichtet, wie Vörg zu seiner Handverletzung kam[1]:

›Es schneite naß und schwer. Es war schon lange her, seit die letzte Lawine da war. Darum schnell den Überhang hinauf! Gemein ... Das Eis auf dem Fels war nicht mehr so dick. Darum

[1] Andreas Heckmair, ›Die drei letzten Probleme der Alpen‹, Bruckmann Verlag, München 1949

hielten die Haken nicht. Nach dem zweiten Schlag fielen sie hohl durch und verbogen sich im Fels. Am Überhang selbst konnte ich mit den Steigeisen nur mehr übereinandertreten, weil in der Rinne nur noch ein schmaler Streifen Alteis war und das Neueis viel zu hart, blank und dünn den Fels überzog. Die Spitze des Eishakens, mit dem ich mich im Eis festkrallte, drang nur noch ganz wenig ein, und dic Pickelspitze ebenso. Plötzlich rutschte mir der Haken ab und gleichzeitig auch der Pickel. Hätte ich breitbeinig stehen können, hätte ich das Gleichgewicht gehalten. Mit übereinandergestaffelten Beinen aber gab es kein Halten mehr.
‚Wiggerl, Achtung!'
Und schon ging's dahin ...
Wiggerl paßte auf. Er zog so viel Seil ein als nur möglich. Ich kam aber direkt auf ihn zu. Es war kein freier Flug, da die Rinne geneigt war, sondern ein rasend schneller Rutsch. In dem Moment des Sturzes drehte ich mich mit dem Gesicht nach außen, um mich nicht zu überschlagen.
Wiggerl ließ das Seil los und fing mich mit den Händen ab. Dabei drang ihm einer meiner Steigeisenzacken in den Handballen. Ich überschlug mich, aber im Bruchteil einer Sekunde griff ich in den Seilhaken, das gab mir einen Ruck, so daß ich mit den Füßen wieder nach unten kam. Mit allen zwölf Zacken schlug ich die Steigeisen ins Eis und – stand!
Die Wucht, mit der ich auf Wiggerl zugeschossen war, hatte auch ihn aus dem Stand geworfen, aber auch er konnte sich fangen, und so standen wir einen Meter unterhalb des Standes ohne Stufen im Eis. Ein Schritt, und wir waren wieder im Stand. Die Haken hatte es natürlich herausgerissen, und ich schlug gleich wieder neue.
Das alles hatte sich in Sekunden abgespielt. Es war eine ausgesprochen instinktive Reaktion, die uns rettete. Von all dem hatten die eine Seillänge unter uns stehenden und mit uns am Seil verbundenen Freunde überhaupt nichts gemerkt. Es hätte sie, wenn wir den Sturz nicht selbst aufgehalten hätten, in hohem Bogen mit uns aus der Wand geschleudert.
Indessen hatte Wiggerl den Fäustling von der Hand gezogen. Das

Blut spritzte nur so heraus, aber ganz dunkel, es konnte also keine Schlagader getroffen sein.
Ein Blick auf die Wand: Gott sei Dank, jetzt kam noch keine Lawine! Den Rucksack ab, das Verbandszeug heraus und die Hand eingebunden. Wiggerl war ganz blaß. Wenn er überhaupt noch eine Farbe hatte, dann war er grün.
‚Wird dir schlecht?'
‚Ich weiß nicht so recht', meinte er.
Ich stellte mich gleich so, daß er auf keinen Fall stürzen konnte.
‚Reiß dich zusammen, jetzt gilt es alles!'
Da kam mir im Medizinbeutel gerade ein Fläschchen Herztropfen in die Finger, die mir die besorgte Frau Dr. Belart aus Grindelwald für alle Fälle mit der Bemerkung gegeben hatte: ‚Hätte Toni Kurz solche Tropfen gehabt, dann hätte er vielleicht die Krisis überstanden!'
Wir sollten sie nur im äußersten, allerernstesten Fall gebrauchen. Es stand etwas auf der Flasche drauf ... zehn Tropfen. Ich schüttete aber gleich die Hälfte davon dem Wiggerl in den Mund, die andere Hälfte trank ich selber aus, auch weil ich Durst hatte. Ein paar Stück Traubenzucker nachgeschoben, und wir waren wiederhergestellt.
Von der Lawine war noch nichts zu sehen.
‚Du, ich pack' den Überhang gleich wieder an!'
‚Fall mir aber bitte nicht noch einmal 'nauf', meinte Wiggerl mit ganz schwacher Stimme.
Ich riß mich zusammen und ging jetzt mit voller Sicherheit über die schwere Stelle. Auf die Sicherung mit Haken verzichtete ich ganz, um diese heikle Stelle möglichst schnell hinter mich zu bringen. Fast dreißig Meter — das ganze Seil — mußte ich ausgehen, fand aber noch keinen Stand. Da glückte es mir, wenigstens einen der kleinen Felshaken anzubringen.‹
Und gerade an dieser Stelle, in dem Augenblick, da Heckmair die Selbstsicherung in den rettenden Haken eingehängt hatte, kam die Lawine, die wir unten mit so starker Wucht zu spüren bekamen. Sie hat Heckmair nicht hinuntergeschleudert, nicht Vörg, nicht

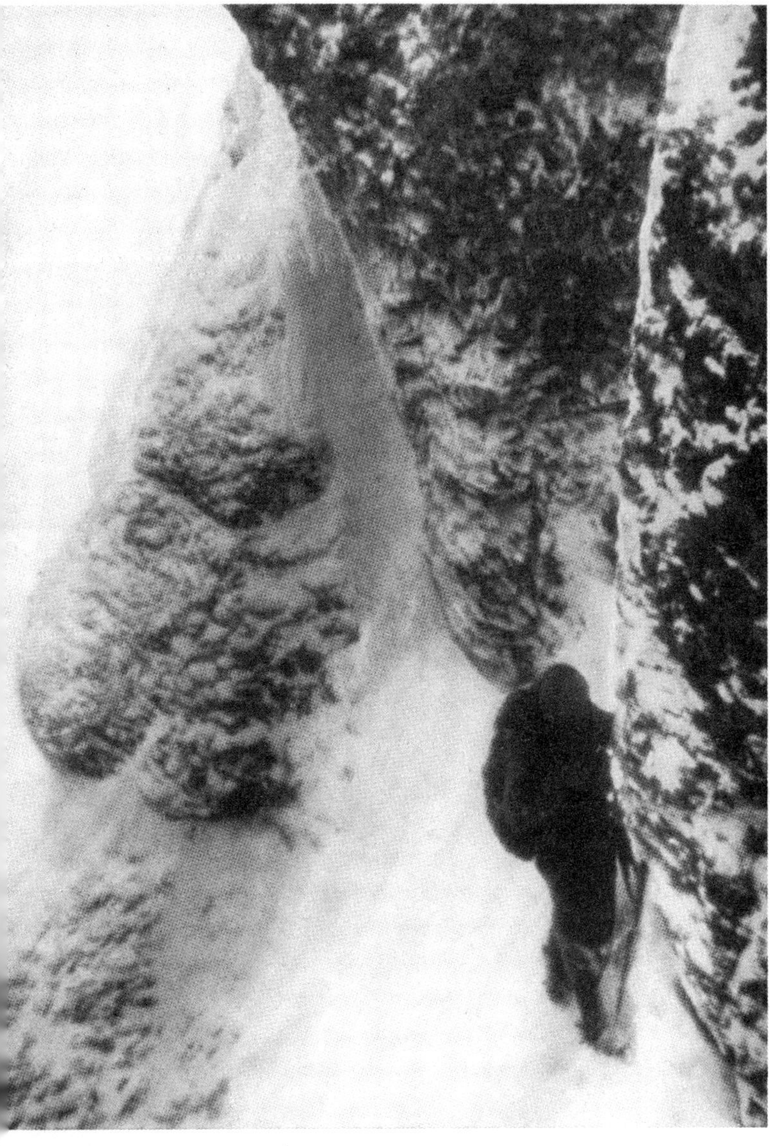

Anderl Heckmair beginnt den schweren Ausstiegsriß

Lionel Terray und Louis Lachenal gelang 1947 die zweite Begehung

Erich Waschak und Leo Forstenlechn durchstiegen 1950 die Wand in 18 Stund

Die Schweizer Robert Seiler, Jean Fuchs, Raymond Monney und Marcel Hamel (von link bezwangen die Nordwand als fünfte Seilschaft im Jahre 1950

uns. Aber viele Stunden sind seit unserem Aufbruch vergangen, bis ich neben Vörg stehe und Fritz nachsichern kann. Vörg eilt, von Heckmair gezogen, zu dessen Standplatz. Auch ich ziehe Fritz. Wir alle ziehen, denn die Zeit eilt, und der Weg ist noch so hoch, steil und schwer. Wir wissen nicht, was uns noch bevorsteht. Wir fühlen nur die Peitsche der Zeit, die uns drängt, die uns nie Muße und Ruhe gönnt. In keiner Wand zuvor habe ich jemals dieses Jagen und Wettrennen mit der Zeit so erlebt wie hier am Eiger. Und doch ist die Schlußwand bei diesem vereisten, verschneiten Zustand so, daß sie vom ersten zentimeterweise bezwungen werden muß.

Wir steigen weiter. Es schneit ohne Unterbrechung. Man sieht kaum eine Seillänge weit, eine Seillänge hoch. Da dringen durch Nebel und wirbelnden Tanz der Flocken Rufe zu uns. Woher sie kommen, wissen wir nicht genau. Vom Gipfel? Vom Westgrat? Sie gelten uns. Aber wir vereinbaren schnell, nicht zu antworten. Die Rufer sind zu weit entfernt, um uns genau verstehen zu können. Jede Antwort kann eine Rettungsexpedition auslösen, die dann nicht mehr abzustoppen wäre. Der lange Weg vom Berg ins Tal, das Zusammentrommeln der Rettungsleute, der neuerliche Aufstieg ... Das alles könnte ein mißverstandener Ruf von uns auslösen. Und selbst wenn es nur ein jodelnder Gruß wäre.

Wir steigen weiter. Immer Anderl an der Spitze. Die Minuten formen sich zu Stunden. Meter um Meter, Seillänge um Seillänge. Wieder hören wir Rufe. Diesmal näher, deutlicher. Wir erkennen auch, daß es andere Stimmen sind als früher. Aber wir antworten wieder nicht. Später erfahren wir, daß die ersten, die sorgend in die Wand riefen, Fraißl und Brankowsky waren, die um unser Schicksal bangten. Und das zweitemal schrie Hans Schlunegger, der große Bergführer des Berner Oberlandes, in die Wand, fragend, ob wir Hilfe brauchten. Er war zwar, ebenso wie die Wiener, überzeugt, daß bei den bösen Verhältnissen der schneebedeckten Gipfelwand im Augenblick keine Hilfe gebracht werden könne; aber auch er war, ebenso wie die Freunde, bereit zu helfen und zu retten, sobald es das Wetter zuließe. Der Opferwille der einheimischen Führer muß hier wieder hervorgehoben werden. Die beiden Partien hatten unabhängig voneinander auf dem verhältnismäßig leichteren Normalweg der Nordwestwand im Schneetreiben den Gipfel erreicht, waren aber, da von uns keine Antwort kam, gleich wieder zurückgeklettert. Freilich gab man nach den hoffnungslosen Berichten der Männer, die auf der Suche nach uns auf den Eiger gestiegen waren, nicht mehr viel für unser Leben. Doch wir leben noch. Wir steigen weiter.

Die Rinne nimmt an Steilheit ab. Auch die Lawinen tun uns nichts mehr. Sie haben hier oben noch keine Kraft.

Und dann steigen wir aus der Rinne auf ein Eisfeld.

Es ist das Gipfeleisfeld. Wenn wir nicht aus der Eigerwand kämen, würden wir es als steil bezeichnen. Aber uns erscheint es flach. Wir haben die letzte Rinne hinter uns, wir sind dem letzten Greifarm der Spinne entronnen. Um zwölf Uhr mittags steht Anderl am unteren Rand des Eisfeldes. Eine Stunde später ist der letzte von uns vieren hinaufgesichert.

Nur noch das Gipfeleisfeld trennt uns vom Gipfelgrat. Wir queren nicht nach links gegen den Mittellegigrat, sondern schräg rechts aufwärts, Richtung Gipfelnähe.

Nur das Gipfeleisfeld. Nur . . .

Auch dieses letzte Bollwerk der Eiger-Nordwand ist kein Spiel. Der feuchte Schnee ist keine feste Verbindung mit dem Firn und Eis eingegangen; er gleitet ab. Hier ist die Quelle der Lawinen. Der Anstieg ist kein Sturmlauf. Er fordert noch immer Vorsicht. Uns allen ist im Bewußtsein verankert, daß uns die Wand noch immer nicht Gleichgültigkeit und sorgloses Dahinschreiten gestattet. Noch immer führt Anderl. Er tut es mit bewährter Umsicht. Außerdem meint er, daß ein Führungswechsel Seilmanöver erfordere und Zeitverlust bedeute. Dazu komme, daß er sich beim Nachsichern in der dünnen Luft erholen könne, wir aber atemlos ankämen. Auch diese Erklärungen entspringen jedoch seinem bescheidenen Wesen.

Hier merke ich wieder besonders deutlich das Fehlen meiner Steigeisen. Wenn auch Anderl an wichtigen Stellen Stufen schlägt, wenn auch Wiggerl das zu mir führende Seil sicher bedient, will und darf ich mir doch keine Schwäche leisten. Ich darf nicht rutschen, muß mich mit meinen Klauennägeln halten. Das erfordert viel Kraft.

Es schneit noch immer, ja stärker denn je. Und die Flocken fallen nicht mehr senkrecht, sie werden vom Sturm fast waagrecht gepeitscht. Nimmt das Eisfeld kein Ende? Wieder vergehen zwei Stunden.

Dann aber ereignet sich etwas, was heiter gewesen wäre, wenn es nicht einen Augenblick höchster Gefahr gebracht hätte. Anderl steigt im Nebel und wilden Schneetreiben den Hang hinauf, der hier schon flacher ist. Das merkt er aber nicht, weil er gegen den Sturm zu kämpfen hat und man nichts sieht. Wiggerl folgt. Und Wiggerl entdeckt plötzlich vor sich dunkle Flecken. Nein, nicht nur vor sich – unter sich. Weit, weit unter sich ...

Es sind die Felsen der Südseite des Eiger, die nicht so dicht von Nebel und Schneetreiben verhängt ist. Beinahe wären die beiden ersten aus der Nordwand über die Gipfelwächte direkt in die Südwand gefallen! Ob wir sie hätten halten können?

Im letzten Augenblick treten sie von der Wächte zurück.

Wir kommen nach, stehen auf dem sturmumbrausten Grat, stapfen hinüber zum Gipfel des Eiger. Es ist fünfzehn Uhr dreißig. Am 24. Juli 1938. Wir sind die ersten Menschen, die die Nordwand des Eiger durchstiegen haben.

Freude? Erlösung? Taumel des Triumphs?

Nichts von alledem. Die Befreiung kommt zu plötzlich, unsere Sinne und Nerven sind zu abgestumpft, unsere Körper zu müde, um einen Gefühlsrausch zu gestatten. Fünfundachtzig Stunden waren Fritz und ich, einundsechzig Stunden Anderl und Wiggerl in der Wand. Wir sind nicht mit knapper Not dem Verderben entronnen, sondern haben in unserer Freundschaft immer Halt und Zuversicht gefunden. Nie haben wir am guten Ausgang unseres Unternehmens gezweifelt. Aber der Weg war schwer.

Auf dem Gipfel ist der Sturm so arg, daß wir gebückt stehen müssen. Um Augen, Mund und Nase haben sich dicke Eiskrusten gebildet, die wir erst abkratzen müssen, um einander überhaupt sehen, um sprechen, um atmen zu können. Vielleicht schauen wir aus wie rätselhafte Tiere aus der Arktis. Aber wir haben keinen Sinn für die Komik eines solchen Anblicks. Und es ist wahrlich nicht der Ort und nicht die Zeit, um Kopfstände zu machen und zu heulen vor Freude und Glückseligkeit. Wir drücken uns nur stumm die Hände.

Dann beginnen wir sofort mit dem Abstieg. Mir fällt wieder ein Wort Michel Innerkoflers ein: ›Hinunter, sell ist leicht. Da helfen alle Engelein ...‹

Es ist aber nicht leicht. Der Abstieg ist voll Tücken und Bosheiten. Hier hat der Sturm nicht den Schnee verblasen. Schwer und naß ist er auf die Westflanke gefallen, bedeckt fast einen Meter hoch die vereisten Platten. Oft rutschen wir und kommen doch immer wieder zum Stand. Wir sind auf einmal so müde, so furchtbar müde. Den Abstieg zu finden, zu führen, ist meine Aufgabe, da ich ihn ja schon kenne. Doch damals, als wir den Eiger überschritten, war klare Sicht. Heute ist Nebel und Schneetreiben. Oft finde ich nicht gleich die richtige Route. Dann schimpfen die Freunde mit mir. Ich protestiere nicht. Sie haben ja recht. Vor allem Anderl, der den ganzen Aufstieg hindurch ein wirklicher Held war. Ein echter stiller Held, der nur der Aufgabe diente und den Freunden. Keiner, der Trommeln und Trompeten, der den Zuruf der großen Masse braucht, um eine große Tat zu tun. Der Ansporn kam aus ihm selbst, aus seinem Wesen, seinem männlichen Charakter.

Jetzt können wir feststellen, wie Anderl zusammenbricht. Nicht körperlich, sondern seelisch. Er geht mechanisch weiter, er klagt nicht. Aber er hat die Führung abgegeben. Die ungeheure Nervenanspannung, unter der er durch Tage und Nächte in der großen Wand gelebt hat, muß zu einer Reaktion führen. Er ist in den vielen Stunden der Gefahr über sich selbst hinausgewachsen. Jetzt darf er wieder ein gewöhnlicher Mensch sein, mit allen Schwächen, empfindlich und den Tücken des Alltags ausgesetzt.

Da ist zum Beispiel die Geschichte mit Anderls Hose. Der Gummizug seiner Überhose ist gerissen. Die Überhose fällt ihm herunter, zieht die Berghose mit. Immer wieder richtet Anderl seine Beinkleider, immer wieder fallen sie herunter. Der Mann, der im Sturz in der vereisten Rinne blitzartig reagierte und so alle vor der Katastrophe bewahrte, der Mann, der so oft dem vernichtenden Druck der Lawinen widerstand, im Schneesturm Eisüberhänge bezwang und mit beispielloser Durchschlagskraft sich und seinen drei Gefährten den Weg in die Freiheit erzwang – dieser Mann wird fast zur Verzweiflung gebracht durch einen gerissenen Gummizug.

Anderl hat die Führung abgegeben. Er hat ein Recht darauf, über den Abstieg ebenso sicher geführt zu werden, wie er in der schweren Wand geführt hat. Und er hat das Recht zu fluchen, jetzt, da er die Erschöpfung seines zum Äußersten beanspruchten Körpers fühlt und wir einmal wieder zweihundert Meter emporsteigen müssen, weil ich mich im Nebel und Schneetreiben in der Wegführung geirrt habe. Mir erscheint dieser innerliche Zusammenbruch Anderls in keiner Weise lächerlich. Im Gegenteil. Die Erkenntnis, daß er so menschlich reagiert, bringt ihn mir nur noch näher.

Wir sind wieder auf der richtigen Route, wir steigen weiter ab. Wir rutschen, gleiten, taumeln, halten uns gegenseitig. Wir kommen tiefer. Heraus aus dem Nebel. Der Schnee geht in Regen über. Aber da drunten ist die sichere Welt der Menschen.

Menschen? Die vielen dunklen Punkte, die sich dort unten auf dem Gletscher bewegen, sind Menschen. Was suchen denn die auf dem Gletscher. Sie steigen langsam höher, uns entgegen. Mit dem Anblick der Menschen kommt auch die Sehnsucht nach der Bequemlichkeit menschlicher Zivilisation, an die wir während unserer Biwaknächte nicht gedacht haben, nicht denken durften. Man darf sich nicht nach einem Bett sehnen, wenn man in verschneiter Steilwand an einem Mauerhaken hängt.

Jetzt aber, beim Anblick der emporsteigenden Menschen, faßt uns übermächtig die Sehnsucht nach einem heißen Bad, nach einem Bett, nach Bequemlichkeit. Gewiß, da unten am Fuß der Wand steht unser Zelt, ein Luxusappartement gegen das Biwak über der Spinne. Aber an unseren Körpern ist kein trockener Faden mehr: Wir möchten heute in einem Bett schlafen! Ob die uns im Hotel auf der Kleinen Scheidegg Kredit geben? Wieviel Geld haben wir noch? Anderl ist der reichste von uns: Er hat noch eineinhalb Franken. Große Sprünge können wir damit nicht machen. Aber die Sehnsucht nach einem Bad und einem Bett bleibt.

Auf einmal steht ein junger Bursche vor uns. Er starrt uns an wie Gespenster. Sein Gesicht drückt verlegenes, ungläubiges Staunen aus. Dann wagt er die Frage: »Kommt ihr aus der Wand?«

»Freilich kommen wir aus der Wand.«

Da wendet sich der junge Mann talwärts, er läuft und schreit in hohem Diskant: »Sie kommen! Sie sind da! Sie kommen!«

Und dann sind wir von Menschen umringt. Bergführer, die Wiener Freunde, die Münchner, Angehörige der Bergwacht, Journalisten, Neugierige: Alle sind vereint in der großen Freude, Totgeglaubte lebend vor sich zu sehen.

Man nimmt uns die Rucksäcke ab, man würde uns tragen, wenn wir nicht auf einmal so frisch und munter wären, als kämen wir von einem Spaziergang und nicht von der Eiger-Nordwand. Fritz bekommt seine erste trockene Zigarette. Rudi Fraißl hält Anderl eine kleine Kognakflasche hin: »Da, trink, das macht warm.«

Mit einem Zug leert Anderl die Flasche. Er wird nicht betrunken davon. Wir sind alle betrunken von der allgemeinen Freude. Jetzt erst fühlen wir die große Befriedigung, das Gelöstsein, die Befreiung von allen Sorgen, das unbeschreibliche Glück, die Eiger-Nordwand durchstiegen zu haben.

Und auf einmal gibt es kein Problem mehr: Bad? Bett? Wir sind eingeladen. Von wem? Jeder will uns einladen. Die Menschen laden uns ein, uns, die wir wieder zu den Menschen zurückgekehrt sind.

Wir haben einen Ausflug in eine andere Welt gemacht und sind zurückgekommen. Wir haben aber auch die Freude am Leben und am Menschen mitgebracht. In der Hast und Hetze des Alltags leben wir so oft nebeneinander her ohne rechten Kontakt zum

anderen. Die Eiger-Nordwand hat uns gelehrt, daß die Menschen gut sind und gut die Erde, auf der wir geboren sind.
Wir sind Gast der Erde ...

Seit der Erstbesteigung der Eiger-Nordwand sind zwanzig Jahre verstrichen. Meine große Liebe zu den Bergen ist geblieben. Und geblieben ist die Erinnerung. Sie ist klar und durch keine schönfärbende Brille getrübt.
So kann ich verschiedene Irrtümer richtigstellen, die durch Unverständnis oder bösen Willen verbreitet wurden. Wir haben die Eigerwand bestiegen, weil wir bei ihrem Anblick die unwiderstehliche Herausforderung unseres Mutes und unserer Abenteuerlust verspürten. Gewiß waren auch Ehrgeiz und etwas Eitelkeit dabei. Wir konnten die Eiger-Nordwand durchsteigen, weil wir uns körperlich, seelisch und geistig darauf vorbereitet, uns kritisch geprüft hatten, bevor wir Hand an die Felsen legten. Wir führten das Unternehmen zu einem glücklichen Ende, weil es von der Harmonie der idealen Gefährtenschaft getragen war. Wir liebten das Leben, und unsere Handlungen waren oft vom Selbsterhaltungstrieb bestimmt. Aber es war der gemeinsame Erhaltungstrieb, der nicht die Flucht in den persönlichen Selbsterhaltungstrieb gestattete. Das Wohlergehen aller war das Bestreben jedes einzelnen. Es wäre aber Lüge und Verleumdung, wenn man unserer Durchsteigung materielle Motive und solche äußeren Triumphes unterschieben wollte. Keiner von uns hat sich seine bürgerliche Existenz durch die aufsehenerregende alpinistische Leistung verbessert. Es winkten uns auch keine olympischen oder andere Medaillen, und wir haben auch keine solchen erhalten. Und das Gerücht, wir hätten die Besteigung auf Befehl oder auch nur auf Wunsch irgendeiner Stelle versucht, ist völlig abwegig. Wir folgten nur unserem eigenen Willen.
Vielleicht habe indirekt ich als einziger meinen weiteren Werdegang der Eiger-Nordwand zu danken. Vielleicht gab die Durchsteigung der Wand mit den Ausschlag dafür, daß ich 1939 zur deutschen Nanga-Parbat-Expedition eingeladen wurde. Aber wer

könnte behaupten, ich hätte von vornherein gewußt, daß ich in weiterer Folge in Indien interniert werden sollte, daß ich aus dem Lager ausbrechen und nach jahrelanger Flucht Tibet und Lhasa erreichen würde! Ich habe die Wand nicht durchstiegen, um ›publicity‹ zu gewinnen. Ich habe diese Tat nicht bewußt an den Anfang meines abenteuerlichen Lebensweges gesetzt, der durch das Erlebnis Tibet und die persönliche Freundschaft mit dem Dalai Lama seine Krönung fand. Das mag man als Schicksal bezeichnen. Ich glaube aber, daß Schicksal vielfach im Charakter, in der Wesenslage eines Menschen liegt. Ich habe die glückliche Veranlagung, immer wieder auf Menschen zu stoßen, die gut, verläßlich und treu sind. Die Gefährten von der Eigerwand sind nur ein Beweis mehr für diese Behauptung.

Und an diese Freunde möchte ich zum Abschluß des Kapitels denken. Ich tue es mit Wehmut. Wiggerl Vörg, der starke, ruhige, großartige Bergsteiger, ist im Krieg geblieben. Fritz Kasparek, dieses Sonnenkind, das so unbeirrt an das Leben glaubte und seine Mitmenschen schon durch seine Anwesenheit froh machte, ist 1954 mit der brechenden Wächte des Gipfelgrates des Salcantay in Peru tödlich verunglückt.

Von uns vieren leben nur noch Andreas Heckmair und ich. Und so sollen diese letzten Worte Anderl gelten. Ich sehe, wie er ärgerlich sein Gesicht verzieht, denn seine Bescheidenheit ist echt, er will keine Lorbeeren. Aber es ist schon so, daß man als Junger gern Lorbeeren erntet und später lieber solche verteilt. Als Älterer, sachlich und frei von Überschwang, kann man besser beurteilen, wer Lorbeeren verdient.

Julius Kugy sagte einmal auf die Frage, wie ein Bergsteiger sein solle: »Wahrhaft, vornehm und bescheiden.« Das ist er, der Anderl. Aber ich möchte diese Charakterisierung noch um zwei Eigenschaften erweitern, die er in hervorragendem Maße besitzt: »Tapfer und treu.«

Hermann Buhl im Biwak unterhalb des »Schweren Risses«

Am Beginn des Hinterstoisser-Querganges hängen noch die verrotteten Seile früherer Begehungsversuche

Vorhergehende Seite:
Der Hinterstoisser-Quergang

Die nächsten Nordwandbesteigungen

Ich dachte nicht mehr viel an die Eigerwand. Aber sie war ein Markstein in meinem Leben, unverrückbar.

Im April 1944 war ich aus dem Internierungslager Dehra-Dun ausgebrochen, im Januar 1946 nach fast zweijähriger Flucht nach Lhasa gekommen. 1947 rächten sich die Strapazen durch peinigende Ischias. Die Schmerzen waren oft so arg, daß ich die Freude am Leben verlor.

Der Arzt der britischen Gesandtschaft in Lhasa untersuchte mich in regelmäßigen Abständen. Gelegentlich eines solchen Besuches in der britischen Gesandtschaft kam das Gespräch auch auf den Alpinismus. Wie die meisten Engländer war auch der Arzt sehr naturverbunden, ein leidenschaftlicher Bergwanderer; jedoch, der englischen Tradition entsprechend, gleichzeitig auch ein heftiger Gegner des extremen Alpinismus, wie er auf dem europäischen Festland vor allem von den Deutschen betrieben wurde. Und plötzlich fiel das Wort Eiger-Nordwand, zugleich auch die Kritik, daß ihre Besteigung das Zeichen eines kranken Geistes sei.

Da konnte ich mich nicht zurückhalten und sagte:

»Ich war einer von den Erstbesteigern der Eigerwand.«

Die anwesenden Engländer schauten sich vielsagend an. Man sagte mir nicht ins Gesicht, daß man mich für einen Lügner hielte, doch glaubte man mir kein Wort. Schließlich, warum sollte dieser Mister Harrer, der von Rechts wegen noch britischer P. o. W. sein müßte, außer seinen Hüftschmerzen nicht auch noch einen geistigen Defekt davongetragen haben? Die Anstrengungen und Aufregungen seiner Flucht waren eben zu groß gewesen. Man kennt solche Anfälle von Größenwahn und Renommiersucht bei leidenden Menschen. Erstbesteiger der Eiger-Nordwand – so eine faustdicke Unwahrheit kann man nur mit mitleidigem Lächeln beantworten. Dieses überlegen vergebende Lächeln stand noch auf den Gesichtern der Engländer, als ich mich verabschiedete.

Wenige Monate später kam der Bote der britischen Gesandtschaft in mein Heim in Lhasa. Er brachte mir einen Ausschnitt der Flugpostausgabe der ›London Times‹, die der Gesandtschaft mit Spezialkurier zugestellt wurde. Auf dem Ausschnitt stand der Name des Arztes. Ich las die Zeitungsmeldung. Es war ein Bericht über die Zweitbegehung der Eiger-Nordwand. Auch die Namen der Erstbesteiger waren erwähnt, meinen hatte der Arzt unterstrichen. Die wortlose Entschuldigung für den mitleidigen Unglauben war ein schönes Zeichen sportlicher Fairneß.

Der Bericht über die Zweitbesteigung der großen Wand aber fesselte mein Interesse. Wer waren die Männer? Es waren mir fremde Namen: Lionel Terray und Louis Lachenal, zwei Bergführer aus Chamonix. Acht Jahre war ich schon von Europa weg, hatte jeden Kontakt mit dem alpinen Geschehen und der bergsteigerischen Entwicklung verloren. Ich weiß nicht, weshalb – es erfüllte mich irgendwie mit Freude, daß die Zweitbesteiger Franzosen waren. Vielleicht war eine Art Genugtuung dabei, daß die ›extreme‹ Bergsteigerei, die man gern als ›befohlene Entartung‹ der deutsch-österreichischen und italienischen Kletterer bezeichnet hatte, nun auch in Frankreich Fuß zu fassen schien. Laut Bericht hatten Terray und Lachenal die Wand in glänzendem Stil bezwungen. In Gedanken grüßte ich die französischen Kameraden. Ich wußte nicht, daß sich aus den Trümmern des Krieges auch im Bergsteigen ein neuer Gedanke zu entwickeln begann: ein europäischer Alpinismus. Gewiß, nationale und persönliche Rivalitäten werden immer bleiben. Sie sind auch bis zu einem gewissen Grad gesund. Aber man muß vertragen, daß der andere nachrückt, daß er gleich gut ist, vielleicht besser wird. Ja man müßte sich über jede bessere Leistung freuen. Denn jeder Stillstand führt zu selbstgefälliger Überheblichkeit und schließlich zur Sterilität.

Wenn ich heute ruhig und abwägend ein Urteil über die Eigerwand abgebe, so glaube ich sagen zu dürfen, daß ihre Durchsteigung manches zu der neuen Einstellung eines europäischen und weltweiten Alpinismus beigetragen hat. Eine nur ›extreme‹ akrobatische Tour hätte dies nie vermocht. Die Eigerwand ist ein unverrückbarer Prüfstein ihrer Besteiger als Alpinisten und Menschen. Sie fordert nicht die letzte akrobatische Geschicklichkeit des modernen Kletterers. In ihr gibt es keinen ›Dachüberhang‹, über den man sich horizontal nach außen nageln muß, wie etwa in der Capucin-Ostwand, keine Aneinanderreihung von Stellen sechsten Grades wie in der Dru-Westwand oder in vielen Dolomitenmauern. In der Eigerwand wird alles verlangt, was die Menschen im Überwinden von Schwierigkeiten und Gefahren auf dem Berg im Laufe der Jahrhunderte gelernt haben. In ihr findet der Bergsteiger aber auch alles, was der Berg dem Menschen als Erlebnis, an Bedrohung sowohl wie an Schönheit der wilden Natur, schenken kann. Und der Bergsteiger selbst muß alles in sich vereinen, was den Bergmenschen auszeichnen soll. Er muß die neuzeitliche alpine Technik als Selbstverständlichkeit beherrschen. Aber er muß auch jene Ruhe und Kraft in sich wissen, die vielleicht den ersten Bauern gekennzeichnet haben mag, der es wagte, inmitten des wilden Hochgebirges seine erste Heimstatt zu errichten. Er muß treu sich selbst und seinen Gefährten gegenüber sein: Er muß ein guter Freund sein. –

Ein Jahr vor Terray und Lachenal, also 1946, war die Eigerwand wieder einmal versucht worden. Von zwei Bergführern des Berner Oberlandes. Die treibende Kraft war Hans Schlunegger, der hervorragende Eis- und Felsmann, der 1936 bei dem tragisch gescheiterten Versuch, Toni Kurz zu retten, die erste Bekanntschaft mit der Wand gemacht hatte; derselbe Hans Schlunegger, der 1938 besorgt nach uns rief, als wir am vierten Tag noch immer in der Wand waren. Hans Schlunegger, der von allen Schweizer Bergführern die Wand am besten kannte, obwohl er sie noch nicht durchstiegen hatte. Aber das wollte er nun im Jahre 1946. Mit seinem Berufskameraden, dem Bergführer Edwin Krähenbühl, kletterte Schlunegger am ersten Tag vom Einstieg bis über die Rampe empor. Die beiden hervorragenden Bergsteiger und Bergführer verunglückten vor meiner Heimkehr aus Tibet auf tragische Art. Schlunegger wurde von einer Lawine verschüttet. Krähenbühl stürzte von den Engelhörnern tödlich ab, als eine Platte losbrach. Nach allem, was die Brüder Fritz und Kaspar von Almen von der Kleinen Scheidegg aus beobachten konnten, haben die beiden auf dem Band zum Götterquergang, also über der Rampe und nach Überwindung des Risses und des Eiswulstes, biwakiert. Am nächsten Tag, der schlechtes Wetter brachte, versuchten dann die beiden Bergführer vergeblich, die Rampe bis über ihr Ende hinaus zur Nordostwand zu verfolgen. Ungeheure Überhänge versperrten den Weg, und sie kehrten mit der Überzeugung zurück, daß eine Ausflucht aus der Wand, die an dieser Stelle oft für möglich gehalten wurde, ausgeschlossen ist. Jedenfalls war der darauffolgende Rückzug bei Schlechtwetter in einem einzigen Tage nach dem so weit vorgetragenen Versuch eine bewundernswerte Leistung, die nur zwei so hervorragende Männer vollbringen konnten.

Terray und Lachenal fanden an vielen Stellen Spuren dieses Rückzuges. Sie sprachen voller Hochachtung von ihren unmittelbaren Vorgängern, denen der Erfolg versagt geblieben war.

Französische Alpinisten hatten schon vor dem Krieg Außerordentliches geleistet. Aber ihre kühnen Taten und ihre Pionierarbeit standen wohl etwas im Schatten der Erstbesteigungen der deutschsprechenden und italienischen Seilschaften, denen die Öffentlichkeit größeres Interesse entgegenbrachte.

Die Brüder Schmid stiegen durch die Matterhorn-Nordwand; Peters und Maier fanden den ersten Weg durch die Nordwand der Grandes Jorasses; Comici und seine Freunde bezwangen die Nordwand der Großen Zinne; Rudatis und seine Jünger erschlossen die ›Welt des sechsten Grades‹ in der Civettagruppe. Cassin und Gefährten löschten den Begriff ›Unmöglich‹ aus dem Sprachgebrauch der neuzeitlichen Bergsteiger mit ihren unvergleichlichen Neutouren: Westliche Zinne Nordwand, Badile Nordostwand, Nordpfeiler auf die Pointe Walker der Grandes Jorasses.

Nach dem Krieg aber begann für die französichen Alpinisten eine Ära des steilsten Aufstiegs und des schönsten, berechtigten Triumphes. Da wuchs eine Generation bester Bergsteiger und prächtiger Menschen heran. Die Hochgebirgsschule von Chamonix wurde zum Begriff, und ihre Ausbilder zählten zur Spitze des Weltbergsteigertums. Namen wie Terray, Lachenal, Rébuffat, Magnone, Frendo, Franco, Ichac, Schatz – man könnte die Liste noch lange fortsetzen – sind aus der neueren Geschichte des Alpinismus nicht mehr fortzudenken. Und es ist bezeichnend für den neuen französischen Bergsteigergeist, daß aus ihm der Gedanke, der Plan und schließlich der großartige Erfolg der Besteigung des ersten Achttausenders der Erde, der Annapurna, wachsen sollte. Und zwei aus der hervorragenden Mannschaft, die Maurice Herzog 1950 zur Annapurna führte, hatten 1947 die Zweitbesteigung der Eiger-Nordwand gemacht: Louis Lachenal, der mit Maurice Herzog auf dem Gipfel der Annapurna stand, und Lionel Terray, der von Herzog wegen seiner Kraft, seiner Ruhe und Kameradschaftlichkeit der gute Geist der Expedition genannt wurde.

Als Terray und Lachenal am 14. Juli 1947 zum Fuß der Wand kamen, zeigte sich, daß viel Eis, das die früheren Eigerkandidaten stets beschrieben hatten, weggeschmolzen war. Eine Felswand gab es da, mit Eisflecken darin, eine Felswand, über die zahlreiche Wasserfälle schossen, in der manche Steine, die früher vom Eis festgehalten worden waren, ungehemmt in die Tiefe fielen.

Am Nachmittag des 14. Juli stiegen die beiden in die Wand. Sie biwakierten bei der bekannten Stelle im unteren Wandteil, der ›Biwakhöhle‹, und hofften, am nächsten Tag bis zum Gipfel durchzustoßen. Aber die Schwierigkeit und die Steinschläge ließen sie langsamer vordringen, als sie gedacht hatten. Überall fanden sie Ausrüstungsgegenstände vergangener Versuche, der Bergungs- und Rettungsexpeditionen. Seile, die zehn Jahre alt waren, verrostete Mauer- und Eishaken, Karabiner. Aber es waren auch noch gute Seile dabei, Karabiner und Haken, die wie neu wirkten und offenbar vom Versuch Schlunegger-Krähenbühl stammten.

Terray und Lachenal hatten in der Wand relativ günstige Verhältnisse, wenn man von solchen in der Eigerwand überhaupt sprechen kann.

Die Felsen waren offenbar nicht so vereist wie zur Zeit unserer Besteigung, dafür aber hatten sie noch stärker unter Wasserfällen und Steinschlag zu leiden. Auf jeden Fall waren Terray und Lachenal zwei ausgezeichnete Männer, ausgebildet in der modernen Technik des Eis- und Felsgehens. Sie besaßen alle jene körperlichen, geistigen und charakterlichen Eigenschaften, die die Voraussetzung für eine glückliche Durchsteigung der Eiger-Nordwand bilden, wenn man sich nicht auf das Glück im Sinne eines blinden Zufalls verlassen will. Es waren Bergführer im besten Sinne des Wortes.

Die Querung des großen, des Zweiten Eisfeldes, brachten sie hinter sich, ohne eine Stufe zu schlagen. Sie gingen lediglich mit ihren zwölfzackigen Steigeisen und schlugen nach jeder Seillänge einen Sicherungshaken. So etwas kann sich nur erlauben, wer die Steigeisentechnik vollendet beherrscht. Die beiden querten das Eisfeld fast schulmäßig, so als ob sie den Schülern der französischen Bergsteigerschule an einem steilen Eishang die Möglichkeiten des Steigeisengehens demonstrierten. Hier aber dauerte diese ›Demonstration‹ stundenlang und erstreckte sich auf mehrere hundert Meter. Und wenige Meter unter dem ›Übungsplatz‹ war nicht eine sanfte Mulde, in der die lernbegierigen Studenten saßen und in die man völlig gefahrlos hätte gleiten dürfen – hier war unterhalb die große Wand, ein mehr als tausend Meter hoher Abbruch.

Trotz dieser kraftraubenden, aber zeitsparenden Technik konnten Terray und Lachenal ihren Sturmlauf nicht im gewünschten Tempo fortsetzen. Schwerer Steinschlag und mit großer Wucht niederstürzende Wasserfälle verzögerten den Weiterweg, so daß sie gezwungen waren, etwa in der Höhe des Biwaks der Partie Schlunegger-Krähenbühl zu biwakieren.

Daß sie nicht blind weitereilten, sondern eine günstigere Tageszeit abwarteten, daß sie lieber ein Biwak in Kauf nahmen, als sich von

Steinen erschlagen zu lassen, spricht für ihre Umsicht. Sie benahmen sich eben wie – Bergführer.

Am Morgen des nächsten Tages, des 16. Juli, brachten sie die Querung zur Spinne hinter sich. Ich weiß nicht, ob sie genau unseren Weg verfolgten oder ob sie zu hoch gequert sind. Jedenfalls meisterten sie die Querung, die große Schwierigkeiten bereitete, in dem ihnen eigenen blendenden Stil. Als sie die Spinne erreichten, überraschte sie das schon traditionelle Eigergewitter. Es war aber diesmal von besonderer Heftigkeit. Terray und Lachenal, die vom heimatlichen Montblanc, von den wilden Zacken der Aiguilles von Chamonix wahrlich Hochgewitter aller Art kannten, erzählten später, daß sie noch nie solche Erscheinungen spannungsgeschwängerter Luft erlebt hätten wie in der Spinne der Eigerwand. Es ist ein alter Grundsatz für den Bergsteiger, daß er im Gewitter alles Eisenzeug ablegen soll, Pickel, Beile, Hammer, Haken, Karabiner, um nicht als lebender Blitzableiter zu wirken. Aber in der Eigerwand darf man es sich nicht leisten, das ›Eisenzeug‹ fortzugeben. Es ist auch nicht möglich, sich ›schulmäßig‹ unter einen Überhang zu setzen, am besten in eine Höhle, um so gegen Blitze geschützt das Gewitter abzuwarten. Wo ist denn in der Eigerwand ein Sitzplatz? Wo der schützende Überhang – von einer Höhle ganz zu schweigen.

Lionel und Louis mußten weiter. Mit allem Eisenzeug. Wenn auch aus den Spitzen der Haken, der Pickel und Hämmer die Flammen des Elmsfeuers schossen, wenn sich auch um die Haare ein heller Kranz bildete.

Man muß einmal ein Unwetter im Hochgebirge erlebt haben, auf ausgesetztem Grat, in steiler Wand, um zu wissen, was es bedeutet, die Nerven zu bewahren und weiterzuklettern – wenn alles um einen summt wie in einem Elektrizitätswerk und man mittendrin ist in dem Spannungsausgleich der Gewitterwolke. Terray und Lachenal besaßen die Nerven. Sie stiegen durch die Spinne, weiter durch die Ausstiegsrisse, die glasig oder wasserüberronnen waren. Wie berechtigt die beiden waren, die große Wand anzugehen, ist aus der verblüffend kurzen Zeit zu erkennen, in der sie

die Schlußwand meisterten. Schon um vierzehn Uhr fünfzehn erreichten sie den Gipfel. Aber sie zollten der Wand jene Achtung, die ihr gebührt. Sie verkleinerten nicht durch Geprahle die eigene Leistung. Sie bekannten aufrichtig, daß sie die Wand nie wieder machen wollten. Und das haben auch später alle Partien gesagt, die die Eigerwand durchstiegen und die – ehrlich waren.
Wie wir schon aus der bisherigen Geschichte der großen Wand wissen, ging es in der Polemik häufig auch darum, ob man den Bergführern zumuten könne, Rettungsversuche in dieser Wand zu unternehmen, die von ›akrobatischen Amateuren‹ leichtfertig angegangen wurde. Diese These wird bereits durch die Tatsachen ad absurdum geführt. Wie es überhaupt unsinnig ist, einen Keil zwischen Bergführer und führerlose Bergsteiger treiben zu wollen. Man soll keinen Zwiespalt konstruieren, wo nach logischer Überlegung gar keiner sein kann. Je besser der Bergführer und je besser der Führerlose, desto besser müssen sich die beiden verstehen. Sie können nur voneinander lernen. Der leidenschaftliche Führerlose ist ein guter Propagandist des Bergsteigens. Viele werden durch ihn auf die Berge aufmerksam, nehmen sich Bergführer, um gleichfalls die Berge kennenzulernen. Aber in der Beurteilung des Wetters und des Zustandes, in dem sich ein Berg befindet, ist der einheimische Bergführer dem fremden Führerlosen immer überlegen. Andererseits gibt die schwere Neutour dem Berufsbergführer, vor allem dem Jungführer, neue Impulse. Auch das Heranreifen des Bergführers ist von der allgemeinen alpinen Entwicklung abhängig. Nur Stümper und bedauerlich unzulängliche Charaktere glauben, den Bergführer, der nicht schwerste Wege geht, belächeln zu dürfen. Und nur im alten Gleis festgefahrene, jede Neuerung ablehnende Bergführer, die den tiefen Sinn ihres Berufes nicht erfaßt haben, erblicken in dem bahnbrechenden Führerlosen einen feindlichen Eindringling. Freilich muß gegen Leichtsinn und anmaßende Überheblichkeit ebenso gekämpft werden wie gegen eigensinniges Beharren, das zu feindseligem Abkapseln führen kann. Bergführer gehören zu der raren und beneidenswerten Gruppe von Menschen, die in idealer Weise Hobby und Beruf vereinen.

Hermann Buhl beginnt im Dülfersitz den Hinterstoisser-Quergang *(rechts)*

Diese aperen Felsen sind sonst vom ersten Eisfeld bedeckt *(unten)*

Nächste Seite: Vom pausenlosen Steinschlag gezeichnet ist das zweite Eisfeld. Sepp Jöchler fotografierte seinen Seilgefährten und die nachfolgenden französischen Bergsteiger

Bergsteiger und Bergführer gehören zusammen. Sie sind aus gleichem Holz. Die Eigerwand ist der beste Beweis dafür. Unter den tragisch geendeten Versuchen vor der Erstbesteigung finden wir den Berufsbergführer Toni Kurz. Und nach menschlichem Ermessen wäre die Durchsteigung oder der Rückzug 1936 geglückt, wenn man mehr von der Wand gewußt hätte. Aber das Risiko dieser so traurig geendeten Erkundung brachte den Nachfolgenden die Möglichkeit des Erfolges. Von der Seilschaft 1937 hatte Matthias Rebitsch das österreichische Bergführerdiplom, wenn er auch das Führen als Beruf kaum ausgeübt hat.

Von unserer Partie 1938 war Anderl Heckmair Berufsbergführer. Er, der jahrelang zu den besten führerlosen Bergsteigern gehört hatte, bevor er das Führerpatent erwarb, vereinigte in sich alle guten Eigenschaften des verantwortungsvollen Bergführers und des idealen Führerlosen. Der erste Versuch einer Wiederholung der Eigerwandbesteigung wurde durch die beiden hervorragenden Oberlandbergführer Hans Schlunegger und Edwin Krähenbühl gemacht. Und die Zweitbesteigung gelang nun wieder zwei Bergführern.

Und die dritte? Es war wieder eine Führerpartie, mehr noch: Es war die erste Führungstour durch die Wand. Mit einigem Erstaunen lesen wir im Zürcher ›Sport‹ nach der Zweitdurchkletterung: ›Die beiden Bergführer Terray und Lachenal haben dieselbe Leistung wie neun Jahre vorher die Deutschen vollbracht. Ihr Durchstieg über zwei Biwaks kam wohl sehr überraschend, doch ist er absolut in Ordnung. Und während man sich fragte, wann wohl auch Helvetias Söhne diesen gewaltigen Steinbrocken zu zwingen vermöchten ...‹

Wer fragte? Die Schweizer selbst. Nicht nur die Führerschaft, auch ein Teil der öffentlichen Meinung. Dieselbe öffentliche Meinung, die seinerzeit die Versuche als wahnsinnig bezeichnet und in der Eigerwand bereits das Grabmal vieler bei Rettungsversuchen verunglückter Bergführer gesehen hatte. Jetzt forderte man die Schweizer Bergführer geradezu auf, zu beweisen, was sie könnten. Der nationale alpine Ehrgeiz war so weit erwacht, daß man den Erfolg der Franzosen fast als beschämend ansah angesichts des mangelnden Unternehmungsgeistes der eigenen Landsleute. Gleichzeitig klang es beinahe wie eine, obzwar wohlwollende, Kritik am Tempo der beiden Bergführer aus Chamonix: Sie benötigten zwei Biwaks ... Liegt darin nicht eine Aufforderung an die eigenen Leute, die Wand noch schneller zu machen? Gab der kühne Versuch Schluneggers und Krähenbühls vom Jahre 1946 nicht Anlaß zu berechtigter Hoffnung, daß Schweizer die Wand in kürzerer Zeit durchsteigen würden? Doch wann kommen sie?

Welch ein Wandel! Die ›ostalpine Akrobatik‹ wurde plötzlich nicht nur geduldet, sie sollte auch mit vollendeter Meisterschaft beherrscht und durch kürzere Durchsteigungszeiten bewiesen werden. Das Wettkampfmotiv begann langsam und zunächst noch versteckt in den Gehirnen der alpinen Berichterstatter Raum zu gewinnen, nur fand es noch nicht offenen Ausdruck. Aber die Anspielungen waren deutlich genug.

Gewiß schlug die Meldung der zweiten Besteigung durch Terray und Lachenal auch unter der tatenlustigen Führerschaft des Berner Oberlandes wie eine Bombe ein. Aber bergverwachsene Menschen wie Schlunegger lassen sich nicht von persönlichem und nationalem Ehrgeiz drängen. Nie wird Hans Schlunegger das Sterben des Toni Kurz vergessen, nie den Anblick der Wand im Schneesturm, im Schleier der Schneerutsche, das Donnern und Dröhnen des Steinschlags und der Lawinen. Er will die Wand besteigen, das hat er schon bewiesen. Aber dann, wenn er den Zeitpunkt für richtig hält.

Hans Schlunegger gewinnt seinen Bruder Karl für den Plan. Als ›Tourist‹, als Geführter, wird der ausgezeichnete Jurakletterer Gottfried Jermann für den Plan begeistert. Die drei machen großzügige Eingehtouren im Berner Oberland, um sich kennenzulernen, um sich an Strapazen und dauernde Schwierigkeiten, an Kälte und Schlechtwetter zu gewöhnen. Gewiß, ein Hans Schlunegger hat ein Spezialtraining kaum nötig. Aber das Zusammenspiel mit dem jüngeren Bruder als zweitem Führer und mit Jermann als Touristen muß so klaglos sein wie das einer gutgeölten Maschine.

Der Brennstoff für diese Maschine sind der Mut, das Können, die große Erfahrung, die gute Kameradschaft.
Es ist bezeichnend für die Gewissenhaftigkeit und die fast bäuerlich gesunde langsame Entwicklung Hans Schluneggers, daß er genau zehn Jahre braucht, bis er das erschütternde Erlebnis seiner ersten Bekanntschaft mit der Wand ganz in sich verarbeitet hat und den ersten Angriff wagt. Es gibt nun nichts mehr, das ihn überraschen könnte. Und der 4. August 1947 wird ein großer, entscheidender Tag in Hans Schluneggers Leben. Um zwei Uhr dreißig steigt er mit seiner Seilschaft in die Wand. Über den Vorbau, über den Zerschrundenen Pfeiler, den Schwierigen Riß, über den Hinterstoisser-Quergang, den er mit seinen Gefährten bereits knapp nach sechs Uhr hinter sich hat. Weiter über Fels, Eis, wieder Fels. Auch sie haben Steinschlag, Wasserfälle. Aber weiter, weiter, scheinbar langsam in ihrer Umsicht und doch so schnell, wie man bisher noch keine Partie in der Wand vordringen sah.
Um fünfzehn Uhr dreißig haben sie schon den Riß und den Eiswulst der Rampe hinter sich. Sie sind in der Querung der brüchigen Bänder, wo uns seinerzeit der Flieger überraschte und fotografierte. Diesmal kommt kein Flieger. Es kommt wieder das Eigergewitter, mit drohender Gewalt. Hier wäre die Möglichkeit, einen gegen Steinschlag geschützten Biwakplatz zu finden. Durch den Regenguß des Gewitters, durch das Klettern in den Wasserfällen sind alle drei bis auf die Haut durchnäßt. Trotzdem entscheidet Schlunegger, hier zu biwakieren. Er läßt sich nicht treiben durch den Ehrgeiz, vielleicht ohne Biwak durch die Wand zu kommen. Er nimmt die Unbequemlichkeit eines Freilagers in Kauf. Die Sicherheit der ihm anvertrauten Menschen geht vor.
Es wird ein kaltes, ein endloses Biwak. Es dauert vierzehn Stunden. In der Nacht schneit es, aber am Morgen wird das Wetter vorübergehend besser. Schon um fünf Uhr dreißig beginnen die drei wieder zu klettern, noch steif von der unbequemen Stellung, von Kälte und Nässe. Um sieben Uhr erreichen sie die Spinne. Auch diese drei haben mit Schneerutschen zu kämpfen, kommen jedoch wohlbehalten an die Ausstiegsrisse.

Hier aber gebietet das Eis dem Sturmlauf Halt. Auch Schlunegger muß für sich, seinen Bruder und seinen Touristen den Weg zum Gipfel zentimeterweise erobern. Steine kommen und Lawinen mit wasserhaltigem Schnee. Und je mehr sie sich dem Gipfeleisfeld nähern, desto stärker wird der Sturm. Die nassen Kleider erstarren zu Eispanzern. Das zweite Biwak aber bleibt den dreien erspart. In heulendem Sturm erreichen sie um sechzehn Uhr fünfundzwanzig den Gipfel.

Trotz des unsichtigen Wetters war der Abstieg für den Hausherrn des Eiger kein Problem. Um neunzehn Uhr dreißig kamen Hans, Gottfried und Karl wohlbehalten zum Hotel Eigergletscher. Es war ein großer Triumph. Und die Zeitungen meldeten denn auch stolz, daß die Partie Schlunegger ›nur‹ achtunddreißig Stunden in der Eigerwand gewesen sei. Die bisher kürzeste Zeit. Man verlieh keine Medaillen, aber man zollte neben der alpinen Leistung auch der sportlich hervorragenden Durchführung die Anerkennung, und manchmal schwang in den Berichten jener patriotische Stolz mit, der den Nachfolgern den Fehdehandschuh entgegenwirft: ›Wer macht es besser?‹

Solche Einstellung war kaum im Sinne Hans Schluneggers. Dieser prächtige Bergführer starb nicht an steiler Wand, in schwerem Fels, in spiegelndem Eis, Gebieten, die er so gut beherrschte. Eine heimtückische Lawine begrub ihn auf dem Schmadrijoch. Die Trauer um ihn ist groß. Er gab einer ganzen Bergführergeneration das Beispiel durch seinen Mut, seine Opferwilligkeit und seinen bescheidenen, vornehmen Charakter.

Drei Besteigungen hatte die Wand nunmehr. Wann kommt die vierte? Im Jahre 1948 war es ruhig in Alpiglen und auf der Kleinen Scheidegg. Die Deutschen und Österreicher hatten noch zu wenig Geld, um in die Schweiz zu kommen. Die Franzosen veranstalteten kein Wettrennen zum Eiger. Ihre Entwicklung ging steil aufwärts, aber sie war nicht hysterisch. Der italienische Alpinismus litt unter den Nachwirkungen des Krieges, und die Opfer der Eigerwand waren noch nicht vergessen. Es blieben die Schweizer selbst. Trotz der Tat Schluneggers, die den Geist der neuen Zeit offenbarte, nahm der Schweizer Alpinismus im großen keine Entwicklung zum ›Extremen‹. Die Schweizer Stiftung für alpine Forschung wurde ein geistiges Zentrum des Weltbergsteigertums. Die Publikationen zählten zu dem Besten, was es bis dahin im alpinen Schrifttum gab. Männer wie Marcel Kurz und Othmar Gurtner, die als weltgereiste Alpinisten und gewissenhafte, über ein großes Allgemein- und Spezialwissen verfügende Chronisten einen ebenso klangvollen Namen hatten, wie sie eine blendende Feder führten, gaben den Ton an. Der extremen Bergfahrt in den Alpen wurde kein größerer Platz eingeräumt, als er ihr im Rahmen des Gesamtbergsteigens auf den Bergen der Welt zukam. Den Schweizern stand nach dem Krieg das Tor zur Welt offen. Und sie durchschritten dieses Tor. Beachtlich waren die Leistungen der Schweizer Expeditionen in außereuropäischen Gebirgen, groß die Erfolge auf wissenschaftlichem Gebiet. An den Berichten darüber, die nicht von Phantasie und Sensation getragen waren, entzündete sich die bergsteigende Schweizer Jugend.

Aber die Eigerwand war deshalb nicht vergessen.

Der Gedanke an sie ließ den erst zwanzigjährigen Techniker Jean Fuchs kaum schlafen. Er brannte vor Sehnsucht, die riesige Wand kennenzulernen. In dem dreiundzwanzigjährigen Uhrmacher Raymond Monney fand er einen gleichgesinnten Gefährten. Am 28. Juni 1949 machten die beiden den ersten Versuch. Sie kamen über den Vorbau hinauf. Dann schlug das Wetter um. Das war vielleicht ein großes Glück. Fuchs und Monney kehrten um, blieben von Steinschlag und Lawinen verschont. Im nächsten Frühjahr – im Hochgebirge also noch im Winter –, am 7. April 1950, sah man die beiden schon wieder bei Alpiglen und der Kleinen Scheidegg. Ein Plan, so kühn, wie er nur in der Jugend entstehen kann: Vielleicht ist die Wand im Winter, wenn alles im Schnee- und Eispanzer liegt, besser begehbar? Vielleicht schläft da der Steinschlag, vielleicht schweigen die Lawinen?

Das gesunde Urteilsvermögen läßt die beiden den Plan aufgeben, bevor er noch in Selbstvernichtung endet. Sie kehren um, beschließen aber, die Wand bestimmt im Sommer anzugehen.

Sommer 1950. In der Wand ist es wieder lebendig geworden. Nicht nur von Steinschlag, Wasserfällen und Schneerutschen, auch von Menschen. Da sind zunächst zwei andere Schweizer Jungmannen am Werk: der einundzwanzigjährige Vergolder Marcel Hamel und der gleichaltrige Schlosser Robert Seiler. Am 9. Juli steigen sie in die Wand, kommen über den Vorbau und den Schwierigen Riß, weiter bis zum Hinterstoisser-Quergang, befestigen an diesem ein fünfzig Meter langes Seil, klettern jedoch wegen Schlechtwettereinbruchs wieder ab.

Am 14. Juli sieht man Hamel und Seiler wieder am Werk. Diesmal kommen sie bis zum Aufschwung zwischen Erstem und Zweitem Eisfeld. Hier schlägt das Wetter um. Die beiden sind zu einem Biwak im heulenden Schneesturm gezwungen. Es ist so schlimm, daß sie es ihr ganzes Leben nicht vergessen werden. Am nächsten Morgen ist die Wand bis zu den Almböden hinunter verschneit. Hamel und Seiler bewältigen mit knapper Not den Abstieg zum Stollenfenster, müssen aber ein hundert Meter langes Seil, das sie vorsorglich mitgenommen hatten, nach dem Abseilen hängenlassen. Aber wer denkt an den Wert eines Seiles, wenn es ums Leben geht?

Am 22. Juli gibt es ein kurzes Zwischenspiel. Die Akteure sind zwei Wiener, die in aller Stille gekommen sind: Karl Reiss und Karl Blach. Wir werden von den beiden noch hören. Noch kennt man ihre Namen nicht, noch weiß man nicht, wie gut sie sind. Im Schweren Riß unter der Roten Fluh bricht dem vorankletternden Blach ein Block aus. Der Sturz wird von Reiss aufgehalten, aber Blach hat sich den Arm gebrochen. Die beiden rufen nicht um Hilfe. Blach verbeißt den Schmerz. Mit notdürftig geschientem Arm bringt er es fertig, so etwas Ähnliches zu tun wie klettern. Die Hauptlast aber trägt Reiss. Er geleitet den Gefährten bis zum Stollenfenster. Blach steigt im Tunnel hinunter zur Station Eigerwand. Die Direktion der Jungfraubahn möge das verzeihen. Gewiß, es ist verboten, im Tunnel zu gehen. Aber es ist doch besser, Blach übertritt das Verbot und wandert die wenigen hundert Meter unterirdisch, als daß das Riesenaufgebot einer Rettungsaktion in Bewegung gesetzt wird.

Einen Tag später, am 23. Juli, stellen zwei sonnverbrannte stille Burschen ihr Zelt auf eine blumige Wiese oberhalb Alpiglen. Man sieht ihnen die verhaltene Kraft an. Sie zeigen nicht die geringste Unruhe, sind freundlich und gelassen, kochen, liegen im Gras, schauen vergnügt in die Wand hinauf. Sonderbare Kerle, die beiden. Man könnte sie für Eigerkandidaten halten.
Der eine ist Erich Waschak, ein zweiundzwanzigjähriger Mediziner. Seine Wiege stand in der romantischen, weinseligen Wachau. Aber in diesem schönsten Teil des Donaulandes in Niederösterreich gibt es nicht nur Weingärten, Burgen und Ruinen, dort gibt es auch zünftige Felsen, die Erich schon als Bub auf den schwersten Steigen erkletterte. Jetzt studiert er in Wien Medizin. Einstweilen überhastet er jedoch sein Studium noch nicht. Im Augenblick wird bei ihm das Wort ›Berg‹ am größten geschrieben. Erich gehört zu den besten Kletterern der modernen Wiener Schule, die auf der alten Tradition aufbaut. Fritz Kasparek ist einer seiner besten Freunde, und wenn der fast vierzigjährige Meister mit Erich eine Bergfahrt machte, ließ er den Jungen oft schon führen. Kasparek erkannte, was in dem frischgebackenen Studenten steckte: ein Bergsteiger ganz großer Klasse.
Auch das Eisbeil, das hier unter den Ausrüstungsgegenständen vor dem Zelt liegt, hat Fritz dem Jungen geschenkt. Es ist dasselbe Beil, mit dem Fritz am 21. Juli 1938 das Eis von den Felsen des Hinterstoisser-Querganges schlug.
Erichs Begleiter ist ein großer Schweiger. Er ist kaum älter als der Mediziner. Er heißt Leo Forstenlechner; ein bezeichnender Name: Leo ist Forstarbeiter im Ennstal, nahe dem Gesäuse. Das Gesäuse mit seinen riesigen Wänden, dem Hochtor, dem Ödstein, dem Dachl, der Roßkuppe, ist seit eh und je die hohe Felsenschule der Wiener, steirischen und oberösterreichischen Bergsteiger. Leo hat nicht nur die für seinen schweren Beruf notwendige Kraft, er ist auch einer der kühnsten und sichersten Kletterer, die bisher die Gesäusefelsen berührt haben. Und das heißt viel. Später einmal wird Leo Forstenlechner nach Gaston Rébuffat der zweite Bergsteiger der Welt sein, der die drei berühmtesten Nordwände der Alpen

durchstiegen hat: die des Eiger, des Matterhorn und der Grandes Jorasses über den Walkerpfeiler. Noch aber hat er, an diesem sonnigen 23. Juli 1950, die Durchkletterung des ersten und höchsten der großen Bollwerke aus Fels und Eis vor sich. Mit Muße, ohne sich zu beeilen, sortieren Leo und Erich ihre Ausrüstungsgegenstände vor dem Zelt.

Da bekommen die beiden Besuch. Es sind vier stramme Burschen, so jung, vielleicht noch jünger als Waschak und Forstenlechner. Es sind die zwei Schweizer Seilschaften, die sich zur Eigerwandbesteigung zusammengefunden haben: Jean Fuchs und Raymond Monney, Marcel Hamel und Robert Seiler. Freundlich und gleichzeitig mißtrauisch betrachten sie die beiden Österreicher und deren Ausrüstung. Ohne Zweifel – so schauen Eigerkandidaten aus. Leo grinst schweigend. Erich behauptet lachend, mit dem ehrlichsten Gesicht der Welt: »In die Eigerwand? Keine Rede davon. Die ist uns viel zu schwer.«

Die Schweizer glauben der Versicherung nicht. Und am nächsten Tag merken sie, daß ihre Vermutung stimmte: Waschak und Forstenlechner steigen schwer bepackt in den unteren Wandteil, um Ausrüstung zur Biwakhöhle oder zumindest bis zum Kopf des Zerschrundenen Pfeilers zu tragen. Sie kommen nicht so weit. Eine Steinsalve zwingt sie, ihre Last vorher abzuladen und aus der Wand zu flüchten. Als sie wieder zu ihrem Zelt hinunterkommen, merken sie, daß im Lager der Schweizer reges Leben herrscht. Die vier packen für den Angriff. Sie sind vom Fieber des Ehrgeizes erfaßt. Sie wollen zuerst in die Wand. Sie haben schon den Hinterstoisser-Quergang präpariert, haben schon Versuche hinter sich. Es winkt der Ruhm der vierten Besteigung.

Erich und Leo sind ruhiger. Schließlich ist es gleichgültig, ob sie die vierten oder fünften sind. Und wenn sich herausstellt, daß die Schweizer schneller sind, wird man sich nicht auf ein Gedränge einlassen. Jedenfalls wollen auch die Österreicher in der Nacht zum Einstieg gehen.

Um Mitternacht schaut Erich aus dem Zelt. Dunkle Wolken am Himmel, düster und nebelverhangen die Wand. Nein, das Wetter

Die »Weiße Spinne«. *Vorhergehende Seite:* Nach einem Wettersturz

ist nicht so, daß man in die Eigerwand steigen kann. Fast froh über solche Erkenntnis, kriecht der schlaftrunkene Mediziner wieder ins Zelt. Nach drei Stunden wacht Leo auf. Auch er schaut aus dem Zelt. Der Himmel ist jetzt blank, sternklar. Kurzer Kriegsrat. Wenn sie sich noch so sehr beeilen, können sie nicht vor fünf Uhr früh in die Wand steigen. Dann kämen sie gerade zur gefährlichsten Zeit in die Steinschlagzone des Zweiten und Dritten Eisfeldes. Das darf man nicht riskieren. Fritz Kasparek hat Waschak eingeschärft: »Nur nicht drängen lassen in der Wand. Blinder Ehrgeiz wird am Eiger zur Dummheit.«

Besser ein lebender fünfter als ein toter vierter, denken Erich und Leo und schlafen bis in den hellen Vormittag. Als sie endlich ausgeschlafen sind und reichlich gefrühstückt haben, bummeln sie hinüber zur Kleinen Scheidegg. Dort hören sie den Wetterbericht: ›Ein Hoch über ganz Mitteleuropa.‹ Erich und Leo sind ganz ausgelassen vor Freude. Diese Freude wird auch nicht getrübt, als ihnen ein Fernrohrtourist mitteilt, daß die Schweizer bereits das Zweite Eisfeld erreicht haben.

Schon am späten Nachmittag kriechen Waschak und Forstenlechner in ihre Schlafsäcke. Aber sie können nicht schlafen vor Freude und Auftrieb. Um Mitternacht stehen sie auf und steigen etwa um zwei Uhr in die Wand ein. Von der Stelle an, wo sie ihre Ausrüstung hinterlegt hatten, seilen sie sich zusammen. Das bringt bei dieser gut eingespielten Seilschaft keine Verzögerung. Abwechselnd führen sie. Sie klettern ›überschlagend‹, das heißt, der jeweils zweite klettert zum Standplatz des ersten nach und führt anschließend die nächste Seillänge. Der Schwere Riß bringt kein Problem, auch der Hinterstoisser-Quergang ist eisfrei und trocken. Waschak erkennt jetzt aus der Nähe, was sie schon aus der Entfernung vermuteten: Die Wand hat sich seit der Erstbesteigung sehr verändert. Sie ist nicht mehr so, wie Kasparek sie ihm beschrieben hat. Es ist eine Felswand geworden, mit Eisflecken darin. Aber die Gefahren sind nicht geringer.

Noch ist heute kein Steinschlag gekommen. Eben denkt Erich das, da kommt die erste Salve. Es ist in den schweren Seillängen nach

dem Hinterstoisser-Quergang, auf dem Ersten Eisfeld, oder richtiger dort, wo einmal das Erste Eisfeld war. Jetzt muß man oft über ein glattes, ungemein steiles Dach aus Stein steigen, wo es keine Griffe und Tritte gibt und auch keine Ritzen zum Hakenschlagen. Leo und Erich erleben das Konzert des Steinschlags der Eigerwand. Es ist voll instrumentiert. Da gibt es kleine Steinchen, die ganz hoch pfeifen: Flöten und Geigen. Die mittleren Brocken brummen ganz böse und können doch in ihrem Gesang recht hoch hinauf – wie die Celli. Die Baßgeigen aber fehlen. Doch sind da noch andere Töne, ein Heulen etwa wie von einem Flugzeug, bevor es sich in rasender Fahrt von der Startbahn erhebt. Alles zusammen gibt manchmal auch einen atonalen Orgelakkord. Das Schlagzeug ist natürlich hervorragend vertreten. Von der kleinen Trommel mit ihrem hämmernden Stakkato bis zur dumpfen Pauke. Ja auch die Tschinellen sind da, nur klingen sie nicht metallisch, sondern krachen ganz unverschämt vorlaut, wie überhaupt das ganze Konzert keineswegs auf Zimmerlautstärke eingestellt ist, sondern tobt und dröhnt, daß man sein eigenes Wort nicht verstünde, wenn man überhaupt Lust hätte, etwas zu sagen. Es stinkt nach Schwefel und zersprengtem Gestein. Und nachdem ein eigenwilliger Stein nach dem Abklopfen des Dirigenten noch einmal auf die Trommel geschlagen hat, tritt unwahrscheinliche Ruhe ein.
Und man ist erstaunt, daß man noch lebt, noch da ist und nicht dort unten, wo die Steine am Einstieg verrieseln.
Leo und Erich klettern weiter, zügig, als wäre auch die Felsstufe zwischen Erstem und Zweitem Eisfeld nicht sehr schwer. Vielleicht sind die Verhältnisse gerade an dieser Stelle besonders günstig. Schon um acht Uhr früh erreichen die beiden den unteren Rand des Zweiten Eisfeldes. Dieser Rand ist kaum vereist, sie queren nach links, in Felsen, wo seinerzeit gar keine waren. Dann schauen sie prüfend die steile Eisflanke empor. Einhundertfünfzig Meter hoch ist es bis zum oberen Rand des schmutziggrauen, steinbespickten Eishanges.
Da sind doch Stimmen? Menschliche Stimmen. Ganz nah klingen sie. Richtig, dort oben sind vier Menschen. Die Schweizer. Sie stre-

ben gerade den Felsen unter dem Dritten Eisfeld zu. Leo und Erich haben die vier viel höher vermutet – in der Rampe, zumindest schon jenseits des Bügeleisens. Was hat sie so lange aufgehalten? Steinschlag? Die Österreicher rufen den Morgengruß hinauf. Freundliche Antwort kommt von oben. Erich und Leo wechseln einen Blick. Leo lacht, dann beginnt der Sturm über das Eisfeld, das durch die Umgehung in den Felsen nur halb so hoch ist, wie es die Erstbesteiger antrafen.

Die Vorderzinken der zwölfzackigen Steigeisen greifen gut, die Wadenmuskeln des durchtrainierten Mediziners und des in den Wäldern aufgewachsenen Holzknechtes kennen keine Ermüdung. Hie und da nur eine kleine Standstufe, hie und da ein Eishaken. Das Tempo ist nicht nur von dem plötzlich erwachten Ehrgeiz diktiert, auch von der Vernunft. Wenn hier, genau in der Fallinie, wieder Steine kommen? Weiter, schneller.

Und dann ist der obere Rand da. Es ist erst elf Uhr. Aber noch sind sie nicht in Sicherheit. Die Felsen zum Bügeleisen geben sogar diesen beiden viel zu schaffen. Die starke Ausaperung hat doch manche Nachteile.

Erich Waschak wird gerade bei Überwindung eines Überhanges durch Steinschlag am Ellbogen verletzt. Aber hier ist nicht der Ort, auf so eine Kleinigkeit zu achten. Weiter, nur weiter, Querung des Dritten Eisfeldes, hinein in die Rampe.

Durch den Schweren Riß schießt ein Wasserfall herab. Der erste der Schweizer ist gerade durch, beginnt die Rucksäcke aufzuseilen. Da stoßen Erich und Leo auf die Seilschaft. Nun ereignet sich das Erfreuliche: Nicht der Ehrgeiz triumphiert, nicht der Neid, nicht die Eifersucht um die ›vierte‹. Keine bösen Worte fallen, keine schroffe Aufforderung, den Vortritt zu überlassen. Freundlich und verständnisvoll ist das Gespräch. Jean Fuchs war durch Steinschlag am Kopf verletzt worden, nicht bedrohlich, aber doch so, daß er die bisherige Führung Raymond Monney überlassen mußte. Sie sind tüchtige Kletterer, die vier Schweizer, aber sie erkennen staunend die Überlegenheit der beiden Österreicher an. Ein solches Tempo haben sie nicht für möglich gehalten. Dabei zeigen Waschak und

Forstenlechner noch nicht die geringste Spur einer Übermüdung. Sie stürzen sich in das Brausebad des Risses, arbeiten sich hoch. Willig lassen die Schweizer die österreichischen Kameraden an die Spitze.

Völlig durchnäßt wird der Eiswulst angegangen. Der ist trotz des Rückganges der Vereisung so, daß auch Waschak und Forstenlechner nur langsam und mit allen Vorsichtsmaßnahmen über dieses Hindernis kommen. Aber auch nach dem Überhang ist der Quergang zur Spinne viel schwerer, als es sich die beiden träumen ließen, viel schwerer, als Erich es aus den Erzählungen Kaspareks vermutete. Da ist kein Götterquergang, da ist ein außerordentlich gefahrvoller, schwieriger Gang, ein Schleichen, ein Vortasten, ein ständiger Kampf um das Gleichgewicht.

Da gibt es Bänder, die gar keine sind, lose Steine und Felsplatten, die sofort den Weg in die Tiefe nehmen, wenn man sie berührt, da sind Eisflecken, in die sich keine Haken schlagen lassen, kein ruhiges Überschreiten mit Steigeisen gestatten, sondern sich beim ersten Pickelschlag von der Unterlage lösen. Und gerade an dieser Stelle bricht wieder das berühmte Eigergewitter los. Der anfängliche Regen geht bald in Schnee über. Die durchnäßten Kleider erstarren. Jede Bewegung wird mühsam.

Leo und Erich schlagen viele Haken auf dieser Querung, oft spannen sie Geländerseile, um den jeweils Nachkommenden zu sichern. Sie lassen alle Haken stecken, um der nachrückenden Schweizer Partie den Weg zu erleichtern. Aber als sie endlich in Sturm und Unwetter die Spinne erreichen, haben sie keine Haken mehr.

(Waschak und Forstenlechner sind nach der Beschreibung ihres Anstiegs offenbar auch zu hoch auf dem Rampeneisfeld nach dem Wulst weitergestiegen und haben bei dem höhergelegenen Quergang größere Schwierigkeiten angetroffen als wir auf unserer Route im Jahre 1938. Außerdem wirkte sich hier das Wegschmelzen des Eises bestimmt sehr ungünstig aus. Allerdings wäre der schnelle Sturmlauf durch die Wand unter den damaligen Verhältnissen unwahrscheinlich gewesen.)

Leo und Erich warten. Sie warten nicht nur, weil sie wieder Haken brauchen, die von den anderen erst herausgeschlagen werden. Sie warten auch, um sich zu vergewissern, daß an dieser abenteuerlichen Querung kein Unfall passiert ist. Aber das Warten im Sturm in durchnäßten, vereisten Kleidern wird zur Qual und erscheint ihnen sehr lange.

Die Schweizer kommen. Sie sind alle heil und geben den beiden ersten ein Bündel Haken. Kurzer Gruß und Abschied. Erich und Leo wollen heute noch so hoch wie möglich kommen. Auch die anderen wollen das, doch ist das Tempo einer Viererseilschaft an und für sich viel geringer. Und vier Mann können einander immer helfen, wenn einer schwach wird. Erich und Leo brauchen nicht bei den anderen zu bleiben.

Sie gehen weiter. Die Spinne sendet keine vernichtenden Lawinen, aber die Ausstiegsrisse sind nicht nur eisig: Es kommen zahllose Wasserfälle, Steine, Schneerutsche. Erich und Leo sind so durchnäßt, daß ihnen der Gedanke an ein Biwak grauenhaft erscheint. Wohl ist noch im Rucksack ein trockener Pullover. Aber immer, wenn einer warten muß, während der andere sich an den Ausstiegsrissen weiter emporarbeitet, schüttelt es ihn vor Kälte. Nein, sie suchen keinen Biwakplatz. Sie wollen klettern, solange noch eine Spur Tageslicht ist. Die Stunden eilen. Aber Erich und Leo nehmen den Wettlauf mit der Nacht auf. Jeder ist froh, wenn an ihn die Reihe des Führens kommt. Beim Klettern wird einem warm. Sie sind nicht erschöpft, ihr Angriffswille ist nicht gebrochen. Nur die Rast, das Stillstehen bringt die lähmende Kälte.

Es ist noch Tag, als sie das Gipfeleisfeld erreichen. Die Uhr zeigt zwanzig Uhr fünfzehn. Ohne Stufenschlagen eilen sie den Hang empor. Und um zwanzig Uhr fünfundvierzig drücken sie einander, zähneklappernd und vor Kälte zusammengekrümmt, aber glücklich die Hände.

Das letzte Licht des Tages erlischt. Das Wetter ist nicht so, daß sie den Abstieg bei Nacht über die unbekannte Westflanke wagen dürften. Sie sind nicht in achtzehn Stunden an einem einzigen Tag durch die Eigerwand gestiegen, um in der Nacht auf dem Normalweg zu verunglücken. Knapp unterhalb des Gipfels schlagen sie an einem windgeschützten Platz eine große Stufe aus dem Eis. Es wird ein bequemer Sitzplatz. Als sie den Zeltsack überziehen, der Kocher zu schnurren beginnt, der Kaffee köstlich duftet und neue Lebensgeister weckt, ist auch die Kälte nicht mehr so fühlbar. Im ersten Morgenlicht steigen sie ab.

An diesem Morgen des 27. Juli begrüßen die vier Schweizer von ihrem dürftigen Biwakplatz oberhalb der Spinne freudig den neuen Tag. Die Nacht war leidlich überstanden, alle waren wohlauf. Und das Wetter schien schön zu werden.

Nein, es wurde nicht schön. Um acht Uhr früh, gerade als Waschak und Forstenlechner das Eigergletscherhotel erreichten, wandte sich das Wetter endgültig zum Schlechten. Der Schneesturm brauste über die Grate, peitschte die Flocken an die Felsen, in die Ausstiegsrisse, ließ die Wasserfälle zu Eis erstarren. Alle waren schon durch die Tage und Nächte vorher abgekämpft, durchnäßt, durchfroren. Eine Katastrophe schien sich abzuzeichnen. Unten im Tal, auf Scheidegg und in Alpiglen wuchs die Sorge. Müssen Retter aufsteigen? In diese Wand?

Aber unter den vieren war einer, der in entscheidenden Stunden zum ganz großen Bergsteiger wurde: Raymond Monney. Er führte die Seilschaft durch die Ausstiegsrisse, er sicherte alle nach. Auch er war jung, erst vierundzwanzig. Aber die drei Jahre, um die er älter war als die anderen, schienen ihm jenes Beharrungsvermögen, jene Zähigkeit gegeben zu haben, die der ganz Junge noch nicht besitzt. Zwölf Stunden lang kämpfte Monney im Schneesturm mit den vereisten Ausstiegsrissen. Oft waren sie nicht frei zu bezwingen. Monney schlug Haken um Haken, hängte dort Steigschlingen, wo der glasig überzogene Fels dem Fuß den Halt verwehrte. Spätere Seilschaften werden sich wundern, daß in den Ausstiegsrissen so viele Haken stecken. Man soll nicht darüber lächeln und sich nicht überlegen dünken. Raymond schlug sie, als er Jean, Marcel und Robert die Leiter zum Leben zimmerte.

Um zwanzig Uhr stieg die Schweizer Seilschaft auf den Gipfel. Noch immer brauste der Sturm, jagten die Flocken, hing der Nebel am Berg, verwehrte die Sicht. Ein viertes Biwak war notwendig. Auch dieses überstanden die vier tapferen Burschen. Bei Morgengrauen stiegen sie ab, erreichten um acht Uhr früh die Kleine Scheidegg.

Die beiden Unternehmen der vierten und fünften Begehung der Eigerwand wurden mancher Kritik unterzogen. Waschak und Forstenlechner wurde Leichtsinn vorgeworfen, und man begründete dieses Urteil eigentlich mit nichts anderem, als daß man die Eigerwand doch nicht einfach in einem Tag durchlaufen könne. Den vier jungen Schweizern warf man Unreife vor, der bekannte Publizist Max Öchslin sprach in seinem Artikel in den ›Alpen‹, Nummer 10 des Jahres 1950, sogar von einem ›Dummenjungenstreich‹. Meiner Ansicht nach sind beide Urteile ungerecht und hart. Die beiden Österreicher waren einfach in überragender Form und außerordentlich kräftige Leute. Sie begingen keinen Fehler, weder in der Ausrüstung noch in der Beurteilung der Wandverhältnisse, was ihnen, den Spitzenkönnern im Fels, eben das ›Durchlaufen‹ gestattete. Und die Schweizer Partie? Gewiß, alle waren sehr jung. So jung sogar, daß ihr Wirklichkeitssinn mit fast jungenhaft romantischen Vorstellungen vermengt war. So suchten sie eine fast mystische Erklärung für die ihnen unfaßbare Schnelligkeit und Leistungsfähigkeit Waschaks und Forstenlechners: Waschak sei von Heckmair persönlich trainiert worden, und er habe sogar das Eisbeil des Erstbesteigers mit sich geführt. Wer denkt da nicht an eine Heldensage, in der auf den Jungen die Kraft des Helden übergeht, wenn er dessen Schwert führen darf! Doch Erich Waschak kannte Anderl Heckmair gar nicht einmal persönlich, er wurde auch nicht von ihm trainiert, sondern war der Tourenkamerad Fritz Kaspareks. Und dieser hat Erich das Beil nicht als ›heiliges Vermächtnis heldischer Vergangenheit‹ feierlich überreicht, sondern wahrscheinlich in seiner großzügigen, trockenen Art nur gesagt: »Da, nimm's mit, das wirst du gut brauchen können.« Denn Erich hatte kein Geld, sich ein eigenes Beil zu kaufen.

Wenn also die vier, Fuchs, Monney, Hamel und Seiler, auch reichlich jung waren und noch manche jungenhaften Züge trugen, so schlugen sie sich doch in der großen Wand bei Schlechtwetter als echte Männer. Und es war auch männliche Vernunft, die sie am ersten Tag nicht über die Steinschlagzone leichtsinnig vorstoßen, sondern frühzeitig biwakieren ließ, was die große Verzögerung mit sich brachte. Und von der Tat Raymond Monneys in den vereisten Ausstiegsrissen, die ihn zum Verantwortlichen für alle machte, muß in der Geschichte der Eigerwand mit großen Lettern geschrieben werden.

Abschließend zum Thema der Entwicklung eines europäischen Alpinismus mag vielleicht die – zugegebenermaßen ein wenig müßige – Frage auftauchen:
Welche Nation hat die besten Bergsteiger?
Unter den Deutschen und Österreichern bildete sich in diesen Jahren eine neue, junge Elite, aus der später Hermann Buhl als einmalige Erscheinung herausragen sollte. Die Italiener hatten viele hervorragende Fels- und Eisgeher und sollten 1954 durch die Erstbesteigung des K 2 den größten Erfolg ihrer bergsteigerischen Geschichte erringen. Die Franzosen werden nach der Annapurna noch den Makalu, den fünfthöchsten Berg der Erde, sogar mit zwei Seilschaften erreichen und den sturmumbrausten Fitz Roy in Patagonien ersteigen. Selbst in die geheiligte Tradition der Engländer brach der neue Geist des kontinentalen Alpinismus ein: Sie bezwangen nicht nur den höchsten und dritthöchsten Berg der Erde, den Everest und den Kangchendzönga, sie erstürmten auch den berüchtigten Mustagh-Turm im Karakorum, eine der abenteuerlichsten Berggestalten der Erde. Und die Schweizer? Man hatte ihnen seinerzeit allzu großes Beharrungsvermögen vorgeworfen, die Ablehnung jedes erneuernden Geistes. Aber ihre Himalajaexpeditionen nach dem Kriege zählen zu dem Kühnsten, was die Geschichte des Himalajabergsteigens kennt. Und in den Alpen verdammten sie die schwersten Anstiege nicht mehr, sondern gingen sie selbst . . .
Welche Nation ist die beste im Bergsteigen?
Jede Wertung ist unsinnig.

Neuschneelawinen ergießen sich aus der »Weißen Spinne«. *Vorhergehende Seite:* Die Fra
zosen 1952 im oberen Teil der Spinne

Ich möchte an dieser Stelle eines Mannes gedenken, der das schöne Wort von der ›Seilschaft Europa‹ prägte, des in der Schweiz lebenden italienischen Bergsteigers und Journalisten Guido Tonella. Er sagte es im Jahre 1946, er rief es hinaus in einer Zeit, da niemand an Versöhnung dachte, da die Welt noch zitterte vor Haß und Erbitterung gegen den Krieg und seine Urheber:
›Bergsteigen steht über den Tagesfragen! Bergsteigen steht über den Nationen. Bergsteiger sind Brüder. Sie alle bilden eine Seilschaft!‹

Das große Eigerjahr 1952

Der Sommer 1952 beginnt mit einem stillen Auftakt. Am 22. Juli steigen die beiden Franzosen Pierre Julien und Maurice Coutin in die Eigerwand, biwakieren ziemlich hoch und erreichen am folgenden Tag den Gipfel. Die gute Zeit und der gute Stil der beiden beweisen ihre Fähigkeit. Die Menschen unten an den Fernrohren erleben keine Sensation. Man beginnt sich an die Wandbesteigungen zu gewöhnen. Der Bann des Unheimlichen scheint gebrochen. Der 26. Juli bringt Leben unter die Gäste der Kleinen Scheidegg. Nicht die Wand ist die Ursache, sondern die Menschen, die zu der Wand kommen. Ihre Namen ... Hermann Buhl ist da. Mit ihm sein Tourenkamerad Sepp Jöchler. Frau Eugenie Buhl und Jöchlers Bruder Hans sind als Begleiter und Betreuer der Eigerbewerber mitgekommen. An diesem 26. Juli kommen aber aus dem Lauterbrunnental auch fünf Franzosen, die zu den berühmtesten Alpinisten Frankreichs gehören. Und der Name ihres Anführers ist zu dieser Zeit international noch bekannter als der Buhls: Gaston Rébuffat, der Kämpfer um die Annapurna, der Mann, der den Walkerpfeiler auf die Grandes Jorasses zweimal durchstiegen hat, einer der hervorragendsten Vertreter der jungen Alpinisten und der Bergführerschaft von Chamonix. Mit ihm kommt Guido Magnone, der Erstbesteiger der Westwand der Drus, damals die schwerste Felskletterei der Alpen. Auch ihre Gefährten Jean Bruneau, Paul Habran und Pierre Leroux sind kaum weniger gut als ihre weltberühmten Kameraden. Alle sind aufeinander eingespielt und gute Freunde.

Aber nicht nur die Berühmtheiten sind da. Aus einem Heustadel bei Alpiglen steigen zwei junge Brüder aus dem Allgäu, Otto und Sepp Maag. Sie wollen an diesem 26. Juli hinaufsteigen zum Biwakloch auf dem Vorbau, um Ausrüstungsgegenstände zu hinterlegen. Man hört von ihnen nichts, beachtet sie auch nicht.
Man nimmt auch keine Notiz davon, daß um drei Uhr früh zwei dem Wiener Bergsteigerkreis angehörige, in Nieder- und Oberösterreich beheimatete Kletterer die Wand zu ersteigen begonnen haben: Sepp Larch, ein Bäckergeselle aus Weyer, und Karl Winter, ein Schlosser aus Scheibbs. Wer kennt sie schon? Man weiß außerdem gar nicht, daß sie bereits in der Wand sind. Die Fernrohre sind nicht auf sie gerichtet.
Larch und Winter treffen in der Wand normale Verhältnisse an, nicht sehr gute, nicht ganz schlechte. Das Eis ist stark zusammengeschrumpft und hart. Man muß oft den Pickel gebrauchen. Bei der Querung über das Dritte Eisfeld wird eine Stufenleiter geschlagen. Die beiden biwakieren hoch in der Wand und erreichen am nächsten Tag, am 27. Juli, den Gipfel. Beim Abstieg treffen sie einen jungen Mann und eine sehr junge, hübsche Frau, die in den Bergen gut Bescheid weiß: Hans Jöchler und Eugenie Buhl. Larch und Winter sind erstaunt über die Frage, ob sie Hermann gesehen hätten und Sepp Jöchler, den Bruder des jungen Mannes.
Nein, sie haben Hermann Buhl nicht gesehen. War der auch in der Wand?
Ja, er und Jöchler und noch sieben andere.
Das wird eine langsame Partie werden. Neun Menschen in der riesigen Wand zur gleichen Zeit! Schade, Larch und Winter hätten Hermann Buhl gern kennengelernt und dem erfolgreichsten Bergsteiger Österreichs den Gruß entboten. Sie verabschieden sich mit der Gewißheit, daß selbst einem solchen Massenaufgebot in der Eigerwand nichts zustoßen kann, wenn ein Hermann Buhl dabei ist. Sepp Larch, der ein Jahr darauf mit Forstenlechner und Willenpart die Matterhorn-Nordwand besteigen und 1955 mit Ingenieur Moravec und Willenpart den Gipfel des 8035 Meter hohen Gasherbrum II im Karakorum betreten wird, hat aber mit seinem Ge-

fährten Karl Winter doch einen Gruß für Hermann Buhl hinterlassen: die Stufen im Dritten Eisfeld. Vielleicht haben sie mit dazu beigetragen, daß von den neun Bergsteigern am selben Tag, dem 27. Juli 1952, keiner vom mörderischen Steinschlag getötet wurde.

Es kann nichts passieren, wenn Hermann Buhl dabei ist ... Das ist leicht und einfach gesagt. In der Eigerwand kann jedem etwas passieren. Auch den Besten kann ein Stein treffen. Und Hermann weiß dies ebenso wie sein Gefährte Sepp Jöchler. Es ist bezeichnend für den bedeutenden Alpinisten Hermann Buhl, daß er nie leichtfertig sich selbst überschätzt oder den Berg unterschätzt. Und wenn auch manche meinen, Hermann Buhl müsse mit seinem erprobten Gefährten die Mauer des Eiger in einem Tag durchsteigen, so weiß Hermann, daß er genauso den Gesetzen der Hochgebirgsnatur und den unberechenbaren Spielregeln der Eigerwand ausgesetzt ist wie jeder andere.

Er will nichts versäumen, was der Sicherheit dient.

Am 26. Juli, nachmittags, steigen Hermann und Sepp in den unteren Wandteil, um, der alten Eigergewohnheit entsprechend, Ausrüstungsgegenstände so hoch wie möglich hinaufzutragen. Sie haben noch nicht alles bei sich, was sie für den eigentlichen Angriff mitnehmen wollen. Die warme Unterwäsche fehlt, auch einiges an Proviant und manches andere. Hermann und Sepp wollen also noch bis zum Abend hinunterklettern und die Nacht im bequemen Zelt auf der Wiese verbringen.

Sepp und Hermann klettern seilfrei, jeder sucht seinen eigenen Weg. Da sehen sie – abseits von der eigenen Route – zwei Burschen absteigen. Es sind die zwei Allgäuer Brüder Otto und Sepp Maag, die gleichfalls Ausrüstung zur Biwakhöhle getragen haben und am 27. Juli in die Wand steigen wollen. Man grüßt, klettert aber nicht zueinander hin. Morgen wird man sich ohnedies in der Wand treffen. Buhl ist nicht sehr erfreut. Er wäre lieber allein in der Wand. Es ist jetzt völlig gleichgültig, ob man die achte oder neunte Begehung der Wand macht, aber die Steinschlaggefahr wird immer größer, je mehr Menschen in der Wand sind.

Buhl und Jöchler klettern weiter. Sie kommen über den Zerschrundenen Pfeiler zur Biwakhöhle. Der Platz gefällt den beiden nicht. Fast ohne Unterbrechung zersplittern Steine auf dem Band. Und es ist bezeichnend für die fast nachtwandlerische Sicherheit, mit der Buhl Felsengelände beurteilen kann, daß er etwa fünfzig Meter höher, schräg links, eine geradezu ideale Biwakstelle findet, ein durch Überhänge gegen Steinschlag geschütztes Band, auf dem man sitzen, ja fast liegen, wo man es sich bei schnurrendem Kocher wohl sein lassen kann. Da drüben – ein grandioser Anblick – steht die Feuermauer der Roten Fluh, eine Wand in der Wand. Einstweilen wollen Hermann und Sepp die schöne geschützte Stelle nur als Depot für die Ausrüstung gebrauchen. Sie wollen ja absteigen. Vom oberen Rand der Roten Fluh – er ist dreihundert Meter über ihnen – lösen sich winzige Punkte, schwirren über den Himmel wie Vögel. Es sind aber keine Vögel, es sind Steine.

Es wird nichts mit dem Abstieg. Felsbrocken, die den ganzen Vorbau bestreichen, kommen herunter. Der Aufschlag macht einen Höllenlärm. Sepp und Hermann sehen zu, wie die Geschosse zu weißem Staub zerspritzen, wenn sie auf das Band mit der Biwakhöhle und die Felsen des Vorbaues treffen. Sie können erst absteigen, wenn der Steinschlag aufhört.

Der Steinschlag hört nicht auf, solange es warm ist. Die beiden sind gezwungen, auf dem schönen Platz des Depots zu biwakieren. Durch die Dämmerung klingen ganz schwach Rufe herauf. Sehnsüchtige, fragende Rufe: die Frau, der Bruder ...

Hermann und Sepp verbringen die Nacht recht bequem, aber sie können kaum schlafen. Was wird morgen sein? Sollen sie absteigen, den Aufstieg auf übermorgen verlegen? Ein vergeudeter Schönwettertag kann in der Eigerwand nie mehr aufgeholt werden.

Um zwei Uhr sehen die beiden zwei Lichtpünktchen zum Fuß der Wand gleiten. Das sind die Allgäuer, die zum Einstieg gehen. Auch Hermann und Sepp beschließen, weiter emporzusteigen und nicht einen Tag zu verschenken. Als es licht wird, klettern sie ein Stück ab, queren hinüber zum Schwierigen Riß. Dort treffen sie auf die Brüder Maag. Aber sie seilen sich noch nicht zusammen.

Den Hinterstoisser-Quergang überwindet Hermann mit solchem Geschick, mit solch tänzerischer Leichtigkeit, daß Sepp Jöchler, der doch den Freund schon oft klettern gesehen hat, hell begeistert ist. Das ist nicht Klettern im üblichen Sinn, das ist auch nicht Artistik, das ist angeborene Künstlerschaft, die man selbst durch härtestes Training nicht erlernen kann.

Buhl und Jöchler lassen das Quergangseil für die Brüder Maag hängen. Diese ziehen es ab, nachdem sie die Stelle hinter sich gebracht haben. Denkt niemand daran, den Rückzug zu sichern? Wer denkt an Rückzug, wenn Buhl dabei ist, dem das junge Brüderpaar fast ehrfürchtige Scheu entgegenbringt.

Nach den drei schwierigen Seillängen betreten die vier die Platten, auf die einst das Erste Eisfeld herunterreichte. Ein scheußliches Gelände: glattgescheuerter Fels mit ein bis zwei Meter hohen Buckeln darin, ohne Griff, ohne Ritzen für Haken. Abwechselnd klettern Hermann und Sepp über das heimtückische, brüchige, haltlose Gelände. Nur mit Reibungstechnik kann man sich höherarbeiten, die Griff- und Trittkletterei hat aufgehört. Langsam gewinnen die beiden an Höhe, die Maags folgen.

Hermann und Sepp wissen nicht, daß die beiden Allgäuer sehr ungenügend und für ein kaltes Biwak fast überhaupt nicht ausgerüstet sind. Einstweilen können sie nur feststellen, daß Otto und der ›zweite Sepp‹ gut nachrücken und tüchtige Kletterer sind. Jöchler und Buhl steigen nicht nach rechts gegen den Eisschlauch zu, sondern mehr links empor zur Felsstufe, die das Erste vom Zweiten Eisfeld trennt. Diese Stufe schaut bös aus. Eis glitzert herab. Der Fels ist so glatt, daß Jöchler, der an dieser Stelle führt, alle Grundregeln des Schulkletterns vergessen muß. Er nimmt die Knie zu Hilfe, um Reibung zu finden. Es ist ein Gang an der Sturzgrenze. Aber er darf nicht stürzen. Mit seinem Fall würde er acht Menschen aus der Wand reißen.

Acht?

Ja, acht. Sepp hat im ersten Morgengrauen, als er gerade unter dem Schwierigen Riß stand, fünf Menschen über den Ersten Pfeiler emporklettern sehen. Diese fünf sind nun da, haben Anschluß gefunden. Jöchler hört, wie Hermann mit dem ersten der Nachkommenden einen freundlichen Gruß wechselt. Die beiden kannten sich noch nicht, wußten jedoch viel voneinander: Gaston Rébuffat, der im Augenblick berühmteste Bergsteiger der Franzosen, und Hermann Buhl, der berühmteste der deutschsprachigen Länder, sind einander in der größten Wand der Alpen zum ersten Male begegnet. Zwischen den Österreichern und der Mannschaft der Franzosen klettert die deutsche Seilschaft, neun Bergsteiger, die später eine Seilschaft bilden werden. Eine europäische Seilschaft. Wird sie sich bewähren?

Bergsteiger sind eigenwillig und hartnäckig. Jeder ist eine scharfumrissene, kantige Persönlichkeit. Jeder hat seinen persönlichen und nationalen Ehrgeiz – denn jeder ist nur ein Mensch. Und vielleicht wird man später in den verschiedenen Berichten kleine Abweichungen finden, da auch das Erlebnis des Berges bei jedem Menschen verschieden ist. Auch Erinnerung und Darstellung werden von menschlichen Eigenheiten beeinflußt. Alle neun sind von der großen Wand beeindruckt. Der Steinschlag ist an diesem 27. Juli ganz ungewöhnlich stark. Aber Gefahr und Eindruck sind noch nicht so groß, daß sie den Konkurrenzgedanken ganz ausschalten würden. Rébuffat und Buhl, Buhl und Rébuffat – in beider Adern fließt nicht Wasser. Der Ehrgeiz ist wohl in beiden gleich stark, wenn er auch in späteren Berichten ungleichen Ausdruck finden wird. Zwischen dem flammenden Temperament des Tirolers, der nichts tarnen kann, was ihn bewegt, und der selbstsicheren Gelassenheit des Franzosen, der auch verletzten Stolz mit Charme und Angriff mit freundlichem Staunen zu umkleiden weiß, besteht ein zu großer Unterschied, um eine harmonische Vereinigung zu gestatten. Kann sich unter solchen Voraussetzungen die europäische Seilschaft bewähren, die das Schicksal in der Eiger-Nordwand zusammengeführt hat?

Noch ist es nicht soweit. Rébuffat denkt nicht daran, ein Seil der Vorankletternden an der Steilstufe zwischen Erstem und Zweitem Eisfeld zu verwenden. Die Brüder Maag aber nehmen gern die Hilfe der ersten an dieser bösen Stelle in Anspruch.

Jöchler beschreibt den weiteren Anstieg eindrucksvoll:
›Hermann steigt an mir vorbei und meistert das steile Eis. Von meinem Standplatz bietet sich ein überwältigender Blick in die Tiefe: unter mir sieben Gestalten auf abschüssigem Fels und tausend Meter tiefer das wasser- und rinnendurchfurchte Kar. Und blickt das Auge in die Höhe, so sieht es nur düstere, senkrechte Wandfluchten, die über dem Eis in die Höhe ragen. Der Steinschlag, der jetzt wesentlich stärker einsetzt, wird uns langsam zur Gewohnheit ... Um sich einen Begriff davon zu machen, braucht man nur das aufgewühlte Eis zu betrachten. Es pfeift und schwirrt eigentlich ohne Unterbrechung. Wenn ich besser hinhorche, wird mir bestätigt, daß auch andere getroffen werden, nicht nur ich, denn bald schreit der eine auf, bald der andere ...

Das Zweite Eisfeld steigen wir gerade hinauf, bis an die Felsen, und queren dann nach links. Es scheint ein kurzes Stück, aber wir täuschen uns gewaltig. Zehn Seillängen werden es, und die sind gefährlich.

Betrachtet man das Größenverhältnis Mensch zu Wand, so geht der Mensch in diesem Ausmaß unter. Ich hätte auch nie geglaubt, daß diese Erkenntnis auf der menschlichen Seele lasten kann wie ein Alpdruck. Man kommt sich verlassen und verloren vor. Das Auge findet nichts Schönes mehr. Es gibt auch keine toten Winkel in der ganzen Wand; überall die herabschwirrenden Steine.

Was ist, wenn jemandem etwas passiert? Soll man elfhundert Meter hinunter oder siebenhundert Meter hinauf? Der Ernst der Lage prägt langsam unsere Gemüter. Die Natur hat uns in der Hand. Die Schwierigkeiten sind uns kein Hindernis, es ist nur die Unsicherheit, die an den Nerven nagt.

Endlich hat das Zweite Eisfeld ein Ende genommen. Was uns aber jetzt erwartet, ist noch unangenehmer als das Eis: der abgeschliffene Fels bis zum Dritten Eisfeld. Der erste hat nicht Zeit, auf die Gefahren von oben zu achten. Man sagt zum Gefährten: ‚Du, gib acht! Wenn größere Steine kommen, dann schrei gleich!' Vor den kleinen hat man keine Angst mehr, aber die großen können einen doch aus der Wand hauen.

So erreichen wir das Todesbiwak Sedlmayers und Mehringers. Dort beginnt das Dritte Eisfeld. Von Hermann gesichert, der einen überdachten Standplatz hat, steige ich hinaus in die ungeheuer steile Eisflanke. Etwa dreihundert Meter über dieser befindet sich die Spinne, deren Trichter alles lose Gestein der Gipfelwand im freien Fall auf das Dritte Eisfeld schleudert. Zweimal muß ich wieder zurück, da gerade unter furchtbarem Krachen eine Steinsalve niederprasselt, aber schließlich muß dieses Stück einmal überwunden werden. Mit neuem Mut taste ich nun blitzschnell in die Flanke. Kaum in der Mitte, geht's schon wieder los. Vier bis fünf Sekunden vorher kann man schon das Rauschen vernehmen, dann schlägt es unbarmherzig um mich ein. Es scheint eine Ewigkeit, bis sich alles beruhigt. Schnell wieder einige Schritte, ehe das Spiel von vorn beginnt. Die letzten zehn Meter bis zu einem Loch zwischen Fels und Eis sind nur noch ein Entrinnen vor dem Untergang ...[1]‹
So sind die Verhältnisse, die Buhl, Jöchler und die Maags im Dritten Eisfeld antreffen. Die Franzosen rücken später nach und lassen sich vor der Querung in das Eis auf dem steinschlaggeschützten Platz zu längerer Rast nieder.
Bei der Beschreibung des Querganges über das Dritte Eisfeld wäre es richtig, des kleinen Grußes kurz zu gedenken, den Larch und Winter ihren Nachfolgern zurückgelassen haben: der ins Eis geschlagenen Stufen. Keiner der späteren Autoren, weder Buhl noch Jöchler, noch Rébuffat sprechen davon. Diese Feststellung ist nicht als Rüge für eine unwesentliche Gedächtnislücke gemeint. Aber wer weiß, wie die Flucht Jöchlers vor dem vernichtenden Steinschlag ausgegangen wäre, hätten die Stufen nicht die Querung beschleunigt.
Die erste Seilschaft erreicht die Rampe. Hier hofft man, vor dem Steinschlag sicher zu sein. Doch auch hier kommen die Geschosse, nur ist ihre Wucht durch den mehrmaligen vorherigen Aufprall gemildert. Buhl und Jöchler klettern schnell und oft gleichzeitig über die ersten Seillängen der Rampe. Sie kommen zum Kamin,

[1] Persönlicher Bericht Sepp Jöchlers an den Verfasser

der sich rißähnlich verengt. Aber nicht die Schwierigkeit der Felsformation schreckt Buhl ab: Der Riß ist mit Eis gefüllt, die Wände sind verglast. Es scheint unmöglich, durchzukommen. Da versucht Hermann eine gewagte Umgehung in der rechten Begrenzungswand. Das Gelände ist so schwer, daß selbst dieser einmalige Kletterer daran scheitert – grifflos, brüchig, glatt. Nur wenig gehen die Haken in vereinzelte Spalten. Sechster Grad ist dieser Umgehungsquergang. Nur zwei Meter trennen Hermann von dem Stand oberhalb des vereisten Risses. Er kann sie nicht überwinden. Jöchler kommt nach. Sie versuchen es mit menschlichem Steigbaum, obwohl auch Jöchler keinen wirklichen Stand hat. Buhl steigt ihm von den Schultern auf den Kopf, ein äußerstes Wagnis. Vergeblich. So vergehen drei Stunden.

In diesen drei Stunden kommt die Sonne in die Wand, schmilzt das Eis im Riß, durch den jetzt ein Wasserfall schießt. Die anderen sind nachgerückt, kommen zum Riß. Da seilen sich Buhl und Jöchler ab. Das Seil hängt aber nicht über der Rampe, sondern frei über die Tiefe. Jöchler erzählt in seinem Bericht, daß die Franzosen das Seil zur Rampe gezogen haben. Rébuffat schreibt nichts davon. Es dürfte auch nicht Rébuffat, sondern vielleicht Bruneau oder ein anderer der weiter hinten stehenden Franzosen gewesen sein. Rébuffat berichtet in seinem Buch:

›Am Fuß der Verengung schließen wir an die Deutschen auf. Gerade in diesem Augenblick leuchten ein paar Sonnenstrahlen über dem Eigergrat auf, erwärmen die Wand und lassen die Eisglasur schmelzen. Aber das macht die Sache nicht besser. Durch den ‚Flaschenhals' fließt jetzt ein kleiner Wasserfall, der einem dreißig Meter höher gelegenen Eisfeld entspringt.

Unsere Kameraden kommen nach, und wir bilden nun eine vergnügte Gesellschaft, trotz allem. Eine Zweierseilschaft könnte so etwas tragisch nehmen, aber fünf Franzosen – trotz der düsteren Wand, des ständigen Wartens und der Aussicht auf das übliche Schlechtwetter – können unmöglich hochdramatisch werden. Bruneau ist es, der für gute Laune sorgt.

Jöchler ist bei Buhl, der sich auf einen akrobatischen Quergang

einläßt. Ich bin sicher, daß man dort nicht durchkommt und daß der einzige Weg durch den Wasserfall ist. Die Deutschen zögern, aber als ich vorgehe, um in diesem Wasserfall hinaufzuklettern, entscheiden sie sich.
Sepp Maag greift an und bewältigt mit Mühe das Hindernis.‹
Mit Anmut entschuldigt Rébuffat die Tatsache, daß er durch den Wasserfallriß das Seil der beiden Allgäuer angenommen hat:
›Gerade in dem Augenblick, da sein junger Bruder Otto an der Reihe ist, dreht dieser sich zu mir, und ohne ein Wort – er kann nicht Französisch und ich nicht Deutsch – reicht er mir mit einem Lächeln das Ende seines Seils. Ich verstehe ihn nicht. Da deutet er mir durch Zeichen, ich solle mich anseilen. Ich bin erstaunt und ein wenig entwaffnet. Einen Augenblick zögere ich noch, dann nehme ich das Seil und binde es an meinen Gürtel. Offensichtlich glücklich, daß ich seine Geste nicht zurückgewiesen habe, geht Otto los.
Nun bin ich dran. Die Stelle ist nicht äußerst schwierig, aber wenn man es geschafft hat, ist man auch völlig durchweicht[1].‹
Jöchler, der hinter Buhl, nach der Seilschaft Rébuffat-Habran, durch den Wasserriß klettert, beschreibt diese Stelle in seiner packenden Art:
›Im Grund des Kamins ist noch alles voll Eis, daher findet man selten einen Griff. Man kommt sich dabei vor wie eine blinde Henne, die ein Korn findet. Die Augen kann man kaum öffnen, und will man einmal nach Luft schnappen, ist der Mund voller Sand und Steine. Man ist natürlich sofort bis auf die Haut naß. Das ärgste ist wohl eine enge Stelle. Unter irrsinnigen Anstrengungen muß sich jeder durchzwängen, das verursacht eine Stauung des Wassers, das einen enormen Druck erzeugt. Vierzig Meter durch einen Wasserfall ... ist das noch Klettern?
Man vergißt die fast übermenschlichen Anstrengungen, denn die ansetzende, vom Wasser überflutete Verschneidung macht uns das Leben auch sauer. Mit dem Wasser kommen die Steine. Nach etwa

[1] Gaston Rébuffat, ›Sterne und Stürme‹, Nymphenburger Verlagshandlung, München 1955

drei Stunden erst sind wir aus dem Wasser heraus. Wie getaufte Mäuse hängen wir an den Haken und stellen schlotternd fest, daß die Eiger-Nordwand alles in sich hat. An unserem Stand stehen wir noch lange, bis alle Kameraden aus der Verschneidung heraus sind, denn das Gelände ist derartig brüchig, daß etwa losbrechende Steine den anderen gefährlich werden könnten. Kaum ist der letzte Franzose über den Eisüberhang, der die Verschneidung abschließt, laufen wir zwei wie verrückt davon. Uns ist ja vom Warten so jämmerlich kalt ...‹

Rébuffat, der Bergsteiger und zugleich Dichter ist, wird die Schwierigkeit der Stelle in seiner Beschreibung nicht naturalistisch schildern, sondern ›unterspielen‹, um den Stimmungsgehalt zu erhöhen:

›Paul folgt rasch nach. Dann kommen Buhl und Jöchler, die ihren Versuch auf der rechten Seite aufgegeben haben. Sie haben das Seil der beiden jungen Deutschen, die über diese kleine Äußerung des Hochmuts etwas enttäuscht sind, nicht benutzt. Während ich dem älteren Bruder einen trockenen Pullover gebe – zu meinem Erstaunen hat er nur ein Hemd und einen Skianorak –, gehen Buhl und Jöchler plötzlich schnell wie der Wind vorbei und stürzen sich auf die folgende Passage, um wieder an die Spitze zu gelangen.

Dreißig Meter oberhalb unseres Standortes endet die Rampe. Wir steigen auf ein steiles Eisfeld in einem Kessel aus. Es ist spät. Jede Mannschaft sucht nun einen Platz zum Biwak. Die Österreicher und die Deutschen, die zu hoch gestiegen sind, kommen wieder herunter. Wir richten einen schwach ausgeprägten Absatz her. Um ihn etwas einzuebnen, arbeitet Magnone wild mit dem Pickel. Leroux, der immer gute Einfälle hat, baut aus lockeren Steinen ein Mäuerchen. Ich treibe Haken ein, um die Mannschaft zu sichern, Habran redet, und wenn es einmal möglich ist, wirft Bruneau ein Wort dazwischen. Dann lacht alles.

Zwanzig Meter über uns hocken die Österreicher und die Deutschen, jeder in seinem Winkel, schweigsam und ein bißchen trübselig.

Die Nacht fällt ein. Die Hirtenmelodien des Alphorns sind verstummt. Der himmlische Laternenanzünder macht seinen Rundgang unter den Sternen. Leroux bereitet in einem Kochgeschirr heißes Getränk, während Wurst, Speck, Konfitüre und Gebäck von Hand zu Hand gehen. Habran zitiert wieder einmal seinen Lieblingsautor: ‚Sie erfreuten sich einer recht üppigen Unsicherheit.' So ist es auch. Die Freundschaft wärmt uns. Und die Zigaretten, unter freiem Himmel geraucht, während wir in unseren Fauteuils von Stein etwas unsicher sitzen, haben einen unvergleichlichen Duft.‹

Ist die Beurteilung Rébuffats, daß die beiden deutschen und österreichischen Seilschaften ›trübselig in ihren Winkeln hocken‹, während die Franzosen sich in ihrem Biwak des Lebens und ihrer Freundschaft freuen, aus Selbstgefälligkeit geboren, um die eigene Überlegenheit zu dokumentieren? Noch sind sie einander fremde Partien, die sich nur zweckgebunden manchmal zusammenhängen, noch ist das Konkurrenzgefühl da, das nur von der selbstverständlichen, aus Vernunft und bergsteigerischer Erfahrung geborenen gegenseitigen Rücksichtnahme gesteuert wird. Noch ist die ›europäische Seilschaft‹ als Bruderschaft des Geistes nicht geboren. Noch klagt jeder, daß er des anderen wegen warten muß. Aber die Bemerkung, daß die Deutschen und Österreicher in ihren Biwaks nicht froh sind, entsprang weder einer Überheblichkeit noch einer versteckten kleinen Bosheit. Sie entsprach den Tatsachen.

Die Franzosen machten gegenüber den Seilschaften Buhl und Maag die Wand mit ›Vorgabe‹. Mit der Vorgabe der vollendeten, besten Ausrüstung. Das spricht nicht gegen, sondern für sie. Hermann Buhl und Sepp Jöchler könnte man den Vorwurf machen, daß sie, ohne lange Unterhosen und Reservepullover bei sich zu haben, in der Wand weitergeklettert sind, statt nach dem ersten Biwak abzusteigen, die Sachen zu holen und einen Tag zu opfern. Aber dann hätten sie die Wand aufgeben müssen, denn das Wetter wurde schlecht. Außerdem wußten sie, welche Strapazen sie aushalten konnten. Und Daunenwesten und Schlafsäcke, wie sie die Franzosen besaßen, die ja auf ihren Expeditionen zur Annapurna und in die sturmumbrausten Berge Patagoniens Erfahrungen mit der besten Ausrüstung sammeln und diese auch erwerben konnten, kannten Buhl und Jöchler nur vom Sehen und Hörensagen. Denn beide waren arm. Arnold Lunn, der Chronist und loyale Kritiker des alpinen Geschehens, schreibt in seinem Buch über Hermann Buhl: ›Nachdem er sich in den Heimatbergen bewährt hatte, graduierte er an den fürchterlichen Nordwänden der Jorasses und des Eiger. Geld blieb für ihn noch immer ein Problem; er verließ Innsbruck mit nur fünf Schweizer Franken in der Tasche [1].‹ Nachdem Lunn sich mit den unwahrscheinlichen Leistungen und Abenteuern Buhls in den Bergen, darunter dem nächtlichen Alleingang durch die Watzmann-Ostwand im Winter, auseinandergesetzt hat, bekennt er sich zu ihm mit den Worten: ›Man kann ein so verzweifeltes Wagen, das im Gegensatz zu aller gesunden Bergsteigertradition steht, verdammen, aber man kann nicht die Bewunderung für Buhls Mut, Zähigkeit und phantastisches Können unterdrücken.‹

Wie schaut nun das Biwak Jöchlers und Buhls oberhalb der Rampe aus? Jöchler erzählt: ›Wir suchen einen Biwakplatz, finden aber nichts Richtiges. Doch sagen wir uns, diese Nacht werden wir schon durchhalten. Ganz überraschend trifft mich noch ein Stein am Kopf, der mir ein sauberes Loch schlägt. Wie arg die Wunde sein muß, merke ich erst, als mir das Blut an den Beinkleidern durchsickert. Mir ist zum Brechen schlecht, aber dazu kommt es nicht, denn wir haben seit vier Uhr früh nichts mehr gegessen und uns den ganzen Tag nie Zeit nehmen können, an unsern Magen zu denken. Das kommt davon, wenn man dauernd verfolgt wird ...‹

Der Ausdruck ›verfolgt werden‹ ist vielleicht die beste Bezeichnung für das Gefühl, das viele der Eigerbesteiger haben. Verfolgt durch den Steinschlag, verfolgt von den eilenden Stunden, verfolgt von der Sorge um einen Wetterumschlag, der die Wand zur furchtbaren Falle machen kann. Der Steinschlag an diesem 27. Juli war besonders arg. Die Zeitbedrängnis war durch den Aufenthalt von

[1] Arnold Lunn, ›A Century of Mountaineering‹, Allen & Unwin Ltd., London 1957

neun Männern in der Wand stärker als bei allen früheren Partien. Und damit stieg auch die Sorge wegen des drohenden Wetterumschlags.
Jöchler erzählt weiter: ›Auf ganz exponiertem Platz lassen wir uns nieder, ziehen den Sack über den Kopf und freuen uns nur auf das eine: Tee zu kochen und so heiß als möglich zu trinken. Die erste halbe Stunde sind wir nicht fähig, etwas zu tun, denn wir zittern vor Kälte. Allmählich ist dann der Kocher aufgestellt und Eis zum Schmelzen im Geschirr. Meine Zünder sind wasserdurchtränkt und nutzlos. Alles an mir und im Rucksack ist sozusagen ersoffen. Hermann jedoch hat Sturmstreichhölzer. Er streicht und streicht – bis das letzte Hölzchen verstrichen ist, und wirft dann alles, die leere Schachtel und das nicht zu Teewasser gewordene Eis mit einem klassischen Zitat die Wand hinunter.
Traurig sitzen wir zwei nebeneinander, mit viel Ärger, aber mit noch mehr Durst, so daß uns kein Bissen durch die Kehle rutscht. Draußen geht ein kalter Wind. Die dauernden Krämpfe in meinen Füßen verursachen mir starke Schmerzen ... Der einzige Trost für uns ist, daß morgen diese Tour beendet sein wird ...
Über Nacht hat sich das Wetter endgültig zum Schlechten gewendet. Der Himmel ist schwarz von Wolken, der Nebel drückt von den Gipfelflanken herunter. Wir befinden uns schon um vier Uhr dreißig wieder in unangenehmem Gelände. Zuerst die Querung eines tückischen Eisfeldes, das im diffusen Morgenlicht grausig aussieht. Dann der unglaublich brüchige Quergang zur Traverse. Sepp und Otto, die beiden Deutschen, tun uns leid, sie verbrachten die Nacht ohne Biwaksack, sie hatten keinen mit. So wie wir gehen auch sie, ohne etwas zu essen, weiter, nur in dem Bedürfnis, sich Bewegung zu machen, damit der Körper warm wird. Wir verbinden uns wieder wie am Vortag nach dem Eiskamin mit dem Seil, so daß wir eine Viererseilschaft sind. Nach der Querung der Eisrinne verlangen auch die Franzosen, sich zusammenzuhängen. Also alle neun Mann an einem Seil. Wir beide begreifen sofort, was das bedeutet ...‹
Die Tatsache, daß Sepp und Otto Maag nicht einmal einen Zelt-

sack mitführten, ist in der Geschichte der Eigerwand einmalig. Man müßte hier ein hartes Urteil über unsagbaren Leichtsinn fällen. Buhl und Jöchler ist deswegen kein Vorwurf zu machen, sie konnten, als sie die Allgäuer Brüder trafen, nicht auch deren Ausrüstung prüfen. Doch soll auch über Otto und Sepp kein hartes Urteil gefällt werden, denn die Art, wie sie Schwierigkeit, Kälte und Ungemach bezwangen, war großartig. Sie verfügten nicht nur über großes Können im Klettern, sondern brachten auch die charakterlichen Voraussetzungen für die ernste Bergfahrt mit, den Willen, die Zähigkeit und die Kameradschaftlichkeit. Freilich kümmerten sich die anderen um sie. Auch die Franzosen erstreckten ihre Freundschaft auf das so ungenügend ausgerüstete Brüderpaar. Alle neun Mann an einem Seil. Noch einmal schieben sich Ehrgeiz und Stolz in die europäische Seilschaft, die bereits im heftigen Schneetreiben ihren Weg weitertastet. Rébuffat begründet noch, warum er sich an die ersten vier anhängen wollte. Er schreibt: ›Der Kalk unter der Schneedecke läßt die Finger erstarren. Nach einem großen Spreizschritt wölbt sich der Pfeiler wie ein Bauch. Ich richte mein Tempo nach dem Ottos, fünfzig Meter über mir. Beim Versuch, schnell zu sein, klettert er etwas wild. Da ist ein Haken, den die Erstbesteiger hier zurückließen. Ich stecke einen Finger hinein, um mich daran zu halten. Plötzlich ein Krachen, ich hebe den Kopf: Ein Block, groß wie ein Prellstein, gibt unter den Füßen Ottos nach. Mein Finger klammert sich im Haken fest. An diesem Finger hänge ich nun, schwinge mich nach rechts, um dem Block auszuweichen. Aber über meinem Kopf schlägt er auf, zerbirst, und einige Stücke treffen mich.
Mein Kopf fällt zur Seite. Alles dreht sich um mich . . .
Mein Finger im Haken hat sich nicht geöffnet, aber er tut sehr weh, als wäre er abgesägt. Allmählich stellt sich wieder eine gewisse Ordnung um mich ein. Ich fühle etwas Klebriges über mein Gesicht rinnen und etwas wie ein schweres Gewicht auf meinen Schultern. Ich betrachte meinen Finger, der noch immer im Haken steckt. Dabei empfinde ich ein gewisses Glück und eine Art Dankbarkeit für ihn, der nicht losgelassen hat.

Karl Blach im dritten Eisfeld,
fotografiert von Jürgen Wellenkamp

Nächste Seite: Erschöpft erreicht Sepp Jöchler den Eigergipfel

epp Jöchler und die Franzosen m brüchigen Band, das von er oberen Rampe zum »Götterquergang« führt

Von oben lassen die Deutschen ein Seil herunter. Instinktiv binde ich mich an und nehme die Kletterei wieder auf.‹

Buhl und Jöchler scheinen von dem glimpflich ausgegangenen Unfall Rébuffats nichts zu wissen. Denn auch Buhl schreibt nichts davon. Er erzählt in seinem Buch ›Achttausend – drüber und drunter‹: ›Auf allseitigen Wunsch hängen wir uns jetzt zu einer geschlossenen Seilschaft zusammen. Der Götterquergang liegt nun vor uns. Bei schönem Wetter mag er ja göttlich sein, denn unter uns bricht der Fels direkt zum Dritten Eisfeld ab. 1400 Meter tief die Matten von Alpiglen. Doch unter diesen Verhältnissen kann er höchstens dazu beitragen, den Göttern plötzlich näher zu kommen. Jeder Griff, jeder Tritt muß erst sorgfältig vom Schnee befreit werden. Die Sicherungsmöglichkeiten sind äußerst spärlich. Der Sturm heult um die Flanken. Der Schneefall verstärkt sich um ein Vielfaches. Wolkenbruchartig überschüttet uns der Himmel mit dicken Flocken. Ein Rauschen setzt ein, der Schnee rieselt von den Wänden. Jeder steht völlig für sich allein in diesem Hexentanz. Nur das Seil sagt noch: Du bist nicht allein, es sind noch Kameraden da, die für dich einstehen ...[1]‹

Auch Rébuffat schildert diesen Gang: ›Heute früh war ich fast froh darüber, daß der übliche Schneesturm endlich losbrach. Aber jetzt, mit schwerem Kopf und steifen Ellenbogen, gehe ich ohne viel Begeisterung vorwärts. Mit dem Herzen bin ich nicht mehr dabei. Hier ist die Hölle weiß, stumm, kalt. Der Leib ist unzufrieden: Schnee kriecht in die Ärmel und in den Hals, die Finger sind steif, die Füße frieren, die durchnäßte Kleidung wird zu einem krachenden Panzer. Ich fühle, daß es meinen Kameraden ebenso geht, sie haben das gleiche Unbehagen wie ich. Auch bei den Deutschen und bei den Österreichern ist es so. Es ist eben auch hier bei allen Menschen dasselbe.

Aber allmählich paßt sich der Mensch an, das ist sein Handwerk. Zuschauer in einer fremden Welt, macht er sich diese Welt nach

[1] Hermann Buhl, ›Achttausend – drüber und drunter‹, Nymphenburger Verlagshandlung, München 1954

und nach zu eigen. Und hier, vor dieser Fülle von Hindernissen, die aus dem Zusammenwirken von Hochgebirge und entfesselten Elementen erwachsen, fühlt er in sich Kraft aufquellen, ein inneres Gleichgewicht und eine Brüderlichkeit.‹

Die Brüderlichkeit, das Seil, Hermann Buhls: ›Es sind noch Kameraden da . . .‹, die Seilschaft: Sie wird im Schneesturm der Schlußwand des Eiger geboren. Im Schneesturm, im Kampf und in der Geduld des Wartens, bis der nächste in verzweifelter Mühe zum nächsten Stand nachgesichert ist. Rébuffat zeichnet plastisch das äußere Bild, das diese Seilschaft in der Spinne bietet: ›Wie Inseln streben die Menschlein langsam aufwärts. Von Zeit zu Zeit ergießt sich eine Lawine aus dem Couloir. Die über eine weite Strecke gestaffelte Seilschaft ist über die ganze Länge des glasigen Eishanges verteilt. Jeder kämpft stumm mit letztem Einsatz, um nicht mitgerissen zu werden.

Es kostet Stunden, um sechs Seillängen höher zu gelangen. Hundert Meter über mir: Buhl. Hundert Meter unter mir: Bruneau. Eine große Schlacht, die gleichzeitig der einzelne und die Gesamtheit schlägt. Jeder von uns und zugleich die Neunerseilschaft rückt unmerklich langsam vor.‹

Unmerklich langsam. Quälend langsam ist dieses Vorrücken, dieses Hinaufgehen über die Spinne. Sechs Seillängen nur – aber das bedeutet bei diesen Verhältnissen, bei dieser großen Anzahl von Menschen sieben Stunden.

Hermann Buhl hatte genau die Richtung und den Fahrplan der Lawinen studiert. Er erkannte, daß der normale Anstieg Selbstmord sein kann. Er querte den Hang nach rechts, bis er einen schmalen Streifen im Eis fand, der nicht dauernd von Lawinen überspült war. Dort stieg er empor, bis er endlich dem oberen Rand näher kam. Der Sturm orgelte, verschluckte die Worte. Man mußte schreien, wenn man sich mit dem nächsten verständigen wollte. Wie weit, wie tief stand der letzte?

Buhl schreibt in seinem Buch: ›Der Schnee ist mittlerweile sehr feucht geworden. Nur unsere Kleidung ist noch nässer. Steil zieht das Eisfeld in den Fels hinauf, der tief unter einer trügerischen

Neuschneedecke begraben liegt. Die folgende Kletterei – es dürfte sich unter normalen Umständen um keine allzu großen Schwierigkeiten handeln – ist wohl das Riskanteste, was mir bisher unterkam. Es ist kein Klettern mehr, es ist nur noch ein Höherkämpfen, wobei man sich immer gegen das Gefühl des Abgleitens wehrt. Erlaubt ist alles, wenn es nur weiterhilft. Es wird nicht nach Stil gefragt. Als praktische Fortbewegungsmittel erweisen sich hier Ellenbogen und Knie. Wenn es dann wieder einmal gelingt, einen Haken anzubringen, schnaufe ich erleichtert auf. Jeder gewonnene Meter ist ein Sieg. Im Schneckentempo kommen wir höher. Aber die Zeit eilt. Minuten? Stunden? Wir achten nicht darauf. Aber wir kommen zur Erkenntnis, daß wir heute nicht mehr den Gipfel erreichen werden.

Ein drittes Biwak! In dieser Wand! Bei diesen Verhältnissen! Aber es ist unvermeidlich. Wir sind auf dem Sporn, der wie ein stationärer Schneepflug die Lawinen teilt. Der Quergang hinüber zur Hauptschlucht ist relativ leicht.

Da höre ich unter mir Hakenschlagen. Ist es den letzten zu langsam gegangen? Haben sie sich selbständig gemacht? Ob die wohl da gerade herauf wollen? In einem Überhang bricht der Fels unter mir zur Spinne ab!

Da – wieder erfüllt eine weiße Wolke den Schluchtgrund.

‚Achtung – Lawine!'

Alles andere geht in Sekundenschnelle.

Wieder ein kurzer, scharfer Ruck. Wieder dieser infernalische Reigen, wie ein Karussell des Teufels . . .

Minuten später.

Ich lebe, es scheint wie ein Wunder. Unter mir herrscht Totenstille. Was ist mit den Franzosen? Die wurden vom Hauptstrom erfaßt. Wurden sie mit in die Tiefe gerissen?

Wo sind die Franzosen . . .?‹

Wie beschreibt Sepp Jöchler den Gang durch die Spinne, die weiteren Seillängen, das Kommen der großen Lawine?

›Wir haben bald heraus, was sich hier abspielt. Alle Lawinen, die von der Gipfelwand kommen, sammeln sich und fegen, wie aus

einer Düse, über die Spinne. Das Interessanteste dabei ist, daß eine große Lawine in regelmäßigen Abständen von etwa fünf Minuten niedergeht. Die moralische Vorbereitung zermürbt die Nerven ... Jetzt stehen wir alle neun im blanken Eis. Wirft es einen aus dem Stand, so könnte dies für die anderen verhängnisvoll werden. Daher schlägt Hermann Stufe für Stufe in das Eis – sechs Stunden lang, ohne einmal auszurasten. Eine übermenschliche Leistung, wenn man bedenkt, daß das Stehen im Eis an und für sich eine körperliche Anstrengung ist.
Abgekämpft und schlotternd vor Kälte, wird das Ende der Spinne erreicht. Eine allgemeine Müdigkeit beschleicht den Körper. Er zittert und schüttelt sich in jeder Lage, selbst in der Bewegung. Dabei leidet man schrecklich an Durst. Wenn die Lawine kommt, legt man sich automatisch auf die Eisfläche, erwartet einerseits ängstlich die Wirkung, andererseits reißt man den Mund auf, damit der nasse Schnee hineinspritzt, um den ärgsten Brand zu löschen.
Es beginnt jetzt eine schwierige Kletterei, die durch die zunehmende Vereisung noch erschwert wird ...
Wir sind schon drei Seillängen über der Spinne, als unter furchtbarem Krachen eine Lawine niedergeht, diesmal in einem ungeheuren Ausmaß. Zuerst glaube ich, daß Hermann, der dreißig Meter über mir steht, mit daherkommt. Dann spüre ich einen Ruck an meiner Brust, es reißt mir die Füße aus dem Stand. Ich hänge noch an dem Haken. Im selben Augenblick zuckt das Seil durch die Hände: Sepp Maag hat es auch mitgerissen. Aber mein Haken hält. Von unten herauf ertönen kurze Aufschreie. Ist jemand verletzt? Wie können wir einem Verletzten helfen, wenn jeder mit sich selbst zu kämpfen hat?
‚Buhl! Buhl!' schreit einer der Franzosen. Kann Hermann hören bei dem heulenden Sturm? Kaum. Es wäre auch unmöglich, die hart umkämpften Meter herunterzusteigen. Sie waren selbst im Aufstieg kaum zu bewältigen. Er hört auch meine Rufe nicht, ich sehe nur, wie er an einem Haken hängt, sich mächtig schüttelnd. Die Franzosen verlangen Hilfe. Ich lasse ein Seil hinunter. Zu kurz. Ein zweites darangeknüpft. Nun reicht's. Sepp Maag muß zu

mir herauf, und so ziehen wir beiden Seppln aus Leibeskräften, fast zwei Stunden lang. Dann ist Rébuffat heroben, klopft mir dankend auf die Schulter.
Sepp Maag und ich sind fertig, können uns kaum mehr halten.
Die Franzosen und die Allgäuer Brüder bleiben gleich an dieser verhältnismäßig guten Stelle zum Biwak. Ich muß noch hinauf zu Hermann. Das Klettern geht fast nicht mehr. Die Kräfte verlassen mich. Hermann muß mir das Seil halten, und ich klimme daran empor. Zweimal rutsche ich am Seil entlang hinunter, denn der Muskelkrampf in den Händen biegt mir die Finger auf. Beim dritten Versuch habe ich mehr als die Hälfte geschafft, da braust wieder eine Lawine herab und reißt mich abermals zum Standplatz zurück. Der Sturm nimmt immer mehr zu. Noch ein Versuch. Er gelingt. Bis ich Hermann erreiche, ist es bereits dämmerig. Ein drittes Biwak steht uns bevor. Wir haben einen sehr schlechten Platz, zum Biwakieren kaum geeignet. Aber in der Eiger-Nordwand ist die Hölle los.
Unter verzweifelten Anstrengungen gelingt es, zwei Haken zu schlagen, uns daranzuhängen und die Biwakhülle über die Köpfe zu ziehen.‹
Biwak in der Wand. Das dritte für Hermann und Sepp, das zweite für die Franzosen und die beiden Allgäuer. Das Freilager der sieben ist zwar naß und kalt, aber es entbehrt trotz allem nicht einer gewissen Behaglichkeit. Gaston Rébuffat schreibt darüber:
›Die beiden jungen Deutschen, die bis zum Äußersten abgekämpft sind, bleiben bei uns und unserem relativen Komfort mit durchgeweichten Daunenkleidern. Sie haben überhaupt kein Biwakzeug, nichts außer ihren leichten Hemden, ihren Segeltuchanoraks, einer kurzen Weste und dem Pullover, den ich gestern Sepp gegeben habe. Seit gestern abend haben sie nichts mehr gegessen.
Auch wir sind alle durchnäßt. Lange schon taut der Schnee, wo er mit der Haut in Berührung kommt, und das Wasser rinnt am Rükken und an den Armen entlang. Da wir mit der Absicht losgegangen waren, nur einmal zu biwakieren, geht auch unser Proviant, der glücklicherweise reichlich bemessen war, allmählich zu Ende.

Die Beine hängend oder in die Trittschlingen des vereisten Seiles gestellt, so sitzen wir sieben auf zwei kümmerlichen Plattformen: Zwei Treppenstufen, abgenutzt und abgerundet, abschüssig gegen die Tiefe, hängen hier zufällig über der ungeheuren Wand. Die eine, die obere Stufe, ist relativ groß: dreißig bis vierzig Zentimeter breit und anderthalb Meter lang. Wir bringen es fertig, hier zu fünft unterzukommen: Jean Bruneau ist ganz rechts, dann die beiden Deutschen zwischen ihm und mir, und zu meiner Linken glückt es Pierre Leroux, noch einen kleinen Sitzplatz zu finden. Auf der winzigen unteren Stufe drängen sich Paul Habran und Guido Magnone zusammen, einer gegen den anderen gepreßt, den Rücken an unsere Beine gelehnt. Um sicher zu sein, falls einer von uns abgleiten oder einschlafen sollte, haben wir uns noch am Haken festgebunden wie eine Ziege am Pfahl. Über uns haben wir eine kleine Decke aus Plastikstoff, die Guido glücklicherweise mitgenommen hat. An den Haken befestigt und über unsere Köpfe gelegt, ist sie wie ein kleines Dach. Im Couloir fließen weiter die Lawinen. Hier sind sie selten und leicht. Sie rauschen und gleiten über unser Dach, aber einem Teil gelingt es doch, sich zwischen unseren Rücken und der Wand einzunisten ...

Trotz unserer Unruhe und diesem Durcheinander herrscht ein bißchen Frohsinn unter uns. Wir sind so zahlreich, daß wir uns noch kräftig fühlen. Paul und Guido nehmen das Inventar unserer Vorräte auf. Mit Gesten wie ein Jongleur setzt Pierrot ein Kochgeschirr voll Schnee auf den Kocher, der auf meinen Knien steht und den ich einigermaßen mühsam festhalte. Die Zündholzschachteln sind durchgeweicht, aber nach vielen Mißerfolgen ist die kleine Flamme da, noch zögernd, flackernd behauptet sie sich in so viel Feuchtigkeit und streut wie eine kleine Königin ein wenig Freude unter die Menschen. Otto und Sepp sind glücklich, bei uns zu sein. Wie Brüder teilen wir einige Bonbons, ein paar Stück Zucker, Brötchen und Biskuit und etwas lauwarmes Wasser aus geschmolzenem Schnee ...‹

Das Biwak Buhls und Jöchlers ist furchtbar. Beide sind körperlich und seelisch am Ende ihrer Kraft. Es schüttelt sie wie im Krampf.

Lange hocken oder hängen sie auf ihrem winzigen Plätzchen, durchnäßt, durchkältet, können nichts essen, ja nicht einmal miteinander reden. Später versuchen sie, zähflüssiges Biomalz zu sich zu nehmen. Das klebt im Mund, sogar das Schlucken wird zur fast unüberwindlichen Anstrengung.

Sepp und Hermann haben heute viel geleistet. Hermann so viel, wie es selbst Jöchler nicht für möglich gehalten hätte. Und nie ist Buhl auf den Gedanken gekommen, sich mit Sepp von den anderen zu trennen, die beiden schlecht ausgerüsteten Brüder Maag allein in der Wand zu lassen, um schneller weiterzukommen. Und vielleicht war es auch für die Franzosen gut, daß Buhl an der Spitze stand. Gewiß, alle sind hervorragende Männer. Eine Seilschaft, in der es einen Gaston Rébuffat und einen Guido Magnone gibt, wird sich immer einen Weg bahnen können, wo überhaupt nur eine Möglichkeit besteht. Aber als die große Lawine kam und die Nacht drohte, da war die Gemeinschaft doch die Rettung, die große Seilschaft, an der Spitze Hermann Buhl.

Jetzt aber sind Buhl und Jöchler völlig erschöpft. In dieser kalten Nacht müssen sie dafür bezahlen, daß sie bereits die letzten Reserven an Kraft ausgegeben haben. Schmerzen stellen sich ein, in der Herzgegend, im Bauch. Jöchler leidet an seiner Ischias, einem Andenken vom Krieg her. Buhls Atem geht keuchend, fliegend. Es ist, als kündigte sich eine Lungenentzündung an. Und gegen all diese Pein muß noch der letzte Rest an Willen ankämpfen, der Wille zum Leben, der Traum vom Leben.

Manchmal schlafen sie trotzdem ein, prallen mit den Köpfen zusammen, hängen teilnahmslos am Seil, raffen sich endlich auf, hocken wieder in ihren Sitzen. Nimmt die Nacht kein Ende?

Und dann stiehlt sich doch der neue Tag durch die Nacht. Der Sturm hat aufgehört, auch der Schneefall. Es wird ein klarer Tag. Aber damit kommt die Kälte. Die Temperatur sinkt weit unter den Gefrierpunkt. Ist es möglich, bei solcher Kälte, nach solcher Nacht, in diesem Zustand noch den Weg zurückzufinden aus dieser Wand, über die Eis und Schnee das erstarrte, glitzernde Kleid gelegt haben?

Die Gesichter Hermanns und Sepps sind fahl, fast grünlich. Ihre Wangen sind eingefallen, die Nasen treten unnatürlich spitz hervor. Aber der Wille ist noch da.
Der Wille formt das Ende zu einem Anfang. Das Rätsel Hermann Buhl offenbart sich an diesem eisigen, aber klaren Morgen in der eisgepanzerten Schattenwand. Hermann Buhl tritt zum Gipfelgang an.
Sepp sichert die beiden Allgäuer zum Biwakplatz nach. Dann beginnt Buhl zu klettern. Eine überhängende, vereiste, verschneite Verschneidung. Zwanzig Meter hoch ist dieses äußerst schwierige Stück. Vier Stunden braucht Hermann. Vier Stunden für zwanzig Meter. Er stürzt, klettert, stürzt wieder, hängt am Haken, zwingt sich nochmals, kommt höher, hängt wieder im Seil wie ein hilfloses Bündel. Deutlich hört Sepp die Worte: »Ich kann nicht mehr.« Aber dann kann Hermann doch wieder, erreicht den Stand oberhalb der zwanzig Meter.
»Jetzt kannst du führen, Sepp . . .«
Jöchler erzählt später: ›Ich weiß nicht, wie man die Leistung Buhls in Worten beurteilen kann. Wer ihn gesehen hätte, sich die zwanzig Meter hinaufarbeitend, immer wieder am eisigen Fels abgleitend und ins Seil stürzend, der würde den Kopf schütteln und das Gesehene für unmöglich halten. Vier Stunden härtester Kampf in dieser körperlichen und seelischen Verfassung. Ich werde Hermann immer dankbar bleiben: Er hat uns allen eine Brücke geschlagen und die Hoffnung gegeben auf das Leben . . .‹
Gaston Rébuffat versucht in seinem Buch, die Leistung Buhls in Worte zu fassen: ›Buhl packt an. Sofort ist er in sehr schwierigem Terrain. Unter dem Schnee ist der Fels von einer glänzenden Schicht überzogen, einer harten und dicken Verglasung, die alles gleichmäßig einhüllt. Die Füße rutschen, die Hände gleiten ab, die Spalten sind abgedichtet, die Griffe nivelliert, die Haken wollen nicht hinein, der Hammer klopft, dringt ein, höhlt aus, wird müde, schlägt daneben, sprengt kaum die dicke Verglasung ab, der ganze Körper kommt ins Gleiten, hängt an einem Haken, fängt sich wieder auf, arbeitet sich wieder hinauf, die keuchende At-

mung setzt einen Augenblick aus. Der Hammer legt einen Griff frei, läßt ein Schneeschild von einer Platte hinuntergleiten, putzt einen anderen Griff, der Fuß schlägt eine Steigeisenspitze in die Eisglasur, die klammen Finger befreien einen Spalt von seiner Eisfüllung, pflanzen dort einen Haken. Buhl gewinnt fünfzig Zentimeter, einen Meter, seine Füße gleiten nochmals ab, alles rutscht, aber die Haken halten. Es ist grimmig kalt, der Himmel ist klar, die Finger sind gefühllos, die Füße erstarrt, die Muskeln steif, die Kleider sind eine Rüstung, das Seil ist eine Eisenstange. Aber Herz und Wille wachen unbeirrbar. Buhl kommt langsam vorwärts, und mit bewundernswerter Zähigkeit schafft er es, diese Wandstufe zu bewältigen. Jöchler schließt auf, übernimmt den Vortritt.‹
Jöchler schließt auf – übernimmt den Vortritt. Wie einfach das klingt, geradezu lakonisch. In Wirklichkeit ist der Vorgang von höchster Dramatik, die Rébuffat, der ja weiter hinten und unten warten mußte, nicht in ihrem ganzen Ausmaß sehen konnte.
Buhl, der nie aufgab, der vor keiner Schwierigkeit kapitulierte, der selbst die eigene Schwäche als zu überwindende Schwierigkeit betrachtete, verausgabt sich in der überhängenden vereisten Verschneidung so vollständig, daß auch die letzten Reservekräfte verbraucht sind. Nach dem Schlagen des letzten, obersten Hakens, nachdem er sich in den Haken eingehängt hat, verläßt Buhl die Kraft. Er kippt vornüber, hängt im Seil, Kopf und Arme nach unten. Er bemüht sich, sich aufzurichten, findet nicht die Kraft dazu. Und daß ein Hermann Buhl die Worte spricht, die er noch nie gesprochen hat: ›Ich kann nicht mehr‹, versetzt Jöchler ebenso in Schrecken wie die Stellung, in der Hermann hängt. Es sind die Worte, die Toni Kurz als letztes sprach. Es ist die Stellung, in der Toni Kurz starb. Ist das Ende Hermanns nahe? Verweigert sein beispiellos tapferes Herz den Dienst, nachdem er Unmögliches möglich gemacht hat? Genauso wie Toni Kurz?
Vielleicht sind es diese Gedanken, vielleicht ist es die Sorge, nein, die rasende Angst um den Freund, die Jöchler befähigt, mit Hilfe des Seils und der von Hermann geschlagenen Haken, aber ohne Zug von oben zu Buhl zu steigen, den Erschöpften wieder in den

aufrechten Stand zu bringen. Hermanns Gesicht ist grün. Ein Schluck heißer Kaffee würde alles gutmachen, aber dieser Schluck ist nicht da ... Doch das Wunder vollzieht sich wieder. Hermann Buhl erholt sich. Jöchler bleibt noch bei ihm, um ihm beim Nachsichern und Emporziehen von Sepp Maag zu helfen. Und dann vertraut er wieder auf die überlegene Art Buhls, Seile zu bedienen und zu sichern, während er die steilen, senkrechten, manchmal überhängenden Ausstiegsrisse weitersteigt. Wenn sie auch leichter erscheinen nach dem ungemein Schwierigen, das Buhl als erster geleistet hat – diese Ausstiegsrisse bleiben immer anstrengend und ungemein gefährlich.

Jöchler führt. Es ist, als wäre ihm mit der Erkenntnis, daß Hermann ihn braucht, neue Kraft gekommen. Das ist bei guten Kameraden und wirklichen Freunden so. Jöchler führt umsichtig und erstaunlich schnell. Sein Tempo steigert sich, je höher er kommt. Die Sonne blinzelt durch leichte Nebelschleier, sie hat wenig Kraft. Aber sie ist das Sinnbild des Lebens. Sie gibt Mut, sie gibt Zuversicht!

Die große Seilschaft, alle neun, strebt dem Gipfel zu. Jeder sichert und zieht den nächstfolgenden höher. Die Schnelligkeit zählt, alles andere ist Nebensache. Jeder gibt sein Bestes. Und dann steigt Sepp aus dem letzten Riß. Vor ihm stellt sich noch das Gipfeleisfeld auf. Und die anderen kommen nach ...

Hier löst sich die französische Partie von den übrigen. Die Sonne scheint jetzt recht warm, Gaston will warten und später mit seinen Freunden auf den Gipfel steigen. Der Gipfel ist nah, der Abstieg, die Sonne und das Leben. Und das verbindende einzige Seil für Hermann und Sepp und den zweiten Sepp und Otto und Gaston und Paul und Guido und Pierre und Jean ist gelöst. Nicht die europäische Seilschaft steigt über das Eisfeld zum Gipfel, sondern eine österreichische und deutsche und eine französische Seilschaft. Auch zeitlich liegt ein Abstand zwischen ihnen. Die eine führt der berühmteste Bergsteiger deutscher Sprache, der Tiroler Bergführer Hermann Buhl. Die andere führt der berühmteste Bergsteiger französischer Sprache, der Bergführer Gaston Rébuffat. Schade ...

Aber das ändert nichts an der Tatsache, daß die achte Begehung der Eiger-Nordwand unter den bisher bösesten Verhältnissen im Zusammenwirken und Zusammenklingen einer europäischen Seilschaft durchgeführt wurde. Sie endete nicht mit einer Katastrophe, weil alle außergewöhnliche Menschen waren, Männer, die den Willen in sich trugen, für alle das Beste zu tun. Ehrgeiz und Konkurrenz, die Schwächen, die der Mensch aus den Tälern in die Berge trägt, haben in der großen Stunde der Bewährung geschwiegen. Sie werden wohl nie auszumerzen sein, und vielleicht findet sich in dem einen oder anderen Bericht eine Andeutung davon. Aber Berichte sind später geschrieben, nicht im Sturm, nicht unter Lawinen, nicht im kalten Biwak und nicht in höchster Not. Nicht die Eitelkeit, sondern die Gemeinschaft hatte recht – die europäische Seilschaft.

Nach der dramatischen Durchsteigung der neun hat die Eigerwand nur genau eine Woche lang vor den Menschen Ruhe. Am 5. August kommen wieder drei ausgezeichnete österreichische Bergsteiger nach Alpiglen: die beiden Wiener Erich Vanis und Hans Ratay und der in Wien studierende Oberösterreicher Karl Lugmayer. Vanis ist dreiundzwanzig, Ratay erst zwanzig, Lugmayer fünfundzwanzig Jahre alt. Auch die Jugend Hans Ratays stört den Rhythmus des Anstiegs nicht; selbst im Unwetter und nach zwei Biwaks wird er noch gleich zäh, gleich stark sein.

Die sogenannte Wiener Schule des Bergsteigens hat ein gesundes Fundament. Ihre Tradition reicht weit in das vorige Jahrhundert zurück. Auch hat man es in Wien immer abgelehnt, sich einseitig auf extreme Felswände zu spezialisieren. Das umfassende Wissen vom Berg, die Erfahrung, die Beherrschung des kombinierten Geländes, der steilen Eisflanke ebenso wie der schweren und schwersten Felswand sind entscheidend für die Beurteilung eines Bergsteigers. Die großen Vorbilder Dr. Pfannl und Thomas Maischberger, die um die Jahrhundertwende ihre bedeutendsten Fahrten gemacht haben, sind in der Erinnerung noch lebendig. Und Emil Zsigmondy, der bereits in den achtziger Jahren das erste alpine Lehrbuch ›Die Gefahren der Alpen‹ geschrieben hat, war ebenso Wiener wie Alfred Horeschowsky, der mit dem Wiener Franz Pikielko schon 1922 den ersten Versuch in der Matterhorn-Nordwand machte.

Auch die Zwischenkriegsgeneration, in der wir Namen wie Rudolf Schwarzgruber, Hubert Peterka, Fritz Kasparek und Sepp Brunhuber finden – man könnte die Liste noch seitenlang fortsetzen –, hielt sich an das Prinzip der bergsteigerischen Vielseitigkeit.
So hat der junge Erich Vanis nicht nur extreme Felstouren hinter sich, sondern reifte auch als Eisgeher an den großen klassischen Fahrten der Westalpen: Montblanc über den Peteretgrat, Lyskamm-Nordwand, Monte-Rosa-Ostwand. Und der blutjunge Hans Ratay hatte ein schon fast ebenso großes Westalpentraining. Beide machten viele kombinierte Touren in den Ostalpen, auch Winterfahrten wie den Nordgrat auf dem Großglockner. Karl Lugmayer bezwang im Alleingang die berüchtigte Nordwand der Dent d'Hérens, biwakierte auf dem Grat zum Matterhorn und stieg durch die Nordflanke des Ostgrates der Dent d'Hérens wieder zu seinem Ausgangspunkt zurück. Ratay und Lugmayer hatten auch schon die Lauperroute gemacht. Eis und Schnee und Lawinenbahnen waren den dreien also ebenso vertraut wie schwerster Fels.
Sie steigen am 6. August in der Früh in die Eiger-Nordwand und kommen am ersten Tag bis unter den Wasserriß der Rampe, also etwa zu unserem seinerzeitigen zweiten Biwak. Sie hätten noch weiter klettern können, doch die Durchnässung schreckt sie ab. Leicht ›angefeuchtet‹ sind sie allerdings schon, denn seit der Querung über das Dritte Eisfeld regnet es. Die Nacht ist zwar kühl, aber erträglich, doch geht in dieser Nacht der Regen in Schneefall über, und als die drei am Morgen des 7. August aus der Hülle des Zeltsackes schauen, blicken sie in eine Winterlandschaft: ein halber Meter Neuschnee. An eine Umkehr denken sie trotzdem kaum – nicht nur wegen der drohenden Lawinen auf den Eisfeldern; sie sehen gar nicht ein, warum sie wegen des Schnees den Rückzug antreten sollten. Sie kennen verschneite Felsen vom Winter her. Und Winter ist im Winter immer noch kälter als Winter im Sommer. Sie steigen weiter, hinauf.
Ratay führt im vereisten Wasserriß, Vanis an den folgenden schweren Stellen über den Eiswulst. Gerade als er unter diesem einen alten soliden Haken gefunden, das Seil eingehängt hat und

auf das darüberliegende Eisfeld aussteigen will, kommt mit mächtigem Rauschen eine Lawine über die obere Rampe herab.
Das ist neu in der Geschichte der Eiger-Nordwand-Besteigungen. Lawinen waren bisher erst in der Spinne und in den Ausstiegsrissen obligat. Diese Lawine ist unbedingt verfrüht. Aber sie ist da, und Vanis rettet sich noch schnell unter den Wulstüberhang zum sicheren Haken. Ein unfreundlicher Empfang des oberen Wand teils ...
Die drei steigen weiter. Aber sie steigen zu hoch. Der Übergang vom Eisfeld zum Brüchigen Band scheint Vanis wesentlich schwieriger als das Band, das dort oben, etwa hundertfünfzig Meter höher, lockt. Der ›Weg‹ dorthin ist aber sehr schwer. Und das Band entpuppt sich dann als gar kein Band, sondern als an haltlose Felsen festgeklebter Schnee. Das Wetter ist immer noch schlecht, es schneit weiter. Die Kälte ist nicht groß, dafür aber die Lawinengefahr.
Zurück. Stunden braucht es, anstrengende, gefahrvolle Stunden, bis die drei unten auf dem echten ›Brüchigen Band‹ sind. Der zweite Tag geht zu Ende. Man will hier biwakieren. Aber vorher klettert der unverwüstliche Hans Ratay – der Benjamin der Seilschaft, doch mit dem Herzen und der Zähigkeit eines gereiften Mannes – noch über den wasserüberronnenen, vereisten Riß zum Pfeilerkopf, der den Beginn des Götterquerganges markiert, seilt sich wieder ab und läßt das Seil hängen, um den Anstieg am morgigen Tag zu erleichtern.
Es wird ein sehr nasses, sehr kaltes Biwak, das sich in nichts von den ungemütlichen Freilagern unterscheidet, die schon viele Bergsteiger in dieser Wand erlebt und auch überstanden haben. Am Morgen des 8. August klettern die drei über den Riß, über den Götterquergang – der auch Vanis durchaus nicht ›göttlich‹ erscheint, sondern eher heimtückisch teuflisch – zur Spinne.
Die Spinne beschert wieder ein böses Abenteuer. Sie trägt ihren Namen zu Recht. Ihr Repertoire an Bosheiten scheint unerschöpflich. Diesmal ist es ein faustgroßer Stein, der Lugmayer auf den Schädel fällt. Die Kameraden sehen, wie sich Karl in seiner Stufe

zusammenkauert und reglos etwa zehn Minuten in der Stellung verharrt. Er gibt auf Rufe keine Antwort. Die anderen sind in großer Sorge. Vanis aber erinnert sich, daß er unten auf den Eisfeldern auch einmal einen Stein auf den Schädel bekommen hat. Die Kauerstellung gab ihm am schnellsten das Gleichgewicht zurück und dämpfte den Schmerz. So ist es auch mit Lugmayer.
Plötzlich richtet Karl sich auf. Er steigt nicht nur nach, er ist wieder so fit, daß er die Führung übernehmen kann und in blendendem Stil das Eis und die schweren Felsen bezwingt.
Das Wetter wird besser. Und als die drei den Gipfel gegen Abend erreichen, geht strahlend die Sonne unter. Es ist wie ein Gruß und ein festlicher Empfang des Berges selbst für drei Bergsteiger, die Gutes geleistet haben und trotz Schlechtwetter und Verirrung den Weg durch die Wand fanden und klaglos gingen.
Der nächtliche Abstieg über die unbekannte Westflanke beschert noch ein drittes Biwak. Es ist weder dramatisch noch gefährlich, nur sehr unangenehm, sehr kalt und sehr naß. Man müßte das großartig einfache Wort Gaston Rébuffats einbürgern: ›Der Leib ist unzufrieden.‹ Aber Leib und Seele der drei sind hochzufrieden, als sie schon um acht Uhr früh unten im Hotel Eigergletscher ihr Frühstück verzehren.
Unten auf der Wiese bei Alpiglen steht ein rotes Zelt. Es hat einen einsamen Bewohner, den jungen Wiener Chemiker Karl Blach. Es ist derselbe Karl Blach, der schon 1950 mit Karl Reiss in der Wand war und sich durch das Ausbrechen einer Platte im Schweren Riß unter der Roten Fluh den Arm brach.
Nun ist er wieder da. Aber Karl Reiss ist nicht dabei und niemand, der mit ihm in die Nordwand steigen würde. Am 13. August dieses von Leben erfüllten Jahres 1952 wird jedoch in der Nähe von Blachs rotem Zelt ein grünes errichtet. Es hat zwei Bewohner: den Reichenhaller Jürgen Wellenkamp und den Münchner Bernd Huber. Beide sind ausgezeichnete Bergsteiger. Vor allem Jürgen Wellenkamp wird sich im Lauf seiner Entwicklung als einer der besten, intelligentesten, liebenswertesten und gleichzeitig erfolgreichsten Alpinisten entpuppen, die in den Alpen und in den übrigen Ber-

gen der Welt schwere und neue Wege gingen. (Es wird als ein grausamer Scherz des Schicksals empfunden werden, daß Jürgen Wellenkamp nach wenigen Jahren auf leichtem Pfad im Bergell ausgleiten und zu Tode stürzen wird.)

Die Bewohner des grünen Zeltes schließen mit dem Einsiedler des roten Freundschaft. Morgen also wollen Wellenkamp und Huber in die Wand. Blach drängt sich nicht auf, er fragt mit keinem Wort, ob sie die große Bergfahrt zu dritt angehen könnten. Er beweist seine Selbstlosigkeit:

»Ich begleite euch bis zum Schweren Riß. Ich kann euch den besten Weg zeigen, ich kenne ihn gut.«

In der Nacht noch beginnt es in den Zelten lebendig zu werden. Wellenkamp kocht. Er braut auch viel starken Kaffee.

Aber Bernd Huber scheinen das gute Frühstück und der viele Kaffee nicht zu bekommen. Er klettert schweigend in der Nacht und der frühen Dämmerung hinter den beiden anderen über den Vorbau der Wand. Und dann sagt er: »Ich fühle mich nicht in Form. Nicht genügend, um eine so schwere Tour anzugehen.«

Soll Wellenkamp auf die Fahrt verzichten? Mit dem lustlosen und nicht ganz gesunden Gefährten wäre sie ein Wagnis. Man darf niemanden überreden, in die Eigerwand zu steigen. Ist es Zufall oder Schicksalsfügung, daß Blach und Huber die gleiche Schuhgröße haben, daß die Steigeisen des einen dem anderen passen?

Wellenkamp und Blach verbinden sich mit dem Seil. Huber kehrt um, nicht verärgert, sondern froh, daß er seinem Freund das große Erlebnis nicht verpatzt.

Wellenkamp und Blach, der Bayer und der Wiener, werden zu einer Seilschaft, wie sie die Eigerwand kaum idealer gesehen hat. Und jeden erfüllt die Meisterschaft, die er am anderen erkennt, mit heller Freude. Da gibt es keine Spur von Neid, von Rivalität oder Konkurrenz. Keiner will dem anderen beweisen, was er für ein Kerl ist, weil beide solche ›Kerle‹ sind. Auch sie haben Steinschlag, aber die Harmonie zwischen ihnen ist von Anfang an so groß, daß sie das Gefühl des Verfolgtseins nie empfinden.

Schon um ein Uhr mittags erreichen sie den alten Biwakplatz auf

der Rampe. Da ist der Riß, diesmal nicht vereist. Aber man sieht auch von den Felsen kaum etwas, so dick schießt der Wasserfall herab. Es ist erst ein Uhr mittags, vielleicht kommen sie auch ohne Biwak durch, was seit Waschak noch keinem gelungen ist. Doch dieser Gedanke könnte dem Gefühl des Verfolgtseins entspringen. Sie werden aber nicht verfolgt.
Sie haben Zeit. Sie kochen Tee, essen, rasten, mehr als eineinhalb Stunden. Jürgen Wellenkamp beschreibt später diese Rast:
›Wir schauen, schauen, schauen. An wie vielen großartigen Stellen in den Bergen durften wir schon solche Rasten genießen; doch die Eigerwand ist einmalig [1].‹
Wer hat das vorher schon gesagt? Die Größe, Wucht, Grausamkeit, Erhabenheit – alles hat man über die Eigerwand gesagt. Aber daß die Rast schön ist, daß man die Schönheit der Landschaft in Muße betrachten, genießen kann – das hat vor Wellenkamp noch niemand gesagt. Liegt das an der seltenen Eintracht zwischen diesen beiden gleichgestimmten Menschen? Sind die Verhältnisse in der Wand so viel besser? Die Eigerwand ist einmalig in ihrer Schönheit ... Für dieses einfache und doch alles sagende Wort muß man Wellenkamp danken.
Der Wasserriß. Lange versuchen die beiden eine Umgehung rechts, wie Buhl sie probiert hat und wie sie Terray nach seinen Berichten geglückt ist. Karl und Jürgen bringen es nicht zuwege. Etwas atemlos stehen sie wieder am Fuß des Risses.
Wellenkamp berichtet, wie sie ihn gemacht haben: ›Karl schwimmt den Wasserfall prustend hinauf. Ich brauche länger mit dem schweren Rucksack und den beiden Eispickeln.‹
Schon in dieser knappen Schilderung steckt die Anerkennung, wie gut Blach ist. Die nächste Seillänge – wir wissen, wie schwer sie ist – führt Wellenkamp. Und eben, als er beginnt, das Aufseilen der Rucksäcke vorzubereiten – ist Blach schon da, mit beiden Rucksäcken und zwei Eispickeln. Jürgen ist von dieser neuen Leistung seines Gefährten so begeistert, daß er – sonst jeder Gefühls-

[1] Jurgen Wellenkamp, ›Ein Bergerlebnis: die Eiger-Nordwand‹, Südost-Kurier, 10. September 1952

äußerung abhold – Karl spontan die Hand schüttelt. Der grinst nur freundlich, noch etwas atemlos.

Die beiden verfehlen nicht den richtigen Einstieg zum Brüchigen Band, steigen weiter durch den Riß zur großen Querung, der Jürgen und Karl die Berechtigung, den Namen Götterquergang zu tragen, wieder zusprechen. Vor dem Eintritt in die Spinne aber müssen sie warten. Diesmal sind es weniger die Lawinen als der Steinschlag.

Sie warten bis nach Sonnenuntergang. Dann eilen sie über die Spinne empor und klettern noch in der Dunkelheit bis in die Felsen darüber. Sie finden ein elendes Plätzchen.

Trotz der trockenen Reservewäsche, die sie anziehen, wird die Nacht in 3600 Meter Höhe bitter kalt. Aber das kann die Hochstimmung der beiden nicht trüben. Es wird die eindrucksvollste Nacht ihres bisherigen Lebens. ›Der Leib ist unzufrieden‹; aber der Geist triumphiert, und die Seele glaubt freudig an das Leben.

Am nächsten Morgen durch die Ausstiegsrisse; die sind schwer und vereist. Aber wann waren sie das nicht?

Kurz vor Mittag stehen sie auf dem Gipfel. Jürgen Wellenkamp schreibt über diesen Augenblick: ›Wie in einem Traumland kam ich mir in den dreiunddreißig Stunden in der Wand vor; keinem Traumland des satten Genießens, sondern in einem viel schöneren Land, in dem heiße Wünsche zu Taten werden ...‹

Wie echt sein Empfinden war, erfuhr ich 1953 bei unserer gemeinsamen Erstersteigung des 6384 Meter hohen Ausangate, eines Eisthrons der Inkagötter von Cuzco in den Anden. Wellenkamp war ein aufnahmefähiger, ein musischer Mensch. Nie werde ich vergessen, wie er auf einer Indioflöte Indianerweisen spielte, die er kurz vorher von eingeborenen Trägern gehört hatte. In Jürgen Wellenkamp vereinigten sich ein vollendeter, durchtrainierter Körper mit einem hellen und kühnen Geist und einer aufnahmebereiten Seele zu voller Harmonie.

Es ist der 15. August 1952. Karl Blach denkt wohl an seinen Gefährten von 1950, an Karl Reiss, der damals ihn, den Schwerverletzten, so vorsorglich bis zum Stollenfenster gebracht hat. Er

weiß nicht, daß dieser Gefährte von einst in diesem Augenblick, zu Mittag, nur knapp 650 Meter unter ihm steht, in den Felsen oberhalb des Todesbiwaks von Sedlmayer und Mehringer.
Am Vortag waren der Wiener Karl Reiss und der Welser Siegfried Jungmeier nach Alpiglen gekommen, am Morgen sind sie in die Wand eingestiegen. Und es entspricht der Kühnheit und der Meisterschaft von Reiss, daß er sich nicht damit zufriedengab, vom Todesbiwak wie üblich das Dritte Eisfeld zur Rampe zu queren. Er stieg gerade empor in die Felsen, die direkt hinauf zur Spinne leiten. Dort fand er die alten Haken, die von Sedlmayer und Mehringer stammen mußten. Hatten die beiden ersten, die eine Visitenkarte des menschlichen Willens in der Eigerwand abgaben, den geraden Aufstieg versucht?
Reiss kam nach seiner Schätzung bis etwa achtzig Meter unter die Spinne. Die Felsen sind zwar schwer, aber nicht schwerer als andere Stellen in der Wand. Reiss hätte den weiteren Aufstieg gewagt, wenn er nicht nur sechs Mauerhaken und sechs Eishaken mit gehabt hätte. Mit solch mangelhafter Ausrüstung schien ihm das Unternehmen aber doch zu riskant. Er kehrte mit seinem Gefährten um, zurück zum Todesbiwak. Viereinhalb Stunden hatten die Versuche gekostet. Aber Reiss hatte einwandfrei festgestellt, daß der gerade Anstieg möglich ist – wenn die Verhältnisse es erlauben, wenn vor allem Lawinen und Steinschlag schweigen.
Reiss und Jungmeier gelang es nach Terray und Lachenal zum erstenmal wieder, den Wasserriß zu umgehen, aber auch diese Umgehung kostete dreieinhalb Stunden. Die Leistung dieses Tages war außergewöhnlich groß. Ein kaltes Biwak leitete zum nächsten Tag. Am Götterquergang spielte der Eiger wieder zum üblichen Tanz der Schneeflocken auf. Und auf dem Gipfel überfiel Reiss und Jungmeier ein Gewitter von seltener Wucht.
Trotzdem sagte Reiss: »Wir hatten gute Verhältnisse.«
Zwei Jahre später starb dieser großartige Bergsteiger und gute Kamerad an Lungenentzündung in einem Hochlager auf dem Saipal, dem einsamen, weißleuchtenden Siebentausender in Nordwest-Nepal.

Gibt es ein schöneres Zeichen männlichen Mutes, der zugleich dem Leben demütige Dankbarkeit entgegenbringt, als dieses ›Wir hatten gute Verhältnisse‹?

Mit der Besteigung Karl Reiss und Siegfried Jungmeier schloß die ›Saison‹ der Eigerwand für das Jahr 1952. Ein großes Jahr, ein gutes Jahr. Niemand war in der Wand geblieben, es mußte keine Rettungsexpedition ausrücken. Und der Erfolg war in der Geschichte der Eigerwand ohne Beispiel: sechs Begehungen mit insgesamt zwanzig Menschen. Von den zehn Österreichern stammten acht aus Wien oder gehörten den Wiener Bergsteigerkreisen an. Mit den Besteigungen der vorangegangenen Jahre erhöhte sich diese Zahl noch auf elf. Es war also kein Wunder, daß man unter Wiener ›Extremisten‹, aber auch alpinen Neunmalklugen die Frage hören konnte:

»Soso, die Eigerwand haben Sie gemacht? Und was sonst?«

Daß jene, die die Wand wirklich gemacht hatten, gegen diese ›Abwertung‹ energisch protestierten, ist begreiflich. –

Erich Vanis hat in einer bemerkenswerten Betrachtung über die Eigerwand die Frage aufgeworfen, ob die Wand wohl im Laufe der Jahre ›leichter‹ geworden sei. Er selbst gibt eine verneinende Antwort darauf, stellt der größeren Ausaperung die Verstärkung der Wasserfälle und die Erhöhung der Steinschlaggefahr gegenüber. Gewiß, nur jemand, der die Wand mehrmals durchstiegen hat, könnte genau beurteilen, ob sie leichter oder schwerer geworden oder gleichgeblieben ist, und diesen einen gibt es nicht und wird es wohl nie geben. Denn jeder bisher, und mag er noch so gut durch die Wand gekommen sein, sagt: »Nie wieder!«

Außerdem wird die Wand jedesmal ein anderes Gesicht, andere Verhältnisse haben. Sogar innerhalb eines Tages wechseln sie. Die ›guten Verhältnisse‹ der Partie Wellenkamp-Blach waren ganz anders als die ›guten Verhältnisse‹ der Seilschaft Reiss-Jungmeier, obwohl beide Gruppen am selben Tag in der Wand waren.

Was sagt die Tatsache, daß im Sommer 1952 zwanzig Menschen heil durch die Eigerwand gekommen sind, über deren Schwierigkeitsgrad aus? Nichts. Sie besagt nur, daß alle hervorragende Bergsteiger waren. Gerade der Nimbus des Todes, der wie ein Schleier über der Besteigungsgeschichte hing, brachte die Auslese: Nur die Besten wagten und siegten. Gibt es nicht zu denken, daß auch in diesem Erfolgssommer die bedeutendsten Alpinisten der bergsteigerischen Weltelite manchmal hart zu kämpfen hatten, nicht nur um den Gipfel, sondern um ihr eigenes Leben?

Doch Erich Vanis rechnet mit jenen Besserwissern und alpinen Großsprechern ab, die die Eiger-Nordwand abwerten und ihr nur noch einen geringeren Schwierigkeitsgrad zubilligen wollen – Menschen, die am grünen Tisch der Bergsteigerei sitzen und wohl niemals einen Durchstieg wagen würden. Vanis warnt, daß solches Gerede der Eigerwand den verlorenen Nimbus des Todes neu verleihen könnte.

Ein Warnwort, ein Mahnwort ...

Wie recht hatte Vanis! Wenn auch die Unfälle der Jahre nach 1952 meistens nicht durch mangelnde Fähigkeit der Bergsteiger hervorgerufen wurden, so bewiesen sie doch, daß die Eigerwand die alte geblieben war und immer bleiben wird: der äußerste Prüfstein des Bergsteigers. –

Im Sommer 1953 senkte sich wieder der Schleier des Todes über die Wand. Und er sollte sich fünf lange Jahre nicht mehr heben. Am 26. Juli steigen in aller Stille zwei Alpinisten in die Nordwand ein. Tüchtige und bewährte Felsgeher. Auch im Eis haben sie schon einige Erfahrung. Diese beiden Deutschen, Paul Körber und Roland Vass, werden von den wenigen Touristen und Hotelangestellten beobachtet, wie sie am ersten Tag am Bügeleisen ihr Biwak beziehen. Noch in dieser Nacht kommt der Wetterwechsel, bringt Schneefall und Temperatursturz, verhängt die Sicht den ganzen nächsten Tag. Was ist mit den beiden? Es ist bitter kalt, drunten auf der Kleinen Scheidegg, in Alpiglen. Droben in der Wand muß es furchtbar sein. Am 28. Juli gegen Mittag sieht man Vass und Körber wieder. Sie steigen ab. Sie queren das Zweite Eisfeld. Da verliert der oberhalb Gehende den Halt. Hat ihn ein Stein getroffen? Haben ihm Kälte und Erschöpfung das Gleichgewicht geraubt? Er gleitet – stürzt am ersten vorbei. Der kann mit den klammen

Händen das vereiste Seil nicht halten. Der Ruck hebt auch ihn in hohem Bogen aus. Beide stürzen ins Bodenlose.

Etwa zur gleichen Zeit trafen sich auf der Oberreintalhütte im Wetterstein zwei Bergsteiger besonderer Prägung: Uly Wyss, ein dreißigjähriger Bergsteiger aus Zürich, und Karl Heinz Gonda, ein dreiundzwanzigjähriger Bergsteiger aus Dresden. Wyss war ein hervorragender Eisgeher, der auch den Felsen meisterhaft beherrschte, Gonda einer der besten, die als Kletterer aus dem Elbsandsteingebirge hervorgegangen sind. Und das sagt mehr als alle Superlative: Fehrmann, Strubich, Dietrich, Wiessner – sie alle hatten ihre ersten Kletterschuhe im Elbsandstein abgetreten.

Gonda und Wyss gingen sich ein, sie stimmten sich aufeinander ab, bildeten eine ideale Seilschaft, fähig, das Schwerste und Gefährlichste zu bezwingen.

Aber es war nicht die Schwierigkeit, die beide fällte. Der Berg hatte sie aus dem Schwierigsten entlassen, bevor er die Brücke zum Leben abriß.

Am 20. August 1953 stiegen die beiden ein. Man weiß nicht, welche Verhältnisse sie in der Wand angetroffen haben, sie konnten es nicht mehr erzählen, und die Beobachtung der Fernrohrbeschauer war oft durch Nebeleinfall behindert.

Als die Fernrohre am dritten Morgen wieder auf die Wand gerichtet waren, sah man die beiden Punkte: Wyss und Gonda lebten noch. Sie lebten nicht nur, sie kletterten, sie bezwangen die vereisten Ausstiegsrisse, in einem Tempo, als ob sie eben aus dem warmen Bett gestiegen wären und nicht nach der ungeheuren Anstrengung der vergangenen Tage ihr zweites und kältestes Biwak überstanden hätten.

Der Bericht, den die Fernrohrbeobachter gaben – Hansjörg, der Bruder Ulys, und Werner Stäuble, ein bewährter Bergrettungsmann aus Zürich –, ist von erschütternder Einfachheit und Kürze: ›Zu Mittag sahen wir die beiden etwa fünfzig Meter unter dem Gipfel, dann entzogen uns die Wolken die Sicht. Als der Wettervorhang wieder aufriß, sahen wir durch das Glas, daß sich die Spuren in einem Schneerutsch verloren . . .‹

Nur ein kleiner Schneerutsch im Gipfeleisfeld beendete also das Leben der beiden – nach der Leistung, nach Durchsteigung der Wand. Nur wenige Meter fehlten noch zum Gipfel.
Der Stollenwärter der Jungfraubahn sah an diesem Mittag zwei Schatten am Fenster der Station Eigerwand vorbeifliegen, eingehüllt in eine Wolke von Schneestaub. Nur schemenhaft, einen Augenblick lang. Aber er erkannte die Form von Körpern ...
Voll Schrecken machte er die Meldung.
Werner Stäuble fand dann unterhalb des Stollenfensters Teile des im Tausend-Meter-Sturz zerfetzten Körpers von Heinz Gonda.
Wyss und Gonda waren am Berg gegen alles gefeit, nur nicht gegen die Heimtücke einer auf blankem Eis abgleitenden Lawine und einen unerwarteten Windstoß. Hätten die beiden durch bessere Sicherung, durch Eishaken etwa, den Absturz verhindern können? Vielleicht. Vielleicht hatten sie keinen Eishaken mehr. Vielleicht waren ihre Nerven nicht schwach, aber abgestumpft gegen die Gefahr, in einem Augenblick, da nach menschlichem Ermessen keine mehr vorhanden war. Vielleicht ließen sie sich treiben von dem Gefühl: Jetzt ist alle Qual zu Ende, jetzt ist der Gipfel da – bevor er da war. Vielleicht kam die große Erlösung über sie, die erst nach dem letzten Schritt zum Gipfel ihre Berechtigung hat und vorher das Verderben bringen kann. Wir wissen es nicht.
Man hat lange erwogen, ob man die Tat der beiden nicht als zwölfte Durchsteigung der Eiger-Nordwand werten dürfe. Doch die Chronisten des Eiger sind hart. Es zählt nur der Lebende, der die Wand bis zum letzten Meter bezwungen hat.
Das Jahr 1953 bringt noch eine geglückte Besteigung. Zwei ausgezeichnete Kletterer aus Bayern, der Metzgergeselle Erhard Riedl aus Reichenhall und der Zollbeamte Albert Hirschbichler aus Berchtesgaden, durchsteigen die Wand in glänzendem Stil. Man wird unwillkürlich an Anderl Hinterstoisser und Toni Kurz erinnert: der eine aus Reichenhall, der andere aus Berchtesgaden. Und so wie ihre Vorgänger vor siebzehn Jahren haben auch Riedl und Hirschbichler ihre alpine Lehrzeit in der harten Schule des

Watzmann und der Mühlsturzhörner absolviert, sind vom Schweren zum Schwersten geschritten, vom Fels zum Eis.
Und erst als Meister betraten sie die Eigerwand. Das Leben war ihr Begleiter, und ihre glückliche Besteigung war ein Gruß an Anderl und Toni, die zwar das Tor zur Eigerwand aufsperren konnten, aber die Rückkehr ins Leben nicht mehr fanden ...
Man wird Körber-Vass und Gonda-Wyss nicht vergessen. Aber ihr Tod breitete wieder Trauer und Grauen über die Eigerwand. 1954, 1955 wagte sich keine Partie in die Wand. Erst 1956 kamen wieder Bergsteiger. Zunächst erschienen die beiden als tüchtige Kletterer bekannten Münchner Dieter Söhnel und Walter Moosmüller. Sie schlugen gewohnterweise ihr Zelt oberhalb Alpiglen auf und stiegen am 3. August in die Wand ein. Am Ende des Hinterstoisser-Quergangs wurden sie von einem Wettersturz überrascht und stiegen wieder ab, erreichten durchnäßt, aber wohlbehalten ihr Zelt.
Nach der Wetterbesserung stiegen sie am 5. August wieder in die Wand, mit der Absicht, den Quergang noch besser vorzubereiten. Wieder trieb sie Schlechtwetter zurück.
An diesem 5. August kamen zwei weitere Nordwandkandidaten nach Grindelwald und bezogen zunächst Quartier in einem Heuschober: Klaus Buschmann und der in München lebende Sachse und Elbsandsteinkletterer Lothar Brandler. Brandler war kaum neunzehn Jahre alt, kühn und im Felsen geschmeidig wie eine Katze, aber er hatte noch wenig Eiserfahrung, war noch nicht reif für die große Prüfung, die die Eigerwand jedem auferlegt. Doch Brandler und sein Gefährte hatten einen Schutzengel mit, einen unheimlichen Schutzengel: den Tod der anderen.
Allerdings benahmen sich Brandler und Buschmann zunächst so, wie es alte, erfahrene Bergsteiger tun. Sie hatten zu viel von der Eigerwand gehört und gelesen, um leichtsinnig zu sein. Bei den herrschenden Wetterverhältnissen dachten sie gar nicht daran, sich der Wand zu nähern. Erst am 7. August in der Früh klarte es auf. Brandler und Buschmann gingen in den Ort, hörten den Wetterbericht, studierten die Wetterkarte. Frohlocken! Die näch-

Blick vom Westgrat
den oberen Wandteil

Zahlreiche Spalten erschweren die Suche nach Verunglückten

ne Rettungsmannschaft Aufstieg unterhalb der 'and

Eine wichtige Voraussetzung für den Erfolg ist eine erstklassige und besonders für die Eiger-Nordwand zusammengestellte Ausrüstung

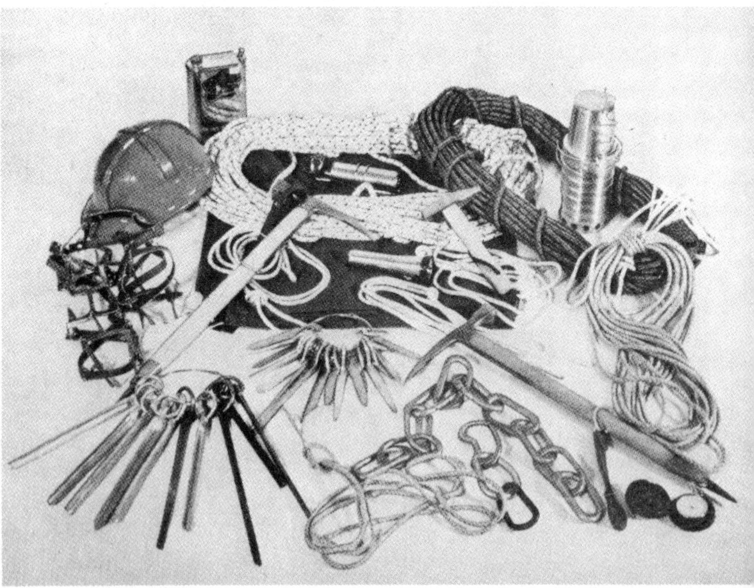

sten vier bis fünf Tage bleibt es aller Voraussicht nach schön. Sie stürmen zur Jungfraubahn, lassen sich bis Alpiglen tragen und steigen noch am Nachmittag bis zum Biwakloch oberhalb des Zweiten Pfeilers. Es war erst sechzehn Uhr dreißig als sie dort ankamen. Die Verlockung weiterzuklettern war groß. Doch sie wollten die mangelnde Erfahrung durch besonders große Vorsicht wettmachen. Sie schauten auf die wasserüberströmten Felsen in der Höhe und beschlossen zu biwakieren.

Der nächste Morgen war strahlend schön. Aber Brandler und Buschmann hatten bei Anbruch der Dämmerung noch nicht den richtigen Mut, weiterzuklettern. Wahrscheinlich hätten sie Schlechtwetter als willkommene Ausrede für eine Umkehr begrüßt. So waren sie unentschlossen. Die Ausrüstung wäre zwar komplett, aber zu schwer. Am besten wäre es, abzusteigen, die Ausrüstung nochmals zu überprüfen und morgen mit leichterem Gepäck wieder einzusteigen ...

Jetzt ist es schon ganz hell, ganz Tag. Es ist sechs Uhr früh. Da sehen die beiden eine andere Seilschaft an sich vorbeisteigen, dem Schwierigen Riß zu. Es sind Söhnel und Moosmüller. Das stärkt das Selbstvertrauen der beiden Jungen. Sie steigen den anderen nach, erreichen sie unter einer Verschneidung, links unterhalb des Schwierigen Risses. Ein freundlicher gegenseitiger Gruß. Es ist doch ein gutes Gefühl, andere, ältere, erfahrenere Menschen in seiner Nähe zu wissen. Jetzt wird's schon gelingen.

Von dem Band unter der Verschneidung geht die erste Partie weiter zu einem zehn Meter höher gelegenen Hakenstand. Moosmüller steigt nun nach rechts hinaus, befindet sich etwa drei Meter über seinem Gefährten Söhnel. Brandler rückt in die Verschneidung nach. Er schlägt zur Sicherheit einen Zwischenhaken, hängt ein. Zwei Meter unter ihm ist Buschmann.

Plötzlich hört Brandler einen kurzen Ruf Moosmüllers:

»Halten!«

Unmittelbar darauf spürt er einen Schlag an seiner Schulter. Aha, Moosmüller ist am Überhang gestürzt und bei ihm zum Halten gekommen. Aber als Brandler aufschaut, ist Moosmüller weg.

Und auch Söhnel ist nicht mehr auf seinem Stand. Zwei Körper schlagen mit einem häßlichen, dumpfen Laut auf Felsen auf, kollern, stürzen, schlagen wieder auf, verschwinden ...

Brandler läßt sich instinktiv hinunter zum Stand seines Freundes, dann starren beide regungslos in die Richtung, in der die beiden anderen verschwunden sind, in die Tiefe. Die beiden Jungen hören das Blut in den Ohren sausen, fühlen das Herz bis zum Hals schlagen. Es dauert eine Weile, bis sie sich vom Schock erholen und langsam den Abstieg beginnen können.

Dann finden sie die anderen. Sie finden zwei Tote. Sie können es nicht glauben, daß zwei Menschen, mit denen sie vor kurzem noch gesprochen, mit denen sie gelacht haben, nun tot sind. Aber es ist kein Zweifel: Hier kommt jede menschliche Hilfe zu spät. Es sind die ersten Toten am Berg, denen die Jungen begegnen. Tief erschüttert steigen sie ab, machen die Meldung, erweisen den gefallenen fremden Kameraden den letzten Dienst, indem sie bei der Bergung der Toten mithelfen.

Aber sie steigen nicht mehr in die Wand. Nicht in diesem Jahr. Niemand steigt mehr 1956 in die Wand.

Das Jahr 1957 aber bringt die große Katastrophe, die Tragödie, die die Eigerwand wieder in den Brennpunkt der Öffentlichkeit rückt, von der die Schlagzeilen der Zeitungen berichten und die die Reporter von Presse und Rundfunk auf die Berge treibt, mehr noch als 1936. Es ist die Tragödie Nothdurft, Mayer, Longhi ...

Die Eigerwandtragödie von 1957

Die Eigerwandtragödie von 1957 war vom Vorspiel bis zum dramatischen Schluß voll von Rätseln und Geheimnissen. Sie begann an einem Samstag, dem 3. August, noch ehe die Nacht zum Tage wurde. Sie endete Montag, den 12. August, nachdem ein Mann einen Tag vorher gerettet worden war.

Es gab also einen, einen von den vieren, die aufgestiegen waren, der Bericht erstatten und über alles Rätselhafte Auskunft geben konnte. Und er gab auch Auskunft. Man will nicht an seinen Worten zweifeln. Doch die unglaubliche Anstrengung der neun Tage in der Wand, der acht Biwaks, oft stehend oder in den Seilen hängend verbracht, die Schwächung und die Schmerzen der Verletzungen durch Sturz und Steinschlag müssen seinem Urteilsvermögen und seiner Erinnerung einiges an Klarheit und Schärfe genommen haben. Seine Mitteilungen weisen auch manche Widersprüche auf.

Man versucht also, die Fehlerquellen auszuschalten, die aus der menschlichen Phantasie kommen. Auch jene, die sich aus Fernrohrbeobachtungen immer wieder ergeben. Man sucht Klarheit, nicht um Neugierde oder Sensationslust zu befriedigen, sondern um die Qual eines Geheimnisses zu mildern, um alle Vermutungen zu löschen und an deren Stelle das erlösende Wissen zu setzen, auch wenn dieses Wissen noch so grausam sein mag.

Aber Klarheit und Wissen scheinen hier nicht möglich. Und wenn ich noch so sehr versuche, ein Chronist zu sein, der mit Vorsicht und Gewissenhaftigkeit an seine Aufgabe herangeht, weiß ich, daß ich an dieser Aufgabe scheitern werde. Ich kann das Rätsel nicht lösen, kann den Schleier des Geheimnisses von dieser menschlichen Tragödie nicht lüften, nicht Wissen und Klarheit geben.

Die Akteure des Dramas: Da sind zunächst zwei italienische Bergsteiger, Stefano Longhi, vierundvierzig Jahre alt, und Claudio Corti, neunundzwanzigjährig. Beide stammen aus Lecco in der Provinz Como. Dieser Ort vor den Toren des Bergell, der wildschönen Gebirgsgruppe der kühnsten Granitgipfel, -kanten und -wände, ist ein kleines Bergsteigerzentrum für sich. Auch Riccardo Cassin, der Erstbesteiger der Nordwand der Westlichen Zinne, der Nordostwand des Piz Badile und des himmelstürmenden Pfeilers auf die Pointe Walker der Grandes Jorasses, ist in Lecco zu Hause. Von den Bergsteigern und Bergführern in Lecco als guter Alpinist anerkannt zu werden, bedeutet so viel wie ein Meisterbrief. Besitzen ihn auch Longhi und Corti?

Die zwei anderen, die in der Tragödie der Eigerwand 1957 Hauptrollen spielen, sind Deutsche: Günther Nothdurft und Franz Mayer. Trotz ihrer Jugend – beide sind erst im zweiundzwanzigsten Lebensjahr – haben ihre Namen bei Alpinisten ausgezeichneten Klang.

Günther Nothdurft – er ist ebenso wie Mayer Württemberger – ist ein so hervorragender Kletterer, daß selbst Hermann Buhl über die Leistungen des Jungen nur mit staunender Anerkennung spricht. Auch die großen Wände Cassins kennt der junge Günther schon. Die überhängende Feuermauer der Westlichen Zinne hat er in guter Zeit durchstiegen, die benachbarte Gelbe Kante auf die Kleine Zinne allein in fünfundvierzig Minuten bezwungen und auch die Nordostwand des Piz Badile allein bestiegen. Das hat vor ihm nur Hermann Buhl gewagt. Wie hervorragend Nothdurft klettert, geht aus der benötigten Zeit hervor. Die Erstbesteiger mußten seinerzeit zwei Biwaks in der unheimlich glatten Badilewand verbringen, auch ihre Nachfolger, unter denen klingende Namen wie Lionel Terray und Gaston Rébuffat waren, kamen nicht ohne Biwak durch. Als dann Hermann Buhl die Wand in viereinhalb Stunden im Alleingang durchstieg, waren die auf dem Gipfel anwesenden italienischen Bergsteiger so begeistert, daß sie ihn am liebsten im Triumphzug nach Lecco entführt hätten. Und einige Jahre später kommt der blutjunge Nothdurft und klettert durch die Mauer des Badile allein in – dreieinhalb Stunden.

Martin Schliessler, der vielleicht erfolgreichste deutsche Bergsteiger nach dem Krieg, ein Mann, der äußerst sparsam mit Lob umgeht, schrieb mir in einem Brief über Nothdurft: ›Ich will Ihnen kurz sagen, was mich mit Günther Nothdurft verband. Wir waren gute Freunde und wollten auch in Zukunft noch manche Tour zusammen machen. Er war in meinen Augen wohl der begabteste junge Bergsteiger der letzten Jahre. Es ist traurig, daß die Eigerwand immer wieder die Besten behält ... Nothdurft war etwa vier Wochen vor der Katastrophe schon in der Eigerwand und wollte sie allein machen. Er kam in wenigen Stunden bis über das Zweite Eisfeld. Als das Wetter schlecht wurde, stieg er noch in der Nacht, bei Schneefall, mit einer Stirnlampe versehen, ab. Er sagte, er habe hart kämpfen müssen.‹

So urteilt der kritische Martin Schliessler. Wir erfahren von ihm, daß der junge Günther auch die Eigerwand bis etwa zur halben Wandhöhe kannte und es als erster gewagt hatte, die große Mauer allein anzugreifen, und dabei in einem Tempo auf- und abgestiegen ist, wie man es bisher nicht für möglich gehalten hat. Also bewies der junge Bergsteiger, der in der berühmten Kletterschule des ›Battert‹ im Schwarzwald seine alpinen Kinderschuhe abgetreten hat, daß er sich auch im Eis schnell und sicher bewegen konnte. Allerdings erzählten sowohl der Inhaber des Münchner Sporthauses Schuster als auch der bekannte Alpinist Steinmetz, daß Günther Nothdurft von seinem Alleingang in der Eiger-Nordwand ein unauslöschlicher Eindruck zurückblieb: Es sei das Schwierigste und Gefährlichste, was er bisher erlebt habe, und er werde nicht mehr in die Eigerwand steigen.

Wenige Wochen später aber stieg er mit Franz Mayer wieder in die Wand. Beide waren gut aufeinander eingespielt; vor allem hatten sie als Trainingsfahrt eine Tour im Winter gemacht, die wohl zum Schwersten zählt, was im verschneiten, vereisten winterlichen Fels bezwungen wurde: die direkte Westwand des Totenkirchls im Wilden Kaiser über die Route Peters/Eidenschink. Zwei Bergsteiger also, von denen man alles erwarten kann, nur nicht, daß sie langsam sind und vor den Schwierigkeiten der Eigerwand kapitulieren müssen. Und doch war die Langsamkeit der vier Männer in der Wand die Ursache der Tragödie, die am Montag, dem 12. August, mit dem Tod Stefano Longhis ihren Abschluß fand.

Das Vorspiel, der Auftakt, beginnt am 3. August in der Frühe. Corti und Longhi steigen ein. Haben sie die Absicht, die ›Direttissima‹ zu machen? Sie klettern gerade empor gegen die Fenster der Station Eigerwand, so wie einst Sedlmayer und Mehringer. Aber sie tun es unabsichtlich. Sie finden auf dem Anstieg alte Mauerhaken, glauben daher, auf der richtigen Route zu sein, kommen spät zur Erkenntnis, daß sie sich verirrt haben, biwakieren, seilen sich ab, klettern ab, queren und kommen am Sonntag, dem 4. August, endlich auf den Originalweg Hinterstoissers, noch im unteren Wandteil.

Hier sehen sie zum erstenmal zwei andere Bergsteiger über die gleiche Route emporsteigen. Es sind Günther Nothdurft und Franz Mayer. Wie hat sich nun dieses Zusammentreffen abgespielt?

In dem Bericht, den Corti im Krankenhaus von Interlaken nach seiner Rettung einem Journalisten der United Press gegeben hat – er wurde laut Meldung vieler Zeitungen auf Tonband aufgenommen –, erzählte er folgendes: ›Als wir am Sonntag wieder den richtigen Anstieg gefunden hatten, trafen wir die deutschen Bergsteiger Günther Nothdurft und Franz Mayer. Beide waren am Sonntagmorgen aufgebrochen. Wir konnten uns nur durch Zeichensprache verständigen, da die beiden kein Italienisch konnten und wir kein Deutsch. Dennoch erfuhren wir, daß die Deutschen ihre Rucksäcke verloren hatten, in denen sich ihre Steigeisen und die übrige Ausrüstung befanden, weshalb sie nicht in der Lage waren, ihren Aufstieg fortzusetzen. Da wir aber genügend Ausrüstung hatten, legten wir alles zusammen und stiegen gemeinsam weiter. Ich führte die Gruppe, die jetzt an einem Seil hing, und Longhi bildete den Schluß.‹

Und an welcher Stelle haben sie einander getroffen? Man kann es aus der Beschreibung Cortis nicht entnehmen. Die Gabe, eine Stelle am Berg genau zu schildern, scheint ihm zu fehlen. Jedenfalls muß es noch unter dem Schweren Riß gewesen sein. Und dort sollen Nothdurft und Mayer bereits ihre beiden Rucksäcke und die so entscheidend wichtigen Steigeisen eingebüßt haben? Nothdurft kannte schon einen Teil der Wand, er wußte, daß er bei seinem einsamen Abstieg vor vier Wochen ohne Steigeisen verloren gewesen wäre. Jetzt aber soll er die Fahrt fortgesetzt haben? Das klingt höchst sonderbar. Nothdurft soll sich mit dem Überschuß der Ausrüstung der Italiener begnügt haben? War er, der immer gewöhnt war, zu führen, so leichtsinnig und genügsam, sich an eine andere, besser ausgerüstete Partie anzuschließen? Oder wollte etwa Corti die Deutschen bei sich haben, weil sie den Weg kannten? Rätsel über Rätsel ...

Beobachter erzählten, daß sich die beiden Seilschaften keineswegs vom Augenblick ihres Zusammentreffens an zusammengehängt hätten, sondern lange getrennt stiegen. Aus der Divergenz der Erzählungen und Berichte entstand eine Diskussion; das Unerklärbare erregte die Gemüter. Wochen nach dem Unglück wurde Claudio Corti vom Zentralausschuß des Club Alpino Italiano aufgefordert, einen genauen Bericht über den Besteigungsversuch zu schreiben. Man hat mir eine Übersetzung zugesandt.

Ich will versuchen, daraus in großen Zügen den Sachverhalt zu rekonstruieren. Zunächst fällt einem Kenner der Wand auf, daß es Corti – wie schon erwähnt – niemals gelingt, den Ort, an dem er sich jeweils befindet, genau zu lokalisieren. Charakteristische Stellen, die seit Jahren, ja seit zwei Jahrzehnten ihren festen Namen haben, werden vage umschrieben, als ob man in Neuland vorstieße. Nur der Name Hinterstoisser kommt oft vor. Nicht nur beim Hinterstoisser-Quergang, der als solcher gar nicht zu erkennen ist. Immer wieder klettert Corti über eine ›Hinterstoisser-Pas-

sage‹, einen ›Quersteig, einen ›Anstieg, einen ›Überhang. Nur mit Mühe erkennt man aus einer solchen Beschreibung etwa den langen Quergang am oberen Rand des Zweiten Eisfeldes oder die Kletterei an der Bügeleisenkante. Hatte Corti denn keine Ahnung von der Wand? Hatte er nicht die Wegführung, die Geschichte der Wand studiert?
Daß Corti und Longhi sich schon im unteren Wandteil verirrten, wodurch sie gezwungen waren, einen ganzen Tag und eine Nacht und wieder den Teil eines neuen Tages unten im Gelände des Vorbaues zu verbringen, spricht für ihre völlige Ahnungslosigkeit. (Später stellte sich heraus, daß die beiden sogar zwei Tage dort verloren.)
Guido Tonella, der italienische Publizist und erstklassige Bergsteiger, den wir bereits kennen und von dem noch ausführlich die Rede sein wird, hatte im Krankenhaus von Interlaken ein Interview mit Claudio Corti. Riccardo Cassin vermittelte dieses Gespräch. Und Tonella gegenüber gestand Corti, daß seine einzige Vorbereitung in einer Fotografie in Postkartenformat bestand, auf der die Route eingezeichnet war. Der brennende Ehrgeiz Cortis war es, der ersten italienischen Seilschaft in der Eiger-Nordwand zum Erfolg zu verhelfen. Seinem Ehrgeiz hielt jedoch sein Wissen um den Berg und die Wand nicht die Waage. Tonella hat dieses Interview veröffentlicht. Er schrieb kein gehässiges Wort gegen seinen Landsmann, er übte nur sachliche Kritik, wie es ihm sein journalistisches Verantwortungsgefühl diktierte.
Wie schildert Corti nun in seinem Bericht für den Club Alpino das Zusammentreffen der italienischen mit der deutschen Seilschaft? ›Senkrecht steigen wir etwa zwei Seillängen weiter ... An dieser Stelle sehen wir eine Seilschaft von zwei Männern, die auf unserem Weg voranschreiten, etwa zwei Stunden von uns entfernt. Wir beschließen zu halten, um uns zu stärken und zu sehen, wer die Mitglieder dieser Seilschaft sind. Es ist genau fünfzehn Uhr (Sonntag, den 4. August). Da wir merken, daß diese Seilschaft hält, beschließen wir weiterzusteigen. Wir klettern eine Seillänge vertikal auf Eis und finden ein Stück Seil, das an einem Haken

befestigt ist. An dieser Stelle zeigt uns der Führer, den wir besitzen, daß wir einen etwa siebzig Meter langen senkrechten Aufstieg (Quergang?) überwinden müssen, der zum Hinterstoisser-Eisfeld führt ...‹ (Corti meint hier offenbar den Hinterstoisser-Quergang.) ›An dieser Stelle erreicht uns die Seilschaft, die wir zuvor gesehen hatten, und nach der üblichen Begrüßung beenden wir den Quersteig in der senkrechten Wand, gefolgt von der deutschen Seilschaft, und erreichen das Eisfeld. Wir steigen senkrecht etwa zwei Seillängen weiter, und danach beschließen wir zu biwakieren. Es ist zwanzig Uhr. Nach der Vorbereitung zum Biwak, nachdem wir eine Vertiefung in das Eis gegraben haben, um die Nacht darin zu verbringen, begann schlechtes Wetter mit Sturm und eisiger Temperatur. Die Deutschen befanden sich etwa drei Meter von uns entfernt.

5. August, Montag. Etwa um drei Uhr früh bereiten wir uns etwas zu essen, um uns zu erwärmen, und bemerken, daß die Deutschen mit jeder Art von Komfort versehen sind. Wir fragen sie, warum sie sich nicht stärken? Sie geben uns zu verstehen, daß ihnen während der Nacht der Sack abgestürzt ist, der alle ihre Lebensmittel enthielt. Deshalb teilen wir aus Pflichten der Menschlichkeit unser Frühstück mit ihnen. Wir fragen, ob sie beschlossen hätten, weiterzusteigen oder nicht. Sie geben uns zu verstehen, daß sie auf jeden Fall weitermachen wollen. Dennoch beschließen wir, in getrennten Seilschaften weiterzusteigen. Es ist etwa fünf Uhr dreißig, und wir beginnen den Aufstieg über das Eis. Vertikal steigen wir etwa fünf Seillängen im Schwierigkeitsgrad fünf und erreichen nach etwa vier Stunden Klettern den Quersteig des Hinterstoisser. Hier beginnt der zweite der Seilschaft der Deutschen Schmerzen im Magen zu empfinden und Anzeichen der Müdigkeit zu zeigen. Da beschließen wir, eine einzige Seilschaft zu bilden. Ich steige als Seilführer, als zweiter der deutsche Seilführer, dann der andere Deutsche (denn in der Zwischenzeit hat sich sein Zustand verschlechtert) und als letzter Stefano.

Hier beginnt der Quergang des Hinterstoisser. Wir machen eine Traverse von etwa fünfundzwanzig Seillängen (immer loses Eis) ...‹

Wir wollen uns nicht mehr über die oftmalige und unrichtige Verwendung des Namens Hinterstoisser wundern. Corti wußte mit dem Namen nichts anzufangen und bezeichnete fast alles, was ihm bis zum Todesbiwak Sedlmayers und Mehringers besonders schwierig schien, mit dem Namen Hinterstoisser. Das erste gemeinsame Biwak wurde nach Cortis ungenauer Beschreibung auf dem Schwalbennest oder in dessen Nähe verbracht. Laut Corti war es die Nacht vom Sonntag auf Montag. Aber auch das stimmt nicht, wie wir noch hören werden. Der Zusammenschluß erfolgte, wenn man sich an Cortis Bericht hält, erst beim großen Quergang über das Zweite Eisfeld, also keineswegs, wie es aus seinem Bericht an die United Press hervorging, von Beginn an. Die Tatsachen, die Fritz von Allmen und viele andere durch das 72fach vergrößernde Fernrohr aus dreieinhalb Kilometer Entfernung täglich beobachten konnten, stehen fest. Die Vergrößerung ist so gewaltig, daß man Karabiner, Seilschlingen, ja sogar Gesichtszüge darin unterscheiden kann. Danach schlossen sich die beiden Seilschaften erst kurz vor der Spinne zusammen, also am Freitag, dem 9. August. Bis dahin benahmen sie sich geradezu wie Feinde. Nach diesen Beobachtungen steht auch fest, daß die gemeinsamen Biwaks wie folgt stattfanden: Montag auf Dienstag am unteren Ende des Zweiten Eisfeldes, am selben Felskopf, an dem wir bei der Erstbesteigung unser erstes Biwak hatten; Dienstag auf Mittwoch am Todesbiwak; Mittwoch auf Donnerstag im oberen Rampenteil; Donnerstag auf Freitag kurz vor der Spinne in ihrem oberen Teil und schließlich von Freitag bis Sonntag am Fuß der Ausstiegsrisse.
Die brennendste Frage aber ist: Wie verhielt es sich mit dem Verlust der Rucksäcke, der Ausrüstung der Deutschen? Zuerst hieß es, sie hätten alles, auch die Steigeisen, verloren. Nun ist es plötzlich nur der Proviantrucksack, der in der Nacht des ersten Biwaks abgestürzt sein soll. Was ist richtig?
Tatsache ist, daß sich die beiden Seilschaften und später die vereinigte Seilschaft ungewöhnlich langsam fortbewegten. Beobachter teilten mit, daß die beiden Gruppen nicht nur nicht zusammen, sondern offenbar sogar gegeneinander arbeiteten. So berichteten

verschiedene Zeitungen, daß der Schlußmann der ersten Seilschaft immer die vom ersten geschlagenen Haken herausnahm, so daß die zweite Partie neue schlagen mußte. Das wäre im Fels befremdlich und ließe auf eine Disharmonie, ja auf einen fast feindlichen Akt schließen. Im Eis aber, bei geringer Anzahl der mitgeführten schweren Eishaken, ist ein solches Verhalten durchaus üblich und erklärlich, denn jede Seilschaft braucht ihre Haken zur Sicherung und zum Weitersteigen. Unverständlich aber ist die Art, wie alle vier das steile Eis überwanden, wo die beiden Seilschaften sogar Stufen im Eis separat schlugen.

Der stets gut informierte Berner ›Bund‹ schreibt unter dem Zwischentitel ›Sonderbares Verhalten am Berg‹ darüber:

›Von Grindelwald wie von der Kleinen Scheidegg aus sind die beiden Seilschaften, die vor einer Woche den Aufstieg begonnen haben, ständig beobachtet worden. Das äußerst behutsame und vorsichtige Vorgehen der Deutschen und Italiener ließ einmal darauf schließen, daß die Verhältnisse wohl ungünstig seien (Vereisung), zum anderen aber auch, daß es sich um Leute handeln mußte, denen die Gewandtheit im Eis abging.

Darauf deutet auch die Tatsache, daß in den Firnfeldern unwahrscheinlich lang und kraftraubend an Stufen gehackt wurde. Ebenso seltsam berührte die Feststellung, daß die beiden Seilschaften, die sich bereits am zweiten Tag einander näherten, nicht zusammenarbeiteten ...‹

Und die Führerschaft von Grindelwald unterzeichnete einen Bericht, der den Hergang, die Entwicklung und das Nachspiel der Tragödie zusammenzufassen versuchte und in dem es unter anderem heißt: ›Es soll hier nicht eine diskriminierende Kritik an den Toten geübt werden, und wenn wir es dennoch wagen, etwas zu sagen, ist es einzig als Warnung für künftige junge Bergsteiger, ihre hoffnungsvolle Jugend nicht aufs Spiel zu setzen. Sicher waren die Bergsteiger überdurchschnittliche Könner. Es waren auserwählte ‚extreme Spezialisten'. Ihre Erfahrung sammelten sie im Fels, nicht aber im Eis. Und das kam bei dieser Besteigung deutlich zum Ausdruck; denn von zuständigen Stellen und unabhängig

voneinander stellte man fest, daß die Verunglückten in Eis und Firn die reinsten ‚Badewannen' herausschlugen. Sie waren unbedingt zu langsam im Eis.
Dazu kommt die Tatsache, daß die Eiger-Nordwand immer wieder unterschätzt wird. Die Erstbesteiger haben dieses Problem wohl am eingehendsten studiert. Sie kannten die Geographie der Wand auswendig, und trotzdem ersehen wir aus ihren Berichten und aus denen ihrer Nachfolger, daß sie wesentliche Punkte unterschätzt haben. Die diesjährigen Besteiger sollen die Wand auch eingehend studiert haben. Warum haben sie sich dann immer wieder verstiegen? . . .‹
Auch Lionel Terray, der in seiner Menschenfreundlichkeit gern ein positives, loyales Urteil über andere Bergsteiger fällt, äußerte sich voller Verwunderung und Bedenken, als er zur Kleinen Scheidegg kam und die vier beobachtete. Und Wolfgang Stefan, einer der besten jungen Wiener, und Götz Mayr, sein ebenbürtiger Innsbrucker Gefährte – von deren Versuch am Eiger wir gleich hören werden –, konnten einfach keine Erklärung für das langsame Vordringen der zwei Seilschaften finden. Eine scheinbare Bosheit des Schicksals hat die beiden Österreicher davor bewahrt, mit den anderen in der Wand zusammenzutreffen. Was wäre ihr Schicksal gewesen, wenn sie hinter den vieren hätten aufsteigen müssen? Vielleicht hätten sie irgendwo den Vortritt gewinnen können und mit ihrer Stoßkraft den Gipfel erreicht. Vielleicht aber wären sie in kameradschaftlicher Hilfeleistung mit zugrunde gegangen. Man kann es nicht sagen. Wolfgang und Götz waren wirklich auf die Wand vorbereitet, waren gleich gut in Fels und Eis. Die Begehung der Nordwand des Ortlers, der direkten ›Schaumrolle‹, der Wächte der Königspitze-Nordwand, der Matterhorn-Nordwand, der Nordwand des Fiescherhorns im Berner Oberland waren mehr als ein Befähigungsnachweis. Sonntag, den 4., nachmittags trugen die beiden ihre Ausrüstungsrucksäcke zur Biwakhöhle und stiegen wieder ab. Auf der sanft geneigten Wiese bei Alpiglen vertrat sich jedoch Götz Mayr den Knöchel und war zwei Tage gehunfähig. Erst Mittwoch, den 7. August, stiegen sie

wieder, zum endgültigen Angriff, in die Wand. In den Tagen der Wartezeit war das Wetter schön; auch noch Mittwoch früh. Schon um acht Uhr hatten die beiden den Hinterstoisser-Quergang und zwei schwere Seillängen darüber hinter sich, da schlug das Wetter um. Der Entschluß wurde ihnen schwer, aber er war von Erfahrung und weiser Vorsicht befohlen: Wolf und Götz stiegen wieder ab.

Sie konnten nicht glauben, daß bei der unverständlich langsamen Seilschaft der Deutschen und Italiener Günther Nothdurft mit dabei war. Niemand konnte das glauben, noch weniger verstehen. War das noch der Günther Nothdurft, der an einem einzigen Tag bis über das Zweite Eisfeld und am selben Tag auch wieder ins Tal gekommen war? Der Günther Nothdurft, der damals einwandfrei seine Befähigung im Steigeisengehen erwiesen hatte? Konnten die beiden Deutschen nicht voraussteigen? Warum waren sie so erschreckend langsam? Und wenn Nothdurft am zweiten Tag Zeichen einer Magenverstimmung zeigte – warum waren er und Mayer dann nicht umgekehrt? Wer gibt Antwort auf diese Fragen und Rätsel?

Man erinnert sich an das erste Interview, das Corti dem Journalisten der United Press gab: Stimmt es, daß die beiden Deutschen keine Steigeisen bei sich hatten? Das würde vieles erklären. Aber unerklärlich bleibt, wieso die Partie Nothdurft überredet werden konnte, trotz mangelnder Ausrüstung den weiteren Anstieg zu wagen. Die beiden kannten doch die Geschichte der Wand, wußten, wie ich mich hatte anstrengen müssen, die Tour ohne Steigeisen zu machen und die anderen dadurch nicht zu behindern, obwohl ich einen ausgezeichneten Schuhbeschlag hatte. Und wir vier waren eine homogene Gemeinschaft, die eine gemeinsame Sprache des Geistes und des Herzens hatte. Die Partie Nothdurfts und die Cortis verstanden nicht einmal gegenseitig ihre Muttersprachen.

Wer gibt Antwort auf diese Fragen? War die Konkurrenz der beiden Seilschaften so groß? Kam zum nationalen und persönlichen Ehrgeiz noch der Kampf der Generationen? Da war der ausgereifte Mann Claudio Corti, da sein Gefährte Stefano Longhi, der mit

seinen vierundvierzig Jahren leicht der Vater der Deutschen hätte sein können. Wollten die Jungen beweisen, daß sie ebenso gut, ja besser waren als die viel älteren? Rätsel über Rätsel, für die auch die Berichte Cortis keine Erklärung geben.
Versuchen wir, das Vordringen der vier in der Eiger-Nordwand rein zeitlich zu rekonstruieren. Als Anhaltspunkt soll diesmal nur der Bericht Cortis dienen. Das Biwak von Montag auf Dienstag – das zweite der Deutschen, das dritte der Italiener – wird danach wahrscheinlich am Beginn der Rampe bezogen. Die Beschreibung Cortis ist so ungenau, daß man nichts mit Sicherheit sagen kann. Aber wenn Corti von einer großen Einbuchtung spricht, die durch die Wand zieht, kann er nur die Rampe meinen. Nach seinen Angaben ging es dem einen Deutschen – Nothdurft – so schlecht, daß ihm eine herzstärkende Coramininjektion gegeben werden muß. Aber offenbar denkt niemand an Umkehr.
Corti erklärt nun das langsame Vorwärtskommen mit der Schwäche Nothdurfts. Um vierzehn Uhr hätten sie erst ›neun bis zehn Seillängen hinter sich gebracht‹. Corti schreibt weiter: ›Dann kommen wir an eine große überhängende Wand und überwinden sie mit zwei Seillängen im Schwierigkeitsgrad über sechs . . .‹
Corti fährt fort: ›Nach weiteren vier Seillängen befinden wir uns vor einem großen Wasserfall, der jeden Übergang verhindert. Es ist achtzehn Uhr, und wir einigen uns mit den Deutschen, zum Biwak haltzumachen. Nach Vergleich mit den Fotografien, die sich im Besitz der Deutschen befinden, ersehen wir, daß der Weg mitten durch den Wasserfall führen muß. Deshalb richten wir uns an der Stelle ein, die am wenigsten Unannehmlichkeiten bietet. Der Zustand des Kranken ist immer gleich.‹
In dieser Beschreibung fällt zunächst eine unwesentlich scheinende Behauptung auf: Die Deutschen hätten die Fotografie mit der Anstiegsskizze gehabt. Wir erinnern uns aber an die Erklärung Cortis gegenüber Guido Tonella, daß die Italiener als einzigen Behelf zum Wegfinden eine Fotografie im Postkartenformat mit eingezeichneter Route besaßen. Wo ist nun dieses Biwak von Dienstag auf Mittwoch?

Nach Berichten der Beobachter sind die vier auf der Rampe viel zu hoch gestiegen, wahrscheinlich auch höher als fünf Jahre früher die Seilschaft Vanis. Es ist also anzunehmen, daß das Biwak etwa zwei Seillängen oberhalb vom Brüchigen Band, das zum Götterquergang führt, in der Rampe erfolgte. Die Versuche beweisen auch, daß sich die Rampe als Fluchtweg aus der Wand nicht eignet. Der Schein trügt, wie so oft in der Eiger-Nordwand. Die Rampe hat viele Überhänge und wird unbezwingbar schwer. Hier ist kein Tor in die Freiheit.

Corti berichtet über den Mittwoch, den 7. August:

›Etwa um sieben Uhr brechen wir das Biwak ab und seilen einander an, um den Wasserfall senkrecht zu überwinden, der eine Höhe von etwa fünfunddreißig Metern mit dem Schwierigkeitsgrad sechs hat. In der Zwischenzeit haben sich die atmosphärischen Bedingungen gebessert. Das Wetter ist wieder schön geworden, und die Sonne scheint kräftig. Etwa um zehn Uhr sind wir über den Wasserfall und halten uns, so gut es geht, in der Sonne auf, um uns trocknen zu lassen, denn wir sind vollständig von Wasser durchweicht.‹ (Am 7. August kann ein Sonnenstrahl diesen Wandteil niemals um zehn Uhr erreichen!) ›Jetzt ist der Zustand des Deutschen schlimmer geworden, und wir beginnen zu zweifeln, ob er den Rest des Aufstiegs wird durchhalten können ...

Hier beginnen wir den Quersteig, um die Spinne zu erreichen, die sich zu unserer Rechten befindet. Wir starten etwa um zwölf Uhr. Der Quersteig erweist sich als sehr schwierig, wir finden ihn mit Eis bedeckt und siebzig bis achtzig Grad steil. Wir kommen etwa sechs Seillängen vorwärts. Wir kommen in die Nähe der Spinne, und in der Zwischenzeit hat ein starker Schneefall begonnen. Überdies hören wir starke Stein- und Eislawinen über die Spinne niedergehen. Es ist etwa sechzehn Uhr, als wir nach gemeinsamer Übereinkunft ein Biwak beschließen. Die Nacht ist sehr kalt an dieser Stelle. Der eine Deutsche ist in einem stationären Zustand. Ich verbringe einen Großteil der Nacht damit, mit Unterstützung des Deutschen Franz (Mayers) die Hände

Stefanos mit Alkohol einzureiben, um Erfrierungen, die sich in immer stärkerem Maße zeigen, zu verhindern ...‹

Es besteht kein Zweifel, daß die Überwindung des neuen Wasserfalls in dem oberen Rampenteil und die Querung, etwa achtzig Meter über dem Brüchigen Band, also über der richtigen Route, sehr große Schwierigkeiten brachten. Wir erfahren weiter, daß Günther Nothdurft in so elendem Zustand gewesen sein soll, daß es mehr als zweifelhaft schien, ob er durchhalten werde. Auch hätte Nothdurft längst gestorben sein müssen, wenn die Diagnose Cortis richtig gewesen wäre. Aber Nothdurft – in welcher körperlichen Verfassung auch immer er gewesen sein mag – bezwang Seillänge um Seillänge, nach Cortis Beurteilung mit dem Schwierigkeitsgrad sechs, also dem Äußersten, was ein Gesunder zu leisten imstande ist. Ein sonderbares Benehmen für einen zu Tode Geschwächten. Man muß annehmen, daß das besonders kalte vierte Biwak nun Günthers Ende bedeutet.

Und am nächsten Morgen, Donnerstag, den 8. August, klettern Franz Mayer und Günther Nothdurft voraus. Als getrennte Seilschaft! So arg kann also die Erschöpfung Günthers nicht gewesen sein. Corti bestätigt dies – gewollt oder ungewollt – durch seinen weiteren Bericht.

›8. August. Sechs Uhr. Wir brechen auf, um die Spinne zu erreichen, und steigen waagerecht ... Ich erreiche die beiden Deutschen und veranlasse Longhi, die beiden Haken herauszunehmen und sich mir anzuschließen ...‹

Also waren Franz und Günther voraus. Corti holte sie ein. Beim Nachkommen Longhis ereignete sich die erste Katastrophe, die zunächst noch nicht an das unselige Ende des Unternehmens glauben ließ. Corti berichtet: ›Nachdem ich das Seil etwa drei Meter eingeholt habe, gleitet Longhi aus und schreit: ‚Halt mich, Claudio!'

Ich mache mich bereit, den Ruck des Sturzes aufzuhalten. Und wenn ich jetzt wieder daran denke, finde ich, daß wir nur durch ein Wunder nicht dem Sturz gefolgt sind. Es gelang mir, Longhi zu halten.‹

Die Leistung Cortis war beachtlich. Als man ihn drei Tage später

Die Ausstiegsrisse mit dem Gipfeleisfeld, von dem 1957 Alfred Hellepart am Stahlseil zu dem verunglückten Claudio Corti hinabgelassen wurde

Vorhergehende Seite: Im oberen Ausläufer der Rampe verschließen Überhänge den Ausweg zur Nordostwand

Rettungsaktion 1957 am Gipfel des Eiger. Im Hintergrund das Wetterhorn

Hellepart, am Stahlseil,
trägt den verunglückten Corti zum Gipfel

Von der Kleinen Scheidegg wird die Rettungsaktion mit Ferngläsern beobachtet

aus der Wand holte, zeigten seine Handflächen noch die tiefen Schnitte und Brandwunden, die ihm das gleitende Seil, an dem der Freund hing, zugefügt hatte.

Folgen wir weiter seinem Bericht:

›Longhi rief mir zu, ihn etwa zwei Meter hinabzulassen, da er in der Luft schwebe und unter sich ein bequemes Band bemerkt habe. Als ich Stefano, wie er mir befohlen, hinabgelassen hatte, sicherte ich ihn mit zwei Haken und den beiden Seilen. Dann ersuchte ich die beiden Deutschen, mich auf der Eiswand etwa fünfzehn Meter hinabgleiten zu lassen. Die Eiswand war etwa siebzig bis achtzig Grad steil. Ich sah nun über den Überhang Longhi in etwa zwanzig Meter Entfernung und fragte ihn, ob er sich etwas getan habe oder verletzt sei. Er antwortete mir nur, daß seine Hände keinen Halt mehr hätten, weil er sie nicht mehr fühle. Dann sagte er mir, ich solle ihn bergen. Ich munterte ihn auf, sich auch selbst ein wenig zu helfen. Ich versuchte mehrere Male, ihn vom Rand des Überhangs aus heraufzuziehen – weil dies wegen der geringeren Reibung des Seils dort leichter schien –, aber vergebens. Die beiden Deutschen konnten mir nicht viel helfen, denn der eine war erschöpft, und der andere, Franz, mußte mich und den Kameraden sichern. Überdies drückte Franz in der Stellung, in der er war, nur meine Hände gegen das Eis, als er an Stefanos Seil anzog. Er hinderte mich dadurch eher, Stefano in direktem Zug hochzuziehen.‹

Ohne Zweifel war die Situation außerordentlich schwierig. Doch selbst ausgerastete Leute hätten Stefano nie frei über den Überhang ziehen können. Das wäre vielleicht mit einem behelfsmäßigen Flaschenzug möglich gewesen. Dazu aber hätte man eine Reihe fest verankerter Haken gebraucht. Und an dieser Stelle war es, selbst bei guter körperlicher Leistungsfähigkeit, gewiß kaum möglich, genügend Haken anzubringen. Stefano Longhi war aber offensichtlich die Technik des ›Prusikknotens‹ unbekannt. Auch mit nicht voll verwendungsfähigen Händen kann man sich mit Hilfe von zwei in besonderer Art um das feste Seil geschlungenen Reepschnüren emporarbeiten. Longhi war laut Corti trotz Sturz noch in guter Verfassung. Ihm ging es vielleicht am besten von allen, so gut, daß er auf seinem kleinen Standplatz noch fünf Tage lebte – gelebt haben muß ... In längstens einer halben Stunde hätte sich Stefano zum Überhang, an dem Corti stand, mit eigener Kraft ›hinaufprusiken‹ können. Aber die Eiger-Nordwand ist nicht der Platz, an dem man seiltechnische Tricks lernen kann. Die muß man schon kennen und beherrschen.

Verfolgen wir Claudio Cortis Bericht weiter. Wir tun dies im Glauben, daß Corti und die anderen das Bestmögliche für Longhi taten, daß aber keine unmittelbare Hilfe möglich war. Longhi hatte mit Corti gesprochen und war mit allem einverstanden – so berichtet Corti.

Wir lesen: ›Dann, nachdem wir die Lage betrachtet hatten, in der wir uns nach dreistündigen Rettungsversuchen befanden, ermunterte ich Stefano, sich auf dem Band so gut wie möglich einzurichten, da wir glaubten, nicht mehr weit vom Gipfel entfernt zu sein. Ich versprach ihm, daß wir tun würden, was in unseren Kräften stehe, um den Gipfel zu erreichen und dann eine Hilfsaktion organisieren und ihn bergen zu können. Da Stefano zustimmte, ließ ich ihm meinen Biwaksack hinunter und Medikamente, die ich bei mir hatte. Ich grüßte ihn, machte ihm Mut und versprach ihm abermals, daß ihm so schnell wie möglich Hilfe zuteil werden würde. Ich sah den armen Stefano nie wieder.

Es war genau neun Uhr dreißig. Ich ließ mich von Franz hochziehen, und nachdem ich ihn erreicht hatte, stieg ich als Seilführer weiter, gefolgt von dem erschöpften Deutschen; als letzter ging Franz.

Ich machte zwei Seillängen waagerecht, und wir kamen mitten in die Spinne. Ich stieg etwa fünf Seillängen vertikal. Während ich mich etwa zwanzig Meter über einem Sicherungshaken befand, wurde ich von einem Stein auf den Kopf getroffen. Infolge dieses Schlages verloren meine Hände den Halt. Ich stürzte etwa dreißig Meter tief ab und wurde schließlich von Franz gehalten. Nach dem Sturz befand ich mich mit dem Kopf nach unten, etwa zehn Meter unter dem Deutschen. Franz führte meine Bergung durch, die infolge der Kopfverletzungen, die ich davongetragen hatte, ziemlich gefährlich war. Franz verband mich mit etwas Mull, den er bei sich hatte. Als er meinen Zustand und meine Betäubung sah, sagte er mir, ich solle hier bleiben, und er werde versuchen, mit seinem Gefährten den Gipfel zu erreichen, der noch zweihundert Meter entfernt sein müsse. Dann werde er zurückkehren, um mich und Stefano zu bergen. Er überließ mir sein Biwakzelt und die Haken und Stricke, die dazugehörten, um es zu sichern. Ich richtete mich ein, so gut es ging. Meine beiden Gefährten grüßten mich und stiegen weiter dem Gipfel zu. Es war etwa fünfzehn Uhr . . .‹

Nach Cortis Bericht trennten sich die drei Donnerstag, den 8. August, um fünfzehn Uhr. Also haben die Deutschen nicht nur keine Nacht in dem Biwak über der Spinne verbracht, sie haben das Biwak gar nicht eingerichtet, haben nur Zelt und Zubehör Corti überlassen, haben gegrüßt und sind am Nachmittag, bei Schlechtwetter und drohendem Gewitter, weitergegangen – wohin? Dem Gipfel zu? Gegen den Mittellegigrat? Nach Westen? Durch die Ausstiegsrisse?

Es gibt hier nur die Ausstiegsrisse, die möglich sind.

Ohne Proviant, ohne Zeltsack? Franz Mayer mit dem – laut Bericht Cortis – seit Tagen zwischen Leben und Tod pendelnden, erschöpften Günther Nothdurft . . . Jeder, der sich mit der Geschichte der Eigerwand befaßt hat, weiß, wie schwer und gefährlich die Ausstiegsrisse sind, wie langsam man dieses letzte Bollwerk der Eiger-Nordwand nur bewältigen kann – zentimeterweise, Zoll um Zoll, Meter um Meter. Stundenlang hätte Corti seinen entschwindenden Gefährten nachsehen können, hätte erzählen können, wie Franz und Günther wenigstens die erste Seillänge in diesem furchtbaren Gelände erobert haben. Erinnern wir uns, wie plastisch Gaston Rébuffat die Arbeit Hermann Buhls schilderte, obwohl er ihm doch nicht so nahe war wie Corti den beiden Deutschen. Und für Corti wäre dieses Zusehen nicht nur aus Interesse zu erklären gewesen, sein Leben hing ja davon ab, ob die Deutschen durchkamen oder nicht. Freilich wußte Corti, daß die Menschen des Tales auf die Tragödie in der Wand bereits auf-

merksam gemacht worden waren: Flieger der Rettungsflugwacht umkreisten den Berg und nahmen das Winken als Notsignal. Gewiß würde man ihm einmal zu Hilfe kommen. Aber das Nächstliegende war die Hoffnung auf den Erfolg der Deutschen.
Wie sind sie nun gegangen?
Und wo sind sie gegangen?
Es gibt hier, wir sagten es schon, nur die Ausstiegsrisse, die einen Ausweg bieten.
Corti berichtet nichts davon.
Er erzählt weiter: ›Von diesem Augenblick an bis zum Sonntag, 11. August, der Ankunft des Deutschen Hellepart, verbrachte ich abwechselnd Augenblicke der Hoffnung und der Verzweiflung. Ich dachte an Stefano und auch an die beiden Deutschen. Das Wetter blieb weiterhin häßlich. Auf Zeiten des Sturmes und Schneefalls folgte Regen. Ich war sehr glücklich, daß der Samstag und der Sonntag durch das gute Wetter meine Bergung zuließen. Mein Stefano hatte nicht das gleiche Glück, denn im Augenblick seiner Bergung verschlechterte sich das Wetter, meinen mutigen Rettern war es nicht möglich, ihn in Sicherheit zu bringen.
Ich möchte betonen, daß, entgegen den verschiedenen Vermutungen, das Ausmaß meiner Vorbereitungen, ebenso wie der Stefano Longhis, hervorragend war. Was den Leichtsinn angeht, den mir jemand zuschrieb, lege ich Wert darauf, zu betonen, daß diese Wand von mir und dem armen Stefano mit Fotografien und an Hand eines ins Italienische übersetzten deutschen Führers jenes Gebietes in jeder Einzelheit studiert worden war. Viele andere Einzelheiten über den einzuschlagenden Weg hatte ich schon im Kopf, da ich Berichte der Besteiger gelesen hatte, die mir vorangegangen waren. Da ich die Wand in winterlichem Zustand vorfand, begegnete ich einer Schwierigkeit vom fünften bis zum sechsten Grad.
Ich füge hinzu, daß wir zu dem Aufstieg mit Hochgebirgsausrüstung antraten, die den Bedürfnissen angepaßt war.
Das um der Wahrheit willen!
Ich habe diesen Bericht über die Eiger-Nordwand auf Verlangen

des Zentralsitzes des Club Alpino Italiano, dem anzugehören ich stolz bin, aufgesetzt.

Gez. Claudio Corti.‹

Um der Wahrheit willen ...

Das ist ein Eid. Wir wollen nicht zweifeln. Ein Mann hat geschworen. Wir wollen glauben, obwohl die Beobachter und Augenzeugen manches anders sahen, obwohl Corti verschiedene Versionen des Dramas erzählt hat. Wir wollen dieser Version glauben, denn sie ist ein Eid. Um der Wahrheit willen ...

Wer ist dieser ›Jemand‹, der Claudio Corti Leichtsinn zuschrieb? Es ist jener mutige Mann, der zeit seines Lebens für die Wahrheit eingetreten ist, gleichgültig, was ihm dafür drohte, als Journalist, als Bergsteiger, als Mensch. Es ist Guido Tonella.

Niemand wird die Behauptung wagen, daß Guido Tonella ein schlechter Italiener sei. Aber er wird niemals Wahrheit und Täuschung, Klarheit und Zweifel, Kameradschaft und Eigensucht verwechseln, nur weil es sich um einen Italiener handelt. Er will auch den Ehrenschild des italienischen Alpinismus blank halten. Die italienischen Bergsteiger haben keine Komplexe, nur weil es noch keiner italienischen Seilschaft gelungen ist, die Eiger-Nordwand zu besteigen. Ein Volk, das Alpinisten wie Comici, Cassin, Lacedelli, Soldá, Bonatti und die zahllosen anderen ausgezeichneten Männer hervorgebracht hat, kann neidlos, mit der Sicherheit des Ebenbürtigen, die höchsten Leistungen der anderen anerkennen.

Die besten der Italiener waren eben noch nicht in der Eigerwand. Das ist alles.

Um der Wahrheit willen ... Auch dieses Buch will der Wahrheit dienen. Es will nicht urteilen oder verurteilen, es will gewissenhaft berichten. Deshalb bat ich Guido Tonella, mir über seine Auseinandersetzung mit Claudio Corti, der gegen ihn sogar die Verleumdungsklage eingebracht hat, zu erzählen. Und Tonella antwortete, einfach, klar, unmißverständlich, ohne Hinterhalt und Vorbehalt, mit der Genauigkeit eines Menschen, der sich seiner Verantwortung bewußt ist.

Er schrieb mir zunächst über das Interview, das er in Gegenwart

Riccardo Cassins im Krankenhaus von Interlaken mit Corti gemacht hat. Dieses Interview, in dem nichts stand, was nicht bewiesen werden konnte, hatte Tonella in der italienischen Zeitschrift ›L'Europeo‹ veröffentlicht. Es wurde wortgetreu auch in ›L'Illustré‹ abgedruckt. Nach der Veröffentlichung hat Cassin spontan einen Brief an Tonella geschrieben: ›Bravo! Das hast du gut gemacht, die Wahrheit zu sagen!‹

Aber Tonella schrieb mir, daß er nicht die ganze Wahrheit erzählt habe, denn Corti habe noch viel Ärgeres gesagt. Trotzdem habe Corti, schlecht beraten durch seine Advokaten, eine Verleumdungsklage gegen die Zeitschrift ›L'Europeo‹ einbringen lassen. Tonella hatte gar nicht die Absicht, zuviel aufzudecken. Doch Corti versucht, einen Verdacht zu entkräften, bevor er noch ausgesprochen ist.

Tonella schrieb mir, daß Corti es mit der Wahrheit offenbar nicht sehr genau genommen habe, wie schon aus seinen Beschreibungen hervorgehe. Noch war die kostspielige Rettung Cortis in der Drus im Montblancgebiet in allgemeiner Erinnerung – Tonella beschränkte sich also darauf, zu belegen, daß Corti schon längst vor der Eigerwand einen Unfall mit peinlichem Nachspiel gehabt hatte. Gewiß bestand er auf seinem Urteil, daß Corti unzulängliche Vorbereitungen zu seiner Eigertour getroffen habe; aber dieses Urteil hat ja mittlerweile schon alle Welt gefällt, auch bedeutende Männer wie Lionel Terray, und es ist das gute Recht eines Journalisten, eine Meinung und ein Werturteil auszusprechen.

Tonella versteht, daß sich Corti gegen Zweifel wehrt, auch gegen eine Darstellung seines wahren Charakters. Aber Corti hat diese Zweifel selbst hervorgerufen; die Details seiner Schilderungen sind allzu widersprechend. In seinem Interview im Krankenhaus von Interlaken zum Beispiel versicherte er Tonella und Cassin, daß die Deutschen ihn Freitag, den 9. August, etwa drei Stunden nach dem Unfall Longhis, verlassen hätten, ungefähr um zehn Uhr. In seinem eigenen, von ihm signierten Bericht in der Mailänder Zeitung ›Tempo‹ sind Datum und Stunde ganz anders angegeben: Er spricht da von Donnerstag, dem 8., nachmittags fünfzehn Uhr.

Tonella billigt Corti jede Möglichkeit eines Irrtums, hervorgerufen durch den außergewöhnlichen körperlichen und seelischen Zustand, zu. Auch in den Tagen kann man sich irren. Ob Donnerstag oder Freitag ist nicht so schwerwiegend. Aber nicht unterscheiden zu können, ob es in der Frühe oder am Nachmittag war – das ist unmöglich. Aus einer solchen Häufung von Widersprüchen und Ungenauigkeiten läßt sich kein klarer Eindruck gewinnen. ›Ich glaube‹, meint Tonella, ›daß Corti nicht die ganze Wahrheit sagen will! Ärger noch: daß er etwas zu verstecken, zu verheimlichen hat. Es zwingt sich mir der Gedanke auf, daß Corti seine Fehler in der Eigerwand und gegenüber seiner Verantwortungspflicht vergessen machen will; vor allem die Tatsache, daß er den unglücklichen Longhi zu der Tour überredet hat, der – abgesehen von seinen vierundvierzig Jahren – keine Fähigkeiten für eine so schwere Fahrt mitbrachte und noch keinen Berg über 3000 Meter erklettert hatte. Und Corti fand es nicht einmal der Mühe wert, vorher wenigstens die Wegführung genau zu studieren. Durch diesen Fehler brauchte er sechs Tage für einen Weg, den gute Bergsteiger sonst in zwei Tagen zurücklegen ...‹

Tonella geht dann auf die Aufnahmen ein, die bereits Sonntag, den 11. August, in vielen Zeitungen und Zeitschriften veröffentlicht wurden. Das Foto, auf dem man drei Personen im Biwak über der Spinne zu sehen vermeint, wurde, laut der von Tonella eingeholten Erkundigung, am Samstag, dem 10. August, um fünfzehn Uhr vom Flugzeug aus von einem Reporter der ›Photopress‹, Zürich, gemacht. Also dreißig Stunden nach der einen Version Cortis, achtundvierzig nach der, wonach die Deutschen Corti bereits verlassen hatten!

Auf dieser Fotografie konnte man tatsächlich, teilweise verdeckt durch den Biwaksack, mehr als eine Gestalt erkennen. Daß in jenen Zeitungen, die das Bild erst Montag oder später brachten, auf der Bildunterschrift nur von einer Person die Rede ist, erklärt Tonella damit, daß man zu dieser Zeit schon wußte, daß nur Corti aufgefunden worden war.

Er schreibt mir: ›Schon als ich den Artikel für ‚L'Europeo' vorbe-

reitete, erfaßte ich die Wichtigkeit dieser Frage. Ich fühlte mich verpflichtet, mich mit ‚Photopress' in Verbindung zu setzen, dessen Direktor – das Negativ in der Hand – mir versicherte, man sehe darauf drei Personen (auf jeden Fall zwei ganz deutlich) und nicht nur Corti allein.‹
Guido Tonella berichtet dann, daß zur gleichen Zeit, das heißt Samstag, den 10. August, um fünfzehn Uhr, auch das Bild von Longhi, in den Seilen hängend, gemacht wurde. Montag, als der arme Longhi bereits tot war, konnte man beobachten, daß sein Körper fünf Meter tiefer gestürzt war. Daraus geht hervor, daß er am Freitag noch aus eigener Kraft höher gestiegen war, um einen besseren Platz zu finden. Nach Ansicht Guido Tonellas bekräftigt dies die erschütternde Annahme Riccardos Cassins, daß Longhi von Corti schon verlassen wurde, als er noch unter Schockwirkung stand, also kein klares Denkvermögen hatte. Ich kann darüber kein Urteil abgeben; diese Frage zu entscheiden ist Angelegenheit eines Neurologen. Aber aus dem ganzen Brief Guido Tonellas geht seine Fairneß und Gewissenhaftigkeit hervor. Er ist ein Mann, der nicht zu täuschen ist. Er schreibt auch, daß er aus der Vergrößerung des Bildes vom fraglichen Biwak über der Spinne nicht eindeutig habe erkennen können, wie viele Personen darauf zu sehen waren: ›Das Bild war flau, etwa so wie ein Funkbild. Man konnte darauf erkennen, was man wollte.‹
Tonella wollte nichts erkennen, was Corti schwer belasten mußte. Er blieb trotz Zweifel objektiv. Aber der Zweifel wurde nicht entkräftet...
Noch etwas anderes in Tonellas Brief an mich ist bemerkenswert. Corti war nicht der letzte, der mit dem noch lebenden Longhi gesprochen hat. Als Samstag, den 10. August, nachmittags, die beiden hervorragenden italienischen Bergsteiger Cassin und Mauri und der Schweizer Alpinist Max Eiselin zur Rettungsaktion auf den Eiger stiegen, sahen sie von einem Punkt des Westgrates aus in etwa dreihundert Meter Luftlinie Entfernung Longhi auf seinem ausgesetzten Platz in der Wand. Cassin und Mauri riefen ihm zu, grüßten ihn und fragten: »Was ist mit Corti, was weißt du von ihm?«

Longhi rief zurück: »So nigot!«
Das war lombardischer Dialekt. Es hieß: ›Ich weiß nichts darüber!‹ Diese rätselhafte Antwort schien wieder die These Cassins zu bestätigen. Corti konnte die Rufe nicht hören. Er war in einer Rinne, die jeden von außen kommenden Schall abschirmte. Nur das Brausen des Windes hörte er. Auch Max Eiselin rief nach den beiden Deutschen. Er bekam keine Antwort. Kein Lebenszeichen ...
Nur noch einmal sollte man Longhis Stimme hören: Sonntag abends, als man Corti hinunterbrachte und ihm vom Westgrat aus nochmals zurief, daß man ihn am nächsten Tag holen wolle. Longhi rief nur zwei Worte zurück, erschütternd einfache Worte, klar verständlich: »Fame! Freddo!«
Hunger! Kalt! ...
Die Nacht brachte den Schneesturm und der Montag den Tod als Erlösung Stefano Longhis von seiner Qual. –
Guido Tonella behauptet nichts, was er nicht genau weiß. Aber das wiegt schwer genug. Trotz Cortis Erklärung in ›La Suisse‹ vom 14. August 1957, er habe auf dem Gipfel nach seiner Rettung nicht behauptet, wieder die Eigerwand angehen zu wollen, beweist Tonella durch seine exakten Nachforschungen über jedes Detail, wie sich Corti nach seiner Rettung verhalten hat. Seine ersten Worte nach einem Schluck Kognak und dem Dank an die Retter waren: »Großartig, jetzt kann ich im nächsten Jahr wieder anfangen!«
Corti ist besessen von der Idee, die erste italienische Seilschaft durch die Wand zu führen. Er sieht nicht die eigenen Fehler, ist von sich so überzeugt, daß er glaubt, auch finanzielle Unterstützung für sein neues Unternehmen zu finden. Aber darüber hinaus ist er von einer an Ahnungslosigkeit grenzenden Naivität in seinem Ehrgeiz und seiner Geltungssucht.
In Gegenwart Cassins fragte er Tonella: »Glauben Sie, daß meine Besteigung als erste italienische gewertet wird?«
Besteigung? Hatte Corti vergessen, daß er von Hellepart und einem Stahlseil aus der Bergnot am Eiger gerettet wurde?
Auch einen Brief von Lionel Terray halte ich in Händen. Der feinfühlende, kameradschaftliche Franzose, der den geborgenen, er-

schöpften Corti auf dem Rücken über den messerscharfen Gipfelgrat des Eiger trug, war schockiert über die Worte Cortis nach der Rettung: »Großartig! Das ist für mich gut ausgegangen. So kann ich im nächsten Jahr wieder einsteigen.«

Terray hat sich diese Worte von Mauri übersetzen lassen, weil er seinen eigenen Ohren und Italienischkenntnissen mißtraute. Terray schrieb über Cortis ›ungenügende Erfahrung im Eis‹: ›Sie war nicht nur ein Handikap in den Ausstiegsrissen der Schlußwand. Selbst wenn Corti diese noch geschafft hätte, der Abstieg über den vereisten Normalweg wäre für ihn bei diesen Verhältnissen zu schwer gewesen.‹

Terray steht fassungslos vor dem Rätsel, das ihm der Charakter des Geretteten aufgibt, dessen Worte auf dem Gipfel ihm frevelhaft scheinen, und quälend ist die Frage, die sich ein echter Bergsteiger stellen muß: Wie kann ein Mann so vermessen sein?

Ich bin traurig, die große Freude über Claudio Cortis Rettung durch die Urteile meiner Gewährsleute trüben zu müssen. Es ist für mich als Chronisten die schwerste Aufgabe, die ich in diesem Buch erfüllen mußte. Ich kann nur die Berichte auf die beiden Waagschalen legen. Auf die eine Kritik und Urteil, auf die andere Rechtfertigung oder Versuch einer Rechtfertigung. Es ist nicht meine Pflicht, aufzuzeigen, nach welcher Seite sich der Waagbalken senkt, was als zu leicht befunden wird ...

Retter aus allen Nationen

Die Tragödie, die sich 1957 in der Eigerwand abspielte, scheint wahrhaftig eine Tragödie der Irrungen gewesen zu sein. Es irrten die Menschen, die die Wand unterschätzten, es irrten die Retter, die manche organisatorische Fehler machten, es irrten die Grindelwalder Bergführer, die eine Rettung für ausgeschlossen erklärten, es irrten viele Berichterstatter, die Tatsachen in die Welt posaunten, die keine Tatsachen waren.

Nur die Schaulustigen ohne innere Anteilnahme waren anscheinend gegen Irrtum gefeit. Hunderte und aber Hunderte kamen, bevölkerten eine Woche lang Grindelwald, Alpiglen und die Kleine Scheidegg, belagerten die Fernrohre, zahlten erhöhte Preise. Es war kein Bett zu bekommen, und je öfter Rundfunk und Presse Berichte von der Eigerwand gaben, desto mehr Zuschauer kamen. Das Wetter spielte bei diesem Schauspiel, das sich auf dem wildesten Naturtheater der Welt vollzog, freundlich mit. Tage hindurch blieb es schön, und wenn Wolken aufzogen, vorübergehend die Sicht bedeckten, so war das wie ein willkommener Zwischenvorhang, der die Spannung erhöhte. Oft hatte das gebotene Schauspiel allerdings Längen. Ein guter Regisseur hätte Kürzungen vornehmen müssen … Aber der Regisseur war gut. Zu gut. Er hielt sich nur nicht an die üblichen Gesetze der Dramaturgie, sondern sparte sich die dramatischen Effekte eigenwillig für den letzten Akt auf. Er hatte besondere Erfahrung in der Gestaltung des letzten Aktes, dieser Meisterregisseur – der Tod.

Manche der Zuschauer wußten wohl, daß der Tod Regie führte – doch sie wurden nicht bewegt. Sie fühlten nur den prickelnden Reiz und trugen gleichzeitig eine gewisse Selbstgefälligkeit zur Schau, in dem Bewußtsein, daß sie selbst einen solchen Unsinn niemals machen würden.

Aber nicht nur Sensationsgierige, auch Bergsteiger, Bergführer und bergverbundene Menschen verfolgten mit brennender Sorge den unverständlich langsamen Aufstieg der vier. Lionel Terray sagte zu seinem holländischen Touristen Tom de Bloy: »Jetzt könnten sie noch umkehren, jetzt müssen sie umkehren, sonst gehen sie direkt in den Tod!«

Nicht Sensationslust diktierten diese Worte. Sie wurden von einem Mann gesprochen, der oben hätte sein wollen, dort wo die Steine pfeifen, die Wasserfälle stürzen und Eis und Schnee die Felsen überziehen. Er hätte die fremden Kameraden warnen mögen, weil er die Kraft dazu in sich fühlte. –

Freitag ist dem Regisseur des Dramas etwas Neues eingefallen: Longhi ist gestürzt, hängt in den Seilen. Der Abgestürzte lebt, man sieht, wie er seinen Rucksack öffnet, sich offenbar Verpflegung nimmt, Kleider anzieht. Die anderen aber gehen weiter, noch langsamer als vorher. Die Zuschauer trösten einander: Jetzt kommen sie gleich in die Spinne, dort haben alle Partien zu kämpfen gehabt, dort gibt's auch diesmal Interessantes zu erwarten. Und man wartet ...

Flugzeuge steigen auf, umkreisen den Berg, fliegen nahe zur Wand, beleben die Szene. Aber auch daran gewöhnt man sich. Man erfährt, daß ein Flugzeug vom berühmten Gletscherpiloten Geiger gesteuert wurde, daß in Geigers Flugzeug Herr Balmer, der Bergführerobmann von Grindelwald, saß und daß er erklärt habe, es sei unmöglich, bei diesen Wandverhältnissen zu helfen.

Es sei nichts zu machen ...

Nicht alle glauben das. Erich Friedli, der Leiter der Rettungsstelle Blümlisalp, glaubt es nicht. Ludwig Gramminger, der Leiter der Bergwacht München, Robert Seiler, Lionel Terray, Riccardo Cassin und Carlo Mauri, sie alle glauben es nicht. Auch die Mitglieder

eines polnischen Bergsteigerlagers und viele gute Alpinisten, die zum Teil die Wand schon kennen, glauben nicht an das Todesurteil, das über die vier verhängt wurde.
Gewiß, die Bergführer haben recht: Mit den alten Mitteln, mit Seilen, Mauerhaken und Opferbereitschaft allein ist wirklich nichts zu machen. Aber alle, die das moderne Stahlseilgerät kennen, die Übung damit haben, wissen, daß damit den erschöpften Menschen in der Wand Hilfe gebracht werden könnte.
Erich Friedli, der die neuzeitlichen Rettungsgeräte im Ausrüstungslager in Thun in Verwahrung hat, stellt nicht nur seine Stahlseile und Winden zur Verfügung, er eilt selbst mit den freiwilligen Helfern zum Eiger. Auch Robert Seiler ist dabei, der 1950 mit seinen drei Kameraden durch die Wand gestiegen ist und dabei den nie wiederholten Sturmlauf von Erich Waschak und Leo Forstenlechner mit angesehen hat. Es herrscht viel Eigenmächtigkeit bei der Rettungsaktion, und manches hätte besser gemacht werden können. Aber jeder hat den besten Willen, so schnell wie möglich zu helfen. Nur hat man noch keine Erfahrung im modernen Großeinsatz zur Bergrettung, und vielleicht gibt es auch manche Kompetenzstreitigkeit, aber gerade das Durcheinander im Anfang ist ein großartiges Bekenntnis eines umfassenden guten Willens.
Vielleicht wäre manches anders geworden, wenn die Aktion schon am Donnerstag angelaufen wäre.
Erich Friedli telefonierte Freitag, den 9. August, mit Grindelwald. Frau Balmer erklärte ihm am Telefon: »Grindelwald unternimmt nichts, weil es unmöglich ist, dort oben etwas zu unternehmen.« Die gleiche Auskunft erhielt Ludwig Gramminger, als er in der Frühe des Freitag von München aus Grindelwald anrief. Aber Gramminger, der in Deutschland die größte Erfahrung auf dem Gebiet der Bergrettung hat und zu denen gehört, die die modernen Rettungsgeräte zur heutigen Vollkommenheit entwickelt haben, glaubte nicht an das ›Unmöglich‹. Er erkundigte sich bei der zuständigen Rettungsstelle Grindelwald, ob er und seine Helfer zur Rettung kommen dürften. Die Bewilligung wurde erteilt.
Am Samstag strömten die Retter, die freiwilligen Helfer von zwei

verschiedenen Seiten auf leichten Routen zum Eigergipfel. Die Zuschauer bekommen ein neues, nicht vorgesehenes Schauspiel. Gibt es doch noch ein Happy-End? Wird der Regisseur Tod im letzten Augenblick entlassen, muß er kapitulieren vor der großen Freundschaft der Bergsteiger und einem nur wenige Millimeter dicken Stahlseil?

Aber wer denkt jetzt noch an die sensationsgierigen Zuschauer? Wer ärgert sich, wundert sich noch über sie? Die Männer auf dem Eigergipfel haben ganz andere Sorgen. Es ist kalt dort oben. Auf dem Gipfelgrat hängen die Wächten einmal nach Süden, an anderer Stelle wieder nach Norden. Der Sturm heult. Deckung findet man nur in Höhlen, die man in die Wächten gräbt. Und da alles so übereilt unternommen werden mußte und sich nicht planmäßig durchorganisieren ließ, mangelt vieles, vor allem Proviant, Tee, Windschutz. Aber jetzt ist nicht Zeit, sich darum zu kümmern, jetzt gilt es nur, so schnell wie möglich eine solide Verankerung für die Seilwinde zu finden. Die Felsen unter dem Schnee sind brüchig, die Wächten trügerisch. Man weiß nie genau, ob die Höhlen, die man in sie gegraben hat, nicht schon über einem Abgrund hängen. Vorsicht bleibt auch für die Retter erstes Gesetz. Und dann ist noch die große Frage: wo soll das Rettungsgerät aufgestellt werden? Man kann sich nicht auf Pendelquergänge einlassen, man will möglichst senkrecht von oben zu dem kleinen roten Zelt über der Spinne gelangen, wo man Corti und die Deutschen vermutet.

Durch Funkverbindung mit der Kleinen Scheidegg wird die Richtung gesteuert. Endlich, um sechzehn Uhr, ist es soweit. Der erste Mann wird in die Wand gelassen. Es ist Robert Seiler. Er kommt etwa hundertfünfzig Meter tief, sieht in die Spinne, erkennt das rote Zelt. Dort aber ist nur ein Mann auszunehmen, und der antwortet nicht auf Rufe. Der Sturm ist wohl zu stark. Seiler wird wieder emporgezogen, steigt vom Eigergipfel ab.

Noch am selben Abend läßt sich Erich Friedli in die Tiefe. Es beginnt schon zu dämmern. Er sieht das rote Zelt nicht, doch auf seine Rufe antwortet jemand. Was geantwortet wird, kann er allerdings nicht verstehen, auch nicht, in welcher Sprache. Er hört nur die Laute. Deutlich entnimmt er aber daraus, daß nur einer antwortet. Sind die anderen so erschöpft, daß ihre Stimmen versagen?

Die Nacht droht. Heute ist nichts mehr zu machen. Friedli gibt durch Funk den Befehl, ihn wieder aufzuziehen. Es ist schon fast Nacht, als er wieder auf dem Gipfelgrat ankommt.

Ein kaltes, stürmisches Biwak. Wie werden die vier in der Wand die Nacht überstehen? Morgen muß die Rettung gelingen! Es wird beschlossen, tags darauf, am Sonntag, dem 11. August, früh, den Münchner Hellepart, einen von Grammingers Leuten, hinabzulassen.

Die Nacht geht zu Ende. Es dämmert, wird Tag. Und dann beginnt der Abstieg Helleparts, der eine Entscheidung bringen wird. Hellepart erzählt darüber in seinem Bericht an die Bergwacht München ›Die Bergung aus der Eiger-Nordwand‹:

›Um Punkt acht Uhr morgens am Sonntag stand ich im Einschnitt an der Wächte über der Nordwand des Eiger. Ich legte mir den Klettergürtel an, nahm das Funkgerät auf den Rücken und den Steinschlaghelm auf den Kopf. Der Führer der Schweizer freiwilligen Helfer Erich Friedli gab mir noch Anweisungen wegen der Funkverbindung, und dann begann für mich der Abstieg. Ich möchte hier nicht die Gefühle schildern, die mich bewegten. Aber ich wußte, unser Wiggerl Gramminger ist an der Sicherung. Und im Vertrauen auf sein Können und seine Sorgfalt, im Vertrauen auf meine Bergwachtkameraden und all die prächtigen Burschen, die sich auf dem Gipfel befanden und mir viele gute Wünsche mitgaben, stieg ich langsam in den Gipfelhang ein.

Ich probierte während des Abstiegs mehrmals die Funkverbindung, und es klappte alles ausgezeichnet. Langsam entfernte ich mich mehr und mehr von meinen Kameraden, und als ich in eine steile Schneerinne einstieg, verlor ich sie gänzlich aus den Augen. Ich kam mir in diesem Augenblick unsäglich verlassen vor. Doch ich hörte aus meinem Sprechfunkgerät die Stimme von Erich Friedli, und da wußte ich wieder, daß alle in Gedanken bei mir in der Wand waren. Langsam ging die Fahrt tiefer hinunter. Ab und zu mußte ich anhalten: dann wurde wieder ein neues Stück Seil eingekuppelt.

Rechts von mir sah ich eine schwarze Kluft näher kommen. Ich wußte, daß ich diesen Weg gehen mußte, denn einen anderen gab es nicht. Und dann sah ich zum ersten Mal in die Nordwand hinein ...

Dieser Anblick nahm mir den Atem. Und ich glaube, ich habe einen Ausruf unterdrückt. Diese drohende düstere Schwärze, von einzelnen Schneebändern unterbrochen, wirkte mit ihrer fast in die Unendlichkeit verlaufenden Tiefe so unheimlich auf mich, daß ich unwillkürlich an meinem Stahlseil hochsah, das sich weit über mir wie ein Zwirnsfaden, immer dünner werdend, im Grau verlor. Nun hing ich winziges Menschlein, frei in der Luft schwebend, zwischen Himmel und Hölle und hätte beinahe vergessen, was meine Aufgabe war, so packte mich dieser Anblick. Und ich erinnere mich besonders an die beruhigende Stimme des Funkpostens von der Scheidegg, an den Gustl, der mir meine Fassung wiedergab und mich an meine Aufgabe, anderen Menschen zu helfen, denken ließ.

Während ich nun langsam weiter hineinfuhr in diese fürchterliche Wand – es sollte jeder, der die Wand machen möchte, einmal so am Stahlseil hinunterschweben, dann würde er sich's überlegen –, bekam ich mit Friedli wieder Verbindung zum Gipfel.

Während des kurzen Anrufs hörte ich plötzlich eine menschliche Stimme. Erst war sie zwischen dem hohlen Heulen und Singen des Windes, der dauernd durch die Wand streicht, kaum vernehmbar. Als ich dann auf einem brüchigen Steinpfeiler, von dem durch das Queren mit Steigeisen ständig Geröll und Steine dumpf in die Wand hinabpoltern, nach rechts pendelte, hörte ich ein deutliches Rufen, und nach einigen Minuten sah ich plötzlich auf gleicher Höhe mit mir einen Bergsteiger auf einem kleinen Felsenpfeiler sitzen. Er befand sich etwa zwanzig Meter von mir entfernt und winkte mir mit der Hand zu. Ich gab sofort per Funk durch, daß ich einen Mann gefunden habe.

Dann rief ich ihn an, und er sagte mir seinen Namen: ‚Claudio'. Nun versuchte ich, an ihn heranzukommen und querte, mit den Steigeisen an das Geröll geklammert, über den Felspfeiler zu ihm hin. Seine erste Frage war nach Zigaretten. Leider hatte ich keine einzige mit. Da er auch nach Eßbarem verlangte, gab ich ihm, das heißt, warf ich ihm aus zwei Meter Entfernung eine halbe Tafel Schokolade zu, die er ergriff und sofort heißhungrig zu essen begann.

Ich merkte inzwischen, daß ich auf diesem Weg nicht an ihn herankommen konnte, und gab nach oben durch, sie möchten mich etwa fünfzig Meter hochziehen, damit ich mir einen anderen Weg suchen könnte. Ich machte dann Claudio verständlich, er solle sich einige Minuten gedulden. Er nickte nur, so sehr war er mit dem Essen beschäftigt.

Nach meinen Anweisungen zogen mich die Kameraden mit der Winde die Strecke höher. Ich ließ mich dann unmittelbar über dem Italiener in die steil nach unten fallende Rinne hinuntergleiten. Dabei löste sich wieder sehr viel brüchiges Gestein, und ich warnte Claudio durch meine Rufe vor dem Steinschlag. Er drückte sich, so gut es ging, ganz eng an die Felsen. Als ich auf der tischgroßen Plattform, die sein Standplatz war, ankam, schüttelte er mir die Hand und wollte sich aufrichten. Ich bedeutete ihm sitzen zu bleiben. Dann versuchte ich, ihn nach seinem Zustand zu befragen. Er zeigte mir seine verbundene Hand, die von einem Seilbrand aufgerissen war. Am Kopf hatte er Steinschlagwunden, und ich verstand dann so viel, daß er bei einem Versuch, allein hinaufzukommen, etwa dreißig Meter tief abgestürzt war. Nun fragte ich ihn nach seinem Kameraden Longhi und nach den beiden deutschen Bergsteigern, die ja auch in der Wand sein mußten. Er deutete mir an, daß sein italienischer Kamerad an die hundert Meter tiefer in den Seilen hänge und daß die beiden Deutschen, die ihren roten Biwaksack bei ihm zurückgelassen hatten, versucht hätten, allein nach oben durchzukommen. Seitdem habe er von den beiden nichts mehr gesehen oder gehört.

Wir versuchten dann noch beide, seinen Kameraden anzurufen.

Wir riefen beide mehrere Male, erhielten jedoch keine Antwort. Es war nur das scheußliche Brausen des Windes zu vernehmen.
Da nun Corti auf mich einen verhältnismäßig guten körperlichen Eindruck machte, bat ich Friedli durch Funk, den Italiener Cassin ans Gerät zu rufen. Dieser möge mit Claudio sprechen und ihn fragen, ob er sich zumute, allein und selbständig vor mir am Seil die Wand hinaufzusteigen. Ich sah jedoch schon im Verlauf dieser Verhandlungen, daß Corti dazu nicht fähig war. Ich unterbrach das Gespräch und gab an Friedli durch, daß ich es mir überlegt habe und ihn nun auf dem Rücken hinauftransportieren werde.
Friedli begrüßte meinen Entschluß, da er glaubte, daß es so für den Zustand Cortis erträglicher sei. Dann bat er mich noch, mich nun etwas zu gedulden, da der Aufzug mit der Winde zu langsam gehe. Inzwischen wurde auf dem Gipfel auf Mannschaftszug umgestellt.
Währenddessen bemerkte ich auch, daß die Steigeisenriemen des Italieners alle abgerissen waren. Es wäre allein schon aus diesem Grunde unmöglich gewesen, ihn in der von mir vorher beschriebenen Art zu transportieren ...
Ich packte Cortis Rucksack ein, machte seinen Eispickel fest und legte ihm den Rucksack um. Dann schnallte ich ihn in den Gramminger-Tragsitz, stützte ihn am Fels ab und schlüpfte selber in dieses Gerät hinein. Ich hatte ihn nun fest auf meinem Rücken sitzen. Leider mußte ich mein Funkgerät auf die Brust schnallen, da ich es sonst nirgendwo unterbringen konnte. Dies war eine zusätzliche Behinderung, und ich mußte es durch Verlängerung der Gurte mittels Karabiner einigermaßen erträglich machen. Doch es ging alles ziemlich reibungslos, und ich hatte nun Claudio sicher auf meinem Rücken und am Seil fest.
Noch einige Minuten mußte ich sitzend warten, bis die Vorbereitungen auf dem Gipfel beendet waren. Dann kam von Friedli die Meldung, ich könnte nun aufseilen. Erleichtert gab ich das Kommando zum Aufziehen, um möglichst schnell von diesem ungastlichen Ort wegzukommen.
Ich spürte, wie sich das Stahlseil straffte und zu singen begann.

Obwohl ich ein unbegrenztes Vertrauen zu unserem Gerät habe, konnte ich mich eines mulmigen Gefühls nicht erwehren, als das Seil, über die Felskanten scherend, uns langsam hinaufzog. In die steile Rinne hineinpendelnd und durch den Ruck des Seils Steinbrocken loslösend, schwebten wir Meter für Meter höher. Das Gewicht des Mannes war nicht unerheblich, und ich versuchte, durch das Funkgerät behindert, möglichst den besten Weg auszumachen. Die Felsen waren mit einer etwa einen Zentimeter dicken Eisschicht überzogen, und wenn ich mit den Steigeisen diese Eisschicht durchtrat, polterte das Geröll zentnerweise in die Wand hinein. Ich war ja dreihundertzwanzig Meter in die Wand eingefahren und mußte nun wieder Meter für Meter den gleichen Weg, jedoch zu zweit, zurücklegen.
Das Gelände wurde mit der Zeit etwas besser, und ich konnte auch das Seil mehr zur Fallinie korrigieren. Dadurch hörte das unangenehme Scheuern am Fels auf. Der Italiener jammerte begreiflicherweise über Kälte. Und auch ich spürte die Kälte in den Fingern, da mir beim Anseilen in der Wand ein Paar Handschuhe hinuntergefallen waren. Allmählich kamen wir etwas höher, und zwischen Wolkenfetzen stahl sich etwas Sonne zu uns herunter. Ich hörte, wie sich Claudio darüber freute, und versuchte ihn zu trösten, daß es bald besser werde.
Nachdem wir noch eine Eisrinne hinaufgestiegen waren, empfand ich eine unermeßliche Freude, als ich meine Kameraden auf dem Gipfelgrat wiedersah. Der Italienner ließ vor Erschöpfung den Kopf sinken. Die Kameraden auf dem Gipfel nahmen irrtümlich an, daß er bewußtlos geworden sei, und beschleunigten nun das Tempo. Ich mußte meine ganze Kraft zusammennehmen, um noch mitzukommen. Durch den Anstieg und durch die verdünnte Höhenluft schon etwas ausgepumpt, nahm mich dieser letzte Hang sehr stark mit.
Ich erreichte mit letzter Kraft und völlig erschöpft den Gipfel. Ich konnte Friedli noch zurufen, mich schnellstens von der Last zu befreien, dann legte ich mich der Länge nach in den Schnee. Corti wurde rasch aus dem Sitz herausgehoben, und ich riß mir das

Funkgerät, das mich am meisten am Luftholen behinderte, herunter. Ich wurde aufgerichtet, man klopfte mir auf die Schulter, schüttelte mir die Hände.

Ich dachte in dem Moment an Wiggerl Gramminger, der treu an der Sicherung stand, und dachte, daß wohl das meiste Lob ihm gebühre, ihm und seinem Gerät, das so eine Sache erst möglich gemacht hat. Die vielen freiwilligen Helfer griffen dann zu, um den Verletzten sofort zu bergen. Ich verdrückte mich ganz still in ein Biwakloch, um niemandem im Weg zu stehen und einmal in aller Ruhe eine Zigarette zu rauchen.

Ich gab noch schnell einen kurzen Bericht. Dann stieg Lionel Terray, der hervorragende Alpinist, als zweiter in die Wand ein. Leider versagte dabei das Funkgerät, und er mußte ergebnislos wieder heraufgezogen werden. Wie schön wäre es gewesen, wenn auch er Erfolg gehabt und einen Bergkameraden dem sicheren Tod entrissen hätte! Der gerettete Corti wurde versorgt, so gut es eben den Umständen entsprechend ging. Und als ich zu ihm hinging und er bereits eine Zigarette geraucht und heißen Tee getrunken hatte, lächelte er mich schwach an und sagte: ‚Grazie.'

Ein warmes Gefühl ging durch mich, und ich wußte, daß ich nicht umsonst Angst gehabt hatte in dieser höllischen Wand . . .‹

Die Einfachheit des Berichtes Helleparts entspricht der Größe seiner Tat. Sie ist nicht mehr und nicht weniger als der größte Erfolg, den man bisher mit dem modernen Rettungsgerät zuwege brachte, ein Triumph der neuen Zeit des Stahlseils und der Froschklammern, die man zur Kupplung der Seile braucht. Dreihundertzwanzig Meter tief in die Eigerwand . . . Wer hätte so etwas für möglich gehalten! Aber darf man die Männer, die solches vollbrachten, Seilbahnspezialisten, ironisch ›Seilbahnakrobaten‹ nennen? Das sind gedankenlose, häßliche Bezeichnungen.

Immer noch, auch mit dem besten Gerät, entscheidet der Mensch, sein Mut, seine Umsicht, seine Kameradschaftlichkeit, sein Wille, sich bis zur Selbstaufopferung auszugeben. Der Bericht Helleparts ist ein Zeugnis eines solchen Menschen. Er stieg in die Wand und empfand Angst, aber er überwand die Angst, weil andere Menschen in das Leben zurückwollten. Und er konnte sie überwinden, weil ihn das Vertrauen zur Gewissenhaftigkeit und dem Können seiner Freunde stärkte.

Dieser Sonntag, der 11. August, war ein großer Triumph des Stahlgeräts und der tapferen Männer, die sich seiner bedienten. Es war aber ein sehr stiller Triumph, denn nur einer konnte gerettet werden: Claudio Corti. Stefano Longhi sollte die Besserung des Wetters nicht mehr erleben. Hunger und Kälte töteten ihn – fame e freddo –, nachdem er zehn Tage und neun Nächte in der Eigerwand ausgehalten hatte. Der Abtransport Claudio Cortis über den Normalweg gestaltete sich außerordentlich schwierig. Es mußte dabei nochmals biwakiert werden. Aber hingebungsvoll war die Betreuung, der Einsatz der vielen freiwilligen Helfer.

Am Montag kam nach Grindelwald ein Besuch, dessen Anblick alle erschütterte. Ein fünfundsechzigjähriger Mann mit einem in Trauer erstarrten guten Gesicht. Er selbst konnte die anderen nicht sehen. Er war kriegsblind. Zwei Söhne hatte er im Krieg verloren. Der jüngste, letzte, war jetzt nicht mehr zurückgekommen. Aus der Eigerwand ...

Der alte blinde Mann war der Vater Günther Nothdurfts.

Noch blieb die Hoffnung: Vielleicht waren Franz und Günther nach dem Ausstieg über den Mittellegigrat abgestiegen und hatten die Hütte auf dem Grat erreicht? Am Dienstag, dem 13. August, kamen Max Eiselin und zwei andere Alpinisten von der Mittelegihütte zurück.

Gefunden? – Nein, nicht gefunden.

Und was war mit den Spuren, die Flieger im obersten Teil der Lauperroute gesehen zu haben glaubten?

Das waren keine Spuren. Sie hatten keine Spuren gesehen.

Ein alter Mann blieb allein. Er konnte nicht mehr weinen ...

Vor allem sind es nun die bangen, drängenden Fragen der Eltern, die die deutschen Behörden veranlaßten, den näheren Details der Vorgeschichte und dem Ende der Tragödie in der Eiger-Nordwand nachzuforschen. Der Landespolizeidirektor von Südwürttemberg, Dr. Hermann Lutz, setzte sich mit den zuständigen Schweizer Behörden in Verbindung. Er selbst ist leidenschaftlicher Bergsteiger, ein Vorstandsmitglied der Sektion Tübingen des Deutschen Alpenvereins, der die ihm persönlich befreundeten jungen Bergsteiger Nothdurft und Mayer angehörten. Er klagte nicht an, er verdächtigte nicht, er suchte nur Klarheit. Aber das letzte Geheimnis, wie Günther und Franz starben, konnte auch jetzt nicht gelöst werden.

Der amtliche Schweizer Bericht, der sich auf die Aussagen Cortis stützt, bringt keine volle Klarheit. Es bleiben Fragen offen, die Dr. Lutz in seinem Schreiben folgendermaßen zusammenfaßt:

›1. Aus der 10-Pf-,Bildzeitung' vom 15. August 1957 ist aus der Aufnahme zu ersehen, daß am Samstag, das wäre der 10. August, noch drei Bergsteiger bei dem roten Zeltsack gewesen seien. Diese Aufnahme soll angeblich am Samstag um sechzehn Uhr von einem Flugzeug aus aufgenommen worden sein. Ob der Zeitpunkt der Aufnahme stimmt oder ob Retuschierungen vorgenommen wurden, konnte von hier nicht festgestellt werden. Auf jeden Fall steht dieser Zeitungsbericht im Widerspruch zu der Meldung des Polizeikorps des Kantons Bern und auch zu der Schilderung des Claudio Corti.‹

Über die Geschichte dieses Fotos hat schon Guido Tonella eingehend berichtet. Auch er konnte keine restlose Klarheit gewinnen, obwohl er am besten über diesen Fall informiert wurde.

›2. Die Einstiegszeit der deutschen Seilschaft in der Nacht vom Samstag auf Sonntag dürfte nicht stimmen; denn nach der Meldung der Landespolizei Gutenstein bei Sigmaringen sind die beiden Deutschen am Sonntag, dem 4. August 1957, vormittags gegen acht Uhr, mit ihrem Kraftrad erst nach Grindelwald abgefahren, so daß sie höchstwahrscheinlich nicht mehr am Sonntag, sondern am Montag früh eingestiegen sind.‹

Was ist das nun für eine Meldung, die besagt, daß Nothdurft und Mayer erst Sonntag aus Baden-Württemberg abgefahren sind?

Der Gastwirt Willi Heppeler, geboren am 30. August 1914 in Hausen im Tal, Kreis Stockach, Baden, wohnhaft daselbst, Gasthaus ›Adler‹, gibt am 19. August 1957 folgendes zu Protokoll:

›Die verunglückten oder anderweitig ums Leben gekommenen Bergsteiger Günther Nothdurft und Franz Mayer verkehrten dauernd bei mir.‹ (Zur Erklärung: Bei Hausen im Tal war der oft besuchte Klettergarten der Tübinger.) ›Bis jetzt ist vermutlich nicht bekannt, wann die beiden in die Schweiz gekommen sind. Der gerettete Italiener Corti macht widersprechende Angaben und sagt unter anderem, daß er schon am 4. August 1957 die beiden Deutschen getroffen habe, und sie hätten die Rucksäcke mit Steigeisen und der übrigen Ausrüstung bereits verloren gehabt.
Die Bergsteiger Nothdurft und Mayer sind von meinem Gasthaus am Sonntag, dem 4. August 1957, vormittags, in der Zeit zwischen acht und acht Uhr dreißig mit einem Kraftrad, Marke ‚Puch', rote Farbe, erst abgefahren, und dies nach Grindelwald, Schweiz. Beide sagten mir vor der Abfahrt, daß sie vermutlich Montag, den 5. August 1957, in die Bergwand einsteigen werden. Es erscheint daher unwahrscheinlich, daß sie ihre Ausrüstung schon am Tag der Einreise (4. August 1957) verloren haben können. Dies gibt Corti an, und seine Angaben gehen doch durcheinander.
Ich fühle mich verpflichtet, diese Angaben zu machen, um zunächst einwandfrei festgestellt zu wissen, daß die beiden Deutschen erst am 4. August 1957 in die Schweiz gekommen sind. Die Fahrzeit betrug von Hausen im Tal nach Grindelwald doch mindestens sechs Stunden, so daß das Eintreffen etwa erst um vierzehn bis fünfzehn Uhr erfolgt sein kann.
Vielleicht sind meine nun gemachten Angaben zur Aufklärung des Falles von größter Wichtigkeit.

gez. Willi Heppeler.

Noch bemerkenswerter erscheint mir ein Brief Max Eiselins aus Kriens (Luzern) an mich. Eiselin schreibt u. a.:
›Günther Nothdurft und Franz Mayer sind einen Tag vor ihrem Einstieg in die Eiger-Nordwand noch bei mir gewesen. Und zwar war dies am Sonntag, dem 4. August 1957, etwa dreizehn Uhr. Ich möchte besonders betonen, daß ein Irrtum im Datum völlig ausgeschlossen ist! Ich war an jenem Sonntag selbst abwesend. Franz

und Günther – der öfters bei mir war – wurden jedoch von meinen Eltern empfangen. Meine Mutter kann sich auch heute noch an alle Details genau erinnern. Ein Irrtum im Datum ist schon deshalb ausgeschlossen, weil ich am Samstagnachmittag, dem 3. August 1957, zu Hause gewesen wäre. Außerdem wurden Franz und Günther von einem Telegramm in Kenntnis gesetzt, das erst am späten Abend des Samstag eingetroffen war. Weiter wollten sie ihr Motorrad reparieren lassen, was aber nicht geschehen konnte – eben, weil Sonntag war. Etwa um dreizehn Uhr dreißig an diesem Sonntag sind sie dann weitergefahren.
Da ich damals ebenfalls im Berner Oberland war und für ungefähr eine Woche Urlaub plante, gab ihnen meine Mutter vom besagten Telegramm Kenntnis und bat die beiden, mich vom Inhalt des Telegramms zu unterrichten. Fatalerweise hieß es in diesem Telegramm, das mir ein Wiener Kamerad aus Grindelwald gesendet hat: ‚Fiescherwand durchstiegen stop Verhältnisse ausgezeichnet stop gehen morgen Alpiglen.' Wie meine Mutter sagte, sei darauf Franz Mayer äußerst nervös geworden, und beide – Franz und Günther – hätten einander ‚angeschaut'. Sie hätten eigentlich vom Endziel Montblanc gesprochen.
Aufgefallen ist mir weiter, daß Günther Nothdurft (der einige Wochen früher ebenfalls bei mir war und hier sein Quergangsseil vom Hinterstoisser-Quergang deponierte) dieses Quergangsseil nicht wieder mitnahm. (Es ist immer noch bei mir!) Auch sagte er nach seinem Alleingang bis zum Übergang vom Ersten zum Zweiten Eisfeld, die Wand interessiere ihn nicht mehr sehr stark, ‚alles ist brösmelig'. – Nach jenem Alleingang erzählte er mir, die Verhältnisse in der Wand seien sehr gut gewesen: Fels ziemlich aper und trotzdem gut begehbarer Firn im Ersten Eisfeld. Nachts im Biwak jedoch habe ihm ein fallender Stein just die Teeflasche aus der Hand geschlagen, was ihn – neben der allgemeinen ‚Brösmeligkeit' in der Wand – stark negativ beeindruckt habe ...
... Günther Nothdurft war überzeugt, daß der Alleingang für die Eiger-Nordwand das beste sei. Wie er mir sagte, habe er sich darüber eingehend mit Hermann Buhl unterhalten, der ebenfalls die-

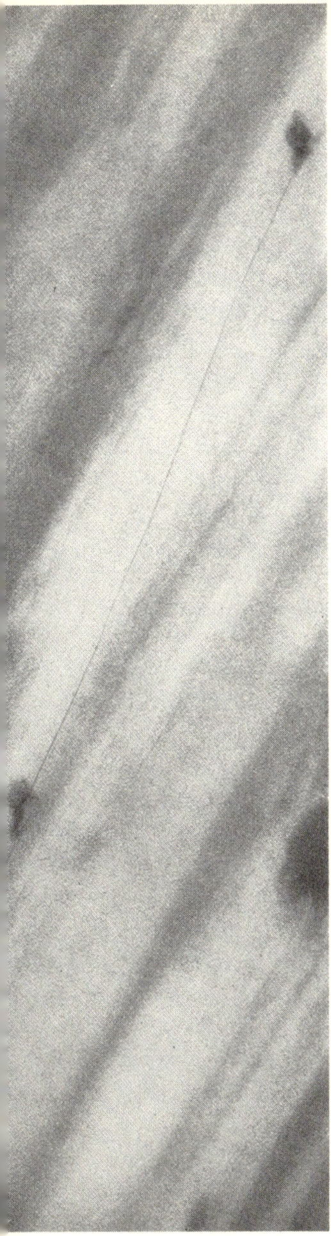

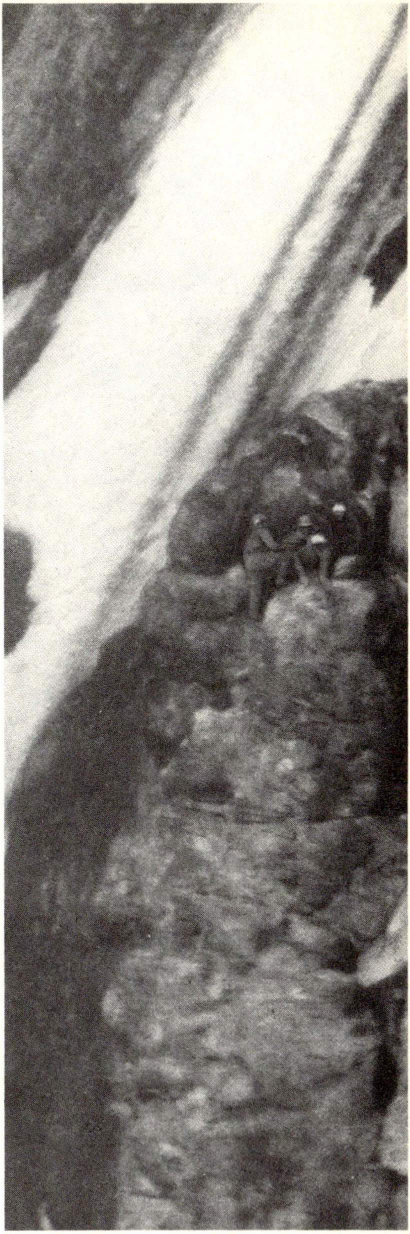

Rückzug im »Schweren Riß« mit dem verletzten Noichl. *Vorhergehende Seite:* Noichl, Branc und Raditschnig 1958 im zweiten Eisfeld und im Biwak am »Bügeleisen«. Teleaufnahm von der Kleinen Scheidegg

ser Meinung gewesen sei. Es ist mir deshalb – wie wohl vielen anderen, die ihn gekannt haben – absolut unerklärlich, daß er mit den Italienern ging, wo er doch der Meinung war, Schnelligkeit sei alles, und ein Biwak noch unterhalb der Rampe dürfe auf keinen Fall in Frage kommen.

Am Mittwoch beobachtete ich die vier übrigens im Dritten Eisfeld. Im Gegensatz zu allen übrigen ‚Beobachtern' war ich der Meinung, die vier bewegten sich sehr schnell. Ich fragte mich, wieso sie dann bis dorthin so lange gebraucht hatten. Aber als ich sie beobachtete, legten sie das Dritte Eisfeld an jenem Vormittag relativ schnell zurück. Ich nahm deshalb an, daß sie noch am selben Abend oder spätestens am anderen Tag den Gipfel erreichen würden. Aus diesem Grund befestigte ich eine Gratulationskarte am Motorrad Günther Nothdurfts, das beim Bahnhof Grindelwald-Grund stand. Mein Freund Hajdukiewicz und die übrigen Mitglieder des Polenlagers machten sich bereit, die vier auf dem Gipfel in Empfang zu nehmen. Die ganze Situation schien mir damals noch gar nicht brenzlig. Als ich dann nach einer Tour in den Engelhörnern schnell nach Rosenlaui abstieg und mich telefonisch nach dem Gelingen erkundigte, erfuhr ich von Seiler – die Kletterer seien noch immer in der Wand, die Rettungsaktion sei im Gange . . .‹

Soweit der Brief Max Eiselins. Auch er kann das Rätsel nicht lösen, er kann nicht die quälende Ungewißheit von uns nehmen. Das Unverständliche bleibt unverständlich. Eines geht klar hervor: Nothdurft und Mayer waren Sonntag um dreizehn Uhr dreißig noch in Luzern! Das deckt sich mit den Angaben des Gastwirtes Heppeler. Es scheint also eindeutig erwiesen, daß sich Corti nicht nur in der Geländebeschreibung, sondern auch in der Zeit, sowohl im Datum als auch in der Tageszeit, ununterbrochen irrt. Man muß als erwiesen ansehen, daß Nothdurft und Mayer nicht Sonntag um fünfzehn Uhr, sondern Montag um sechs Uhr dreißig auf die vorangehenden Italiener gestoßen sind. Daraus zwingt sich einem die Vermutung auf, Corti habe mit seinen Behauptungen verbergen wollen, daß er zwei volle Tage und zwei Biwaknächte brauchte, um auf die richtige Route zu kommen. Fritz von Almen hat beide Seilschaften Montag früh um sechs Uhr dreißig am Hinterstoisser-Quergang gesehen. Schon daraus ergibt sich, daß Nothdurft und Mayer in der üblichen Form guter Seilschaften waren und die beiden Italiener, die achtundvierzig Stunden vor ihnen in die Wand gestiegen waren, in weniger als vier Stunden nach dem Kletterbeginn einholten. Damit soll nicht etwa ein allzu krasses Licht auf die Kletterfähigkeiten Cortis geworfen, sondern es sollen nur seine Orientierungsgabe und seine Vorbereitungen illustriert werden.

Dr. Lutz stellt weiter fest: ›Wenn den beiden Deutschen der Rucksack schon am ersten Tag abgestürzt ist, ist es eigentlich unverständlich, warum sie nicht wieder abgestiegen sind. Alle, die die beiden deutschen Bergsteiger kannten, sind der Auffassung, daß sie nach Abfallen des Rucksackes unbedingt wieder abgestiegen wären und nicht riskiert hätten, ohne Lebensmittel und Proviant die überaus schwierige Wand zu besteigen ... Ich glaube selbst nicht, daß Nothdurft, den ich persönlich kannte, das Weiterklettern ohne Proviant bei vernünftiger Überlegung gewagt hätte.‹

Wir wissen bereits – was Dr. Lutz bei der Abfassung seines Schreibens noch nicht wissen konnte –, daß Corti seine erste Angabe revidiert und in seinem Bericht an den Club Alpino erklärt hat, die Deutschen hätten ihren Proviantsack – von einem Ausrüstungsrucksack war nicht mehr die Rede – erst im Biwak in der Nähe des Schwalbennestes verloren. Dabei erscheint es nach der neuen Sachlage erwiesen, daß dieses Biwak in der Nacht vom Montag auf Dienstag bezogen wurde, nicht aber in der vom Sonntag auf Montag, wie Corti behauptete. Doch wollen wir uns über seine Zeitangaben nicht mehr unterhalten.

Es bleibt nun die große, nicht zu beantwortende Frage, wieso die beiden Seilschaften etwa fünfmal so langsam weiterstiegen wie durchschnittliche Partien (nach Beurteilung Lionel Terrays). Wie deckt sich dies mit der Feststellung, daß die beiden Deutschen so schnell waren, bevor sie auf die Italiener stießen? War nur die Vereisung schuld? Gewiß, Cortis Angabe, Nothdurft habe an Magen- oder Darmbeschwerden gelitten, kann durchaus stimmen. Daß Nothdurfts Mutter behauptet, Günther wäre immer kerngesund gewesen, besagt gar nichts. Ein Schluck kalten Gletscherwassers, vermengt mit etwas Granitstaub, kann auch beim Gesündesten einen Durchfall und Magenbeschwerden herbeiführen, die erhebliche Schwächung zur Folge haben. Aber die Schwächung war keinesfalls so groß, daß eine Umkehr von der deutschen Seilschaft ernstlich in Betracht gezogen wurde.

Warum sind aber Mayer – der auch von Corti als gut geschildert wird – und Nothdurft nicht an den langsameren Italienern vorbeigestiegen, um die Führung zu übernehmen? Die Antwort ist sehr einfach: Man kann in der Eiger-Nordwand nicht überholen, wenn die vorangehende Partie es nicht will. Man könnte nur auf dem Zweiten Eisfeld ein Wettrennen veranstalten, das aber zu fahrlässigem Gehen zwänge, was ein bei aller Verwegenheit vorsichtiger Kletterer wie Nothdurft nie getan hätte. Die Partie Waschak konnte die Seilschaft Fuchs nur überholen, weil diese den Schnelleren und Besseren freiwillig Platz machte. Wenn man den brennenden Ehrgeiz Claudio Cortis in Betracht zieht, scheint es durchaus wahrscheinlich, daß ihn ein Vorbeisteigen der jungen Deutschen tief getroffen hätte. Daß Mayer und Nothdurft sich in das Unvermeidliche fügten, zeigt die Tatsache, daß sie sich später mit den Italienern zu einer Seilschaft zusammenschlossen. Aber ich möchte betonen, daß gerade sehr junge Bergsteiger durch nichts so sehr geschwächt werden – physisch und psychisch – wie durch ein Tempo, das nicht ihrem Temperament entspricht.

Dr. Lutz schreibt weiter:

›Die Überlassung des Biwakzeltes an Corti durch die beiden Deutschen war eine kameradschaftliche Tat unter Bergsteigern. Ein Weitersteigen ohne Lebensmittel und ohne Biwakzelt bei einem bevorstehenden Gewitter erscheint bei ruhiger Überlegung jedoch fast als Selbstmord, es sei denn, die beiden weitersteigenden Deutschen wären davon ausgegangen, in kurzer Zeit den Gipfel zu erreichen oder aus der Wand auszusteigen, um bald Hilfe für die Kameraden herbeiführen zu können. Ob sie damit rechnen konnten, erscheint nach dem vorangehenden mehrtägigen Ringen mit der Wand doch kaum annehmbar ...

Sowohl ich wie auch die Eltern, die Sektion Tübingen und die an dem Schicksal der verunglückten Bergsteiger Interessierten wären für jede weitere Klärung dankbar. Das Letzte wird jedoch nie mehr an den Tag kommen. Die Toten werden ihre letzten Stunden als Geheimnis bei sich behalten ...‹

Anfang September 1957 suchte eine Bergungsmannschaft, unter der sich wieder der bewährte Max Eiselin befand, den ganzen Sokkel der Eigerwand ab. Die tapferen Männer stiegen trotz Steinschlaggefahr bis zur Höhe der Station ›Eigerwand‹ empor, untersuchten also das ganze ›Einzugsgebiet‹ der Spinne. Sie fanden keine Spuren, die auf einen Absturz Nothdurfts und Mayers schließen ließen. Nur die Geldbörse von Roland Vass, der am 28. Juli 1953 abgestürzt war, wurde samt der darin befindlichen, erstaunlich gut erhaltenen Alpenvereinslegimitation von einer weiter westwärts operierenden Suchgruppe gefunden.

Es konnte keine Klärung gegeben werden. Bis zu dem Augenblick, da ich diese Zeilen schreibe, sind auch die Toten noch nicht gefunden worden. Vielleicht wird man aus ihrer Lage vermuten können, wo sie abgestürzt oder gestorben sind. Gefunden werden sie bestimmt, denn die Wand ist so, daß alles, was mit ihr nicht fest verwachsen ist, früher oder später hinunterstürzen muß. Vielleicht findet man Günther Nothdurfts Aufzeichnungen. Der junge Deutsche hat immer, auch in den Wänden, genau Tagebuch geführt. Vielleicht könnte daraus manche Unklarheit beseitigt werden. Das Leben aber kommt nicht zurück.

Ich will jedoch in diesem Buch von der großen, bösen und doch so großartig schönen Wand nicht mit dem Gedanken an das tragische Sterben Abschied nehmen. Bergsteigen ist doch Leben, konzentriertes Leben ...

Die Brücke aus der Todeswand zum Leben wurde mit der bewundernswerten Rettung Cortis geschlagen. Und alle Bergsteiger freuen sich, daß er gerettet wurde, daß er lebt. Auch er muß Furchtbares mitgemacht haben. Man müßte selbst neun Tage in der Wand gewesen sein, um zu wissen, wie man reagiert, wenn nur noch der nackte Selbsterhaltungstrieb diktiert. Freilich, Bergsteiger, echte Bergsteiger, die sich freiwillig und gemeinsam in das Außergewöhnliche begeben, sollen auch in letzter Not nur den gemeinsamen Selbsterhaltungstrieb anerkennen, wie es bei der europäischen Seilschaft Buhl-Rébuffat 1952 der Fall war. Ich hoffe sehr, daß auch Corti diesen Bergsteigergeist besessen hat.

Wie schon erwähnt, will ich die nach der Rettung entstandene und von der Presse breitgetretene Polemik zwischen Bergführern und freiwilligen Helfern nicht aufgreifen. Nur möchte ich den Bergführern zu bedenken geben, daß jede weitere Entwicklung im Alpinismus auch vor den Bergführern nicht haltmacht – obwohl sie gegen die Tradition zu sprechen scheint. Die Übungen mit dem Stahlseilgerät sind keine Schulung zum Seilbahningenieur. Sie sind notwendig. Wie mir berichtet wurde, haben sich zu einem Kurs in dieser neuen Technik unter der Leitung des hervorragenden Bergführers Hermann Steuri in Grindelwald nur fünf Teilnehmer gemeldet und zum nächsten Kurs überhaupt keiner. Dabei wissen wir aus den Erfahrungen in den Ostalpen und in Chamonix, daß Bergführer das neue Gerät meisterhaft zu handhaben lernen. Und wenn die neue Kunst mit der unvergleichlichen Leistungsfähigkeit der Bergführer zusammentrifft, dann ist das Beste erreicht, was man im Rettungswesen erzielen kann.

Und den ›Freiwilligen‹ möchte ich sagen: Dünkt euch nie besser als die Bergführer. Folgt ihrem Rat, übergeht sie nicht. Sie sind am Berg aufgewachsen, leben am Berg, vom Berg, kennen ihn wie niemand sonst. Vergeßt das nie, auch wenn ihr vorübergehend technisch überlegen sein möget. Ich sagte es schon einmal: Bergführer und Leistungsbergsteiger sind aus dem gleichen Holz. Und gerade die Eigerwand ist eine Bergsteiger- und eine Bergführerwand. Diese Lehre sollten alle aus der Geschichte der großen Nordwand und aus der Tragödie von 1957 in der Eigerwand ziehen.

Doch nun wollen wir nicht mehr vom Tode reden. Wir denken und glauben an das Leben und an die Schönheit des Bergsteigens.

Was kümmert uns noch der organisatorische Mangel bei der letzten Eigerrettung? Sehen wir nur das Erhebende, Große, Gemeinsame: den Willen, zu helfen.
Zum Abschluß seines Berichtes über die Rettungsaktion 1957 sagte Alfred Hellepart:
›Wir haben die echte Bergkameradschaft, die alle Nationen überbrückte, und das echte Helfenwollen kennengelernt. Und das ist uns heilig, und diese Erinnerung kann uns keiner nehmen. Wir vergessen auch nicht unseren treuen Freund Tom de Bloy, der als Kenner von fünf Sprachen dazu berufen war, unsere Verständigung rein sprachlicher Natur durchzuführen. Denn daß wir uns auch ohne Sprachen verstanden haben, das hat unser Händedruck und unser Sich-in-die-Augen-Schauen beim Abschied gezeigt.
Möge es immer und überall in der großen schönen Welt so sein!‹

Zwanzig Jahre nach der Erstbesteigung

Am 31. Juli 1958 stieg die Seilschaft Hias Noichl, Herbert Raditschnig und Lothar Brandler kurz nach Mitternacht in die Wand ein. Alle drei hatten sich besonders gründlich vorbereitet und waren vorbildlich ausgerüstet. Bereits gegen siebzehn Uhr dreißig erreichten sie in 3300 Meter Höhe das Bügeleisen. Dort aber gerieten sie in einen Steinschlag aus der Spinne. Ihre Sturzhelme aus Kunststoff bewahrten sie vor dem Schlimmsten, aber einer der Steine zerschmetterte die linke Hand des achtundreißigjährigen Bergführers Hias Noichl. Nun begann ein Rückzug, der als eine bergsteigerische Glanzleistung in die Geschichte der Wand eingehen wird. Im Todesbiwak von Sedlmayer und Mehringer verbrachten die drei Männer die Nacht, nachdem Noichl ein Notverband angelegt worden war. Bereits um fünf Uhr morgens brachen sie auf und erreichten nach zehnstündigem Abstieg das Stollenfenster der Jungfraubahn. Eine voll leistungsfähige Seilschaft hätte für diese Strecke mindestens ebensolange gebraucht. Trotz der Verletzung und des erheblichen Blutverlustes hatte Noichl durchgehalten. Erst als er von der Verantwortung für seine Kameraden befreit war, im Auto auf dem Weg zum Krankenhaus, brach er zusammen.

Wieder hatte der Eiger einen Angriff abgeschlagen, der nach jeder menschlichen Voraussicht Erfolg versprach. Aber alle, die in Grindelwald und auf der Kleinen Scheidegg diese Tage miterlebten, wußten, daß die ›Belagerung‹ des Jahres 1958 noch nicht zu Ende war. Auch das Pech Noichls würde die anderen nicht abschrecken.

Kaum versprachen die Meteorologen gutes Wetter, da stiegen, am Dienstag, dem 5. August, gegen drei Uhr, zwei Wiener Studenten, Kurt Diemberger und Wolfgang Stefan, bei völlig klarem Himmel in die Wand ein. Auch sie hatten sich gründlich auf diesen Begehungsversuch vorbereitet. In etwa 3400 Meter Höhe bezogen sie, nach einem sicheren und zügigen Aufstieg, am Dienstagabend das erste Biwak. Der Mittwochmorgen brachte einen der am Eiger häufigen Wetterstürze mit bis zu elf Grad Kälte und mehreren Zentimetern Neuschnee. Am Vormittag wurden Diemberger und Stefan beim Aufstieg aus der Rampe zur Spinne gesehen, dann verhüllte der Nebel die Wand. Raditschnig, Brandler und der Berner Fotograf Albert Winkler stiegen über die Westflanke auf, um die beiden zu empfangen oder ihnen notfalls zu Hilfe zu kommen. Gegen neunzehn Uhr antworteten Diemberger und Stefan ihren Rufen, und knapp eine Stunde später erreichte die Seilschaft den Gipfel. Die erste Begehung seit 1953, die damals dreizehnte in der Geschichte der Wand, war gelungen. Nach einem Biwak unterhalb des Gipfels trafen die beiden am 7. August wohlbehalten und in erstaunlich guter Verfassung auf der Kleinen Scheidegg ein. Diemberger berichtete dort: ›Wir waren niemals in einer Krise, und wir haben nicht einen Moment daran gedacht, umzukehren. Trotzdem möchte ich die Eiger-Nordwand nicht mehr besteigen. Es ist eine jener Touren, die man ein einziges Mal in seinem Leben macht, dann hat man genug.‹

So brachte das Jahr 1958, das zwanzigste seit der Erstbesteigung, doch noch den Erfolg.

Versuche und Begehungen seit 1958

Unter Mitarbeit von Kurt Maix

Sechs Jahre nach der Erstauflage dieses Buches hat Heinrich Harrer die Geschichte der Eigerwand bis 1964 fortgeführt. In dieser Zeit erlaubte das Schicksal manche Korrekturen.

Das Schicksal korrigiert

Da sind zunächst Karl Heinz Gonda und Uly Wyss. Beide stürzten am 22. August 1953 vom Gipfeleisfeld der Eiger-Nordwand ab. Nach den Spuren dürfte sie ein Schneerutsch hinuntergefegt haben.

Ich habe schon vor dem Erscheinen meines Buches alles versucht, daß der Durchstieg dieser Seilschaft als zwölfte Begehung gewertet würde. Ich führte eine umfangreiche Korrespondenz mit maßgeblichen Experten des Alpinismus und des Sports, hatte eingehende Aussprachen. Zuletzt konnte ich mich der Begründung Othmar Gurtners nicht entziehen: Als Besteigung könnte nur gewertet werden, wenn die Seilschaft den Gipfel lebend erreichte. Als ich nun aus Neuguinea zurückkam, erfuhr ich, daß der kühne Versuch mit dem tragischen Ende – am wirklichen Ende der Durchsteigung – als zwölfte Begehung gewertet wird.

Somit dürfen Albert Hirschbichler und Erhard Riedl, die stillen, schneidigen Bayern, die dreizehnte Begehung für sich buchen. Erhard Riedl wird deshalb nicht böse sein. Es plagt ihn nicht Ruhm- und Geltungssucht. Und auch Albert Hirschbichler würde nichts dagegen sagen. Auch er war ein bescheidener Mensch, dessen Glücklichsein nicht von dem Beifall der Umwelt abhängig war.

Sein zurückhaltendes, sympathisches Wesen, seine Fähigkeit, sich in eine Gemeinschaft einzufügen, seine Meisterschaft im Bergsteigen und seine menschliche Verläßlichkeit bewogen eine britische Karakorumexpedition, Hirschbichler als Teilnehmer einzuladen: Der Traum aller Bergsteiger erfüllte sich für den jungen Reichenhaller.

Er kam von der Expediton nicht mehr zurück. Wir wissen von Matthias Rebitsch, von Anderl Heckmair, von Martl Schliessler, von Rudl Bardodej und anderen, wie gefährlich die noch unerschlossenen Siebentausender des Hunza-Batura-Gebietes sind. Dort sind die schnellfließenden Gletscher. Dort sind die sich ständig verändernden Seracs, die stürzenden Eistürme. Albert Hirschbichler wurde mit seinen britischen Freunden von einer Eislawine begraben.

Nach dieser Korrektur müßten also Kurt Diemberger und Wolfgang Stefan die vierzehnte Begehung haben? – Nein. Die vierzehnte Begehung haben – Günther Nothdurft und Franz Mayer. . . Man hat mir bereits nach Neuguinea geschrieben, daß man die beiden letzten Begleiter Claudio Cortis gefunden habe. Nicht in der Nordwand, nicht in der Südwand, nicht am normalen Abstieg, sondern am Rande der Steilschlucht, in die das Firnfeld der Westflanke mündet. Man fand die beiden am 22. September 1961. An ihrer Lage glaubte man zu erkennen, daß sie weder abgestürzt noch von einer Lawine verschüttet waren . . . Sie dürften gestorben sein. Erfroren? An Erschöpfung? Nach vier Jahren kann man nicht mehr die Todesursache feststellen, nicht, ob zuerst der Kreislauf oder zuerst das Herz versagt hat.

Gleichzeitig mit der Mitteilung von der Auffindung der zwei Leichen wurde mir auch geschrieben: ›Damit ist Claudio Corti rehabilitiert.‹ Manche legten mir nahe, eine Unterlassung schleunigst gutzumachen: ›Es ist höchste Zeit, daß auch Du Corti rechtfertigst . . .‹

Ich versuchte, den Bergsteigern der ganzen Welt ein Freund zu sein. Vor allem den jungen. Es ›liegt nicht in mir drin‹, jemandes Ruf anzutasten. Auch Claudio Cortis Ruf nicht. Daß in seinen

Äußerungen, Beschreibungen und Berichten vieles rätselvoll war und blieb, ist nicht meine Schuld.

Gerade weil ich die italienischen Alpinisten besonders schätze, durfte ich nicht den verworrenen Bericht eines Italieners zu einem klaren Dokument umdeuten. Ich kann es auch heute nicht, obwohl durch die Auffindung der Leichen von Nothdurft und Mayer in der Westflanke Cortis Bericht in diesem Punkt bewiesen erscheint; die beiden haben ihn mit Zelt, Ausrüstung und restlicher Verpflegung auf dem Biwakplatz der Spinne zurückgelassen, um selbst auszusteigen und um Hilfe zu holen. Aber die Wegbeschreibung, der Ablauf des Geschehens in den Tagen vom 3. bis 8. August 1957, wie wir ihn aus Cortis Bericht zu entnehmen trachten, war und bleibt unklar und oft nicht verständlich.

Manche behaupteten, Cortis Verworrenheit wäre nur Folge der ungeheuren Nervenbelastung und der Wahnsinnsnächte in der Wand gewesen. Das würde nur die Meinung erhärten: Corti war der großen Wand weder geistig noch willensmäßig gewachsen. Welcher echte Bergsteiger wurde durch Strapazen, Lebensgefahr oder Angst wahnsinnig? Wurde Walter Bonatti am Südwestpfeiler der Drus wahnsinnig? Wurden Lino Lacedelli und Achille Compagnoni am ›K 2‹ wahnsinnig, als sie in 8500 Meter Höhe merkten, daß ihre Sauerstoffbehälter leer waren und sie wahrscheinlich ersticken müßten? Nein, sie stiegen keuchend und mit blauen Gesichtern noch zum Gipfel des zweithöchsten Berges der Erde, filmten mit zitternden Händen und torkelten wieder über steiles Eis, über gefährlichen Firn und Fels bis zu jener Stelle, wohin der getreue Walter Bonatti Sauerstoffflaschen geschleppt hatte.

Auch Willo Welzenbach und Willy Merkl wurden nicht durch Wahnsinn erlöst, bevor sie 1934 am Nanga Parbat starben. Und keiner der Everestleute wurde je wahnsinnig. Und Lionel Terray blieb auch an der Achttausendergrenze in Sturm und Not der gute Freund, der an sich zuletzt dachte. Auch Cesare Maestri wurde nicht wahnsinnig, als er nach sechstägigem Kampf um den Cerro Torre im furchtbaren Schneesturm Patagoniens den Seilkameraden, unseren unvergessenen Toni Egger, verlor. Auch Anderl

Heckmair und Hermann Köllensperger wurden nicht wahnsinnig, als sie in fünf Tagen und vier Biwaknächten im Schneesturm den Walkerpfeiler erkämpften. Und von den neun Bergsteigern, die sich 1952 durch die Eigerwand rauften und vorübergehend eine wahrhaft europäische Seilschaft bildeten, bei Wetterverhältnissen, die sich Claudio Corti nicht einmal träumen ließe, wurde auch niemand wahnsinnig. Auch Hermann Buhl nicht, obwohl er im letzten Biwak wahrscheinlich gestorben wäre, hätte er neben sich nicht einen Gefährten wie Sepp Jöchler gehabt. Erinnern wir uns doch an Gaston Rébuffats gallischen, grimmigen Humor, der jene harten Stunden charakterisierte: ›Der Leib ist unzufrieden ...‹

Für Wahnsinn war da nirgends Platz. Corti braucht nicht mehr gesondert rehabilitiert zu werden. Der Platz, auf dem das kleine rote Zelt der Deutschen stand, von dem aus Claudio Corti von Alfred Hellepart gerettet wurde, heißt heute im Bergsteigerjargon ›Corti-Biwak‹. Das ist ein Ehrentitel, der über kurz oder lang Corti als ebenbürtig neben Anderl Hinterstoisser, Lionel Terray oder andere Pioniere stellen wird, nach deren Namen markante Punkte der Eigerwand benannt sind. Jeder wird dem Mann alles Gute vergönnen, der gerade durch seine menschlichen Schwächen mehr Angst und Schrecken empfunden haben mußte als andere Nordwandbesteiger.

Man nennt den Biwakplatz über der Spinne nach Corti, nicht nach den Männern, die wahrscheinlich das kleine Zelt für Claudio dort errichtet und verankert haben.

Walter Seeger, einst der beste Seilgefährte und intime Freund Günther Nothdurfts, schrieb in einem Brief an Kurt Maix: › ... Günther Nothdurft und Franz Mayer wurden durch Zufall am 22. oder 23. September 1961 in einem Couloir der Eiger-Westflanke aufgefunden. Werner Stäger, Bergführerobmann aus Lauterbrunnen, und seine Kameraden hatten Bergungsmaterial vom Gipfel abtransportiert und teilweise über das obere Firnfeld westlich des Normalanstiegs abgeworfen. Dabei stießen sie auf die Leichen der beiden. Ich fuhr dann am 25. September zusammen mit Herrn Nothdurft *(der schwer geprüfte, erblindete Vater Gün-*

thers starb am Karsamstag 1964 in hohem Alter. Anmerkung des Verfassers) nach Lauterbrunnen und meldete mich bei der Gendameriestation, wo mir verschiedene Gegenstände, wie Kamera, Ausweis und dergleichen, vorgelegt wurden, die ich einwandfrei als Günther gehörend identifizierte. Dann wurde ich ins Leichenhaus geführt, wo sich mir ein erschütterndes Bild bot ...

Sodann suchte ich Werner Stäger auf, um Näheres über den Tatbestand zu erfahren. Nach seinem Bericht steht es nicht fest, ob die beiden von einem Schneerutsch überrascht und in die Rinne gedrückt worden oder ob sie beim Biwak gestorben sind. Wie mir Stäger damals beschrieb, nahm einer eine Art sichernde Stellung ein. In vier Jahren kann sich aber die Lage der Toten durch äußere Einwirkung verändert haben ...

Das vieldiskutierte Tagebuch Günthers habe ich in Lauterbrunnen und später, nach der Behandlung durch die Spezialisten, in Bern gesehen, es waren jedoch keine Eintragungen festzustellen ...

Aus eigener Erfahrung kann ich sagen, daß Günther bei keiner Bergfahrt unmittelbar Notizen machte; diese wurden erst nach Beendigung der Tour im Zelt oder erst zu Hause erledigt. Im speziellen Eigerfall glaube ich nicht an eine mögliche Eintragung ...‹

Walter Seeger teilte weiter mit: › ... Günthers Weg durch die Eiger-Nordwand bis zu seinem Tod ist für mich voller Fragezeichen. Warum änderten die beiden plötzlich ihren Plan und wollten die Nordwand am Anfang statt als Abschluß ihres Urlaubs machen? Warum gab Günther keine kurze Nachricht, die seine Rettung hätte sein können? Warum der Zusammenschluß mit den Italienern? Es gibt da eine ganze Reihe von Fragen. Und bei allen reagierte Günther nicht so, wie er es die ganzen Jahre hindurch getan hatte.

Und was ist mit dem mysteriösen Rucksackfund, den Raditschnig, Noichl und Brandler am Zerschrundenen Pfeiler machten (1958)? Nach ihren Angaben hätte der Rucksack auch Steigeisen enthalten, die ich allerdings nie sah, wogegen zwei Karabiner, mit WS gezeichnet, sich als die meinen herausstellten. Angenommen, die

beiden haben den Rucksack schon im Anfang der Tour verloren, so ist es unverständlich, warum sie mit nur einem Paar Steigeisen weiterstiegen. Eine solche Reaktion ist mir unbegreiflich. So etwas habe ich bei Günther nie erlebt! Allerdings könnten damit auch die Beobachtungen über den langsamen Fortschritt im Eis erklärt werden. Aber unerklärlich bleibt der Zusammenschluß zu einer Viererseilschaft. Bereits im unteren Drittel der Wand?! Dazu hätte überhaupt keine Notwendigkeit bestanden. Außerdem hätten die Sprachschwierigkeiten eine schnelle, gute Verständigung verhindert ... War der große Altersunterschied ausschlaggebend für den Entschluß, oder konnten sie die beiden Italiener aus Gründen der Fairneß oder der Sicherheit nicht übersteigen?
Völlig ungeklärt sind die Beweggründe für das Zurücklassen von Longhi. Günther war mit den behelfsmäßigen Methoden einer Bergung bestens vertraut. Kann eine schwere Erkrankung oder die Entscheidung Cortis schuld an der Aufgabe Longhis gewesen sein? Aber Corti, als Seilkamerad, hätte nie weitersteigen dürfen ...
Doch was nützen alle Fragen ... Ein dunkler Schatten wird immer um die Geschehnisse dieses Eigerdurchstiegs sein ...‹
Meine Vermutung erscheint mir heute bestätigt. Nothdurft und Mayer blieben bei Corti und Longhi aus Kameradschaft, aus rein menschlichen Gründen.
Wahrscheinlich wären die jungen, besttrainierten Bergsteiger wesentlich schneller gewesen als die Viererseilschaft. Aber es gibt ein Gesetz unter den Bergsteigern, das nirgends niedergeschrieben ist, das aber von allen Bergsteigern aller Nationen eingehalten wird – seit Generationen:
Der Stärkere ist immer für den Schwächeren verantwortlich. Auch für den einer fremden Seilschaft.
Die Krankheit Nothdurfts kann nicht so arg gewesen sein, wie sie dem italienischen Seilschaftsführer Corti erschien und wie er sie beschrieb. Ein trainierter Bergsteiger kann wohl ein leichtes Übelsein während einer mehrtägigen Bergfahrt überwinden. Aber die Eigerwand ist nicht so geartet, daß sie während der Durchsteigung einem wirklich Kranken Rekonvaleszenz, Genesung, und nach

Die Nordwand mit der Westflanke, über die der Abstieg führt. *Vorhergehende Seite:* Noi
Brandler und der nachfolgende Raditschnig bei ihrer Rückkehr aus der Wand

fünf Tagen größter Anstrengung den Aufstieg auf den Gipfel gestattet. Ohne Rückversicherung. Ohne Zelt . . .
Dieses rote Zelt ist das Kriterium. Das Merkmal einer Kameradschaft, die an klassische Vorbilder gemahnt. Corti schien nach seiner Verletzung der Schwächste. Er hatte sich bestimmt auch bei dem Versuch, Longhi zu bergen, sehr verausgabt. Darum bekam er das Zelt. Darum schenkten Nothdurft und Mayer ihm die einzige Chance ihres eigenen Überlebens. Freuen wir uns alle darüber, daß Claudio Corti lebt. Aber denken wir manchmal auch an die Namen der beiden Stillen: Günther Nothdurft und Franz Mayer . . der vierzehnten Begeher der Eiger-Nordwand.
So erfolgte die ›erste italienische Durchsteigung‹ der Eiger-Nordwand erst im Jahre 1962. In der Zeit vom 11. bis 17. August. Durch die Seilschaft Acquistapace, Airoldi, Aste, Mellano, Perego, Solina. Ob die lange Zeit von sieben Tagen mit sechs Biwaks wirklich als Zeichen der Harmonie, Gelassenheit und Vorsicht zu werten ist und man nicht aus der Not eine Tugend machte, soll hier weder erörtert noch entschieden werden. Meine schon seinerzeit geäußerte Ansicht, daß die Eigerwand der Mentalität der Italiener nicht liege, daß sich außerdem die besten der sehr breiten Spitze der italienischen Alpinisten eben noch nicht an der Eigerwand versucht hatten, hat sich im Laufe der Jahre bestätigt. Mario Menti und Bartolo Sandri sind schon im Juni 1938 in der großen Wand tödlich verunglückt. Es ist nur ein Zeichen von der gesunden Einstellung der Italiener zu den Bergen und dem Bergsteigen, daß sie aus dem traurigen Tod der beiden keine Verpflichtung für die Kommenden machten. Die Besten kamen nicht zur Eigerwand. Auch die Seilschaft – der die 27. Besteigung gelang – war zwar gut, aber nicht das Beste, was Italiens Alpinismus zu bieten hatte . . .
Dann aber kam doch einer der Besten. Einer der Besten der Welt. Ende Juli 1963. Walter Bonatti. Allein. Man beobachtete ihn. Man war enttäuscht. Neunmalkluge gaben ihr Urteil. Zaungäste des Eigergeschehens maßten sich ein Urteil über den Erstbesteiger des Südwestpfeilers der Petit Drus, der Grand-Capucin-Ostwand, des Walkerpfeilers im Winter an. Bonatti gehe zu langsam, zu zö-

gernd ... Ob diese Besteigung auch wieder mit einem tödlichen Unfall ende? Es wäre die 38. Besteigung im ganzen und die erste im Alleingang.
Italienische Zeitungen berichten bereits ›Walter Bonatti allein in der Eigerwand‹. Beobachter auf der Kleinen Scheidegg melden von einem ganzen Propagandastab, von Exklusivrechten usw. usw. Bonatti müsse durch die Wand, so oder so. Sein ganzes Renommee stehe auf dem Spiel.
Ja – und dann, nach einem Biwak, dreht Walter Bonatti um. Er steigt ab. Vorsichtig, wie er heraufgeklettert war. Gestern. Zu Mittag ist er wieder unten. Was war geschehen? Bonatti verletzt? Ein Stein hätte ihn getroffen? Auf dem Zweiten Eisfeld? Teillähmung? Kann Bonatti jemals wieder Bergsteigen ...?
Es ist gar nicht dramatisch. Bonatti spielt auch keine Szene. Er läßt sich nicht mit leidgezeichnetem, aber männlich beherrschtem Gesicht fotografieren. Er gibt kaum Auskunft, scheint aber weder deprimiert noch um seinen ›Ruf‹ bekümmert. Er – Walter Bonatti – sei eben umgekehrt, weil es ihm so vernünftig erschien. Und dann sagte er gelassen ein bedeutsames Wort: »Kein Berg ist das Leben wert.«

Vier Hemden und ein Wintermantel

Zurück zum Jahr 1958, um die Chronik der Eigerwand wieder ordnungsgemäß zu verfolgen. Es erschien mir notwendig, meine positive Einstellung zu den italienischen Alpinisten so klarzustellen, daß kein Zweifel darüber herrschen kann.

Kurt Diemberger und Wolfgang Stefan, die wir schon gut kennen, konnten 1958 also nicht die dreizehnte, sondern die fünfzehnte Durchsteigung der Eigerwand für sich buchen. Es sei hier nur noch festgestellt, daß man den beiden hervorragenden österreichischen Alpinisten seinerzeit zu Unrecht vorgeworfen hat, sie hätten sich an der Suche nach dem vermißten Wiener Bergsteiger Engelbert Titl nicht beteiligt. Übereifrige hatten übersehen, daß Diemberger und Stefan schon in der Wand waren, als die Abgängigkeitsanzeige erstattet wurde. Man hatte Titl zum letzten Mal auf dem Mittellegigrat gesehen. Einen unglaublich schnell kletternden Alleingänger. Gefunden wurde er erst drei Jahre später. Im schon tragisch berühmten Couloir der Westflanke. Nur wenige Meter unterhalb der Leichen von Günther Nothdurft und Franz Mayer. Im Jahre 1961.

Die Männer der sechzehnten Durchsteigung sind besonders originelle Burschen. Zwei Graubündner, zwei Maurer, die in Zürich leben. Adolf Derungs und Lukas Albrecht. Beide haben wenig Geld und viel Schneid. Dazu auch lokalpatriotischen Auftrieb. Sie wissen von der modernen Ausrüstung, die man in den Westalpen im allgemeinen und in der Eigerwand im besonderen haben soll.

Sie kaufen aber nicht diese Ausrüstung, denn sie haben kein Geld. Moderne Anoraks? Hatten sie nicht. Aber einer von ihnen zog vier – oder gar fünf? – Hemden übereinander an. Das wärmte auch. Und der andere nahm einen Mantel mit, einen alten zerrissenen, aber immerhin einen Mantel. Als Ersatz für einen Biwaksack. Zwei Menschen, die sich unter einen Mantel kauern, finden auch ein wenig Wärme. Genug, um nicht zu erfrieren, und auch genug, um am nächsten Tag noch weiterklettern zu können. Und droben, wo man sicher zu sein glaubte, nicht mehr biwakieren zu müssen, gestattete man dem alten Mantel, den Gesetzen der Schwerkraft zu folgen. Man warf ihn hinunter.

Er glitt über die Spinne, stürzte ins Bodenlose. Ein Mantel hat Ärmel. Und ein Mensch hat Arme. Wer kann schon aus der Entfernung, selbst durch ein Fernrohr, unterscheiden, ob Ärmel oder Arme?

Es gab damals manch spannende Anekdote über den dritten abgestürzten Mann, während man die beiden, Derungs und Albrecht, oberhalb der Spinne munter weiterklettern sah.

Tatsache ist, daß Lukas Albrecht und Adolf Derungs die sechzehnte Begehung der Eiger-Nordwand vom 10. bis 13. August 1959 gelang. Das Wetter war sehr unfreundlich, und die beiden schlugen sich wacker. Die vielen Hemden und auch der alte Mantel bewährten sich. Vor allem aber die Zähigkeit und Willenskraft der beiden Bündner. Daß man ihnen vorwarf, statt moderner Steinschlaghelme alte, metallene Motorradhelme getragen zu haben, ist wohl absurd.

Alpine Beckmesser warfen sich zu Richtern über die beiden Bündner Handwerker auf. Das Wort ›Leichtsinn‹ geisterte wieder einmal durch alle mehr oder weniger ›alpin‹ interessierten Blätter. Matthias Rebitsch aber, der unverwüstliche Haudegen der Berge, meinte anerkennend:

»Großartige Burschen die beiden. Sie haben bewiesen, daß auch heute noch der Mann mehr zählt als seine Ausrüstung!«

Derungs und Albrecht waren auch die ersten Menschen, die in der Spinne gefilmt wurden. Nicht als bezahlte Komparsen, sondern gewissermaßen außer Programm, aber hochwillkommen. Da gab es in München zwei Filmleute, die geradezu Fanatiker der Eigerwand waren.

Edmund Geer und Wolfgang Gorter. Geer nahm als blutjunger Kerl 1938 an der deutschen Tibetexpedition teil. Als Kameramann brachte er damals schon einen hochinteressanten Film über Tibet heim. Ich wußte seinerzeit natürlich nicht, daß Tibet einen wesentlichen Abschnitt, ja eine Wende in meinem Leben bedeuten würde. Aber durch das Thema Tibet fühle ich heute eine gewisse geistige Bindung zu Edmund Geer. Seine berufliche Entwicklung führte vom Abenteurer über den Kameramann zum Produzenten. Wolfgang Gorter war zuerst Bergsteiger. Und zwar ein guter Bergsteiger. Ihm gelang mit Ludwig Steinauer die Erstbesteigung der Nordwand des Montblanc de Seilon. Und die höchste Wand des berühmten Fünftausenders Persiens, des Demawend, wurde auch von Gorter und Steinauer bezwungen. Er begann aus Liebhaberei zu filmen. Aus dem filmenden Bergsteiger wurde später der bergsteigende Kameramann.

Wer von den beiden zuerst auf die Idee gekommen ist, einen Film über die Eigerwand zu machen, weiß ich nicht. Kurt Maix erzählte mir jedenfalls, daß er schon Anfang Oktober 1959 beim Festival des Bergfilms in Trient den Geer-Gorter-Film ›Eiger-Nordwand‹ gesehen habe.

Hauptdarsteller: Toni Hiebeler und Lothar Brandler. Aufnahmen im unteren Teil der Wand, Großaufnahmen im Eis, die offenbar nicht in der Wand gedreht worden sind, was auch mit dem Bericht Toni Hiebelers übereinstimmt, der den Hinterstoisser-Quergang als Umkehrstelle bezeichnet. Gut gefilmter Schlechtwettereinbruch ... Man sieht dann Lothar und Toni im Abstieg. Man sieht aber auch zwei Bergsteiger im Aufstieg. Beide Seilschaften begegnen einander im Wandvorbau, grüßen einander – die Neuen sind Derungs und Albrecht. Die Teleaufnahmen der beiden in der Spinne – gefilmt von der Schulter des NW-Grates, wirken gerade wegen des immer wieder aufziehenden Nebels sensationell.

Doch zurück zur Chronik der Eigerwand. Vorübergehend sprach

man im Jahr 1959 auch von einer aufsehenerregenden neuen Durchsteigung, vor allem wegen der kurzen Zeit, in der angeblich das Wagnis gelungen sein sollte.

Uli Link, der versierte Chronist der Eigerwand, ein Berufsjournalist, kommt mit den Bildern nach Trient. Dort zeigt er sie allen Kennern ... Jeder schüttelt den Kopf: Nein, in der Eigerwand, an den bezeichneten Stellen können die Aufnahmen nicht gemacht worden sein.

Jedenfalls – nach meinen Informationen fand die ›siebzehnte Durchsteigung der Eigerwand in Rekordzeit‹ im Saal, zum Teil im Gerichtssaal, statt. Und da sich die Eigerwand noch immer von den Matten von Alpiglen bis zum 3970 Meter hohen Gipfel aufbaut, zählen alle Bergsteiger der Welt als siebzehnte Durchsteigung die wegen starker Vereisung besonders hervorragende Kletterei von Ernst Forrer und Peter Diener. Am 13. und 14. September 1959!

Der grüne Tisch war stärker

Im Februar 1960 standen auf der Kleinen Scheidegg Edmund Geer und Wolfgang Gorter wieder an den Kameras. Die Darsteller hießen diesmal: Lothar Brandler, Jörg Lehne und Siegfried Löw. Drei Sachsen, die München beziehungsweise Salzburg als neue Heimstätte erkoren hatten. Der Streifen, den Geer und Gorter damals drehten, hat heute alpin-historischen Wert: Sigi Löw, der breitschultrige Meisterturner, der Wahlsalzburger, ist deutlich zu erkennen. Zwei Jahre später sollte ihm mit Toni Kinshofer und Anderl Mannhardt die Zweitbesteigung des 8125 Meter hohen Nanga Parbat und die Erstbegehung der Diamirflanke – die wir schon 1939 versuchten – gelingen. Beim Abstieg verunglückte Löw tödlich.

Die drei Exsachsen und ›Direttissimakletterer‹ der Dolomiten – die ›Superdirettissima‹ gab es damals noch nicht –, Brandler, Lehne und Löw, versuchten nun die Eiger-Nordwand im Winter. Schon am Vorbau ertranken sie beinahe im Schnee. Aussichtslos, die Wand unter diesen Verhältnissen zu machen. Aber die drei taten ihr Bestes. Sie kamen ungefähr in die Höhe des Stollenlochs, nahmen aber nicht den Fluchtweg, sondern kletterten wieder ab. Die Kameras surrten.

Kamera und Darsteller taten ihr möglichstes. Die Wand benahm sich dramatisch und ablehnend. Die Ausbeute war entsprechend mager. Die Herren der Jury in Trient erkannten die ehrliche Mühe, die Schwierigkeit, die Gefahr – der Film konnte sich sehr gut placieren ... Aber Geer und Gorter waren nicht zufrieden. Ihr Ziel stand unverrückbar fest: das Dokument der Eigerwand. Kurt sah den Film ›Eiger-Nordwand im Winter‹ – zweite Fassung – im Oktober 1961 in Trient. Diesmal errangen Geer und Gorter den ersten Preis. Der Eiger-Dokumentarfilm im 16-Millimeter-Format war geschaffen.

Groß war die Leistung der vier: Toni Hiebeler als Kameramann, Organisator und geistiger Führer der Expedition, Anderl Mannhardt, Walter Almberger und Toni Kinshofer, der zweiundzwanzigjährige Seilschaftsführer: sieben Tage und sechs Nächte hindurch. Nie wäre die Kritikasterei an diese Leistung, an diese Männer herangekommen. Und selbst der berüchtigte grüne Tisch hätte nichts andres tun können, als ungläubig anerkennend zu staunen. Da räumte Toni Hiebeler dem grünen Tisch plötzlich selbst das Mitspracherecht ein. Bruno Erath, der Referent für Bergsteigen im Bayrischen Rundfunk, brachte den Stein ins Rollen. Er zeigte die Lücke auf, das Loch im Berg, das Stollenloch.

Der endgültige Angriff auf die Eiger-Nordwand im Winter erfolgte vom Stollenloch aus. Daran wäre gar nichts gewesen. Alle Bergsteiger bestätigten gern, daß sie so oder so seine Durchsteigung als erste Winterbegehung der Wand gelten ließen. Aber das stand ja gar nicht zur Debatte, sondern die Behauptung, daß die Besteigung in einem Zug von unten weg, ohne Benutzung des Tunnels erfolgt sei.

Wenn man Toni Hiebelers Bericht über die große Fahrt liest und nicht das, was er dem ›grünen Tisch‹ zuliebe gesagt hat, wird man gepackt. Der Bericht ist nicht nur spannend, dramatisch, er ist auch sympathisch. Hiebeler spielt sich nie in den Vordergrund, aber er setzt seinen drei Gefährten einen schönen Denkstein. Gleichzeitig eine psychologische Studie von drei grundverschiedenen Charakteren: Da ist der erste, der beste, der Toni Kinshofer. Durch nichts aus der Ruhe zu bringen. Auf jede Frage, mag sie noch so bang, noch so berechtigt zweifelnd sein, kommt die unerschütterliche Antwort: »Geht schon.« Und da ist der zweite, der Walter Almberger, der den Toni immer sichert, auch dort, wo die

Sicherung nur mehr moralisch sein kann. Und da ist Anderl Mannhardt, der Skeptiker, der nicht verträgt, wenn man die Siegeszuversicht auch nur eine Sekunde vor dem errungenen Sieg äußert ... Alle vier zusammen ergeben ein harmonisches Team.
Die erste Winterdurchsteigung der Eiger-Nordwand war und bleibt eine große Tat. Und die vier sind große Bergsteiger.

Der Silbergraben

Silbergraben, das ist ein freundlicher Name für eine Stelle in der düsteren Wand. Er wurde nicht von den Kletterern erfunden, sondern von den Beobachtern, den Zuschauern auf der Kleinen Scheidegg. Man kann ihn nur am späten Nachmittag sehen, den Silbergraben. Wenn die Sonne auch in diese dunkle Wand helle Lichter wirft. Am Fuß des Wasserfallkamins in der Rampe ist die Stelle. Wenn dort Eis liegt und silbern leuchtet oder auch nur das Wasser spiegelt und glänzt. In der Früh, im Schatten, in dem jede Lebendigkeit gefroren erscheint, gibt es ihn nicht, den Silbergraben.
Die Bergsteiger wollen auch nichts mehr von ihm hören, mag er im 72fach vergrößernden Fernrohr auf der Terrasse der Kleinen Scheidegg noch so lustig gleißen und glänzen. Seit dem Morgen des 28. August 1961, seit Adi Mayr dort zu Tode gestürzt ist.
Das Jahr 1961 hat auf dem Eiger mit einer kraftvollen Eröffnungsfanfare begonnen. Die ganze alpine Welt hat sie gehört, hat sich von ihrem Schwung begeistern lassen. Am Anfang 1961 stand die große alpine Tat: die erste Winterbegehung.
Noch nie hatte ein Jahr am Eiger solch eine Einleitung. Man konnte gespannt sein, was 1961 noch bringen wird. Die Wetterverhältnisse und der Zustand der Wand gestatteten zunächst keine Durchsteigung. Es gab wohl Versuche, Rückzüge, unangenehme Situationen, aber keine Katastrophen. Auch der August ging zu Ende, ohne daß es einer Seilschaft geglückt wäre, die neunzehnte Besteigung der Eigerwand durchzuführen.

In der letzten Augustwoche kommt der österreichische Bergsteiger Adolf Mayr auf die Kleine Scheidegg. Ein sehr junger, aber schon in den Ost- und Westalpen und auch in den Bergen Norwegens erfahrener Mann. Die schwersten Fahrten im Fels, aber auch bedeutende Touren im kombinierten Westalpengelände sind ihm gelungen. Der junge Adi Mayr – in Bad Hall, Oberösterreich, geboren, aber schon seit Jahren in Innsbruck lebend – hat alle Touren in guter Manier, in einwandfreiem Stil und mit viel Begabung gemeistert. Daß Vorsicht und gute Vorbereitung für ihn selbstverständlich waren, ergab sich schon aus seiner stark entwickelten Phantasie. Er konnte sich gefährliche Situationen am Berg vorstellen, bevor sie eintraten.
Adi Mayr war sympathisch. Das sagten alle seine Bergkameraden, das erzählte mir auch Fritz von Almen, der bekannte Hotelier von der Kleinen Scheidegg. Adi Mayr hatte ihn ins Vertrauen gezogen. Und Fritz beantwortete dieses Vertrauen mit Ratschlägen nach bestem Wissen und Gewissen, mit Sorge und Betreuung. Adi kannte bereits jeden Meter der Wand, aus der Literatur, aus Erzählungen, von tagelangen Beobachtungen, und was ihm noch an Wissen fehlte, erklärte ihm nun noch Fritz von Almen.
Fritz sagte ihm auch, daß am Nachmittag die Querung des Dritten Eisfeldes durch Steinschlag äußerst gefährdet sei. Alles, was sich unter der Sonnenbestrahlung des Nachmittags an Steinen und Eistrümmern aus der Spinne und der Gipfelwand löst, komme als fast pausenloser Geschoßhagel über das Dritte Eisfeld. Aus dieser Erkenntnis gibt von Almen den verantwortungsbewußten, richtigen Rat: »Wenn du erst nach vierzehn Uhr auf das Dritte Eisfeld kämst, biwakiere lieber vorher, im Todesbiwak ... Es ist bestimmt langweilig, so lange zu warten. Aber besser, als erschlagen zu werden.«
Adi Mayr hat selbst Phantasie genug, um sich vorzustellen, wie gefährlich das Dritte Eisfeld am Nachmittag ist. Er will zeitig starten und so schnell wie möglich klettern, damit er am Nachmittag bereits in der Rampe ist.
Und das erste Biwak?

Droben am Rampeneisfeld. Oder im Götterquergang. Oder in den Ausstiegsrissen. Oder gar auf dem Gipfel ...

Adi Mayr ist gut im Training, hat mächtigen Auftrieb und Ehrgeiz. Er spricht es nicht aus, aber bestimmt ist die Tatsache, daß es die erste Alleindurchsteigung wäre, ein starker Ansporn für ihn. Das wäre ein Jahr: Die erste Winterbegehung und der erste Alleingang!

Adi hat keinen Kameraden auf dieser Fahrt. Da sind nur die Worte Fritz von Almens, die ihn noch ins Dunkel begleiten. Da ist nur die Erinnerung an die junge, freundliche Frau des Hoteliers, die ihm schon knapp nach Mitternacht ein Frühstück gerichtet hat. Es ist nicht gut, vor dem unbekannten, gefährlichen Abenteuer zwischen Erde und Wolken zu sehr an die Erde zu denken. Adi Mayr schüttelt die weiche Stimmung ab. Er ist schon oft allein gewesen. Auch in großen, gefährlichen Wänden. Der Trotz und das Selbstvertrauen besiegen das Bangsein, das jeden Bergsteiger in der noch nachtdunklen Frühe befallen kann.

Als der Tag anbricht, noch grau in grau, ist Adi an den Felsen. Er klettert sich in dem leichten Gelände schnell warm. Als es genügend hell ist, beobachtet ihn Fritz von Almen durch das große Fernrohr. Im Schwierigen Riß. Mit ruhigen, gleichmäßigen Bewegungen, ohne Ruck, aber auch ohne Zögern überwindet der Alleingänger das erste Bollwerk der großen Wand. Hie und da greift er auch in das Seil, das seit zwei Jahren in dem Riß hängt. Es ist nicht mehr ganz verläßlich. Aber Adi Mayr scheint dies zu merken. Er benützt das Seil nur vorsichtig, hängt nie sein ganzes Gewicht hinein. So ist es nur eine kleine Unterstützung.

Im leichteren Gelände nach dem Riß beweist der Alleingänger, daß er im Felsen wirklich zu Hause ist. Er hastet nicht, er geht über die Felsen, gleichmäßig wie eine gut geölte Maschine. Am Hinterstoisser-Quergang hält er sich kaum auf. Diese einst so berüchtigte Stelle ist längst entschärft. Es hängen dort zwar noch nicht so viele Seile, wie es bereits ein Jahr später der Fall sein wird, so daß die guten Seilschaften kaum mehr als zehn Minuten für den ganzen Quergang brauchen werden. Aber mehr als zwanzig

Minuten braucht auch Adi Mayr nicht. Er klettert nicht nur gut. Er versteht es auch, mit Seilen, Karabinern, Trittschlingen und anderen künstlichen Hilfsmitteln umzugehen.
Je länger Fritz von Almen und andere Bergsteiger oder Bergführer dem jungen Oberösterreicher zuschauen, desto beruhigter werden sie. Jeder bekommt den Eindruck: Hier läuft nicht ein junger Ehrgeizling ins Verderben. Hier klettert ein Mann, der weiß, was er will und kann.
Das Eis scheint hart und spröde zu sein. Hier und da muß Adi Stufen schlagen. Außerdem ist Adi sichtlich im Felsen mehr zu Hause als im Eis. Aber das waren ja die meisten der Ostalpenkletterer, die zum Eiger kamen, um seine Nordwand zu versuchen, und schließlich auch die Nordwand zuerst bezwangen. Das Wassereis im Eisschlauch zwischen Erstem und Zweitem Eisfeld scheint Adi gar nicht zu behagen. Er steigt in die Felsen links empor. Seit Erich Waschak, der diese Umgehung des Eisschlauchs 1950 zum erstenmal versucht hat, weiß man, wie brüchig und unangenehm geschichtet der Fels dort ist. Aber Adi kommt wieder schnell voran, als ob er sich in den heimatlichen Kalkbergen befände. Auch der Eiger besteht aus Kalk.
Das Zweite Eisfeld, das riesenhafte, das endlose, das man nicht einfach hinauflaufen kann, sondern das man queren muß – einen halben Kilometer weit –, wandelt den schnellen Höhenlauf des jungen Mannes in einen langsamen, bedächtigen, sehr vorsichtigen, vielleicht unerwartet vorsichtigen Gang von Stufe zu Stufe, von Meter zu Meter ... Man hat den Eindruck, als ob dem Einsamen erst jetzt die ungeheuren Maße der Wand bewußt würden. Das Zweite Eisfeld beeindruckt jeden. Auch uns ist es 1938 bei der Erstbesteigung so gegangen. Hier im Zweiten Eisfeld fühlt man sich plötzlich auf einem Weg ohne Ende.
Wie soll ich das Zweite Eisfeld schildern? Stellen Sie sich das Steildach eines gotischen Domes vor. In der Diagonale 500 Meter. Man muß von rechts unten nach links oben queren. Sie sehen hundert oder zweihundert oder dreihundert Meter links unter sich – je nachdem, wo Sie sich befinden – die Unterkante des Daches.

Dort ist aber keine Dachrinne, auch kein fröhlicher Wasserspeier. Nach der Kante kommt Luft. Sechshundert oder siebenhundert oder achthundert Meter Luft. Das kann bedeuten: senkrechter freier Fall, nur mit wenigen Aufschlägen bis zum Wandvorbau ... Ist es ein Wunder, wenn auch ein guter, ein erstklassiger Alpinist wie Adi Mayr auf diesem Eisfeld langsam und vorsichtig höher stieg? Über die endlose Diagonale des riesigen Daches ...?

In den steilen Felsen, die zum Bügeleisen leiteten, beschleunigte der Alleingänger wieder sein Tempo. Das konnte man deutlich im Fernrohr sehen. Man konnte aber auch sehen, daß der Steinschlag schon begonnen hatte. Es war etwa 14 Uhr 30, als Adi Mayr das Todesbiwak erreichte. Das Sperrfeuer des Berges bestrich bereits das Dritte Eisfeld und auch die Bügeleisenkante. Den Weg nach vorn, den Weg zurück. Es war gutes Wetter. Und der Tag hätte dem Kletterer noch sechs Stunden Licht geschenkt. In den sechs Stunden wäre Adi noch bis zum Götterquergang gekommen. Oder bis zum Corti-Biwak, in die Ausstiegsrisse.

Wenn er leichtsinnig gewesen wäre und gedacht hätte: ›Ach was, jeder Stein trifft ja nicht ...‹

Adi Mayr wollte nicht hasardieren. Er wollte die Wand nach allen Regeln der bergsteigerischen Kunst bezwingen. Darum versuchte er seine eigene Unruhe zu überwinden. Er befolgte das Gebot der Vernunft, er befolgte den Befehl des Berges, der nur einen Platz vom Steinschlag verschonte: das Todesbiwak.

Es wurde ein langes Biwak. Es wurde eine fünfzehnstündige Nacht, an deren Beginn noch helle Nachmittagssonne schien, in der es sechs Stunden hell blieb. Endlos dauerte es, ehe es wirklich Nacht wurde, ehe Adi Mayr die vereinbarten Lichtzeichen geben konnte, die Fritz von Almen von der Kleinen Scheidegg aus erwiderte.

Noch länger dauerte es aber, bevor sich aus dem Dunkel endlich das Grau des neuen Tages stahl. Des 28. August 1961.

Niemand kann berichten, was der junge Mann in dem langen Biwak mitgemacht hatte, wie er mit seiner Einsamkeit und seinen eigenen Gedanken fertig wurde, seiner Furcht, seinem Zweifel, gegen die er Trotz und Ehrgeiz setzte.

Das 72fach vergrößernde Fernrohr verriet am nächsten Morgen zwar jede Bewegung, aus der man aber nur schwer auf den Seelenzustand des Alleingängers schließen konnte. Fritz von Almen stellte nur mit Besorgnis fest, daß Adi Mayr noch nicht seinen Rhythmus gefunden hatte. Bestimmt hielt die große Kälte noch die ganze Wand in ihrem Bann. Die Bewegungen eines Lebewesens im kalten Schatten der Riesenmauer wirkten an sich seltsam. Waren die Bewegungen tatsächlich eckig, fahrig, zögernd und nicht so harmonisch abgerundet wie gestern?

Adi hat kein Gelände vor sich, in dem er sich warmlaufen kann. Hier gibt es keinen Wandvorbau wie gestern. Hier kommt als Begrüßung gleich die Querung, der schräge Abstieg über das Dritte, steilste Eisfeld. Langsam schiebt er sich nach links, er schlägt Stufen, er macht alles richtig, vielleicht etwas langsamer als sonst, aber durchaus normal. Und trotzdem, Fritz von Almen kann sich bei den Beobachtungen des Gefühls nicht erwehren, daß dem einsamen Mann dort oben etwas fehle. Eine körperliche Krankheit? Als Folge der Nachtkälte? Eine seelische Depression, die sich nun körperlich auswirkt als Folge des fünfzehnstündigen einsamen Biwaks an der Stelle, wo vor sechsundzwanzig Jahren die ersten Kandidaten der Eigerwand starben?

Über das Dritte Eisfeld jagen jetzt keine Steine. In der ganzen Wand ist es still. Nichts regt sich. Nur der Mensch. Ein Pünktchen Leben, ein Pünktchen Willen, ein Pünktchen Trotz in einer kalten, schattigen, lebensfeindlichen Unendlichkeit.

Adi Mayr kommt über das Dritte Eisfeld, erreicht die Rampe Die ersten Seillängen sind nicht besonders schwierig. Es ist schöner Fels. Trotzdem scheint sich der Felsenmeister auch hier nicht besonders wohl zu fühlen. Liegt auf den Felsen Eis? Man kann es jetzt, im Schatten, nicht erkennen, nur an den Bewegungen. Und die sind noch immer nicht frei und souverän wie gestern ... Andererseits sieht man an keiner Stelle, daß Adi Mayr eine Selbstsicherung eingehängt hätte. Also kann es doch gar nicht so schwer sein, vor allem kann die Kletterei Adi Mayr nicht gefährlich vorkommen, sonst hätte er sich bestimmt selbst gesichert.

Man hat ja gestern gesehen, wie vorsichtig er ist ... Er wird sich schon warmklettern. Auch im Schatten.
Jetzt kommt die Querung zum Beginn des Wasserfallkamins. Die Stelle ist nicht leicht. Vom Silbergraben ist jetzt nichts zu sehen. Der leuchtet nur am Nachmittag. Auch Wasser kommt jetzt keines durch den Kamin. Wahrscheinlich ist der Felsen dort mit Eis überzogen. Man kann im Schatten nichts genau erkennen. Nur den Mann und seine Bewegungen. Adi macht den Spreizschritt nach links. Der linke Schuh scheint abzugleiten. Adi zieht das Bein wieder zurück. Bearbeitet die Stelle – mit dem Pickel. Versucht den Spreizschritt nochmals. Wieder scheint er nicht Halt zu finden. Wieder sucht er den alten Stand. Nur hastiger.
So bewegt sich jemand, der müde ist oder nervös oder verzweifelt. Adi hat auch an dieser Stelle keine Selbstsicherung eingehängt. Was ist nur los mit ihm?
Jetzt geht er die Stelle zum drittenmal an. Er spreizt genauso wie früher. Nichts ist anders als bei den ersten beiden Versuchen, und trotzdem wagt Adi um 8 Uhr 12 den Spreizschritt aus dem Silbergraben, der jetzt dunkel und schattig ist wie die ganze Wand. Auch der Körper ist im Schatten, der vom Silbergraben abgleitet und nur selten aufschlägt während seines eintausendzweihundert Meter tiefen Sturzes ...

Kurt Diemberger, der gemeinsam mit Wolfgang Stefan die Nordwand am 6. August 1958 in Rekordzeit bezwang, nach dem Gipfelsieg

Was man für die Eiger-Nordw
alles braucht, besonders im W
ter ... So sah Andreas Mannha
aus, als er sich mit Hiebe
Kinshofer und Almberger an
Wintererstbesteigung machte

Die erfolgreiche Mannschaft
ersten Winterbegehung bei ei
Rast während des Abstiegs.
links nach rechts: Toni Hiebe
Anton Kinshofer, Walter A
berger und Andreas Mannha

Bergsteiger haben eine eigene Sprache

Die Forderung unseres Freundes Guido Tonella nach einer europäischen Seilschaft erfüllte sich am Eiger wieder einmal. Die internationale Kameradschaft hatte sich – wie geschildert – bereits im Jahre 1957 anläßlich der großen Rettungsaktion bewährt. Schon damals waren unter den Helfern auch Polen, die ersten Vertreter der Ostblockstaaten, die im Zusammenhang mit dem Eiger und seiner Nordwand genannt wurden.

Das Jahr 1961 aber bringt gleich zwei Seilschaften aus Osteuropa und auch zwei Durchsteigungen der Eiger-Nordwand! Am 30. August 1961, zwei Tage nach dem tragischen Tod Adi Mayrs, steigen zwei Tschechoslowaken in die Wand: Radovan Kuchař und Zdeno Zibrin. Man kennt ihre Namen nicht nur im Elbsandstein gebirge, nicht nur in der Tatra, nicht nur im Kaukasus. Sie haben auch in den Westalpen sehr guten Klang, vor allem im Montblancgebiet und in Zermatt. Vor kurzem war ihnen sogar die Durchsteigung der Nordwand des Matterhorn geglückt.

So steigen die beiden aufeinander gut eingespielten Freunde ruhig – man könnte fast sagen gelassen – über die unteren Wandpartien empor. Fritz von Almen berichtete mir, daß sie keine Sicherungsgelegenheit versäumten, daß sie wohl etwas langsamer als andere gute Seilschaften bei Schönwetter an Höhe gewannen, aber durch die ruhige Zweckmäßigkeit ihres Bergsteigens auch dem Zuschauer Vertrauen und Sicherheit einflößten. Was man nicht beobachten konnte, war, daß einer der beiden auf dem großen

Zweiten Eisfeld einen Eispickel verlor. Sie ließen sich dadurch aber keineswegs aus der Ruhe bringen. Sie bewiesen zwei Tage später, daß sie sich durch den Verlust dieses so wichtigen Eisgeräts auch nicht am Aufstieg hindern ließen.

Zum Biwak dieses ersten Tages, der für sie etwa um 3 Uhr früh begonnen hatte, rüsteten sie schon vor 18 Uhr am oberen Rande des Zweiten Eisfeldes, kurz vor Beginn der Felsen, die hinauf gegen das Bügeleisen leiten. Die beiden hätten die zwei bis drei Stunden Tageslicht noch leicht dazu benützen können, um zum Bügeleisen und zum Todesbiwak vorzudringen. Aber jetzt, am Nachmittag, war auch das Bügeleisen nicht sicher vor Steinschlag. Und der Grundsatz dieser Seilschaft hieß: 1. Sicherheit, 2. Sicherheit, 3. Sicherheit ...

Am nächsten Morgen, am 31. August, stiegen sie in der gleichen langsamen, aber gleichmäßigen Art über Todesbiwak, Drittes Eisfeld in die Rampe. Dort trafen sie bereits in den unteren Felsen auf Eis, was die Langsamkeit Adi Mayrs erklären könnte. Die Querung, den Spreizschritt und den Wasserfallkamin fanden sie stark vereist. Gewissenhafte Sicherung erfordert Zeit. So wählen die beiden bereits das Brüchige Band als zweiten Biwakplatz. Es ist erst 17 Uhr. Noch scheint die Sonne in die Wand. Aber Kuchař und Zibrin dokumentieren vor sich und der zuschauenden Welt, daß sie eben Zeit haben.

Der nächste Tag, der 1. September, bringt die beiden verhältnismäßig rasch über den Brüchigen Riß zum Götterquergang, zur Spinne ... Aber hier ereignet sich das Erstaunliche, das die Zuschauer erst auf den Gedanken bringt, mit der Eisausrüstung der Seilschaft müsse etwas nicht in Ordnung sein. Zibrin und Kuchař machen eine Variante. Eine Art Neutour. Sie betreten die Spinne gar nicht. Sie klettern in den Felsen links der Spinne empor, erreichen so unter bestimmt nicht unerheblichen Schwierigkeiten die Ausstiegsrisse. Das Eisklettern mit Eishaken, Eisbeil und den Vorderzacken der Steigeisen lieben sie offenbar nicht. Der osteuropäische Alpinismus steht der westlichen Akrobatik und Spitzentänzerei noch mißtrauisch gegenüber. Im Osten zieht man die

klassischen sicheren und sichernden Methoden vor. Wenn man für das Eis zu schlecht gerüstet ist – dann geht man eben im Fels, auch wenn dies vorher noch niemand gemacht hat.
Im oberen Teil der Ausstiegsrisse wird das dritte Biwak bezogen. Und am Morgen des vierten Tages, kurz nach 8 Uhr am 2. September 1961, erreicht die erste osteuropäische Seilschaft nach der Durchsteigung der Nordwand den Gipfel des Eiger. Das Wetter war die ganze Zeit hindurch schön. Es gab keine Sensationen, es sei denn, man erachte absolute Sicherheit in der Eigerwand als Sensation. Eine Partie, die überhaupt keinen Fehler machte, abgesehen vom Verlust des Eispickels. Aber wer von den Jungen schleppt heute überhaupt noch so ein Ding aus den Tagen ihrer Väter, so einen Pickel, mit sich? Die Seilschaft Radovan Kuchař und Zdeno Zibrin war mit ihrer 19. Begehung der Eigerwand ein gutes Beispiel.
Dieses war also der erste Durchstieg von östlichen Mitgliedern der europäischen Seilschaft in der Eigerwand. Doch der zweite folgte kurz darauf, und zwar am selben Tag, am 2. September 1961. Er wurde unternommen von den beiden polnischen Ingenieuren Jan Mostowski aus Gleiwitz und Stanislaw Biel aus Krakau. Sie kommen zehn Stunden nach der tschechischen Seilschaft auf den Gipfel. Allerdings sind sie rund 24 Stunden später in die Wand eingestiegen, am 31. August ...
Es wäre aber ganz verfehlt, aus dieser Zeittabelle ein Werturteil lesen zu wollen. Die Seilschaft der Polen litt dafür auch unter Steinschlag, die der Tschechen nicht. Es scheint, daß bei Radovan und Zdeno alles einkalkuliert war – um die Sicherheit vollkommen zu machen.
Ungefähr zu der Zeit, als Kuchař und Zibrin ihrem ersten Biwakplatz am oberen Rande des Zweiten Eisfeldes zustrebten, richteten sich am Spätnachmittag des 30. August zwei Schweizer im Schwalbennest häuslich ein. Träger berühmter Namen: Ernst Schmied und Alois Strickler.
Ernst Schmied war der Zweitersteiger des höchsten Berges der Erde, des 8848 Meter hohen Mount Everest. Alois Strickler wieder ge-

hört zu den jungen ›Extremen‹, die all das nachholen wollen, was – ihrer Ansicht nach – der Schweizer Alpinismus in seiner Traditionstreue versäumt hat. In Stricklers Tourenbuch fehlt keine Bergfahrt, die man nach Ansicht der Heutigen gemacht haben muß, um zur Weltklasse zu zählen.

Ernst Schmied bekommt im Schwalbennestbiwak Magen- und Bauchschmerzen. Und Alois Strickler muß am nächsten Morgen mit seinem kranken Freund absteigen. Es ist der 31. August.

Unterwegs stoßen die beiden auf zwei aufsteigende Partien: auf die schon erwähnte polnische und auf die Schweizer Sepp Inwyler und Kurt Grüter. Diese haben Verständnis und Mitgefühl mit Alois Strickler und verraten ihm, daß drunten auf der Kleinen Scheidegg ein Österreicher auf einen Partner für die Eigerwand warte.

Mit diesem Mann hat es dann doch geklappt für Alois Strickler. Der Österreicher, dessen Tiroler Kamerad sich nicht frei machen konnte, war Leo Schlömmer.

Leo Schlömmer ist ein engerer steirischer Landsmann von mir, voller gesundem, zielstrebigem Ehrgeiz. Das ist auch notwendig für einen, der hauptberuflich mit den Wolken Fangen spielt. Leo Schlömmer ist Stabswachtmeister des österreichischen Bundesheeres, Fluglehrer der Fliegerschule Aigen im Ennstal. Fliegen zwischen hohen Bergen, in engen Tälern, begrenzt von riesigen Steilwänden, die er in seiner Freizeit erklettert – das ist sein Leben. Leo Schlömmer ist streng sachlich und tut in jeder Lage das zweckmäßig Richtige wie alle, die ein gefährliches Leben leben und dieses Leben lieben.

Am 1. September 1961, im ersten Licht des Tages, beginnen Schlömmer und Strickler ihren Anstieg. An diesem Morgen schlafen die beiden Tschechoslowaken noch auf dem Brüchigen Band. Die beiden Polen beginnen in ihrem Biwak rechts des Bügeleisens Tee zu kochen. Die beiden Schweizer, die etwa dreißig Meter rechts unterhalb ›übernachtet‹ haben, werden durch die Morgenkälte geweckt, zögern aber mit dem Aufstehen. Um etwa 7 Uhr früh beginnen die Polen zu klettern, hinauf zum Bügeleisen, zum

Todesbiwak. Als sie einmal zurückschauen, trauen sie ihren Augen nicht. Dort unten ... Die kleinen Punkte ... Am Beginn des Zweiten Eisfeldes ... Das sind ja Menschen ... Unglaublich schnell steigende Menschen ...
Auch Inwyler und Grüter sehen es und schütteln ungläubig staunend den Kopf. Dann lacht Inwyler: »Das ist unser Strickler. Und der andere, das muß der Schlömmer sein.«
Am frühen Nachmittag kommen allc drei Seilschaften am Wasserfallkamin zusammen. Der Riß ist vereist und böse. Die Polen sind mittendrin, schaffen die schwere Stelle mit Ruhe und Sicherheit. Dann lassen sie ein Seil herunter, sichern die Schweizer empor.
Und die beiden letzten? Strickler und Schlömmer? Die beste Seilschaft? Machten die anderen den Schnelleren Platz?
Keine Spur. Sie lachten und grüßten. Und die anderen lachten und grüßten. Und alle freuten sich, daß sie beieinander waren. Die Polen, die Schweizer und die Österreicher. Und auch die letzten nahmen das Seil, die angebotene Hilfe, an. Alle sechs bildeten nun eine Seilschaft, die zwar nicht eine Sprache redete und doch die internationale Bergsteigersprache verstand. Lachen und Grüßen und Freude sind die wesentlichen Merkmale dieser Bergsteigersprache.
Die sechs Kletterer finden einen gemeinsamen Biwakplatz, links des Rampeneisfeldes. Das ist wohl jene Stelle, die seit dem Franzosenbiwak des Jahres 1952 gewissermaßen zum Begriff des ›behaglichen Freilagers‹ in der Eigerwand geworden war.
Der nächste Tag brachte manche Überraschungen. Diesmal führten Strickler und Schlömmer. Aber die Sechserseilschaft blieb. Strickler verlor ein Steigeisen. Dafür mußte Schlömmer in der Spinne Stufen schlagen. Trotz der Verzögerung rückte das Team den Ausstiegsrissen immer näher. Die Polen und Schweizer werden von den Steinen getroffen, aber immer sind andere da, die helfen. Bis zum Ende der Ausstiegsrisse bleiben alle an einem Seil. Dann löst sich die große Seilschaft wieder in drei Zweierpartien auf. Etwa um sechs Uhr abends, am 2. September 1961,

erreichen Schlömmer und Strickler den Gipfel. Dort werden sie bereits von zwei Freunden erwartet. Eine halbe Stunde später kommen die Polen. Grüter und Inwyler betreten die Spitze des Eiger erst um 19 Uhr 30. Aber die anderen haben gewartet. Die gute Freundschaft ist wichtiger als das Bett oder das Matratzenlager auf Scheidegg. Alle acht steigen gemeinsam ab, klettern ins Dunkle. Und dann biwakieren sie gemeinsam. Eine harmonische Fahrt. Eine denkwürdige Fahrt, in der ein guter Geist herrschte. Eine Fahrt, die man nicht vergessen, von der man erzählen soll.

Wir wollen diese zwanzigste Durchsteigung – natürlich vereinbarten alle sechs, daß es ihre *gemeinsame* Besteigung war, nicht drei von drei getrennten Seilschaften – als Höhepunkt des Jahres 1961 werten, wenn auch die weiteren Begehungen dieses Jahres erwähnenswert waren: vom 19. bis 22. September steigen die beiden Bayern Schorsch Huber und Gerhard Mayer und die beiden Österreicher Karl Frehsner und Helmut Wagner durch die Wand. Die 21. Begehung. Man hat schnellere Kletterer gesehen, auch langsamere. Es war kein Grund zur Eile. Das Wetter war immer schön. Die Plätze der drei Biwaks: über dem Zweiten Eisfeld, unter dem Eiswulst in der Rampe, in den Felsen knapp oberhalb der Spinne.

Das Wetter in diesem September ist erstaunlich beständig. Es bleibt schön. Das Eis ist dementsprechend hart, die Steinschlaggefahr groß. Das Tempo kann oft entscheidend sein. Ein hervorragendes Tempo hatten z. B. Schlömmer und Strickler, bevor sie auf die anderen in der Rampe stießen und die Freundschaftsfahrt der Rekordzeit vorzogen. Aber was sich am 23. und 24. September abspielte, war kein Tempo mehr, das war ein Sturmlauf, wie man ihn seit Waschak und Forstenlechner nicht mehr erlebt hatte, seit elf Jahren also.

Hilti von Allmen und Ueli Hürlimann. Hilti ist kein Verwandter von Kaspar, Fritz und Albert. Das erkennt man schon am zweiten L. Er ist Bergführer und Schilehrer, ein sympathischer Junge, was ein Jahr später auch Luis Trenker entdecken wird: Hilti wird neben Toni Sailer und Dietmar Schönherr Hauptdarsteller des

Trenker-Eigerfilms werden ... Jetzt, 1961, ist Hilti noch kein Schauspieler, noch weniger ein Schausteller, sondern einfach ein glänzender Alpinist, Bergführer und Schilehrer.
Mit Ueli steigt er am späten Nachmittag des 23. September in die Wand, erreicht in kurzer Zeit das Schwalbennest. Freilich, der Schwierige Riß ist schon etwas entschärft, und am Hinterstoisser-Quergang hängt das fixe Seil. Das erspart viel Zeit. Aber am 24. September spurten die beiden schon am Biwak an. In vierzehn Stunden stürmen sie, gewissermaßen im Nonstoplauf, vom Schwalbennest bis zum Gipfel, den sie um acht Uhr abends erreichen.
Natürlich reden alle Bergsteiger von der phantastischen Zeit. Auch die Zeitungen schreiben darüber. Und der junge Bergführer von Allmen wird weltbekannt. Er wird zum Begriff als ›*der* Hilti‹ ... Natürlich erheben sich auch Gegenstimmen, warnen vor Rekordsucht. Vor allem Arnold Glatthard prophezeit düster, daß bald die Eiger-Nordwand zur Rennstrecke würde. Nun, die Gefahr besteht nicht. Aber es ist auch nicht notwendig, sich über Arnold Glatthard lustig zu machen, wie es manche ›Alpinchronisten‹ taten. Wenn Glatthard etwas zum Thema Eiger sagt, so hat er das Recht dazu. Wir Älteren werden es nie vergessen, und die Jungen sollen es lernen. Ich habe schon seinerzeit davon erzählt: Arnold Glatthard hat Toni Kurz sterben gesehen. Der sterben mußte, weil man noch zuwenig von der Hilfstechnik am Berg kannte, weil auch die besten Schweizer Bergführer noch nicht mit den Hilfsmitteln der Extremkletterer von heute vertraut waren. Aber Glatthard hat nie die Tragödie Toni Kurz vergessen. Und auch wir dürfen nicht vergessen, welch schlichte, teilnehmende Worte Arnold Glatthard in seinem Brief an Gunther Langes für die Toten der Wand fand. Im Jahre 1936!
›... Ich sah sie klettern und kann nicht anders, als die Burschen rühmen. Arme Kameraden, die Wand war böse mit euch ... Es war der traurigste Moment meines Lebens ...‹
Das sagte Glatthard zu einer Zeit, da man an den deutschen und österreichischen Bergsteigern, die immer die große Wand ver-

suchten, kein gutes Haar ließ. Er sprach Worte voll menschlicher Wärme in einen Chor von Unverständnis und Ablehnung. Und wenn er jetzt wieder die Stimme erhob, so war es nichts anderes als die Mahnung, daß man nichts leicht und lächerlich und selbstverständlich nehmen soll. Denn der Berg ist groß und gewaltätig geblieben.

Nur drei Tage nach Hilti und Ueli stiegen wieder zwei Österreicher in die Wand. Zwei Tiroler. Der erfahrene Altmeister Erich Streng und der junge Robert Troier. Seit Hermann Buhl und Sepp Jöchler war keine Tiroler Seilschaft mehr eingestiegen und durchgekommen. Vor wenigen Jahren waren Dr. Heinrich Klier und Wastl Mariner zur Kleinen Scheidegg gekommen, um die Eigerwand zu machen. Die Verhältnisse waren nicht günstig gewesen. Die beiden taten etwas, das unter Eigerkandidaten leider immer seltener wird: Sie warteten nicht. Sie belagerten die Wand nicht. Sie gingen einfach bergsteigen. Ins herrliche Berner Oberland. Machten klassische Routen durch die hohen Nordwände, fanden sogar neue, schwierige, interessante Anstiege auf Berge, die bereits in die alpine Geschichte eingegangen sind, bestiegen Schreckhorn und Finsteraarhorn und Fiescherhörner und noch ein Dutzend Gipfel. In vierzehn Tagen. Der Urlaub war zu Ende. Aber jeder der beiden schaute gelöster, fröhlicher aus. Das war das Geschenk des herrlichen Bergsteigens, geboren aus reiner Freude. Freilich blieb dann keine Zeit mehr für die Eigerwand.

Die beiden Tiroler, die sich an die dreiundzwanzigste Begehung der Eigerwand wagten, wollten auch nicht warten. Sie wußten auch: wenn das Wetter jetzt, Ende September, einmal umschlägt, dann bleibt es schlecht, dann wird es noch schlechter. Trotzdem gingen sie. Erstes Biwak im Schwalbennest. In der Früh schneite es. Trotzdem gingen sie weiter. Zweites Biwak in der Rampe. Am Morgen war das Wetter noch schlechter. Trotzdem gingen sie weiter. Nicht aus Leichtsinn, sondern weil sie so gut waren, weil sie zu kämpfen verstanden, ebenso wie Hermann Buhl und Jöchler und die fünf Franzosen und die Brüder Maag neun Jahre vor ihnen.

Der Berg zeigte sich wieder ablehnend. Die Wand so, wie Arnold Glatthard sie in Erinnerung hatte ... Drittes Biwak in den Ausstiegsrissen ... Und zur Zeit, als die ersten Gäste des Hotels drunten in den Frühstückssaal kamen, erreichten Erich Streng und Robert Troier den Gipfel. Nach vier Tagen harten, ehrlichen Kampfes. Damit schließt die Nordwandchronik für das Jahr 1961. Trotz des tragischen Todes von Adi Mayr war es ein gutes Jahr. Ein Jahr der Könner und verantwortungsvollen Kameraden.
Das Jahr 1962 aber zeigte eine neue Eigerwand. Gewiß, es gab da auch Durchsteigungen und Begegnungen mit Menschen, denen wir vorbehaltlos Sympathie und Achtung entgegenbringen. Aber da gab es auch welche, die – vom Schicksal gewogen und zu leicht befunden – doch durch die Wand kamen.
Und es gab Todesfälle. Erschütternde Todesfälle. Rätselhafte Todesfälle, die manche Frage bis heute unbeantwortet ließen.
Es war kein gutes Jahr, dieses 1962.

»I am sorry, Brian ...«

Ein verrücktes Jahr, dieses Jahr 1962. Ein Eigerjahr, wie man es vorher noch nie kannte. Fünf Tote in einem Sommer. Das gab es bisher noch nie. Gewiß, dagegen kann man sagen, daß 44 Männer lebend durch die Wand gekommen sind. Das gab es auch noch nie. Wenn man das Jahr 1936 nimmt, das Jahr der Tragödie Toni Kurz', in dem vier starben, aber nicht einer noch durch die Wand kam – müßte man zur Überzeugung kommen, daß sich die Zeiten gebessert haben. Aber so darf man nicht rechnen. Erinnern wir uns an 1952. Damals gab es in der Wand meist schlechte Verhältnisse, aber zwanzig Bergsteiger kamen trotzdem durch. Es gab keinen Toten.

Das Jahr 1962 ist ein ungewöhnliches Jahr, ein trauriges Jahr, ein Jahr, in dem sich der Rummel um die Eigerwand selbst überstürzt. Die Begriffe von Sinn und Unsinn des Alpinismus verwirren sich. Aber dem Leser der vielen Berichte, dem wißbegierigen Laien scheint zum erstenmal der Sinn so einer Eigerbesteigung klar: Geld und Publicity, Publicity und Geld ...

Trenker drehte einen Film an und in der Eigerwand. Das lockt wieder hunderte Schlachtenbummler, Journalisten, Propagandisten. Drunten auf Alpiglen reiht sich Zelt an Zelt. Manchmal kann man von einem ganzen Zeltdorf sprechen. Journalisten bummeln über Almmatten, zur Kleinen Scheidegg, an das Fernrohr, zu den Bergsteigern, zu den Filmleuten, wieder hinunter zu den Zelten von Alpiglen.

Zunächst beginnt die Eigersaison ganz normal, wie es sich für Bergsteiger geziemt. Ohne Aufsehen. Mit guten, sauberen Leistungen. Auch die Filmarbeiten Trenkers stören in keiner Weise die bergsteigerischen Unternehmungen. Ausgezeichnete Bergsteiger und Bergführer, unter anderem eine Elitemannschaft steirischer Bergsteiger unter Leitung Sepp Larchs und Walter Almbergers, helfen neben den ›Oldtimern‹ bei Trenker als Führer, Träger, Komparsen, Darsteller und Doubles mit. Auch Wolfgang Gorter ist wieder als Kameramann dabei. Man will möglichst viele Aufnahmen echt, an Ort und Stelle drehen. Man plant auch eine Durchsteigung der Eigerwand für den Film. Toni Sailer, der an sich kein Kletterer ist, versucht es zu lernen, trainiert auf ›Teufel komm 'raus‹. Mit Sepp Larch und Hilti von Allmen macht er sogar schon den Schwierigen Riß. Allerdings ist bereits der ganze untere Wandteil entschärft. Überall hängen Seile. Fixe Seile für Rettung und Film, alte, zurückgelassene Seile von Rückzügen, Versuchen. Die Ausaperung der ganzen Wand nimmt zu. Damit vergrößert sich auch die Steinschlaggefahr.
Das Schwalbennest wird zum beliebten ersten Biwakplatz. Sein Name wird in allen Sprachen genannt. Er hat sich eingebürgert wie ein Eigenname. Sogar ich vergesse, daß diese Biwakstelle oberhalb des Hinterstoisser-Quergangs nicht seit eh und je diesen Namen getragen hat.
Dieses Schwalbennest wird am 23. Juli nachmittags zum erstenmal im Jahre 1962 bezogen. Von den vier tüchtigen Schweizer Bergsteigern Jean Braun, André und Bernard Meyer und Michel Zuckschwert. Die nächste Nacht biwakieren die vier, denen die vierundzwanzigste Durchsteigung gelingen wird, schon droben am Brüchigen Band. Das Schwalbennest erreichen aber auch, am Nachmittag des 24. Juli, zwei Engländer. Brian Nally und Barry Brewster. Es gibt noch keine ›britische Durchsteigung‹ der Eigerwand. Werden die beiden die ersten sein?
In diesem Sommer gibt es einige englische und schottische Zelte am Fuß der Nordwand. Die große Wand des Eiger ist keine Sache nach dem Geschmack der britischen Tradition. Da ist zuviel un-

berechenbares Risiko dabei. Auch zu viel Lärm. Im Alpine Club würde man es gar nicht gerne sehen, wenn eines seiner Mitglieder die Eigerwand durchstiege.

Nally und Brewster sind nicht Mitglieder des Alpine Club. Der derbe, büffelstarke Brian ist 25 Jahre alt. Er hat ein breites, gesundheitstrotzendes Gesicht, das ebenso gutmütig wie brutal wirken könnte. Im großen und ganzen ist es ziemlich unenglisch. Er erzählt gern. Bald wissen alle, die Kameraden der verschiedenen Nationen im Zeltdorf von Alpiglen ebenso wie die stets nach Neuigkeiten und spannenden Stories suchenden Journalisten, daß ihn am meisten die großen Touren interessieren. Ja, und die Matterhorn-Nordwand hat er auch schon gemacht, im vergangenen Sommer, mit dem Schotten Tom Carruthers. Und die Nordwand des Lyskamm. Und den Zmuttgrat auf das Matterhorn. Ja, das Matterhorn habe es ihm angetan. Das sei ein Berg nach seinem Geschmack. Ist es nicht seit Whymper ein englischer Berg? Na ja, er habe die Nordwand noch einmal versucht. Im Winter. Mit Georg Huber, dem ›Schorsch aus Traunstein‹. Sie sind mit Müh und Not zur Schulter ausgestiegen.

Brian gibt ehrlich zu, daß er ohne Georg Huber bestimmt nicht lebend zurückgekommen wäre. Brian lacht und erzählt und ist froh, daß man ihm zuhört und an seine unüberwindliche Kraft glaubt. Er selbst glaubt auch daran. Er hat nicht viel Phantasie. Trotzdem ist er nicht nur erdgebunden und realistisch, wie es sein rustikales Äußeres vermuten ließe. Er ist angriffslustiger Tatmensch und Träumer zugleich. Er träumt von hohen Bergen und von dem Ruhm, den man durch sie gewinnen kann. Ein gefährlicher Traum.

Brian ist so der richtige Mann für die Journalisten. Er erzählt und läßt sich bewundern. Sein ganzes Wesen ist so heiter und unbeschwert, wie der Name seines Kletterklubs heiter und unbeschwert ist: Rockhoppers – Mountaineering Club, London.

Barry Brewster, der zweiundzwanzigjährige Gefährte, ist das genaue Gegenteil von Brian Nally. Lang und hager, mit feinem, charaktervollem, intelligentem Gesicht. Er ist schweigsam, fast schüchtern, hat schmale Fesseln und Handgelenke. Er ist Student und Mitglied des University Climbing Club. Viele britische Alpinisten, Himalajabergsteiger, Forschungsreisende und Abenteurer haben so ausgesehen. Er ist ein Typus, der nichts an Energie für äußeres Erscheinen verschwendet, der aber in Augenblicken der Gefahr und Schwierigkeit unglaublich tapfer und zäh sein kann. Die beiden Männer biwakieren in der Nacht vom 24. zum 25. Juli im Schwalbennest. Am nächsten Tag kommen sie ziemlich langsam vorwärts. Barry, der Felsakrobat vom ›Lakedistrict‹, ist im Eis nicht so zu Hause wie Brian. Und der eisgeübte Dekorateur und Anstreicher aus London weiß auch, was er dem Freund schuldig ist. Mit gelassener Ruhe schlägt er in das Zweite Eisfeld Stufe um Stufe. Barry kann auf dieser Leiter sicher nachsteigen.

Am Ende des Zweiten Eisfelds, wo die steilen, stellenweise brüchigen Felsen zum Bügeleisen emporziehen, übernimmt Brewster die Führung. Schnell und sicher kommt er höher. Es besteht kein Zweifel, daß die beiden heute noch zum Todesbiwak kommen werden. Die Leute drunten auf der Kleinen Scheidegg beobachten die beiden Engländer. Und sie sehen, daß Barry Brewster stürzt. Mit ihm kommen Steine ... Um diese Zeit, am Spätnachmittag, ist die Steinschlaggefahr besonders groß, da kommen oft ganze Steinlawinen aus der Gipfelwand, aus der Spinne ... So ein Steinschlag hat sichtlich Barry Brewster aus dem Stand geschlagen.

Der ›Times‹-Korrespondent berichtet: »... One of two British alpinists attempting to climb the North face of the Eiger was observed through a telescope tonight to have fallen about 300 ft. from the rock at the top of the second icefield ... He is Mr. Barry Brewster of Crawley, who began the climb yesterday with Mr. Brian Nally of New Barnet. Mr. Nally was seen to hold his compagnon at rope's length for some time and then go down to where he was lying in the snow apparently hurt ...«

Diesen Vorgang des Absturzes hat der Journalist offenbar richtig berichtet. Nur in der Sturzhöhe hat er sich geirrt. Nally und Brewster kletterten an einem 100-Fuß-Seil, also an einem etwa 30 Meter langen Seil. Brewster war die ganze Seillänge ausgegangen, als der Unfall passierte. Die Mauerhaken, in die Brewster das Seil eingehängt hatte, wurden durch die Wucht des Sturzes herausgerissen. Nur der Standhaken oberhalb von Nallys Sicherungsplatz hat gehalten. Offenbar war es diesem nicht mehr möglich, Seil einzuraffen, denn am Ende des Sturzes lag Brewster kopfabwärts, eine volle Seillänge unterhalb, auf dem Zweiten Eisfeld. Nachdem Nally das Seil gesichert hatte, kletterte er zum verletzten Freund hinunter, ständig selbst vom Steinschlag bedroht. Nally war durch den enormen Schock, die Anstrengung und wohl auch durch die Verzweiflung nicht imstande, später ein absolut klares Bild der Situation zu geben. Er, der lachende Erzähler, konnte nach seiner Rettung nicht gut erzählen, er widersprach sich öfters. Wer aber daraus gegen ihn Argumente konstruieren wollte, täte dem Burschen unrecht. Es ist nicht so wesentlich, was der Tapezierer des Rockhoppers-Club später sagte. Es ist wesentlich, was er tat. Und dies geschah unter den beobachtenden Augen der Öffentlichkeit.

Brian stieg oft die 30 Meter zwischen dem oberen Rand des Eisfeldes und der Stelle, an der Barry hing, auf und ab. Offenbar holte er von seinem eigenen Sicherungsplatz Lebensmittel, Kleidungsstücke oder sonstiges, um die Lage des schwerverletzten Freundes zu erleichtern. Vielleicht sah er schon, daß es hier keine Rettung mehr gab, wollte aber die Tatsache nicht zur Kenntnis nehmen. Es ist durchaus wahrscheinlich, daß Brewster während des Sturzes laut den Namen Brians gerufen hat. Es ist auch wahrscheinlich, daß Brewster die längste Zeit bewußtlos war, während sich Nally um ihn bemühte. Es besteht auch keine Ursache, daran zu zweifeln, daß Brewster in den kurzen Momenten seines Erwachens aus der Bewußtlosigkeit nichts anderes sagte als: »I am sorry, Brian, I am sorry.«

Man muß die britischen Bergsteiger kennen, um die wortkarge Verhaltenheit auch angesichts des Todes voll zu würdigen. Brewster entschuldigte sich bei Nally für die Ungelegenheiten, die er ihm bereitete. Und dieser einfache Kraftmensch, dessen Ehrgeiz und Bergbegeisterung nicht ganz mit seiner Erfahrung übereinstimmten, wollte das nahe Ende des Freundes, dessen geistige Überlegenheit er stets anerkannte, nicht wahrhaben. Er ignorierte die Steinfälle, die immer wieder von oben kamen. Es war ihm offenbar nur unerträglich, daß Steinschlag seinen bewußtlosen, wehrlosen Freund traf. Alle sahen durch die Fernrohre, daß Brian gegrätscht über Brewster stand, als ob er mit seinem Körper die Steine vom Freund abhalten wollte, und mit verzweifelten Schlägen versuchte, für den Ohnmächtigen einen Biwakplatz aus dem Eis zu pickeln.

Der ›Times‹-Korrespondent telephonierte von der Kleinen Scheidegg: »... Nally was seen standing almost astride him (Brewster) to shield him from rock falls ... Nally then hacked out a bivouac for his injured comrade on the icefield ...«

Jeder Bergsteiger wird die große Anstrengung ermessen können, die es erfordert, aus einem steilen Eishang einen waagrechten Liegeplatz herauszuhacken. Auch für einen ausgerasteten Bergsteiger, ohne Schock, eine Schwerarbeit. Nally mußte aber schon todmüde gewesen sein. Toni Sailer, der den Vorgang auch durch das Fernrohr beobachtete, sagte mir: »Nally schlug mit ganz langsamen Bewegungen auf das Eis ein. Als ob er am Ende seiner Kraft wäre ...« Trotzdem hat Nally die Biwakhöhle aus dem Eis gehackt und mit letzter Kraft Brewster emporgezogen.

Von modernen Rettungsmethoden, von Anwendung des Prusikknotens, von Flaschenzügen und dergleichen, hatte Nally offensichtlich wenig Ahnung. Er versuchte diesen Mangel an Kenntnis durch seinen guten Willen und die Kraft auszugleichen. Das haben die Leute am Fernrohr alle gesehen. Auch ein Arzt war unter den Beobachtern. Und er glaubte an den Bewegungen, die Brewster hie und da machte, zu erkennen, daß der Verunglückte teilweise gelähmt war. Querschnittlähmung? Man kann nicht sichere Diagnosen auf diese Entfernung, bei diesem Höhenunterschied durch ein Teleskop stellen, auch wenn dieses 72fach vergrößert ... Man konnte aber deutlich sehen, daß sich Brewster bewegte. Also hatte er den Achtzig-Meter-Sturz überlebt. Auch am nächsten Morgen bewegte er sich noch. Wieder sah man Nally von seinem

Sicherungsplatz abwärts steigen zu Brewster. Offenbar brachte er ihm etwas zu trinken, Tee oder Suppe, die er oben, auf seinem Platz, am Rande zwischen Fels und Eis, bereitet hatte.
Dann werkte er lange an den Seilen oberhalb der ausgepickelten Eishöhle herum. Offenbar trieb er Eishaken und Eisschrauben ein, um den Verletzten besonders zu sichern. War Brewster noch am Leben? Bewegte er sich nicht?
Man beobachtete ihn, man beobachtete aber auch die Rettungsmannschaft, die um 4 Uhr früh vom Stollenloch aus in die Wand gestiegen war. Sieben Bergführer aus Wengen und Lauterbrunnen. Geleitet von Karl Schlunegger, der mit seinem Bruder Hans vor fünfzehn Jahren die Drittbesteigung der Wand gemacht hatte. Auch Hilti von Allmen, zur Zeit einer der Hauptdarsteller des Trenker-Films, und Sepp Larch, einer der besten österreichischen Alpinisten unserer Tage, sind mit von der Partie. Sie stehen mit der Kleinen Scheidegg in Funkverbindung.
Fritz von Almen und seine Leute beobachten auch die zweite englische Seilschaft: Chris Bonington und Don Whillans, die von ihrem Biwakplatz im Schwalbennest aufwärts steigen. Beide haben keine Ahnung von der Tragödie ihrer Landsleute, von dem Drama, dessen Ausmaß noch niemand ahnt. Dort oben hängt Brewster im Eisloch in den Seilen. Nally steigt von ihm weg, wieder hinauf zum Rand des Eisfeldes. Es ist acht Uhr früh.
Warum steigt Nally hinauf? Warum wartet er nicht auf die Rettung? Später wird man von ihm erfahren, daß er Barry für tot hielt. »Ich glaube, er ist in meinen Armen gestorben. Mit den Worten: I am so sorry, Brian ...« Was will Nally dort oben am Rand des Eisfeldes? Kommen wieder Steine? Auch in der Nacht hat der Steinschlag nicht aufgehört ...
Die Beobachter auf der Kleinen Scheidegg sehen, daß die Rettungsmannschaft schneller vorwärts kommt als die zweite englische Seilschaft.
Don und Chris sind erfahrene Bergsteiger, und überall in der Welt haben sie hohe, schwere Berge bezwungen. Sie klettern gelassen, jede Sicherungsmöglichkeit, jede Deckung ausnützend.

ɔvan Kuchar im »Hinter-
ser-Quergang«. Die Aufnahme
nte sein Seilgefährte Zdeno
in, mit dem er die 19. Bege-
g durchführte

:te Attinger und Michel Vau-
(links) nach ihrem durch
echtwetter erzwungenen Rück-
aus der Wand am 31. Juli

13. August 1962 – 26. Begehung. Walter Almberger, Hugo Stelzig, Adolf Weissensteiner und Klaus Hoi (von links nach rechts) nach ihrer Rückkehr auf die Kleine Scheidegg

Und dann, um 8 Uhr 45, wird das scharfe Hämmern des Steinschlags durch das dumpfe Sausen abgelöst und das dumpfe Aufschlagen auf Schnee und Stein ... Niemand kann das vergessen, der es jemals gehört hat: das Sausen und das Aufschlagen eines stürzenden menschlichen Körpers.

Barry Brewster ist abgestürzt. Tausend Meter und mehr. Der Tote braust über die Köpfe der Rettungsmannschaft hinweg, schlägt knapp unter den acht Männern auf ... Die Reste des Körpers fallen bis hinunter zum Wandvorbau. Sepp Larch ist ein harter Mann, der in tausend Kämpfen am Berg erprobt ist wie kaum ein zweiter. Aber als er Stunden später wieder mit seinen Kameraden vom Bergfilm zusammentrifft, ist sein Gesicht noch immer totenbleich. Toni Sailer sagte mir: »Sepp Larch ist der beste Kletterer, den ich je gesehen habe. Aber nachdem der tote Brewster über ihn drübergeflogen war, habe ich ihn nicht wiedererkannt. Er hat einige Tage gebraucht, um sich von dem Schock zu erholen. Ich bin überzeugt, er hat nicht Angst um sich gehabt. Er war nur so maßlos verzweifelt, daß jener Mann, den er und die anderen retten wollten, nun tot war. Einfach abgestürzt ist ...«

Wie war das möglich? Manche glauben gesehen zu haben, daß sich Barry knapp vor seinem Todessturz in seiner Eishöhle aufgerichtet hat, als ob er sich die Seilsicherung richten wollte. Und dann ist er gestürzt, lautlos, haltlos, als ob er gar nicht an einem Seil gewesen wäre ... War Brewster doch nicht tot, wie es Nally angenommen hatte? Löste er selbst das ›Brustgeschirr‹ oder mit welcher Methode er sonst an den Eishaken gesichert war, in Erkenntnis der Hoffnungslosigkeit seiner Lage? Löste er die Sicherung in einem Anfall von Sinnesverwirrung, die jeden Schwerverletzten am Berg befallen kann? Fegte eine neue Steinlawine Barry hinab, mit ihrer Wucht die Eishaken oder Eisschrauben spielerisch leicht aus dem faulen, morschen Eis reißend? Ich glaube, daß es so war. Es entspricht auch am ehesten den Angaben Brian Nallys.

Ich kenne Nally nicht persönlich, aber ich glaube nicht, daß er zu jenen Typen gehört, die durch die Einsamkeit wachsen. Sein Trotz bäumt sich gegen die Angst auf. Er glaubt für den Kameraden das

Beste getan zu haben – vielleicht, wahrscheinlich hat er auch für ihn das Beste getan. Und nach der Katastrophe, als Barry, der stets der geistige Führer Brians war, in die Tiefe gestürzt war, verwirren sich die Empfindungen in dem Einsamen. Sie lassen keine klare Willensbildung zu. Nally will absteigen, ungesichert über das steinschlagbestrichene Zweite Eisfeld. Nally will wieder zurück, über die Felsen hinauf. Ja vielleicht gelingt ihm die Durchsteigung der Eigerwand im Alleingang? Brian überlegt.

Da sieht er tief unten, dort, wo der Eisschlauch in das Zweite Eisfeld mündet, Bergsteiger. Sie winken ihm. Er winkt zurück. Aber er ruft nicht. Denn da ist eine dauernde, tiefeingewurzelte Furcht in ihm: sich lächerlich zu machen. Nicht vor der Öffentlichkeit, sondern in seinem Club, den Rockhoppers. Ein Freundschaftsbund von rein lokaler Bedeutung. Aber dort gilt Nally als der große, starke Nordwandmann. Unerträglich der Gedanke, daß man sich dort zuflüstert: »Der Brian Nally ist aus der Nordwand geholt worden ...«

Darum ruft er den fremden Bergsteigern nichts zu. Aber die beiden holen ihn. Die Rettungsmannschaft hat Whillans und Bonington verständigt, daß Brewster abgestürzt sei und Nally geholt werden müsse. Die beiden Briten, berechtigte und sichere Kandidaten auf die erste britische Besteigung der Eigerwand, sind sofort bereit, ihr Unternehmen abzubrechen und Brian Nally zu holen. Die Rettungsmannschaft mit Schlunegger, Larch und Hilti von Allmen befestigt am Hinterstoisser-Quergang ein Seil, um den anderen den Rückweg zu erleichtern. Dann steigen sie ab.

Am späten Nachmittag wird schon das, was von Brewster sterblich und noch übrig war, geborgen. Frau von Almen hat im Wandvorbau einen winzigen roten Fleck entdeckt, einen Fetzen von einem roten Anorak ...

Der Abstieg der drei Engländer war nicht leicht. Es kam ein Hochgewitter. Blitz auf Blitz, Schlag auf Schlag. Der Sturm heulte, die Steinschläge krachten mit dem Donner um die Wette. Don Whillans und Chris Bonington hatten ihre Bergerfahrung nicht nur in den Alpen, sondern auch im Himalaja und den sturmumbrau-

sten Bergen Patagoniens erworben. Ihre Nerven waren dem Unwetter gewachsen. Sie erreichten mit ihrem Schutzbefohlenen das Stollenloch, wo sie von anderen Kameraden der britischen Zeltkolonie ›Eigerwand‹ erwartet wurden.
Natürlich stürzten sich auch die Journalisten über den ›starken Mann‹, über Brian Nally, dessen Nerven und Reaktionsfähigkeit dem jähen Wechsel von Verzweiflung, Trauer, Furcht, Trotz Hoffnung, Todesangst und ganz unvermutetem, lebendigem Heimkehren nicht gewachsen waren.
Wollen sie von so einem Mann klare Reden haben? Ich hielt es für notwendig, Brian Nally, der ohne seinen Gefährten heimkam, zu verteidigen. Dafür muß er mir die Kritik zubilligen: Geistig war er der Eiger-Nordwand nicht gewachsen.

Einunddreißigster Juli – Anfang und Ende

Beginnen wir mit dem guten Ende.
Am 31. Juli 1962, vormittags, treffen vier Bergsteiger auf der Kleinen Scheidegg ein. Zwei Frauen und zwei Männer. Sie kommen aus der Eigerwand. Nach drei kalten Biwaknächten. Aber man sieht den Männern nicht die Strapazen, die Übermüdung, die Durchkältung an. Und auch die Gesichter der Frauen sind nicht vom Erlebnis, vom Abenteuer, vom Schrecken ›Eigerwand‹ gezeichnet. Die Gesichter sind weder verhärtet noch gealtert, nicht sportlich kämpferisch, sondern hübsch, apart, weiblich.
Die Frauen: Loulou Boulaz und Yvette Attinger. Frau Boulaz ist schon um die Fünfzig. Und sie leugnet es auch nicht, obwohl sie dies nach ihrem Aussehen ruhig tun könnte.Sie hat keine scharfen Falten, die sonst leider schon sehr früh die Züge von Extremsportlerinnen prägen. Ausgeglichen, anmutig, komplexfrei, so würde man den Charakter von Loulou Boulaz vermuten, wenn das Gesicht dessen Spiegelbild ist. Und die Vermutung scheint auch richtig zu sein. Loulou Boulaz ist zur Zeit eine der erfolgreichsten, auch berühmtesten Alpinistinnen der Welt. Aber sie verbrennt nicht in ihrem Ehrgeiz. Sie hat 1959 wohl die ›Frauenexpedition‹ auf den Cho Oyu unter Leitung von Claude Kogan mitgemacht. Aber nicht aus dem Prinzip der Gleichberechtigung des weiblichen, des separatistisch weiblichen Alpinismus, sondern weil es sich halt so ergab. Loulou klettert lieber in männlicher Begleitung. Sie ist nicht der Typ einer Suffragette ...

Auch Yvette ist das nicht. Sie hat zwar ein schärferes Gesicht, aber auch nicht als Erinnerung an unweiblich harte Kämpfe, obwohl sie in den letzten Jahren, in Begleitung Michel Vauchers, in die Weltklasse der Alpinistinnen aufgerückt ist.
Über ihren Mann, Michel Vaucher, braucht man wohl nichts mehr zu sagen. Jeder Bergsteiger kennt ihn. Der Genfer Student und Meisteralpinist, der unter anderem auch die Zweitbesteigung des 8222 Meter hohen Dhaulagiri ohne Sauerstoffgerät und bei noch mangelnder Höhengewöhnung gemacht hat, schaut aus wie der Idealtyp eines Nordländers – gemildert durch französischen Charme. Irgendwer hat einmal behauptet, Michel sei der geborene Naturbursche. Ich bin nicht dieser Ansicht. Er ist nur ein vollkommen natürlicher Mensch. Auch Bergsteigen artet bei ihm nicht in Krampf und verbissenen Kampf aus. Allerdings ist er so gut am Berg, daß er noch lächeln kann, wo andere schon kämpfen. Darum behält er seine letzten Kraft- und Kampfreserven für wirklich böse Situationen, bringt solche auch zu einem guten Ende. Ich glaube nicht, daß Michel beim Rückzug aus der Eigerwand bereits seine Kraftreserven beanspruchen mußte. Weder Michel Vaucher noch Michel Darbellay, der junge, hervorragende Bergführer aus Martigny, von dem wir noch hören werden.
Wie sich der Frauenangriff und der Rückzug in der Eigerwand abgespielt haben? Die Wand richtet alles zur höchsten Dramatik her. Auch der Sturm und die Steinschlagrhythmen waren bereit, eine Tragödie zu begleiten. Es wurde keine Tragödie, es wurde kein Drama. Die beiden Frauen waren wirklich sehr gute Alpinistinnen. So gute sogar, daß sie die Überlegenheit der beiden Michels neidlos anerkannten und selbstverständlich fanden. So selbstverständlich, daß sie sich auch im Schneesturm geborgen fühlten und trotz eigener Meisterschaft und Selbständigkeit ebenso empfanden wie andere gute weibliche Berggefährten: ›Was kann mir schon geschehen, wenn der Michel da ist . . .‹
Am 28. Juli, nachmittags, steigen die vier in den Wandvorbau ein, rüsten bereits in der klassischen Biwakhöhle zwischen Zerschrundenem Pfeiler und Schwierigem Riß zum ersten Biwak. Am 29. in

der Früh ist das Wetter unsicher, erst spät verlassen sie den Schlupfwinkel. Leute, die nicht wissen, von wem sie sprechen, die aber, ungefragt, ihre Kritik aus der Fernrohrperspektive äußern, schütteln bedenklich das Haupt: So spät aus dem so tiefen Biwak aufsteigen? Bei diesem schlechten Wetter? Dieselben Kritiker sperren aber zwei Stunden später vor ungläubigem Staunen den Mund auf. Was dort aus dem Nebel wächst, ist ohne Zweifel das Zweite Eisfeld. Und wer ist dort oben? Ohne Zweifel die vier. Dabei schaut die Fortbewegung der beiden Seilschaften gar nicht wie ein Sturmlauf aus, sondern eher wie gelassenes Spazieren. Sie tun auch so, als ob sie gar nicht zusammengehörten, der Michel Darbellay mit Loulou und der Michel Vaucher mit seiner Yvette. Das Wetter wird immer schlechter, zieht den Vorhang zu. Man hört das Wasser, den Steinschlag und die Schneerutsche über die Wand stürzen. Kommt doch ein Drama? Das Publikum ist von der Schaubühne Eigerwand ausgesperrt ...

Hinter dem Vorhang vollzieht sich aber alles weiter mit programmgemäßer Gelassenheit. Bügeleisen, Drittes Eisfeld, Rampe. – Es ist erst Nachmittag. Man könnte noch bis zum Rampeneisfeld, zum Brüchigen Band, zum Götterquergang oder noch höher kommen. Wenn das erhoffte Schönwetter aber ausbleibt? Wenn es noch schlechter wird? Wenn man morgen umkehren müßte?

Die vier biwakieren in der Rampe, an der klassischen Stelle. Die Gelassenheit und Heiterkeit läßt trotz der Kälte keine schlechte Stimmung aufkommen.

Der Morgen des 30. Juli. Das Wetter ist noch schlechter geworden. Man sieht kaum eine Seillänge weit. Und was man sieht, was aus dem grauen Nebel wächst, ist eine Winterlandschaft.

Die beiden Damen würden ohne weiteres hinaufsteigen, die Kletterei zum Wasserfallkamin fortsetzen. Aber die beiden Männer wollen nicht. Ihre Meinung, ihre Autorität entscheidet: Wir kehren um!

Der Abstieg aus dieser Höhe hat schon manchem das Verderben gebracht. Dieser Abstieg, den man einst – bevor es Hias Rebitsch anders vorexerzierte – als verzweifelte Flucht ins Leben bezeichnete, bekommt auch diesmal leicht dramatische Ansätze. Aber nur Ansätze. Von Flucht und Hast ist keine Rede. Aber die vier seilen sich zusammen, bilden *eine* Seilschaft. Wenn da einer rutscht, dann spüren die anderen kaum den Ruck, wenn sie ihn halten. Bei einer Zweierseilschaft ist die Gefahr ungleich größer. Die Gefahr der unsicheren, vereisten Felsen, der mit Neuschnee bedeckten Eisfelder, der Steinschläge und Schneerutsche ist trotzdem groß. Aber dramatisch wird die Sache nicht. Jeder leistet vorzügliche Meisterarbeit – ohne Reservekräfte einzusetzen.

Im unteren Teil der Wand müssen die vier oft durch regelrechte Wasserfälle klettern. Kein trockener Faden ist mehr an ihnen. Es wird dunkel, sie klettern in die Nacht, seilen sich hinunter, plagen sich mit den nassen Seilen. Die beiden Michels behüten die weltbekannten Alpinistinnen, wie eben ein Mann eine Frau behütet, die er führt. Naß und müde und etwas durchkältet kommen sie zur Biwakhöhle. Am nächsten Morgen werden sie, schon getrocknet und ›restauriert‹, die Terrasse des Hotels der Kleinen Scheidegg betreten, herzlich begrüßt und bestaunt von allen Gästen. Sie selbst bleiben auch hier gelassen, freundlich, aber ohne Beifallshunger.

Die beiden Frauen und die beiden Männer müssen in ihrer Biwakhöhle gut geschlafen haben, denn sie haben gar nicht bemerkt, nicht gehört, daß im Morgengrauen zwei Bergsteiger, von unten kommend und zum Schwierigen Riß emporkletternd, an ihnen vorbeigestiegen sind.

Am Morgen des 31. Juli 1962. Jetzt kommt die Geschichte vom guten Anfang: Die Akteure sind die beiden Wiener Alpinisten Helmuth Drachsler und Walter Gstrein. Die Namen sagten den Gästen und Reportern der Kleinen Scheidegg nichts. Auch die Filmleute nahmen von den beiden kaum Notiz. Walter Almberger und die anderen Österreicher wissen natürlich viel von Helmuth und Walter, vor allem wissen sie, daß man um die beiden stillen Wiener keine Sorge zu haben braucht.

Walter ist ein stiller, bescheidener Mann mit einem fast finsteren Gesicht. Wenn er lächelt, bekommt er Grübchen in den Wangen.

Ein verblüffender Gegensatz, der aber den Charakter des zurückhaltenden Bergsteigers offenbart: willensstark und kameradschaftlich. Gstrein wurde auch schon auf Auslandfahrten mitgenommen. Vor allem im Kaukasus hatte er schöne Erfolge. In den Ost- und Westalpen kennt er viele schwere und schwerste Touren. Sein Gefährte Helmuth Drachsler steht Walter an Können und Erfahrung kaum nach. Aber das wissen die Kritiker, Lober und Tadler am Fernrohr nicht . . .

Wer sind schon die beiden, wenn man hier die berühmten Damen und noch berühmteren Michels zur Gesellschaft hat?

Manchmal wird ein Auge für die beiden riskiert. Na, sehr schnell sind sie gerade nicht. Die Verhältnisse dürften aber auch recht ungemütlich sein in der Wand. Überall das Wasser. Aber deshalb müßte man doch nicht im leichten Gelände zwischen Schwierigem Riß und Hinterstoisser-Quergang so lange brauchen, so vorsichtig gehen. Die beiden Wiener haben keine Möglichkeit, das Publikum aufzuklären, daß der Fels hier vereist ist.

Nach dem Ersten Eisfeld machen sie wieder etwas Ungewohntes: Sie steigen nicht in Richtung Eisschlauch, sondern wenden sich nach links, zu jener Wandstufe zwischen Erstem und Zweitem Eisfeld, die Mehringer und Sedlmayer bei ihrem Versuch 1935 zum ersten Mal bezwungen haben. Steil ist der Fels hier, nach unten geschichtet, rutschig, brüchig, es gehen kaum einmal Haken hinein. Gstrein und Drachsler raufen sich vorsichtig, aber verbissen, zäh hinauf.

Am späten Nachmittag haben die beiden das Todesbiwak erreicht. Dort bleiben sie. Das Wetter scheint sich zu bessern. Sie werden's brauchen.

Am Morgen des 1. August sieht man Gstrein und Drachsler zum Aufbruch rüsten. Aber das Interesse gilt heute anderen Dingen. Vor allem einem Alleingänger, der seit gestern in der Wand sein soll. Auch auf der Nordwestgratschulter sind die Teleobjektive der Filmkameras in Erwartung des Alleingängers in die Wand gerichtet. Aber der kommt nicht . . . Warum kommt er nicht? Über diese Frage rätseln alle, vergessen sind die beiden Wiener.

Gstrein und Drachsler planen nicht mehr und nicht weniger als den ›direkten Durchstieg‹ durch die Eigerwand. Genau in der Linie, die Sedlmayer und Mehringer erdacht und die verschiedene Seilschaften seither schon versucht hatten: vom Todesbiwak gerade hinauf zur Spinne. Es ist noch nicht die Zeit der ›Superdirettissima‹ gekommen. Man denkt noch in großen harmonischen Linien, wie es dem Berg und dem Geist des Bergsteigers geziemt. Der Wille der Pioniere wirkt noch fort.

Gstrein und Drachsler kommen beim Direktversuch höher als alle anderen Seilschaften zuvor. Nur noch ein kurzes Stück – kaum mehr als eine Seillänge – trennt sie vom unteren Spinnenrand. Aber dieses kurze Stück ist für sie ungangbar. Der Felsen ist total vereist. Und jetzt, als Mittag schon vorbei ist, steigert sich die Steinschlaggefahr von Minute zu Minute. Schwer ist der Entschluß. Aber es ist der einzig mögliche: zurück.

Etwas nach 15 Uhr sind die beiden wieder auf dem Bügeleisen. Müde, abgekämpft, durchkältet, aber nicht gebrochen, sondern nur um eine Erfahrung reicher. Vorsichtig tasten sie sich über das Dritte Eisfeld schräg hinunter zur Rampe. Auf dem Rampenbiwakplatz unter dem Silbergraben rüsten sie zum zweiten Nachtlager. Ein harter Tag war das, ein gefährlicher Tag, aber ein guter Tag, denn die beiden haben das Beste gegeben, was in ihnen war.

Sie steigen am 2. August, langsam, wie es die Wandverhältnisse erfordern, weiter zum Wasserfallkamin. Der Überhang ist so vereist, daß sie die schwere Terray-Variante machen müssen. Auch das Brüchige Band, der Brüchige Riß und der Götterquergang sind in bösem Zustand. Die Spinne selbst ist grau, schwarz vom Steinschlag, der in das Eis seine Spuren zeichnet. Nein, durch die Spinne kann man heute nicht steigen.

Gstrein und Drachsler machen die Tschechen-Variante, sie klettern an der felsigen linken Begrenzungskante der Spinne hinauf, Seillänge um Seillänge. Sie queren oben wieder nach rechts, steigen weiter Richtung Ausstriegsrisse, es wird dunkel, sie klettern noch immer weiter, verhauen sich, seilen sich zurück, wieder hinauf. Endlich ein Biwakplatz, ein kleiner Stand, ein paar Sicherungshaken. So wollen sie die Nacht verbringen. Die Nacht, die für Stunden noch das letzte Tor zur Freiheit verschlossen hält.

Sie hält das Tor aber nicht nur verschlossen, sie verbarrikadiert es. Es stürmt, es schneit, es friert. Das Wetter steigert sich zum Unwetter. Und trotz Kälte und Schnee kommt auch ein Gewitter. Es schlägt ununterbrochen auf dem Eiger, diesem Wetterfänger, ein, Blitz und Donner gleichzeitig. Und mancher dieser Blitze fährt entlang der Eis-, Schnee- und Wasserrinnen abwärts. Seine Ausläufer finden das Eisenzeug der Bergsteiger, die durchnäßten Gewänder, die Körper. Die Stromschläge sind so stark, daß es Gstrein und Drachsler dauernd schüttelt. Aber trotzdem lassen sie sich nicht von Verzweiflung lähmen. Sie setzen ihren Willen gegen alles, was dem Leben feindlich ist.

Der Wille und die Zähigkeit müssen aber noch den ganzen nächsten Tag aushalten. Grauenhaft die Vereisung in den Ausstiegsrissen, böse der Sturm. Die Kälte dringt durch alle schützenden Hüllen. Aber zentimeterweise erobern die beiden die letzten 300 Meter der Eigerwand. Um 17 Uhr stehen sie auf dem Gipfel. In der Nacht kommen sie zu den anderen Menschen zurück. Am 3. August 1962.

Eine große Leistung war diese 25. Besteigung der Eigerwand, die am 31. Juli begann, am Tag des guten Anfangs.

Der 31. Juli 1962 ist aber auch ein Tag des bösen Endes. Eines Endes ohne Wiederkehr. Am 31. Juli 1962 stürzt Adolf Derungs in der Eigerwand tödlich ab. Der zweite Versuch eines Alleingangs. Der zweite mit tödlichem Ausgang.

Wir erinnern uns noch gut an Adolf Derungs, den Graubündner Maurer. An den Maurer, der von den Bergen und vom Bergsteigen so gefesselt wurde, daß er auch die Bergführerprüfung machte. Adolf Derungs, der die wohl originellste Eiger-Nordwand-Besteigung machte – die sechzehnte – mit Lukas Albrecht: die Wintermantelbesteigung. Was veranlaßte ihn nun, die Wand nochmals zu machen? Allein? Es gäbe da ein ganzes Labyrinth von Rätseln zu lösen und Fragen zu beantworten, die von äußerer Erfolgssehnsucht über Hoffnung auf Besserung des Lebensstandards bis in die

Tiefe der menschlichen Seele und ihrer Nöte reichen müßten. Fragen kann man. Aber antworten? Antworten, restlos, erschöpfend, präzise, könnte nur einer – und der ist tot. Man könnte nur recherchieren und ein Gedankengebäude mühsam aufbauen – man müßte wühlen und aufwühlen und umwühlen – und käme zuletzt doch zu einem falschen Schluß.

Gerüchte gab es natürlich viele, Vermutungen, Behauptungen. Deutungen, die richtig sein können, aber auch grundfalsch. Viel wurde geredet – vorher, noch mehr – nachher. Jeder wußte etwas und doch nichts.

Einige behaupten, Adolf Derungs wäre nur gegangen, um zu beweisen, daß man die Nordwand sehr wohl allein machen könne und sie keine Mordwand sei. Er, Derungs, habe dies beweisen wollen. Vielleicht hat er so ähnliche Dinge geäußert, aber ich fürchte, daß er dies nicht in nüchternem Zustand getan hat.

Man erzählt, daß Wolfgang Gorter Derungs zu Mittag des 31. Juli 1962 zum Einstieg in die Eiger-Nordwand begleitet hätte. Was die beiden gesprochen haben, ließe sich wohl erfragen. Aber nur von einer Seite. Hat Gorter wirklich intensiv genug versucht, Derungs von seinem gefährlichen Beginnen abzuhalten? Wer kann schon jemanden von etwas abhalten, das er sich in den Kopf gesetzt hat? Gehörte Derungs überhaupt zu Trenkers Team, etwa vorübergehend als Träger, Führer, Kamerahilfe, Komparse? Die Kompetenzen waren bei diesem Bergfilm nicht so genau abgegrenzt. Gehörte er also irgendwie ›dazu‹? Die einen sagen ja, die anderen nein. Wollte Derungs auf sich aufmerksam machen, um bei Trenker einen Job zu finden? Für eine gewöhnliche Komparsen- oder Trägergage hätte sich das Risiko kaum gelohnt. Erhoffte sich Derungs mehr?

Was wissen wir, was er sich gedacht hat?

Glaubte er, als Bergführer in der ganzen Welt berühmt zu werden und ganze Armeen von Gästen und Touristen für die Zukunft zu bekommen? Kaum. Als klar denkender Mensch hätte er wissen müssen, daß waghalsige Streiche kaum Touristen anlocken und bewegen, einen Führer zu engagieren. Dr. Ugo Conte di Vallepiana, der Präsident des Club Alpino Italiano Academico, schrieb an Kurt Maix, daß Walter Bonatti, der zur Zeit wohl berühmteste Bergführer Italiens, heute eher weniger Gäste bekomme als früher, als er noch nicht so berühmt war.

Also warum wollte Derungs den Alleingang wagen?

Lassen wir die Spekulationen. Zeigen wir die wenigen Tatsachen auf.

An diesem 31. Juli wollte Derungs zum Schwalbennest aufsteigen. Am 1. August weiter, womöglich in einem Tag bis zum Gipfel. Tatsache ist, daß schon am 1. August in der Früh Kameraleute auf der Nordwestgratschulter warteten, um den Alleingänger in der Wand zu filmen. Die Aufnahmen wären bestimmt hochwillkommen gewesen, um so mehr, als laut Drehbuch ein Alleingänger in der Eigerwand vorkommen sollte.

Die Kameras warteten vergeblich. Nie kam Derungs ins Bild. Er stürzte noch vor dem Hinterstoisser-Quergang ab. Das bewies die Lage der Leiche.

Meiner Ansicht nach ist Derungs im leichten, vereisten Gelände einfach ausgerutscht und zu Tode gestürzt. In der Geschichte des Alpinismus gibt es Hunderte Beispiele dieser Art.

Derungs war ein Mordskerl in seiner Art. Und auch in gewisser Hinsicht ein Beispiel in unserer zu perfektionierten Welt.

Massensturm auf die Eigerwand

Wenige Tage gibt die Eigerwand den Menschen Zeit, sich vom Schock der Tragödie Adolf Derungs' zu erholen.
Brauchen die Menschen überhaupt eine Erholung? Am 11. August, also knapp eine Woche nachdem die Leiche des unglücklichen Graubündners gefunden wurde, steigen die sechs Italiener in die Wand, denen die 27. Begehung und die erste italienische Durchsteigung gelingen wird. Ich habe von der Tour schon berichtet. Auch, daß die italienische Sechserseilschaft, die ursprünglich aus zwei Dreierseilschaften bestand, auf dem Zweiten Eisfeld von der Partie Almberger – den ›Sechsundzwanzigsten‹ – überholt wurde.
Almberger und seine Freunde Adi Weissensteiner, Klaus Hoi und Hugo Stelzig, alles Steirer, zeigen in der Art ihrer Durchsteigung vollendete Meisterschaft. Sie beweisen auch, daß man in der großen Wand überall vorbeisteigen kann. Auch an einer Sechserseilschaft. Almberger, der die Bedingungen des englischen ›he is a good sport‹ erfüllt, macht die Durchsteigung wohl aus zweierlei Gründen: Erstens weil er die Wand im Sommer und als Seilerster kennenlernen will (bekanntlich gehörte Almberger zum Team der Winterbegehung), zweitens weil man für den Eigerfilm dringend noch Live-Aufnahmen aus der Wand braucht. Und Walter gehört ja zum ›Bau‹ des Trenker-Films.
Natürlich erklettert er die Wand freiwillig. Zur Sicherheit nimmt er seine verläßlichen Freunde aus der Steiermark mit. Aus Teleaufnahmen vom Zweiten Eisfeld mit agierenden Bergsteigern

dürfte wohl nichts geworden sein. Denn man brauchte im Film eine Seilschaft oder einen Alleingänger, aber keinen Tummelplatz für alpine Wallfahrer, als den sich das Zweite Eisfeld am 13. August darbot. Zehn Leute zur gleichen Zeit. Über-, unter, und nebeneinander.

Walter Almberger, der bergsteigende und bergführende Bergmann aus Eisenerz, erweist sich wieder als alpine Sonderklasse. Er bringt seine Seilgefährten sicher auf den Gipfel, obwohl das erste Biwak auf dem Bügeleisen und das zweite am Ende des Götterquergangs nicht allzu angenehm sind.

Zehn Leute zugleich in der Wand? Das ist wohl ein Ausnahmezustand! Sagte ich Ausnahmezustand? Irrtum! Es scheint Normalzustand zu werden in diesem hektischen Sommer 1962. In der Zeit vom 19. bis 23. August sind einen Tag lang sogar 16 Bergsteiger zugleich in der Wand: Schweizer, Österreicher, Deutsche, Spanier und der erste Amerikaner (John Harlin). Den Gipfel erreichen am 22. bzw. 23. August nur zehn Kletterer. Aber es passiert kein Unfall. Es wird wieder einmal bewiesen, daß gute Alpinisten an jeder Stelle der Wand umkehren können. Sechs kehren auch um.

Die anderen halten gute Kameradschaft, sogar vorbildliche Kameradschaft. Die drei Seilschaften Felix Kühn und Dieter Wörndl (Österreich), Konrad Kirch und John Harlin (Deutschland und USA) und Franz Jauch, Josef Jauch, Franz Gnos und Josef Zurfluh (Schweiz) erreichen getrennt und zu verschiedenen Zeiten den Gipfel. Aber man wartet aufeinander. So wird eine gemeinsame 28. Durchsteigung daraus.

Die neunundzwanzigste folgt am nächsten Tag. Es sind die beiden Österreicher Hans Hauer und Nikolaus Rafanowitsch. Tüchtige, bedachte, ja vorsichtige Steiger. Es fehlt ihnen an Westalpenerfahrung und wohl auch ein wenig Konditionstraining. Um so höher ist ihr allein und ohne jede Hilfe erfochtener Erfolg unter bösen Umständen auf dem Eiger zu werten. Die kleine Feier, die ihnen zu Ehren nach ihrer glücklichen Heimkehr von Gemeinde und Bevölkerung ihrer Heimatstadt Gmunden veranstaltet wurde, ist ihnen wohl zu gönnen.

Über mangelndes Konditionstraining durften sich die ›Dreißigsten‹ wiederum nicht beklagen. Schneller geht's fast nimmer. Schneller war nur Erich Waschak vor zwölf Jahren. Auch Hilti von Allmen war im Vorjahr nicht schneller. Die Seilschaft vom 29./30. August 1962 handelte offenbar nach dem Wahlspruch: ›Was der Hilti kann, kann der Paul auch.‹ Der Paul Etter nämlich, der Seilgefährte Hiltis bei der winterlichen Erstbesteigung der Matterhorn-Nordwand. In der Eigerwand waren sie getrennte Seilschaften. Aber auch die Schweizer Partie, Bergführer Paul Etter und Bergführer Martin Epp, nimmt die Wand im Sturmlauf. Einstieg in der ersten Morgendämmerung. Biwak am Götterquergang. Zu Mittag des nächsten Tages – Gipfel.

Wie schnell sich doch die Zeiten ändern ... Waren es nicht die Schweizer Bergführer, die so böse auf alle waren, die immer und immer wieder die Wand versuchten, bis endlich ein Durchstieg gelungen ist? Heute haben nicht nur die Schweizer Alpinisten mit den ›Extremen‹ der anderen Länder gleichgezogen. Heute stellen die jungen Schweizer Bergführer überall die Rekordzeiten auf. Und gehen dabei nie auf Risiko, sondern bombensicher.

Ist die Eigerwand also doch eine sichere Bergfahrt, wenn man alle Vorsichtsmaßnahmen berücksichtigt? Man berauscht sich an Stil und Zeit der Schweizer Stürmer. Auch ich tat das. Und habe einen traurigen Tag übersprungen. Einen sehr traurigen Tag für alle Bergsteiger der jungen Generation. Einen unvergeßbar traurigen Tag für die Wiener Bergsteiger: Am 27. August 1962 ist Diether Marchart in der Eigerwand tödlich abgestürzt. Der dritte Versuch eines Alleingangs, der dritte Todessturz.

Beim Übergang vom Ersten zum Zweiten Eisfeld glitt er ab, riß im Sturz beinahe eine Münchner Seilschaft mit sich, die er kurz zuvor überholt hatte. Mit freundlichem Lächeln hatte er die Einladung der Münchner, sich an ihr Seil zu binden, abgelehnt.

»Nein, danke. Vielleicht später, wenn es schwerer wird.«

Woher er denn käme, wer er sei, wollten die Münchner wissen.

Wieder lächelte Diether nur: »Ich bin ein Wiener.«

Nichts sonst. Er sagte nicht seinen Namen. Denn dann hätten alle

gewußt: Das ist der Alleinbegeher der Matterhorn-Nordwand. Das ist der Mann, der im Winter die Dachstein-Südwand durchstiegen hat. Das ist der Erstbesteiger des Distaghil Sar, des höchsten der bis dahin noch unbestiegenen Siebentausender der Erde. Das ist einer der berühmtesten Alpinisten Österreichs, obwohl er erst 22 Jahre alt ist.
Diether Marchart hatte sich auch im Hotel Kleine Scheidegg nicht mit seinem Namen eingetragen, denn sonst hätte man gleich gewußt: Der versucht die Eigerwand allein. Diether wollte kein Aufsehen. Er gehörte wohl auch zu jenen, die ihre Kraft in der Einsamkeit und aus sich selbst schöpfen, die mit sich selbst ins reine kommen müssen, bevor sie einen Entschluß fassen. Wenn dieser aber gefaßt ist, dann wollen sie weder Lorbeeren noch Grabreden als Vorschuß.
Diether Marchart trug sich ins Gästebuch vom Scheidegg als ›Georg Winkler‹ ein. Das zeigt mir, daß er im Innersten seines Wesens noch ein romantischer Bub war. Georg Winkler, das Urbeispiel des Alleingängers aus der klassischen Zeit des Alpinismus, der nicht nur den kühnen Vajoletturm im Rosengarten der Dolomiten allein als erster bestieg, der auch als Alleingänger in der Westwand des Zermatter Weißhorns von einer Eislawine verschluckt wurde – mit neunzehn Jahren, im Jahre 1889!
Warum verglich sich Diether Marchart mit Georg Winkler?
Hatte er Todesahnungen? Ich glaube nicht daran. Dazu war er zu selbstbewußt, zu überzeugt von seinem Können. Dieser Stolz des Einsamen wünschte nicht den Beifall. Es war nicht Eitelkeit, die erst im Beifall den eigenen Wert erkennt.
Kurt schrieb in seinem Nachruf für Diether Marchart: ›. . . er vollbrachte Leistungen nicht um des Aufsehens willen. Im Gegenteil, das Aufsehen war nur eine unangenehme Beigabe. Der junge Student mit dem Gesicht eines sympathischen Buben, mit der Willenskraft und der Urteilsfähigkeit eines reifen Mannes, mit der empfindsamen Seele eines Künstlers entsprach dem Urbild eines Gentleman . . . Als Diether vor drei Jahren, als Neunzehnjähriger, die Nordwand des Matterhorns im Alleingang durchstiegen hatte,

erzählte er zunächst gar nichts von seinem Erfolg. Er fürchtete, seine Klubkameraden könnten das Risiko, das er auf sich genommen hatte, als Leichtsinn deuten. Aber Marchart war nicht leichtsinnig. Als künstlerischer Mensch erlebte er in der Phantasie jede Gefahr im voraus. Das schwächte nicht seinen Mut, sondern erhöhte nur seine Geistesgegenwart ...‹

Aber auch Mut und Geistesgegenwart helfen einem stürzenden Körper nichts. Man hatte den ganz zerschlagenen Leichnam nicht identifizieren können. Erst an den verstümmelten Fingern der rechten Hand – eine Folge der Erfrierungen, die er sich bei der Besteigung des Distaghil Sar zugezogen hatte – erkannte man ihn. Das Grab Diether Marcharts ist in Grindelwald.

Eine rauhe Unterbrechung der Erfolgsmeldungen vom Eiger. Aber auch neben der 31. Durchsteigung der Eigerwand, der ersten durch eine englische Seilschaft, weht die Bergsteigerfahne auf Halbmast. Gleichzeitig mit den Erfolgreichen – unserem wohlbekannten Chris Bonington und Ian Clough, der an Stelle von Don Whillans nun der Seilgefährte Boningtons ist – steigt auch eine österreichisch-schottische Seilschaft in die Wand: Egon Moderegger aus Hallein und Tom Aston Carruthers aus Glasgow. Wir kennen schon Carruthers als Begleiter Brian Nallys in der Matterhorn-Nordwand. Und von Moderegger weiß man, daß er in den Ostalpen schon einige beachtliche Touren gemacht hat und vor zwei Jahren auf eine Kaukasusexpedition mitgenommen wurde. Ein sympathischer junger Mann. Aber ob er der Eigerwand gewachsen ist? Außerdem kann Moderegger nicht Englisch, Carruthers wieder nicht Deutsch. Die Voraussetzungen für eine harmonische Seilschaft scheinen also nicht gegeben.

Auch die beiden Briten sind skeptisch. Sie machen Carruthers im vorhinein klar, daß sie die Verantwortung für ihn und seinen neuen Gefährten ablehnen müssen. Tom und Egon können ja hinter ihnen dreinklettern, wenn sie das Tempo durchhalten. Wenn nicht, dann müßten sie eben allein, ihrem Können entsprechend, langsamer nachkommen.

Tom und Egon halten das Tempo nicht durch. Sie bleiben – wie

vereinbart – ihrem Können entsprechend zurück. Auf dem Zweiten Eisfeld vergrößert sich der Abstand. Nebel zieht auf. Als Bonington und Clough schon in den Felsen nahe der Bügeleisenkante sind, lichtet sich der Nebel etwas. Da sehen sie die beiden anderen noch immer fast an derselben Stelle, wo sie sie verlassen hatten. Auf dem Zweiten Eisfeld.
Aber es hat hier keinen Sinn, zu warten, zu rufen. Man würde einander gar nicht verstehen. Wahrscheinlich werden Egon und Tom umkehren.
Bonington und Clough schalten auf Sturmlauf, erreichen am Spätnachmittag dieses 30. August den Götterquergang, dort biwakieren sie. Es sind in diesen Tagen mehrere Seilschaften auf der Strecke. Da sind Werner Hausheer und Paul Jenny, denen die 32. Besteigung gelingt, Nummer 33 sind Robert Bögli und Willy Mottet. Aber weder einer dieser vier Schweizer noch sonst jemand hat etwas von Tom und Egon gesehen. Sie müssen noch am 30. August abgestürzt sein. Neben dem Zerschrundenen Pfeiler hat man sie zerschmettert gefunden. Die Absturzursache wird nie geklärt werden.
Ein häßliches Jahr, dieses 1962. Wohl wird in ihm die Zahl der Besteigungen bis 37 hinaufgetrieben. Aber die Katastrophen überschatten die Erfolge. Und in diesem Jahr ereignete es sich zum ersten Mal, daß einer Seilschaft der ›Sieg‹ ganz unverdient geschenkt wurde. Völlig Ahnungslosen. Gewissermaßen ›alpinen Reitern über den Bodensee‹.
Die Mitglieder der fünf Seilschaften, denen die 34., 35. und 37. Durchsteigung gelingt, gliedern sich landsmannschaftlich folgendermaßen: sechs Schweizer, drei Österreicher, ein Deutscher. Die Seilschaft der 36. Durchsteigung entdeckt am Zweiten Eisfeld die ausgeaperte Leiche Karl Mehringers – nach 27 Jahren!
Viel Erfolg, viel Rummel, viel Böses hat das Jahr 1962 gebracht. Wir nehmen gern von ihm Abschied.

1963 – das ritterliche Jahr

Man soll mit glanzvollen Titeln und Namen vorsichtig sein. Aber mir fällt kein passenderes und besseres Wort ein, mit dem ich das Eigerjahr 1963 charakterisieren könnte. Unter Ritterlichkeit verstehe ich nicht Schwertgeklirr und Menschentöten. Ich denke dabei an gute männliche Tugenden: Tapferkeit, Verläßlichkeit, Menschlichkeit.

Schon die erste Durchsteigung des Jahres, die achtunddreißigste im ganzen, weckt gute Erinnerung. Eine Schweizer Zweierseilschaft. Einer der Partner heißt Erich Friedli. Der Name hat am Eiger, in der Eiger-Nordwand, bei Rettungen aus der Eiger-Nordwand, besonders guten Klang. Ein Erich Friedli war der Leiter der alpinen Rettungsstelle Thun. Ein Erich Friedli war es, der sich am Stahlseilgerät in die Wand hinunterließ, um die Lage des überlebenden Corti zu erkunden. Diese Erkundung war eine waghalsige Angelegenheit im Dienste der Menschlichkeit.

Der Erich Friedli, der die 38. Begehung der Eigerwand machte, ist der Sohn des Einsatzleiters von 1957. Er und sein Gefährte Arnold Heinen steigen am 30. Juli 1963 vor Tagesanbruch in die Wand, legen ein Tempo im Stile der jungen Schweizer Führerschaft vor, kommen zum Dritten Eisfeld, als gerade der ärgste Steinschlag wütet.

Es gibt nur zwei Möglichkeiten: Entweder warten, oder das Risiko des Erschlagenwerdens auf sich nehmen. Friedli und Heinen wählen die dritte Möglichkeit: Sie betreten das Dritte Eisfeld gar nicht, sondern queren oberhalb in den Felsen zur Rampe. Dort ist es steinschlagsicher. Aber klettern muß man können, verdammt gut klettern. Weiter durch die Rampe samt deren Hindernissen. Brüchiges Band, Götterquergang. Bei diesem Sturmlauf werden die späteren 39. Begeher (die Österreicher Max Friedwanger und Friedl Schicker) und die 40. (der Engländer Dougal Haston und der Rhodesier Robert Baillie) überholt. Beide befinden sich seit 29. Juli morgens in der Wand. Friedli und Heinen kommen an diesem 30. Juli noch bis zu den Ausstiegsrissen. Biwak. Am nächsten Mittag stehen sie auf dem Gipfel, den die beiden anderen, ebenso tüchtigen Seilschaften am Abend desselben Tages erreichen.

Alle drei Partien haben ausgezeichnete und gute Visitenkarten des europäischen Bergsteigens abgegeben. Die erste, einsame, große alpine Tat am Eiger aber erfolgt am 2. und 3. August 1963. Sie ist deshalb so groß, weil sie einen Mythos durchbrach, der den Eiger wie ein Fluch beherrschte: In der Eigerwand tötet die Einsamkeit. Alle, die dort einsam starben, waren mutig, waren ausgezeichnete Bergsteiger. Walter Bonatti spürte auch den Fluch der Einsamkeit, er setzte seinen Lebenswillen dagegen – und kehrte um. Aber am 1. August 1963 ...

Da kam Michel Darbellay wieder, der Bergführer aus Orsières bei Martigny. Er brachte keinen Pressestab mit, er hielt seinen Plan streng geheim. Er vertraute sich nur dem Ehepaar Fritz von Almen an. Und lud damit den Hoteliers, die gleichzeitig Freunde aller Bergsteiger sind, alle Sorge und Not auf.

Frau von Almen wird blaß, als sie nun wieder für so einen Alleingänger das Frühstück in der Thermosflasche richten muß. Sie denkt an Adi Mayr, sie denkt an alle anderen, die man dann irgendwo in den Felsen des Wandvorbaus fand. Und dieser Michel da, das ist der schweigsamste von allen, der ernsteste, der verhaltenste. Er sieht aus wie einer, dem man am ehesten den Erfolg zutraut, um den man auch ein ganzes Leben lang trauern würde.

Kurz nach Mitternacht verläßt Michel die Kleine Scheidegg. Um zwei Uhr morgens steigt er bei fahlem Mondlicht ein. Er klettert so schnell, daß es noch ganz dunkel ist, als er unter den Schwierigen Riß kommt. Er muß warten. Beim ersten Dämmerlicht geht es im Sturmlauf weiter. Freilich helfen die vielen Seile, die da und dort hängen, sehr. Aber diesmal helfen sie einem der besten Bergsteiger unserer Tage, kostbare Zeit zu sparen, die er droben, im schwersten Teil, bitter nötig haben wird.

Fritz von Almen hat mir erzählt, wie er auch schon am frühen Morgen durchs Fernrohr geschaut hat und den Michel nirgends entdecken konnte. Und dann so um halb zehn hat er wieder geschaut. Und da hat er einen gesehen beim Übergang vom Ersten zum Zweiten Eisfeld. Das war aber nicht der Michel. Das war einer der beiden Deutschen, die wahrscheinlich in der Biwakhöhle biwakiert hatten. Richtig, da kam schon der zweite nach. Der Darbellay muß schon auf dem Zweiten Eisfeld sein.

Aber da ist niemand. Die Felsen oberhalb – niemand ... Das Bügeleisen – niemand ... Ist auch dieser Michel Darbellay nicht vom Fluch der Einsamen befreit gewesen? Weiter ... Drittes Eisfeld – niemand ... Rampe – Rampe. – Da ist wer ... Da ist er! Unglaublich! Dabei geht Darbellay bombensicher, an allen gefährlichen Stellen verwendet er Selbstsicherung, das heißt, daß er die Stellen hinauf-, hinunter- und wieder hinaufklettern muß.

Die beiden Deutschen kehren um. Michel geht weiter. Nicht mehr so spielerisch schnell, sondern manchmal langsam tastend, doch nie zaudernd, nie riskierend, immer ein Meister. Am frühen Nachmittag ist er schon auf dem Götterquergang. In weniger als einer halben Stunde läuft er das Eisfeld der Spinne hinauf, steuert den Ausstiegsrissen zu. Biwak in den Ausstiegsrissen. Michel hört noch bei hellem Tageslicht zu klettern auf.

Um 21 Uhr überfällt Fritz von Almen neuer Schrecken. Er gibt Lichtzeichen in die Wand. Aber es kommt keine Antwort. Ist es auch wieder so wie bei Derungs, der doch auch hätte Lichtzeichen geben sollen – und der keine geben konnte, weil er nicht mehr am Leben war? ... Aber es ist diesmal nicht dramatisch. Michel Darbellays Uhr blieb zurück. Sie konnte wohl mit seinem Tempo nicht Schritt halten ... Um 21 Uhr 30 sendet Michel seine Lichtzeichen. Also nur mehr die eine Nacht.

Darbellay hat nicht viel erzählt, was er in der Nacht empfunden hat. Er hat alles mit sich ausgekämpft und hat die Einsamkeit ebenso bestanden wie die Kälte und die Erschöpfung. Michel Darbellay ist nicht empfindungslos, nicht phantasielos. Er muß empfindsam sein, damit er bei Gefahren schnell reagieren kann. Er muß gehärtet sein, um so eine lange Nacht ohne richtiges Biwakzeug überstehen zu können. Er muß einen sehr starken Charakter haben, um die Einsamkeit ertragen zu können und die Angst nicht heranzulassen. Er muß jene Tugenden haben, die ich früher als ritterliche bezeichnet habe.

Erstbesteigung der Eiger-Nordwand im Alleingang? Beifall von zahllosen Menschen? Ein sportlicher Rekord? All das verblaßt. Aber das Bewußtsein, die Prüfung der eisigen, großen, dunklen Stunden bestanden zu haben – das bleibt.

Die letzte Sommerbesteigung der Eigerwand im Jahre 1963, die zweiundvierzigste, erfolgte am 2. und 3. August durch die Deutschen Helmut Salger und Horst Wels. Es war eine gute Seilschaft, die sich trotz Steinschlag und Wettersturz sehr wacker und erfolgreich durchraufte. Um 19 Uhr 30 des 3. August erreichten die beiden den Gipfel und stiegen – ganz ungewöhnlich – in der Nacht über den oberen Mittellegigrat zur Mittellegihütte ab. Also auch zwei Männer, die durchaus die ritterlichen Tugenden bewiesen.

Die Tragik trifft die Leute aus dem Land, in dem das klassische Rittertum noch bewußt oder unbewußt als Vorbild gilt – aus Spanien. Es waren Alberto Rabada und Ernesto Navarro. Sie stiegen am 11. August in die Wand. Zeitig in der Frühe.

Zuerst steigt noch eine japanische Seilschaft mit ihnen, als aber das Wetter umzuschlagen droht, kehren die Japaner um. Sie haben die letzten Bilder ihrer spanischen Kameraden gebracht. Der noch lebenden Kameraden.

Die Spanier klettern weiter. Biwakieren. Das Wetter wird noch schlechter. Die beiden gehen trotzdem weiter. Kämpfen sich verbissen aufwärts ... Wieder vergeht ein Tag. Nur kurze Augenblicke scheint das Wetter besser, reißt der Nebelvorhang, der Schleier aus Schnee und Sturm. Dann versinkt alles. Drittes Biwak, viertes Biwak ... jetzt schon auf dem Götterquergang. Am 15. August sieht man Ernesto und Alberto in der Spinne. Bewegen sie sich noch? Leben sie? Doch – nein – doch. Einer nähert sich ganz langsam dem oberen Rand der Spinne.

Wieder kommt eine Nacht. Am nächsten Morgen sieht man die beiden Punkte. Einer droben in den Felsen am oberen Rand der Spinne, der andere etwa 30 Meter tiefer im Schneefeld, schon halb bedeckt mit Flugschnee ... Man startet Rettungsaktionen. Treue Kameraden eilen zum Gipfel, wollen sich von oben in die Wand seilen. Hubschrauber fliegen so nahe an die Spinne und die beiden heran, daß die Helikopter zu zerschellen drohen. Es macht einen Höllenlärm in den Wandwinkeln. Die beiden rühren sich nicht mehr.

Sie sind tot. Sie sind einfach gestorben. Wahrscheinlich wären sie schon vor zwei Tagen gestorben oder vor drei ... Sie lebten nur weiter, weil es ihr inneres Gesetz so befahl. Sie lebten – und kletterten weiter. Unendlich langsam, ausgepumpt und kraftlos, halb erfroren und ausgehungert ... Aber sie gaben nicht auf. Sie riefen auch nicht um Hilfe.

›Stolz lieb' ich den Spanier‹, sagt das Dichterwort. Vielleicht paßte es für die Kämpfe von Mensch gegen Mensch. Aber im Kampf gegen den Berg muß man seine eigenen Kräfte und seinen eigenen Willen in Einklang bringen mit den Gegebenheiten einer Landschaft, die vom Menschen die größte Härte und Erfahrung verlangt. Großartig der Stolz, die Tapferkeit und die Hingabe an einen Auftrag. Jeder verneigt sich in Achtung vor den beiden. Und doch ...

Die Tragik lag nicht in der Tatsache, daß die beiden an Erschöpfung starben oder erfroren. Die Tragödie war, daß die beiden zuviel noble Tapferkeit und ritterliche Gesinnung aus der Zeit der spanischen Hochblüte in sich trugen – und zu geringe, zu schlechte Ausrüstung, mangelhaften Kälteschutz und zuwenig Erfahrung im Hochgebirge hatten. Man darf als Bergsteiger nie den Wirklichkeitssinn verlieren. Aber die Hochachtung, die wir vor den beiden empfinden müssen, berührt uns wie ein Hauch, der aus versunkenen Jahrhunderten herüberweht.

Und der Abschluß dieses ritterlichen Jahres?
Das war keine ritterliche Tragödie. Das war eine ritterliche, nüchtern geplante, zielbewußt, willensstark durchgeführte Tat!
Der Abstieg über die Eiger-Nordwand in den letzten Dezembertagen des Jahres 1963. Kein sportliches Bravourstück, sondern praktische Nächstenliebe, Pietät der Tat: drei Schweizer Elitebergsteiger, an ihrer Spitze Paul Etter. Seine Gefährten die knapp über zwanzigjährigen Ueli Gantbein und Sepp Henkel.
In der Nacht vom 27. zum 28. Dezember biwakieren sie auf dem Eigergipfel. Das Wetter war zweifelhaft, aber am 28. Dezember in der Früh hören die drei den Wetterbericht aus dem kleinen Taschenradio. Einen guten Wetterbericht. Einen vielversprechenden Wetterbericht. Der Luftdruck war stark angestiegen, steigt weiter. Schönwetter heute, Schönwetter morgen, Schönwetter in der nächsten Zeit. Jetzt gibt es kein Zweifeln mehr.
Sie steigen über das oberste Stück des Mittellegigrates und über das Gipfeleisfeld hinunter. Jeder trägt einen 25 bis 30 kg schweren Rucksack. Sie haben auch drei 100-Meter-Seile bei sich.
Etter und seine Freunde seilen sich hinunter über die Ausstiegsrisse zur Spinne. Schon um 14 Uhr treffen sie dort ein. Ueli macht sich gleich daran, einen Biwakplatz herzurichten. Sepp bezieht einen guten Standplatz und sichert Paul Etter, als dieser zu den Toten hinuntersteigt.
Paul Etter schrieb selbst darüber: ›... Es war die erschütterndste und traurigste Arbeit meines Lebens ... Der kleine Spanier Navarro stand, mit einer roten Daunenjacke bekleidet und nach hinten gebogen, am rechten oberen Rand der Spinne. Er war an einem Felshaken gut gesichert, die Steigeisen, ohne Frontzacken, trug er noch an den Schuhen, und der Pickelhammer hing an seinem Handgelenk. Ungefähr 30 Meter tiefer lag quer im Eis der Spinne sein starker, großer Kamerad Rabada, der eine blaue Daunenjacke trug und nahezu ganz vom Eis eingeschlossen war. Er lag da, als würde er schlafen. Seinen Pickel preßte er mit einem Arm an seine Brust, und seine Steigeisen, ebenfalls ohne Frontzacken, hatte er abgezogen und über sich ins Eis gelegt ... Wir sahen deutlich, daß

keiner durch einen Sturz verletzt worden war, sondern daß sie vor Erschöpfung gestorben waren. Rabada hing an dem von seinem Kameraden gestrafften und gesicherten Seil, das zwischen beiden noch durch zwei Eishaken hindurchführte . . .‹

Drei Stunden brauchte Paul Etter, um Navarro aus seinem Eispanzer zu lösen und zur Stelle seines einstigen Kameraden Rabada hinunterzulassen.

Der Biwakplatz der drei Lebenden, die sich im Dienste der Pietät in die winterstarre Wand hinuntergelassen hatten, war erträglich.

Der 29. Dezember brachte noch härtere, anstrengendere, traurigere Arbeit: den Leichnam des hünenhaften Rabada aus dem Eisgrab zu lösen. Es war schon später Vormittag, als sie die Toten zusammenbinden und bis an den unteren Rand der Spinne an den Seilen herunterlassen konnten.

Hier war der Fels fast schneefrei. Man konnte gute Haken anbringen. Von oben gesichert, ließ sich zuerst Paul Etter hinunter auf ein Eisband. Dort schlug er gleich alle notwendigen Fels- und Eishaken, dann ließen die Freunde die beiden Toten hinunter, und erst als diese verankert waren, seilten sich auch Ueli und Sepp in die Tiefe. Nochmals ging es 100 Meter hinunter zum Bügeleisen. Hier richteten sich die drei Schweizer ihren Biwakplatz, für die Toten schlugen sie etwas abseits gute Mauerhaken, sicherten die traurige Last sorgfältig mit Reepschnüren.

Es war eine erträgliche Nacht. Sie schliefen sogar. Am Morgen waren die Toten weg. Die Mauerhaken aus dem Fels gerissen, als ob der Spaltenfrost den Stein zertrümmert hätte. Oder ist eine Wächte oben gebrochen, ein Eisbalkon abgestürzt?

Auf der Normalroute stiegen die drei weiter ab. Über dem Hinterstoisser-Quergang mußten sie nochmals biwakieren. Der 31. Dezember 1963 entließ die Männer, die den toten spanischen Kameraden nach besten Kräften und unter hohem Einsatz den letzten Dienst erwiesen hatten, in die Freiheit. Paul Etter schrieb darüber: ›Es war der letzte Tag des Jahres, und wir waren glücklich. Wir freuten uns, daß uns der erste Abstieg durch die Eiger-Nordwand gelungen war, noch mehr aber, daß wir den Rettungsmännern eine Arbeit hatten abnehmen können, auf die sie schon lange mit Sorge geblickt hatten ...‹ Die Abseilarbeit unter der Spinne, die immer lawinengefährdet sein kann, war mehr, als man von jedem Rettungs- oder Bergungsmann verlangen dürfte. Die drei Freunde aber taten es freiwillig. Auch ihre Tat war ritterlich. Ritterlich im Sinne des Bergethos.

Entscheidend bleibt der Mensch

Traurig, aber harmonisch und würdig ist das Eigerjahr 1963 ausgeklungen. Nicht einmal vierzehn Tage später meldet sich das neue Eigerjahr an. Die neue Zeit kommt, die Jugend kommt, die Direttissima kommt! Die neue Zeit? Wir werden sehen.
Die Jugend? Auch Paul Etter ist noch jung. Seine Gefährten sind eben erst zwanzig geworden. Sie sind viel jünger als die lautstark angekündigte Jugend.
Die Direttissima?
Schauen wir uns zuerst einmal genau die Fallinie der Eiger-Nordwand an. Die absolute, nicht mehr zu verbessernde Direktroute von unten weg wählten Sedlmayer und Mehringer. Sie vollendeten ihre Linienführung bis zum Todesbiwak und noch etwas darüber hinaus. Gstrein und Drachsler kamen auf eine gute Seillänge dem unteren Rand der Spinne nahe. Wenn es gelänge, bis in die Spinne zu kommen, auf dem Weg, über den sich Etter und Gefährten bei der Bergung der beiden toten Spanier abseilten, dann hätte man noch immer die Direktlinie eingehalten. Man dürfte aber nicht von der Spinne weg schräg links den Ausstiegsrissen in Richtung Gipfeleisfeld und oberstem Mittellegigrat folgen, sondern müßte nur rechts in der felsigen Gipfelmauer einen Ausstieg finden.
Das würde bestimmt eine äußerst schwierige, gefährliche Sache sein, dieses Wegsuchen, Wegfinden, Wegbegehen in der Gipfelwand des Eiger. Man würde bestimmt nicht ohne künstliche Hilfs-

mittel auskommen. Wahrscheinlich müßte man auch Bohrhaken verwenden oder bei einem Biwak in der Gipfelwand in Hängematten übernachten. In der eigentlichen Direktroute läge also schon ›alles drin‹. Ich glaube sogar: Zu viel!

Die neue Direttissima, die es zwar noch nicht gibt, die aber angestrebt wird, kann man auch erkennen, falls man gute Augen und Phantasie hat, wenn man durch ein starkes Fernrohr schaut. Vor allem aber, wenn die Beleuchtung so ist, daß sie in glatte Mauern Konturen, Vorsprünge, Andeutungen von Rampen und Rissen zeichnet. Auch durch Schnee, der da und dort liegen bleibt, kann solche plastische Sichtwirkung erzielt werden. Das soll aber nicht der Grund gewesen sein, warum Peter Siegert und seine Gefährten im Winter zur Direttissima eingestiegen sind. Sie taten dies, um der Konkurrenz zuvorzukommen.

Aber kommen wir zurück zu der gedachten Direttissima: Den unteren Teil, bis zum Zweiten Eisfeld, kann niemand mehr Sedlmayr und Mehringer wegnehmen. Aber vom Zweiten Eisfeld aus: Verfolgen wir seinen oberen Rand nicht gegen die Felsen des Bügeleisens hin, sondern nach rechts, nach Westen. Da treffen wir auf eine Formation, die wie ein zweites Bügeleisen aussieht. Und von da zieht schräg links in der glatten Wand eine Verschneidung hinauf, die man eine zweite Rampe nennen könnte. Und höher oben liegt ein in steile oder senkrechte Felsen eingebettetes Schneefeld, das gewissermaßen eine zweite Spinne darstellt. Aber darüber, da sehe ich nichts, was man als zweite Ausstiegsrisse bezeichnen könnte.

Jedoch ist der Fels dort oben ohne Zweifel so zu präparieren, daß er ersteigbar wird. Nur siebzehn Tage dürfte man dazu nicht brauchen. Eine so lange Frist hat der Eiger noch niemals gewährt. Man könnte vielleicht an einem Pfeiler hinauf und zum obersten Teil des Nordwestgrates. Aber das wäre auch ein Schönheitsfehler. Bei der absoluten Direttissima müßte man über die wächtengekrönte Eiswand.

Man müßte? Man wird. Man wird bestimmt. Es ist nicht aufzuhalten. Soll man es überhaupt aufhalten?

Man soll aber den jungen Bergsteigern beibringen, daß es nicht nur auf das Was ihres Tuns ankommt, sondern auf das Wie.
Ich meine hier nicht die Reklametrommeln. Ich meine den großen Selbstbetrug, den manche begehen, indem sie sich unbedacht und ihrer eigenen Entwicklung unbewußt an ihre persönliche physische und psychische Leistungsgrenze herantasten, sondern mit Hilfe von technischen Mitteln in einen Raum eindringen wollen, der noch nicht für sie bestimmt ist. Es ist nicht ihr Raum. Man kennt dies daran, *wie* sie ihn durchmessen.
Siegert und seine drei Gefährten stiegen am 12. Januar auf der Sedlmayer-Mehringer-Führe in die winterliche Wand. Sie plagten sich redlich, ertranken fast im Schnee, mußten nach drei Tagen, noch weit unter dem Ersten Eisfeld, aufgeben. Die schützende Station ›Eigerwand‹ der Jungfraubahn nahm sie auf. Hatten sie die Rechte ihres Erlebnisses schon vergeben, vielleicht auch Vorschüsse kassiert? Als reelle Kaufleute konnten sie natürlich nicht dulden, daß sie von jemand anderem gefilmt und befragt würden.
Alle Zeitungen berichteten darüber. Als Lothar Brandler, auch ein erfolgreicher Direttissima-Mann – einst Filmamateur, heute Filmberichter des Fernsehens –, seine Freunde filmen und einiges wissen wollte, trieben Siegert und seine Gefährten ›Ohne-uns-Politik‹. Zumindest war ihre erste Gegenfrage: »Was zahlst du uns?«
Natürlich zahlte der Erstbesteiger der Direttissima durch die Nordwand der Großen Zinne dem Erstbesteiger der Superdirettissima der Nordwand der Großen Zinne nichts. Man hat viel geschmunzelt, gelacht. Nicht nur im Eigerstollen.
Leider grinsten manche auch hämisch und meinten: »Bergsteiger unter sich ...«
Selbst wenn man ein echter Profi ist, muß man auf das sogenannte Bergethos schauen. Gerade als Profi. Der gute Ruf ist Kapital.
Siegert, Kauschke, Bittner und Uhner hätten sich gar nicht so beeilen müssen. Die Direttissima ist auch jetzt, da ich diese Zeilen schreibe, Mitte Juli 1964, noch nicht gemacht. Manche vergessen, daß die Gipfelwand allein so hoch ist wie die Marmolata-Südwand. Und ebenso steil.

In der Zeit vom 2. bis 4. Juli 1964 waren gleich zwei Seilschaften in der Wand mit Absichten auf Direttissima. Da war der Amerikaner John Harlin, den wir vom Jahr 1962 her schon kennen, mit zwei französischen Freunden. Diese Dreierseilschaft begann mit der Sedlmayer-Mehringer-Route. Zwei Österreicher stiegen über die Hinterstoisser-Variante zum Beginn der hypothetischen Direkten über dem Zweiten Eisfeld empor. Nicht hoch. Sie mußten umkehren. Beide Seilschaften.

Das Sympathische an beiden Partien war die Stille, mit der sie ihr Werk begannen. Von den Österreichern wußte man nicht einmal die Namen. Aber die Zeit der Direkten ist reif. Sie wird gemacht werden, die eine oder die andere, vielleicht alle beide. Hoffentlich wird diese Versuchsreihe nicht von Tragödien begleitet. Bestimmt werden die Bergführer zunächst beschließen, nicht retten zu gehen, falls einer so wahnwitzig wäre ... Ja — und dann würde man doch retten gehen, um so mehr, als die erfolgreichsten Eigerkletterer der letzten Zeit junge Schweizer Bergführer waren. Aber wir hoffen, warnen und hoffen wieder, daß die Tragödien ausbleiben. Was ist mit den vielen unnützen Seilen, die im unteren Wandteil hängen und direkt zum Versuch einladen? Auch mittelmäßige Bergsteiger? Man müßte alles entfernen, was nach streng alpinen sportlichen Regeln nicht hingehört. Ich machte einen diesbezüglichen Vorschlag und sprach später mit Fritz von Almen darüber. Fritz meinte: »Gewiß hast du recht. Aber es geht nicht. Auch die Bergführer, die Bergretter und die Kantonalregierung in Bern wollen es nicht. Nicht nur wegen der Rettungen. Es ist heute schon so bekannt, daß der untere Wandteil entschärft ist, daß die Leute auf jeden Fall einsteigen. Und wenn dann nichts da ist, würde die Zahl der Unfälle nur steigen.«

Fritz hat wohl recht. Auch die Bergführer und die Kantonalregierung. Aber mit dem Wie des Bergsteigens läßt sich diese Unmenge von Haken, Seilen, Seilschlingen, Reepschnüren und was sonst das untere Wanddrittel ziert, nicht vereinbaren. Der Sinn dieses Buches war ja nicht nur, von der dramatischen Geschichte dieser Wand zu erzählen, sondern auch von ihrer Schönheit.

Die Gäste von der Kleinen Scheidegg wollen neue Unternehmungen. Aber auch die Bergsteiger wollen Neues. Und Neues wird kommen.

Was kann es außer der Direttissima noch geben?

Die erste Begehung mit Frauen.

Die erste Winterbesteigung von unten weg, ohne Zwischenstation.

Kurt Maix, der bei diesem Nachtrag wieder mein geistiger Seilgefährte war, schüttelt langsam den Kopf, schneidet den Faden der trüben Vorahnungen ab: ›Warum soll die Eigerwand von unsinnigen Auswüchsen ganz verschont bleiben, wo es so viel Unsinn in der Welt gibt? Aber wir haben gerade in der Eigerwand so viele prächtige Burschen kennengelernt, von eurer Pionierzeit angefangen bis heute. Und immer wieder kommen sie und werden weiter kommen. Prächtige Burschen aus allen Nationen, tapfere Menschen.‹

Vielleicht ist das Bergsteigen in einer so eigenartigen, großen, noch immer einsamen Wand wie dieser wirklich eine hohe Schule und eine Prüfungsstätte des Menschseins.

Die wichtigste Voraussetzung, hervorragendes bergsteigerisches Können, ist absolut unerläßlich. Aber das allein genügt nicht. Außer zähem Durchhaltevermögen und bester Ausrüstung ist eine genaue Routenkenntnis unbedingt erforderlich. Deshalb füge ich diesem Buch eine Beschreibung der Aufstiegsroute bei, die mit Unterstützung von Diemberger und Stefan auf den neuesten Stand gebracht wurde. Vielleicht kann dadurch wenigstens das Versteigen verhindert werden. Ebenso wichtig wie genaue Routenkenntnis sind die Sturzhelme aus Kunststoff. Sowohl die Seilschaft Noichl, Raditschnig, Brandler als auch Diemberger und Stefan berichteten, daß sie sich in den mörderischen Steinschlägen oft am liebsten ganz unter ihre Helme gekauert hätten. Stefans Helm zeigte eine tiefe Beule, die durch einen herabstürzenden Stein verursacht war. Ohne diesen Schutz wäre er wohl nicht mehr am Leben.

Aber trotz aller Sicherheitsmaßnahmen bleibt die Eiger-Nordwand eine der gefährlichsten der Alpen. Das wissen alle, die jemals den

Kampf mit ihr aufgenommen haben. Andere Berge, die Nordwand der Grandes Jorasses zum Beispiel, sind technisch schwieriger als der Eiger, doch nirgends sind die objektiven Gefahren – Lawinen, Steinschlag und Wettersturz – so ungeheuer. Ich weiß, daß sich tatendurstige Bergsteiger durch diese Gefahren auch in Zukunft nicht abschrecken lassen werden. Dennoch möchte ich sie noch einmal ausdrücklich warnen: Die Eigerwand verlangt das Äußerste an Können, Zähigkeit und Mut. Ohne die gründlichste Vorbereitung läßt sie sich nicht bezwingen. Ohne die beste Ausrüstung ist der Versuch bodenloser Leichtsinn. Sind alle Voraussetzungen erfüllt, so brauchen selbst hervorragende Bergsteiger eine Menge Reserven, um ihr Ziel zu erreichen. Deshalb sollte sich jeder, den die Nordwand lockt, sein Vorhaben gut überlegen.

Es gibt noch viele andere Ziele für bergsteigerischen Ehrgeiz, für Tatendurst und Abenteuerlust. Ich habe in den letzten Jahren auf mehreren Expeditionen zahllose weiße Flecken auf der Landkarte entdeckt. Sie versprechen alles, was sich ein tüchtiger Bergsteiger von seinen Fahrten erhofft. Das letzte Abenteuer auf unserem Globus ist noch lange nicht erlebt.

Routenbeschreibung der Eiger-Nordwand

Zusammengestellt von Heinrich Harrer

Wandhöhe 1800 Meter

Rechts des Ersten Pfeilers durch ein System von Kaminen und Rissen drei Seillängen empor, dann Quergang nach rechts zu einem großen Schneefeld. Dieses an der linken Begrenzung hinauf und vom linken oberen Ende über ansteigende Bänder im Zickzack nach links bis zum Fuß des Zerschrundenen Pfeilers. Dann so weit nach rechts, bis sich eine günstige Möglichkeit ergibt, gerade empor zu steigen. (Hierbei werden zwei etwa vier Meter hohe Wandstellen durch Steigbaum erleichtert.) Nun waagrechte Querung nach links auf den Kopf des Zerschrundenen Pfeilers. Auf einer leichten Rippe empor bis unter die senkrechte Wand zur Nassen Biwakhöhle. Eine schwache Seillänge gerade empor, dann Quergang 45 Meter nach rechts, wo ein kleiner Pfeilerkopf den Beginn des Schwierigen Risses anzeigt. Der Schwierige Riß ist 25 Meter hoch. (– V. Haken!) Darauf folgt eine 20 Meter hohe Verschneidung. Von hier etwa vier Seillängen ansteigende Querung nach links auf einen Absatz. Hier Beginn des Hinterstoisser-Querganges.

Einige Meter hoch zu mehreren Haken.

Befestigung des für den 40 Meter langen Seilquergang nötigen Seiles. Vom Standplatz am Ende des Querganges ein senkrechter Riß von 20 Meter empor in das Schwalbennest. Kurzer Quergang nach links in das Erste Eisfeld. (55 Grad Neigung.) Gerade empor zwei Seillängen zum Fuß der senkrechten Felsbarriere zwischen Erstem und Zweitem Eisfeld. Nun beste Möglichkeit 15 Meter links des Eisschlauches über eine 12 Meter hohe Wandstelle (IV) empor zu einem Stand. Dann schräg rechts zum Eisschlauch und diesen hoch zum Zweiten Eisfeld. Bei viel Eis kann durch den ganzen Eisschlauch aufgestiegen werden. Schräg links aufwärts zum oberen Rand des Zweiten Eisfeldes. (55 Grad Neigung.) Unter Zuhilfenahme der Kluft zwischen Fels und Eis quert man nach links bis etwa 40 Meter vor die Wandeinbuchtung vor dem Bügeleisen. Ringhaken unter einem Felsdach. 15 Meter schwach links empor mit kleinem Überhang und Haken (— V) hinauf auf ein Band. Drei leichte Seillängen, erst waagrechte, dann leicht ansteigende Querung auf den Kamm des Bügeleisens. (Sehr steinschlaggefährdet.) Eine Seillänge über den Kamm empor zu einem Platz unterhalb einer überhängenden Wand. (Todesbiwak.) Horizontale Querung im Dritten Eisfeld (60 Grad Neigung) bis auf das nächstliegende Felseck. Leicht absteigend zum Beginn der Rampe. Fünf Seillängen die Rampe hoch mit schwierigen Stellen (IV) zu einem Kamin. (Wasserfall oder Eis.) Hier guter Biwakplatz. Durch diesen Kamin (IV+) eine Seillänge hoch. (Variante Schwierigkeitsgrad VI, rechts davon.) Standplatz. 2 Meter Quergang links an eine Kante und 10 Meter hinauf (— V). Standplatz. 15 Meter durch eine Eisrinne zum Eiswulst. Über diesen, oder besser links im Fels umgehend (Haken, IV +), empor, zum Eisfeld im oberen Teil der Rampe. 50 Meter gerade empor (55 Grad Neigung) zum Beginn eines Brüchigen Bandes, das nach rechts auf einen kleinen Absatz hinauszieht. Dies ist die erste Möglichkeit, aus dem Eisfeld rechts herauszukommen, und muß unbedingt gegangen werden, da sonst der Götterquergang nicht erreicht wird. Weiter 20 Meter waagrecht nach rechts an den Beginn eines schweren (V) 40 Meter hohen Risses mit schlechtem Fels. Hier Beginn des Götterquerganges (III) zur Spinne. Durch dic Spinne (in der Mitte auf einem Wulst sich haltend) empor zu ihrem linken oberen Rand an den Beginn eines markanten Couloirs. (Dieser Couloir ist von links gezählt der zweite; der erste endet im Grat!) In diesem markanten Couloir eine Seillänge bis zu einem 15 Meter hohen Aufschwung aus schwarzem Fels auf der rechten Seite empor. Über diesen konkaven Aufschwung hinauf (Haken, V), worauf die Rinne wieder flacher wird. Hier nicht links gerade empor (Sackgasse), sondern rechts in leichtem Bogen zwei Seillängen im Hauptcouloir zum Beginn eines weißen Quarzrisses. Diesem Riß folgend zu einem Überhang (40 Meter). In der Höhe des Überhanges (IV+) Querung über glatte Platten nach links in eine seichte Rinne. Durch diese etwa 8 Meter empor. Stand. Nun nicht gerade hoch, sondern 10 Meter nach links auf eine deutliche Kanzel. Von der Kanzel kurzes schräges Abseilen nach links auf ein Band am Beginn einer Steilrinne. (Wasser oder Eis!) Durch die Steilrinne vier Seillängen zuerst steil, dann flacher werdend zu einem wenig ausgeprägten Grat. Rechts von diesem vier Seillängen empor über abwärts geschichteten Fels beziehungsweise Eis hinauf bis an das Ende der Felsen (Grat), die die Grenze zur NO-Wand bilden. Nun schräg rechts haltend zum ›Mittellegigrat‹ und über diesen zum Gipfel.

1. Die Schwierigkeitsbewertung bezieht sich auf die reine Felsform und berücksichtigt nicht die jeweiligen Verhältnisse.

2. Es ist dringend anzuraten, das 40 Meter lange Seil im Hinterstoisser-Quergang für einen eventuellen Rückzug hängenzulassen.

Bildnachweis:

Die zahlreichen Abbildungen wurden von der Liechtenstein-Verlag AG, Vaduz, sowie dem Pressebilddienst Votava, Wien, zur Verfügung gestellt.

Eiger 3970
Nordostwand
Mittellegigrat
Spinne
Station
Eigerwand
2865 m
Alpiglen
1615 m
Grindelwald 1034m
Grund 943m

and
nstieg)
Mönch 4099m
Jungfrau 4158m
Jungfrau-Joch
3457m
Station Eigergletscher 2320m
idegg 2061m
Wengernalp
1873m
Lauterbrunnen
796m
Wengen 1274m